LÍNEAS DE ESTRATEGIAS POLÍTICAS Y ELECTORALES

Cómo Ganar Elecciones y el Poder Público

Ensayo de un Sistema Estratégico Integral de Esquemas Políticos y Electorales

LÍNEAS DE ESTRATEGIAS POLÍTICAS Y ELECTORALES

Cómo Ganar Elecciones y el Poder Público

Ensayo de un Sistema Estratégico Integral de Esquemas Políticos y Electorales

José Álvarez García

JOSGOY

Libro: Líneas de Estrategias Políticas y Electorales
Ensayo de un Sistema Estratégico Integral de Esquemas Políticos y Electorales
Cómo Ganar Elecciones y el Poder Público

Autor: José Guadalupe Álvarez García
Correo electrónico del autor: josgoy@hotmail.com

Impreso en México.
Esta edición se terminó de imprimir en la Ciudad de México en el mes de agosto de 2009
Tirada: 2000 ejemplares

Primera edición: agosto de 2009

Sello: *Independently published*
ISBN: *9798531297358*

Edición: José Álvarez García
Diseño de Cubierta: GUGA
Diseño   de   interiores: GUGA

Prólogo

Sobre Conceptos, Esquemas y Estrategias Políticas y Partidistas

---

¿Qué necesita un Partido Político para ser Eficiente y Ganar Elecciones?

- *Visión, Misión y Objetivos Estratégicos, Claros y Definidos*
- *Principios y Estatutos Integrales, Incluyentes y de Calidad*
- *Territorialidad y Estructura Global y Local, Funcional y Dinámica*
- *El Know How o Saber Hacer Político y Partidista de Vanguardia*
- *Cabildeo, Lobby Político y Operatividad Política-Partidista Eficientes*
- *War Rooms, Think Tanks y Esquemas de Estrategia Política*
- *Capacidad, Acción y Movilidad Política Estratégica y por Objetivos*
- *Atracción Ciudadana, Representatividad y Gestión Popular Real*
- *Análisis, Promoción y Atracción del Voto Popular*
- *Liderazgo, Visión, Capacidad, Sensibilidad y Compromiso*
- *Planificación, Organización, Coordinación, Enlace y Funcionalidad*
- *Sistemas de Control, Seguimiento y Resultados Óptimos*
- *Análisis, Escenarios, Proyecciones y Decisiones Adecuadas*
- *Recursos, Administración, Transparencia e Información Popular*
- *Plataformas y Propuestas Responsables, Efectivas y con Visión*
- *Sistemas de Estrategias y de Redes Políticas y Electorales*
- *Diseño y Modernización Integral del Sistema e Infraestructura*
- *Información Política y Promoción y Difusión Estratégica*
- *Sistematización de Esquemas, Procesos y Actividades Políticas*
- *Alianzas Estratégicas Integrales y por Objetivos*
- *Lealtad, Honestidad y Sensibilidad Política*
- *Sistemas Integrales y Representativos de Selección de Candidatos*
- *Candidatos Capaces, Representativos, con Carisma y Sensibilidad*
- *Representantes Partidistas Capaces y Confiables*
- *Esquema de Gestión de la Calidad en los Partidos Políticos*

¿Qué necesita un Sistema Político y de Gobierno para ser Integral, Representativo y Eficiente?

Un Sistema Estratégico Integral de Esquemas Políticos, Electorales y de Gobierno que contenga:

- *Esquema de Objetivos, Misión y Visión*

- *Esquema Normativo, Constitucional, Integral y Vanguardista*

- *Esquema de Sistematización, Homogeneidad y Automatización*

- *Esquema de Diseño y Modernización Integral*

- *Sistema de Estrategia y Acción Política*

- *Esquemas de Know How o Saber Hacer Político de Vanguardia*

- *Esquemas de Cabildeo, Lobby Político y Operatividad Política Eficientes*

- *War Rooms, Think Tanks y Esquemas de Estrategia Política*

- *Sistema de Estrategia Electoral*

- *Sistema de Integración y Atracción Ciudadana*

- *Sistema de Construcción y Propuesta de un Gobierno Eficiente*

- *Sistema Estratégico para el Desarrollo Integral Sostenible*

- *Sistema de Control, Planificación, Evaluación y Estrategias de Esquemas Políticos y Electorales*

- *Sistema de Difusión y Promoción Estratégica*

- *Sistema para el Bienestar y Desarrollo de la Sociedad*

- *Esquema de Presentación e Inserción del Sistema Integral Estratégico de Esquemas Políticos y Electorales*

- *Esquema de Financiamiento del Sistema General Integral Estratégico*

- *Esquema de Transparencia y Eficiencia de Utilización de los Recursos*

- *Esquema de Responsabilidad de Plataformas y Propuestas Electorales*

- *Esquema de Gestión de la Calidad en los Sistemas Políticos*

Síntesis breve de los conceptos y aspectos qué necesita un partido político para ser eficiente y ganar elecciones

Visión, Misión y Objetivos Estratégicos, Claros y Definidos

Visión. *Lograr los triunfos electorales y representar a toda la sociedad. Lograr una democracia transparente y representativa. Generar gobiernos y gobernantes que desarrollen integralmente a su país y a sus entidades. Lograr la solución, mediante la gestión, de todas las problemáticas de la sociedad. Generar sistemas políticos integrales vanguardistas, eficientes e incluyentes. Ser partidos políticos eficientes, capaces, representativos, sensibles, funcionales, dinámicos, estructurales, organizacionales y vanguardistas.*

Misión. *Establecer sistemas, esquemas, infraestructuras, enlaces, coordinaciones, normativas y procesos vanguardistas, representativos, modernos, dinámicos y eficientes en todos sus conceptos y en cada uno de sus rubros, para generar y conseguir lo mejor y lo más eficiente de todos estos conceptos para el triunfo electoral, la representatividad de la sociedad y la generación de gobernantes capaces y gobiernos eficientes para lograr desarrollo integral y beneficio popular.*

Objetivos. *Obtención de triunfos electorales. Lograr la mayoría de votos electorales. Representar a toda la sociedad y gestionar y solucionar sus necesidades y propuestas. Generar gobiernos, gobernantes, legisladores y funcionarios capaces, con visión, sensibilidad y compromiso. Ser partidos políticos de vanguardia, eficientes, representativos y triunfadores, con amplias y eficientes estructuras y sectores, así como coordinaciones y movimientos políticos y partidistas.*

Principios y Estatutos Integrales, Incluyentes y de Calidad

Principios Partidistas. *Los principios partidistas deberán ser integrales, representativos, sensibles, vanguardistas, de calidad e incluyentes, que muestren a la sociedad su fortaleza, sus ideales, su visión, su integridad, su compromiso político y social y sus postulados y propuestas por lograr un contexto mejor, con democracia, justicia social, seguridad, productividad, satisfactores sociales plenos y derechos igualitarios y de calidad, así como propuestas de gobernantes capaces, honestos, sensibles y con visión de estadistas y de marcos integrales de derecho y de gobierno eficientes y de alcance, para lograr el desarrollo integral del estado y de la sociedad.*

Estatutos. *Se deberá contar con un marco estatutario integral de alta calidad, con normatividad, principios, sistemas y esquemas eficientes y de vanguardia, con la especificación e implementación de funciones, atribuciones, procesos y actividades de calidad y eficiencia que produzcan marcos representativos, organizacionales, esquemáticos, de interrelación y funcionales para generar partidos políticos modernos, integrales, incluyentes, representativos y vanguardistas.*

Territorialidad y Estructura Global y Local, Funcional y Dinámica

Territorialidad. *Será fundamental contar con sistemas efectivos y de alcance de territorialidad partidista, que abarquen todo contexto y ámbito, con la estructura, instancias, esquemas, recursos y procesos para generar e implementar las actividades y estrategias y la operatividad y movilidad política y partidista integral para lograr el establecimiento de la imagen, presencia y estructura partidista en todo ámbito y contexto, así como para lograr los triunfos políticos y electorales en cada localidad y región de esos contextos.*

Prólogo

El movimiento territorial será básico para el establecimiento de estructuras y representaciones partidistas en cada espacio y área de todo contexto, con el fin de lograr la presencia partidista y política necesaria que genere las estrategias, la acción y movilidad política y la operatividad partidista para cumplir con el objetivo de mayor posicionamiento efectivo y de triunfos electorales.

Estructura Global y Local. *Un partido político deberá de contar con una estructura integral amplia, suficiente y representativa, sectorial, moderna y funcional, dinámica, organizacional, sistematizada y esquematizada, que abarque todo contexto y ámbito, que permita una gran actividad, movilidad y presencia partidista en toda área de todo ámbito, para generar los triunfos partidistas y electorales. La estructura deberá abarcar todo ámbito nacional, estatal, regional, municipal, distrital y local, así como sectorial, territorial, delegacional y de coordinaciones.*

El Know How o Saber Hacer Político y Partidista de Vanguardia

Know How o Saber Hacer Político. *Su implementación esquemática y utilización es fundamental, ya que implicará generar y establecer sistemas y esquemas de alto nivel de conocimiento y productividad del quehacer político y partidista. Aspectos del Know How aplicados a la política, en sus sistemas, procesos e instancias, son básicos para encontrar la razón del objetivo político que permita generar las estrategias para lograr el triunfo político y electoral. Para este fin será básico generar esquemas, estrategias, acción y operatividad política y partidista, y también conocer las estrategias de otras instancias que puedan afectar al sistema y al partido, para estar siempre alertas y con las respuestas y la operación política adecuada. Además, se deberán conseguir los liderazgos del sistema y de los partidos con estas estrategias y acciones, por medio de dirigentes, líderes y candidatos adecuados. Para estos efectos, se deberán utilizar, entre otros aspectos, la información y su análisis exacto para la mejor toma de decisiones, el posicionamiento partidista, político y ciudadano, el abanderamiento de las causas populares y la generación de esquemas políticos incluyentes y vanguardistas que generen los triunfos y los gobiernos eficientes para el desarrollo del estado y el beneficio popular. También se deberá buscar el voto electoral mediante el análisis del comportamiento de los sectores y grupos de la sociedad, para atraerlos estratégicamente con este fin. Será fundamental trabajar de forma coordinada, en grupos y sectores, con líderes y personas capaces y participativas, y con objetivos altos, pero reales y responsables. Será importante también el establecimiento de prioridades y objetivos políticos, con sus vías y esquemas para poder cumplirlos, así como la implementación de esquemas de análisis y reacción rápida para minimizar los ataques adversarios y mantenerse fuertes y bien posicionados.*

Cabildeo, Lobby Político y Operatividad Política-Partidista Eficientes

Cabildeo y Lobby Político. *El cabildeo y el lobby político-partidista de dirigentes, líderes políticos y candidatos, deberá tener la capacidad de influir ampliamente en todos los actores, organizaciones y grupos políticos, sociales y de gobierno, aliados, neutrales y adversarios, entre otros, con poder de decisión, para provocar las negociaciones, consensos y acuerdos y lograr alcanzar los objetivos y los cambios específicos necesarios de todos los aspectos que se traten, en todo contexto. Este cabildeo de los actores políticos y partidistas implica, por tanto, acercamientos, planteamientos de asuntos, consensos y negociaciones, con las dosis de intensidad y presión adecuada para el logro de los objetivos. Esta acción política de cabildeo generará procesos dinámicos y organizados para lograr los cambios necesarios y requeridos en políticas públicas, partidistas, electorales y sociales que correspondan a fines comunes de gobiernos, partidos, sectores y sociedad. Este cabildeo partidista también deberá basarse en planes de acción estratégica mediante los cuales se tendrá que influir en los actores con poder de decisión para lograr los cambios concretos en las decisiones gubernamentales, políticas y de todo tipo.*

Prólogo

El cabildeo también será fundamental para lograr alianzas, negociaciones, consensos y acuerdos diversos, oficiales y no oficiales, y las actividades generales, específicas y particulares, que emanen de estos acuerdos, con grupos y personas, para buscar el mayor posicionamiento político y el triunfo electoral.

Operación Política. *La operación política abarca aspectos de cabildeo, teóricos, tácticos y coercitivos, además de aspectos logísticos y operativos. La operación política se genera desde el nivel macro y global hasta esquemas específicos y particulares. Esta operación política podrá generar, por tanto, desde una estrategia que maneje sistemas y procesos que lleven al triunfo a un partido político y sus candidatos, hasta esquemas particulares en que un operador político en una pequeña región alejada trate de convencer a los grupos de ese contexto de apoyar y de votar por sus candidatos. En cualquiera de sus formas, la operación política será fundamental, aplicada tanto como función de estado como de una estrategia particular de convencimiento de grupos. Por tal razón, los partidos, líderes y candidatos que la ejecuten, de forma inteligente y estratégica, como método sistemático, tendrán una amplia ventaja sobre sus adversarios. Gracias a la operación política estratégica, global y específica, en todas sus manifestaciones, se han generado estrategias políticas que han permitido triunfos partidistas y han posicionado gobiernos que han transformado contextos.*

War Rooms, Think Tanks y Esquemas Efectivos de Estrategia Política

War Room. *Un War Room se refiere, en términos políticos partidistas, a un esquema de análisis y de generación de estrategias, y a un espacio en el que se reúnen líderes y dirigentes políticos y candidatos partidistas, con sus principales colaboradores, asesores y consejeros, con el objetivo de analizar y desarrollar las estrategias políticas y partidistas, establecer los lineamientos, las tácticas y los esquemas, y darles seguimiento, para lograr la representatividad y posicionamiento popular y el triunfo electoral. Estas estrategias políticas abarcan aspectos globales y específicos, como la estrategia general de una campaña electoral y sus esquemas para el posicionamiento político y la atracción del voto popular, así como de rubros específicos y sus esquemas de agendas, giras y eventos, de imagen pública y capacitación, de análisis y evaluación política, de escenarios y proyecciones, de organización y acción política, entre otros, y las estrategias específicas y particulares de cada uno de los rubros que contienen estos conceptos. Es importante mencionar la conceptualización y alcance de los War Rooms, ya que tienen una gran importancia en todo esquema de estrategias políticas y electorales. Este concepto de análisis y estrategias políticas se ha usado en el mundo de forma natural desde que se inició la política, de acuerdo a las condiciones contextuales y a los avances de las estrategias políticas en los tiempos respectivos. Este concepto a través del tiempo ha sido mejorado y rediseñado constantemente en diversos contextos y países, hasta generar nuevos esquemas vanguardistas de estrategias políticas que puedan ser utilizados y aplicados en todo sistema político y de gobierno del mundo, para lograr los objetivos de éxito.*

Think Tanks. *Estos son utilizados como esquemas genera<u>dores de ideas y de su implementación en la acción. Normalmente son instancias independientes de análisis e investigación para asuntos de interés público, político y de gobierno</u>. Los Think Tanks originalmente centran sus actividades en la investigación sobre cuestiones económicas y de políticas públicas, con el objeto de ayudar a que los asuntos públicos se gobiernen de la forma más eficaz posible. Los denominados Think Tanks de partido, son entidades que suministran ideas y programas a los partidos políticos, y sirven de escuelas de formación de futuros líderes y gobernantes. Algunos autores señalan que los Think Tanks ponen en contacto los resultados de la investigación con las necesidades de las políticas públicas y se han convertido en los mediadores del mercado de las ideas políticas. Los promotores de los Think Tanks afirman que sus propuestas han ejercido una alta influencia en la evolución de las ideas políticas y económicas de los países desarrollados.*

Prólogo

Hoy en día tanto las autoridades públicas como los partidos políticos elaboran sus programas y toman sus decisiones a través de la mediación de expertos en distintas materias. Se ha producido un paulatino desplazamiento ideológico desde el estado y los partidos políticos hacia nuevos espacios de generación de ideas, los cuales reciben el nombre de centros de estudio, fundaciones_o simplemente Think Tanks. El trabajo de los Think Tanks organizados en torno a los partidos políticos, pero intelectualmente autónomos, es directamente útil a estos últimos y generalmente constituyen poderosos laboratorios de ideas, pues trabajan directamente con las elites partidarias, los gobiernos y los líderes políticos y candidatos. Por estas razones, los Think Tanks deberán estar integrados en toda estructura y esquema de organización partidista, política y de gobierno.

Capacidad, Acción y Movilidad Política Estratégica y por Objetivos

Capacidad. *Todo partido político deberá de tener alta capacidad en todos sus conceptos y aspectos, ya sean sistemáticos, esquemáticos, de estructura y recursos, de liderazgos y militancias, de movilidad y acción política, entre otros, lo que les permitirá generar y abordar con seguridad y fortaleza toda actividad, proceso y asunto, de todo tipo y concepto. Todo partido político que sea deficiente en estos aspectos acarreará una serie de factores nocivos para el desarrollo partidista y para la generación de liderazgos y estrategias necesarias, y lo peor es que serán propuestas de representatividad política y de gobiernos deficientes e inadecuados para el estado y la sociedad.*

Acción y Movilidad Política. *Esta movilidad y acción política es fundamental, ya que permite a los partidos generar los esquemas y actividades políticas y estratégicas para cubrir todo concepto, orden y proceso político y partidista, con representatividad, capacidad, eficiencia y resultados de éxito, lo que permitirá abarcar de forma dinámica y eficiente todos los aspectos de la actividad partidista. La movilidad política, por tanto, requiere liderazgos, dirigencias y militancias, análisis y esquemas generales y específicos, decisiones adecuadas, infraestructura, recursos diversos, difusión, promoción y propaganda política y las estrategias y acciones planificadas y decididas de forma razonada, evaluada y consensuada para generar esta movilidad y representatividad popular.*

Atracción Ciudadana, Representatividad y Gestión Popular Real

Atracción Ciudadana. *Fundamentales son los esquemas y estrategias para lograr la atracción ciudadana. Esquemas de búsqueda del beneficio popular, de gestión de las necesidades y propuestas ciudadanas, de promoción y difusión estratégica, de identificación partidista y popular, de esquemas de interrelación popular, de buen trato y respeto, así como de integración ciudadana en las actividades y decisiones partidistas son aspectos fundamentales para lograr esta atracción. Presentación de imagen, principios y propuestas atractivas del partido y de los candidatos, plataformas y propuestas responsables y de beneficio popular, liderazgos partidistas fuertes, designación de candidatos capaces, inserción de ciudadanos en los esquemas partidistas y mensajes partidistas de fuerte ideología y principios para el bienestar popular y el desarrollo integral también serán aspectos de atracción ciudadana para un mayor voto popular. Un sistema de integración y atracción ciudadana, tendrá por objetivo integrar a la población a una plataforma partidista, encabezada por candidatos con visión y con esquemas de políticas públicas para el desarrollo y el beneficio de la sociedad. Será fundamental contar con una infraestructura sistematizada de movilidad ciudadana que impulse el triunfo de los partidos políticos y candidatos, mediante esquemas de participación y acción política, social y electoral. Esta infraestructura funcionará en todo contexto, a nivel nacional, regional, estatal y local, siempre en coordinación con la oficina de acción política de los candidatos y de los partidos políticos y sus alianzas. Se deberá contar con un esquema e infraestructura de representación y movilidad ciudadana y partidista, y una plataforma partidista de propuestas y proyectos, así como con figuras de liderazgo, imagen, visión y capacidad, para que lleven las propuestas ciudadanas al triunfo final.*

Prólogo

Este sistema se dividirá en una serie de esquemas que establezcan y organicen la participación de la sociedad civil y los sectores en los procesos políticos. Esta estructura ciudadana actuará en dos conceptos, uno de forma sistematizada y otro en coordinación con los lineamientos partidistas en todo tiempo y en las campañas electorales, siempre con el liderazgo de sus dirigentes ciudadanos y de los candidatos y líderes partidistas. Esta estructura ciudadana, conformada por estructuras en todos los sectores sociales, tendrá la facultad de crecer hasta abarcar una amplia mayoría de la población, y con esto, asegurar las expectativas y realidades para lograr los triunfos electorales.

***Representatividad.** Los partidos políticos, por principios y por vocación, deben representar a la sociedad y buscar el beneficio popular, para lo cual deben implementar esquemas políticos de sensibilidad y capacidad, que les permitan generar la interrelación adecuada para lograr la representatividad e identificación popular y partidista. Mediante esquemas y acciones que busquen el beneficio de la gente y el desarrollo de las entidades, se logrará mayor identificación popular y partidista, lo que atraerá el voto popular, los triunfos electorales y el reconocimiento ciudadano.*

***Gestión Popular.** Todo partido deberá ser gestor de las demandas ciudadanas, con sensibilidad y seguimiento de los asuntos, con respeto y buen trato, siempre tratando de encontrar la mejor solución de los planteamientos y propuestas populares. Normalmente este concepto no es bien atendido, por lo tanto, se desperdician oportunidades de atraer el reconocimiento popular.*

Análisis, Promoción y Atracción del Voto Popular

Será básico que todo partido político cuente con esquemas partidistas de análisis de la promoción y atracción del voto popular. Esto permitirá generar estrategias para atraer este voto popular mediante el conocimiento y análisis del contexto y de la tendencia y percepción de la ciudadanía. Un sistema para la atracción y promoción del voto electoral tendrá que contar con esquemas y estrategias de promoción y difusión partidista basados en una amplia red de estructuras y operadores para la atracción de afinidades, simpatías y del voto comprometido. Lo más importante será conseguir el compromiso y el registro del voto de la gente a favor de determinados partidos políticos y candidatos. Es decir, este deberá ser un esquema partidista de una amplia coordinación y organización, implementado con el objetivo de convencer a la gente, mediante propuestas reales y efectivas, para asegurar el voto ciudadano, por un lado, y por el otro, para registrar los votos ciudadanos seguros por afinidad y simpatía hacia estas instancias políticas. Por lo tanto, su funcionamiento estará planificado para operar diariamente, en cualquier tiempo, pero especialmente en los periodos que se consideren estratégicos, recabando la información en una amplia red estructural, para saber, conocer y registrar el compromiso de la gente con una plataforma partidista. Esto permitirá observar la tendencia y la fuerza de un candidato y de un partido político en determinados tiempos y procesos, por lo que su aplicación será importante para estos fines y, sobre todo, para hacer crecer una ola de impacto mediático favorable a estos candidatos y partidos políticos. Para estos efectos, habrá también que implementar estrategias inteligentes y penetrantes de promoción, difusión y propaganda partidista, de sus fortalezas, propuestas, plataformas, liderazgos e imagen, para ganar este voto electoral. También deberá haber esquemas de difusión de estos aspectos en medios de comunicación y en publicidad móvil y fija, y mediante la movilidad partidista y ciudadana y las brigadas de distribución propagandística.

Liderazgo, Visión, Capacidad, Sensibilidad y Compromiso

***Liderazgo.** Los partidos políticos deberán contar, de forma fundamental, con fuertes liderazgos políticos y partidistas de dirigentes, funcionarios, militantes y de candidatos que impulsen todo principio y actividad partidista en todo ámbito y tiempo. También debe haber liderazgos fuertes en los gobernantes y líderes políticos emanados de esas instancias partidistas.*

Prólogo

Existen liderazgos de partidos, organizaciones y sectores partidistas, los que se deben aprovechar para conformar plataformas partidistas importantes para fortalecer la imagen y posicionamiento del propio partido y de sus líderes y candidatos, en la búsqueda de todo triunfo político y electoral.

Visión, Capacidad, Sensibilidad y Compromiso. Estos conceptos son fundamentales, por lo que todo dirigente partidista, líder político y candidato debe de tenerlos, ya que esto implicará contar con líderes que tienen la visión y el compromiso del triunfo para generar gobiernos eficientes y desarrollo integral. Estos principios son básicos para esquematizar el trabajo político y partidista, para lograr estos triunfos políticos, mediante esquemas de trabajo político de sensibilidad y capacidad, así como de interrelación con todas las instancias y con la sociedad, para generar los esquemas de beneficio popular y de desarrollo integral de las entidades. La visión otorga el saber y conocer, de forma global y específica, lo que se necesita y lo que se debe hacer para triunfar y generar gobiernos eficientes. La sensibilidad y el compromiso son fundamentales para la interrelación con toda instancia y con todo sector de la sociedad, ya que esto implica un aspecto fundamental de respeto, trabajo, valores y compromisos para el beneficio popular.

Planificación, Organización, Coordinación, Enlace y Funcionalidad

Planificación. Será fundamental contar con esquemas de planificación partidista en todos los aspectos. La planificación tendrá que ser general, por instancias y áreas, por sistemas y esquemas, por conceptos y rubros, por agendas, eventos y actividades, por análisis y resultados y por reconsideración y reingeniería. Todo concepto y aspecto tiene que ser planificado, para contar con un orden estratégico de realización de actividades y procesos, así como de generación de objetivos y logro de resultados. La planificación estratégica global integral conforma una serie de esquemas planificados de diversos conceptos y rubros para una diversidad de conceptos macros y generales, como el posicionamiento partidista y los triunfos electorales para establecer gobiernos eficientes, y también permite detallar aspectos específicos y particulares, como la planificación de las agendas, giras, eventos y reuniones de trabajo de un candidato o de un funcionario.

Organización. La organización partidista permite ordenar y ejecutar todo esquema, sistema, infraestructura, actividad, estrategia y movilidad política. La organización deberá de ser estratégica, planificada, estructurada y funcional, con alcance, penetración y eficiencia, ya que esto conforma a los partidos y a sus esquemas como instancias y conceptos de visión, incluyentes y de alcance, para el logro de los objetivos. La organización de los esquemas internos y de la acción política específica y en general, permite, mediante la planificación, las estrategias y la movilidad partidista, generar procesos y resultados de éxito, de representatividad popular y de triunfos políticos-partidistas. Fundamental también será la estructura representativa organizada, al igual que la conformación organizacional de todo partido político y de todos sus sistemas y esquemas estructurales, de estrategias y de actividades y trabajo político y partidista.

Coordinación. La coordinación establece las vías y los esquemas de interrelación para ejecutar los lineamientos y estrategias, mediante las diversas instancias partidistas de todo tipo y orden. Todo partido político y toda instancia en general, por tanto, deberán de contar con esquemas de coordinación efectivos, dinámicos y funcionales, ya que esto permitirá implementar toda la gama de lineamientos, procesos, actividades y movilidad política y partidista necesarios para la eficiencia general de sus sistemas y esquemas y para el logro de los objetivos y metas.

Enlace. El enlace efectivo permite establecer la interrelación de las instancias partidistas y de todo tipo, mediante las cuales se generan todas las funciones y actividades políticas y partidistas, para el logro de los objetivos. Enlaces eficientes son básicos para la funcionalidad de todo partido, por lo cual toda organización partidista deberá contar con áreas capacitadas para estos fines.

Prólogo

El enlace de toda actividad política y partidista implica una acción determinante para el logro de los objetivos, desde una orden sencilla para un cambio mínimo, hasta el enlace global con todos sus enlaces particulares para generar esquemas estratégicos operativos, políticos y partidistas, que impliquen triunfos electorales o permitan el diseño y la planificación de las campañas políticas.

Funcionalidad. *La funcionalidad depende de la ejecución eficiente todas las actividades políticas y partidistas y de la ejecución efectiva de la planificación, del enlace y de la coordinación de los sistemas, esquemas y procesos, y de las normativas, estrategias y atribuciones partidistas, mediante la infraestructura, las instancias y los actores políticos y partidistas respectivos. La funcionalidad de los partidos, instancias y actores políticos es fundamental, ya que, de generarse de forma eficiente, permitirá lograr que toda la actividad y estrategia partidista global y específica generen los resultados de triunfo y éxito necesarios para el posicionamiento permanente de estas instancias.*

Sistemas de Control, Seguimiento y Resultados Óptimos

Todo sistema de control y seguimiento, y de análisis, evaluación y resultados es fundamental no solo en los partidos políticos, sino en toda instancia de todo orden y tipo, en cualquier ámbito y tiempo. En un partido político, un sistema de control permitirá llevar a cabo un registro de la información política y de todo tipo, así como de las actividades partidistas, internas y externas, además de la información de toda instancia del contexto y de otros ámbitos. Esta información se procesa, analiza y evalúa para generar resultados que establecen escenarios y recomendaciones para la toma de decisiones adecuadas por parte de los líderes políticos y dirigentes partidistas respectivos. Este esquema permite también analizar la información, corregir las fallas teóricas y operativas reales, fortalecer e impulsar los esquemas y estrategias y todo lo que funciona bien, para efectuar una reingeniería política de aspectos globales y particulares y volver a implementar las nuevas estrategias en la búsqueda de la eficiencia y de los triunfos partidistas.

Análisis, Escenarios, Proyecciones y Decisiones Adecuadas

Un centro de control y de estrategias políticas-partidistas permitirá contar con la información de las actividades partidistas y de todo concepto, para su análisis, evaluación y generación de escenarios y proyecciones que permitan establecer las recomendaciones especializadas para tomar las decisiones más adecuadas. Estas decisiones finales se basarán en las proyecciones y escenarios generados por analistas políticos profesionales especializados, mediante la evaluación de costos y beneficios, con la finalidad de lograr el fortalecimiento partidista, de los candidatos y de los liderazgos políticos, así como de todos sus esquemas, procesos y estrategias. La instancia política que no trabaje con estos instrumentos y esquemas de análisis y proyecciones quedará fuera de toda competitividad política y no podrá desarrollarse como una instancia vanguardista y representativa.

Recursos, Administración, Transparencia e Información Popular

Recursos. *Los recursos económicos, humanos, financieros, presupuestales, materiales, de servicios, de infraestructura, de esquemas y programas, etc., son fundamentales para el quehacer político y la operatividad y funcionalidad política y partidista en todos sus aspectos. Los partidos políticos y los candidatos necesitan presupuestos y financiamientos suficientes para llevar a cabo todo esquema, proceso y actividad partidista, sin embargo, siempre existirán carencias en este sentido. Recursos humanos capaces y recursos materiales nuevos, efectivos y estratégicos son prioritarios, al igual que los servicios, que deberán ser de calidad, estratégicos y de alcance. Otros recursos siempre deberán ser efectivos, nuevos, modernos y funcionales, para evitar hacer el trabajo partidista en base a recursos obsoletos, lentos y fuera de todo escenario de competitividad política y partidista.*

Prólogo

Administración. *Todo recurso general y específico, de todo tipo y rubro, deberá ser manejado mediante una administración estratégica y planificada, y efectiva e inteligente. La administración permitirá establecer no solo los aspectos tradicionales administrativos de toda institución, sino que también permitirá generar proyecciones de los recursos, que servirán para la generación e implementación de la planificación y de las agendas, estrategias y actividades partidistas. Toda administración eficiente genera, por tanto, estrategias y resultados partidistas de éxito y de triunfo.*

Transparencia. *Todo recurso y actividad partidista deberá ser transparente e informarse a la sociedad, ya que esto permitirá el conocimiento de la misma de toda actividad partidista y de la utilización de los recursos públicos. Esto generará un alto reconocimiento popular, y mostrará la visión responsable y vanguardista de los partidos, de sus líderes y dirigencias y de sus candidatos.*

Información Popular. *Toda actividad política y partidista, y sobre todo la utilización de recursos y la aplicación de los ejercicios presupuestales, deberán ser informadas a la sociedad, de forma transparente, verdadera y real. Con esto los partidos políticos mostrarán sus objetivos, sus esquemas y su actividad integral partidista, lo que atraerá el reconocimiento popular y sectorial. Habrá determinadas informaciones que no serán del dominio público por cuestiones estratégicas políticas y también por seguridad de las personas, de acuerdo al tipo de ejercicio y actividad.*

Plataformas y Propuestas Responsables, Efectivas y con Visión

Uno de los aspectos prioritarios de todo partido político y sus candidatos será la conformación y presentación de plataformas políticas que contengan propuestas y esquemas que puedan ser realizadas por medio de la gestión de los partidos políticos y al llegar estos a ser gobiernos, con el objetivo fundamental de generar desarrollo integral y mejorar la calidad de vida. Las expectativas de las plataformas políticas y de las propuestas de los partidos siempre serán grandes, por lo que se espera que sean congruentes y se conviertan en realidad. Quienes cumplan, partidos y candidatos, tendrán gobiernos de gran credibilidad y reconocimiento, lo que permitirá seguir triunfando en los procesos electorales. Lo que más cuestiona la sociedad es la falta de seriedad al presentar plataformas y propuestas irresponsables que no podrán realizarse por diversas razones.

Sistemas de Estrategias y de Redes Políticas y Electorales

Sistema de Estrategias Políticas y Electorales. *Este sistema estratégico debe contener propuestas de esquemas conformados por una serie de conceptos a seguir en los aspectos políticos y electorales. Estos conceptos a seguir serán, entre otros, las actividades de partidos, candidatos e instancias políticas y electorales, las campañas políticas, los tiempos y procesos electorales y los tiempos de receso electoral. La finalidad será la de establecer una propuesta de guía básica que permita a las instancias políticas contar con esquemas predefinidos de eficiencia en el quehacer político, para su implementación y aplicación. El objetivo inicial, por lo tanto, será que estas instancias políticas puedan utilizar estas líneas y sus vertientes en la búsqueda de los triunfos electorales, con la inserción de plataformas políticas responsables, reales y objetivas. Este sistema debe comprender aspectos y conceptos de acción, movimiento y conformación de instancias políticas, electorales, de gobierno y de la sociedad. También debe comprender aspectos generales y específicos de esquemas de control y evaluación, así como de difusión y promoción de actividades y procesos, que conformen las vías para la implementación de los esquemas políticos, electorales y de gobierno, eficientes, dinámicos, adecuados, necesarios y representativos, para el desarrollo integral y el bienestar de la sociedad. Asimismo, cada uno de estos conceptos contendrá diversos aspectos y esquemas con sus procesos, lineamientos, actividades e interrelación, que permitan integrar y complementar las ideas, esfuerzos y propuestas partidistas con el objetivo de establecer los esquemas, vías y procesos de la actividad política, y generar mejores gobiernos.*

Prólogo

Sistemas de Redes Políticas y Electorales. *Todo partido político deberá de contar con amplios esquemas de redes que les permitan desarrollar toda su actividad, sus estrategias y su acción y movilidad política, mediante la transmisión de los lineamientos y estrategias partidistas por medio de estas redes políticas. Se tendrán centros coordinadores de estos sistemas y una diversidad de redes de todos los conceptos y rubros de la actividad política. Las redes estructurales son parte fundamental de toda acción y proceso partidista, al igual que las redes de movilidad política, de promoción del voto y de esquemas y estrategias partidistas.*

Diseño y Modernización Integral del Sistema e Infraestructura

Modernización Integral del Sistema e Infraestructura. *Todo concepto, rubro, sistema, esquema, proceso e infraestructura política y partidista debe ser analizada y evaluada, con la finalidad de establecer los resultados que indiquen su justificación y grado de operatividad y funcionamiento. De acuerdo a estos resultados se deberán de modernizar todos los conceptos que así se consideren, para ser funcionales y efectivos. También se deberán de eliminar aquellos conceptos que ya no tengan justificación ni tengan un funcionamiento efectivo. Partido o sistema político que no lo haga se volverá lento y obsoleto y perderá elecciones y hasta franquicias partidistas. Conceptos a ser modernizados hay muchos; estructuras, esquemas, sistemas, procesos, software, sistemas de computación, de comunicaciones, telefónicos, periféricos y de suministros, de redes, etc. También de espacios y áreas, mobiliarios, de equipos y materiales, de servicios, etc. Muy importante, los recursos humanos, mediante capacitación especializada y ejecución de sistemas estratégicos. Todo esto deberá de ser mejorado o, en su caso, y de preferencia, ser nuevo y actualizado.*

Diseño Integral del Sistema e Infraestructura. *De acuerdo a los resultados de las evaluaciones de todo concepto partidista, lo que no funcione se mejorará o será nuevo, sin embargo, habrá conceptos, rubros y aspectos que deberán ser diseñados, ya que diversos esquemas estratégicos no han funcionado anteriormente de forma efectiva, por lo que la implementación de nuevos diseños funcionales y estratégicos le dará un superávit a toda actividad y función política y partidista.*

Información Política y Promoción y Difusión Estratégica

Información Política. *Es prioritario contar con esquemas de generación de información política de todo tipo, sobre todo información estratégica interna y de otras instancias de todo rubro, ya sean aliadas, neutras o adversarias y opositoras. Toda información provee conocimiento de los hechos y los aspectos, además de que su análisis genera esquemas de información estratégica que será usada para beneficio partidista. La información es poder, y la información analizada y estratégica son ventajas políticas y triunfos electorales. La instalación de centros de recopilación y de análisis y resultados de la información son fundamentales para toda estrategia y actividad partidista.*

Promoción y Difusión Estratégica. *El objetivo prioritario será generar esquemas de difusión y promoción estratégica de las instancias políticas, mediante su eficiente planificación, distribución, utilización e implementación en todo ámbito y en todos los medios de difusión del contexto. También se deberán generar, para esta difusión, los análisis y evaluaciones de las actividades y de los resultados políticos y partidistas y de la información que se derive de los partidos políticos y de sus candidatos y de toda instancia política de un país y sus entidades. De forma específica se deben de difundir en todo tiempo y básicamente en los procesos y campañas electorales, todos los aspectos básicos de la acción y movilidad partidista, así como la imagen, los esquemas y resultados y el desarrollo de todo proceso y actividad política y partidista. El objetivo de esta difusión será la de posicionar de forma real y favorable, ante la sociedad y sus sectores, a los partidos políticos y a los candidatos. Esta difusión también tiene el objetivo de lograr el reconocimiento de las posturas y pronunciamientos partidistas, así como el de sus esquemas, acciones y resultados.*

Prólogo

Esta estrategia partidista tiene la finalidad de abarcar a toda la sociedad y sus sectores y a todas las instancias de todo tipo, que puedan tener influencia y ascendencia en el logro de mayores posicionamientos políticos y en la consecución de triunfos electorales. La estrategia de difusión en medios de comunicación y en publicidad estática y móvil deberá ser amplia y aplicada de forma general, con la inclusión de múltiples conceptos y rubros como las conferencias de prensa, entrevistas, reuniones, esquemas de potencialización de aspectos favorables para candidatos, líderes partidistas y aspirantes a gobernantes y legisladores. De forma prioritaria debe de contener esquemas de proyección de encuestas y sondeos, así como de presencia en los medios. Todos estos conceptos deberán ser planificados y realizados de forma ordenada, independientemente de los aspectos que surjan de forma natural y eventual, ya que esto permitirá establecer las mediciones y proyecciones necesarias que impulsen la difusión y el posicionamiento de los partidos y candidatos ante sectores y sociedades locales, nacionales e internacionales.

Sistematización de Esquemas, Procesos y Actividades Políticas

La sistematización de los esquemas políticos se generará e implementará en todo apartado del quehacer político y partidista, desde los aspectos más sencillos hasta los grandes esquemas que producen decisiones y resultados que transforman los contextos. Así tendremos diversos esquemas sistematizados, desde los esquemas de aspectos básicos reglamentarios de todas las áreas de un partido político, como lo son las funciones, atribuciones y actividades naturales de estas áreas, hasta los esquemas estratégicos y de escenarios partidistas, como lo son los análisis de los conceptos y esquemas de acción y movilidad política y la generación de las estrategias respectivas. Tendremos, entonces, que toda actividad partidista estará sistematizada, desde los conceptos básicos generadores de la actividad política primaria, como lo son la planeación, las agendas, la calendarización, los procesos y los resultados, mediante el diseño y aplicación de sus esquemas respectivos, hasta los aspectos de mayor interrelación de conceptos, de estrategias, de definiciones y de decisiones políticas y partidistas. La sistematización de todo concepto, esquema y actividad política será fundamental para que la función política y partidista se realice con eficiencia y con resultados óptimos y exitosos en todos los casos.

Alianzas Estratégicas Integrales y por Objetivos

Una alianza estratégica de instituciones y partidos políticos se construye con negociaciones, acuerdos y consensos, y con infraestructura y representaciones en todo ámbito, como una alianza entre partidos, instituciones, sectores y sociedad, con el objetivo de representar la visión y las necesidades de las mayorías políticas y sociales, así como de las minorías poblacionales y de toda la sociedad en general. El objetivo es representar a la sociedad y apoyar sus causas y necesidades, así como lograr todos los triunfos electorales posibles en todos los procesos correspondientes. También existirán las alianzas no oficiales, que se construirán con gobiernos, organizaciones y sectores locales, nacionales e internacionales, que por ley no se puedan oficializar. Otras alianzas estratégicas no oficiales serán aquellas que se establezcan con organizaciones, sectores y partidos adversarios, así como también con líderes y candidatos opositores. Diversos tipos de alianzas fundamentales serán las siguientes; alianza estratégica nacional de instituciones y partidos políticos, alianzas con partidos y organizaciones políticas de todo orden y ámbito, con gobiernos, población, sectores, organizaciones y representaciones ciudadanas, con medios de comunicación, con adversarios y opositores por coincidencia de objetivos, con representantes legislativos, con personajes de influencia nacional y local y con sectores nacionales, locales e internacionales. Las alianzas políticas y electorales entre los partidos políticos son fundamentales, ya que les permitirán realizar una serie de estrategias y acciones de mayor alcance y amplitud.

Prólogo

Será importante, por tanto, que los partidos políticos amplíen su red de alianzas y su trabajo político y electoral, para posicionarse ante la sociedad y obtener la mayoría de triunfos, mediante el impulso de fórmulas de candidatos interpartidistas y ciudadanas para posicionarse como partidos de vanguardia y reconocidos por gobiernos, sectores y sociedad. Una de las fortalezas de las alianzas entre partidos será tener una mayor representatividad partidista en todos los órganos políticos y electorales. Con esto se podrá contar con mayor información de todos los aspectos que se generen en estas instancias y lograr más y mejores esquemas de acción y movimiento, así como de manejo de posturas partidistas y de defensas políticas y electorales en toda tribuna y ámbito.

Lealtad, Honestidad y Sensibilidad Política

__Lealtad.__ Este concepto es básico para establecer el entorno de confianza y credibilidad, además de conformar lazos fuertes de unidad y de ideales y objetivos. La lealtad debe ser encauzada en base a un trabajo colectivo e individual de representatividad y de valores morales, éticos y eminentemente profesionales, personales, políticos y partidistas. No confundir una lealtad de valores, con otra basada en el seguimiento ciego a los jefes, cuyos objetivos e intereses son generalmente personales y de grupo y no partidistas y sociales. Además de que pueden estar incluso fuera de aspectos legales. La lealtad es básica para el fortalecimiento de los lazos, la credibilidad y la confianza y con esto, generar procesos y resultados de unidad, consenso y estabilidad política-partidista.

__Honestidad.__ Este valor genera confianza, credibilidad y estabilidad personal, política y partidista. Cualquier persona con estos valores transmitirá a los grupos y a los individuos los esquemas y fortalezas de certeza y confianza para generar las mejores políticas y trabajos partidistas.

__Sensibilidad Política.__ Este concepto es fundamental, ya que permite que las personas tengan la capacidad de interrelación con la población en general y con sus representantes, en todo ámbito y esquema laboral, con la cualidad de entender a los demás, interpretar sus esfuerzos y necesidades y luchar por generar el beneficio colectivo. Asimismo, el trato de respeto y sinceridad con sus similares, colaboradores y adversarios, además de la población en general, es fundamental para el fortalecimiento de los valores personales y para el logro colectivo de los triunfos electorales.

Sistemas Integrales y Representativos de Selección de Candidatos

El proceso de selección de candidatos partidistas es muy importante, ya que la presentación de una plataforma de candidatos capaces y de imagen de trabajo y honestidad ante la población puede impulsar favorablemente a los partidos políticos y a estos mismos candidatos. Un esquema fundamental para escoger a los candidatos es el de establecer un proceso de pruebas diversas que deben de ser aprobadas como un paso final para que los precandidatos puedan aspirar a obtener las candidaturas de un partido. Este Esquema de aprobación y selección para los precandidatos, de acuerdo con exámenes y pruebas de personalidad, preparación y sentido común, deberá tener los siguientes esquemas de exámenes: Examen toxicológico, para evitar que individuos que utilicen drogas y alcohol puedan dirigir, legislar, gobernar o trabajar de forma inconveniente. Examen psicométrico, para evitar que individuos con problemas mentales y con falta de capacidad para coordinar esquemas de organización y de visión puedan gobernar y legislar a la sociedad. Examen de capacidad y organización, para obtener a los mejores elementos, que puedan dirigir, organizar y administrar, y así tener la visión, la coordinación, el sentido común y la voluntad para llevar a cabo su trabajo de la mejor forma, tanto para gobernar como para legislar o trabajar en diversos gobiernos. Examen básico de conocimientos, simplemente para saber si saben su historia, si saben de geografía, cultura, relaciones, lógica y biología, entre otros temas, para que contemos con elementos que le saquen mayor provecho a los ejemplos históricos y culturales y puedan asimismo manejar esquemas de la geopolítica, de las proyecciones y escenarios, etc.

Prólogo

Esquema de encuestas con la población para saber si conocen a los precandidatos y de sus capacidades y propuestas. Con este esquema general de pruebas, los partidos políticos contarán con plataformas de candidatos que les posicionen favorablemente ante la población, porque de otra forma, una plataforma partidista de candidatos débiles o problemáticos, cuestionados por la gente y desechos de otros partidos, además de ineficientes e incultos, en lugar de beneficiar disminuirán la fuerza y representatividad partidista y afectarán considerablemente las expectativas de triunfo, aun siendo partidos políticos grandes y fuertes. También los cuadros de candidatos en todo proceso electoral, de cualquier tiempo y ámbito, deberán estar conformados de forma mixta, combinando cuadros partidistas con ciudadanos de buena imagen y reconocimiento, ya que es la fórmula ideal para balancear una buena propuesta política a la sociedad, con la visión y planteamientos de objetivos y necesidades de ambas partes.

Candidatos Capaces, Representativos, con Carisma y Sensibilidad

Todo candidato deberá de contar con liderazgo, capacidad, sensibilidad, visión, sentido común, compromiso y carisma, para aspirar a representar a la población y también para gobernar o legislar. De acuerdo a estos perfiles se esperan buenos gobernantes y legisladores, que indudablemente impulsarán el desarrollo de las entidades y el beneficio popular. Por lo anterior son fundamentales los procesos de selección de candidatos, porque sin estos esquemas se producen candidatos mediocres que no saben ni gobernar, ni legislar, ni hacer política. Por tanto, toda propuesta de fórmula de candidatos de los partidos políticos en los procesos electorales debe de combinar, de preferencia, tanto a cuadros de imagen y capacidad del propio partido como a candidatos ciudadanos capacitados, de buena imagen y reconocidos en su actividad pública y profesional. Esta es una fórmula que, de forma conjunta, puede generar una plataforma de candidatos diversos con capacidad e imagen, ampliamente aprobados y reconocidos por la población, que impliquen renovación de los partidos políticos.

Representantes Partidistas Capaces y Confiables

La representatividad partidista deberá estar a cargo de elementos especializados en los procesos y actividades de todas las instancias políticas, electorales, sociales, gubernamentales y ciudadanas, en los tiempos que se especifiquen políticamente. Será necesario contar con un esquema de selección de representantes partidistas ante las instancias correspondientes, así como de control y seguimiento de sus actividades y funciones. El objetivo será el de realizar un seguimiento preciso de las actividades de estos representantes, mediante esquemas estrictos de evaluación de resultados para determinar si son capaces y confiables en estos cargos de representación, para así contar con cuadros de representantes partidistas leales, capaces y de compromiso y resultados con su partido.

Esquema de Gestión de la Calidad en los Partidos Políticos

Tanto en un sistema político en general como en todo partido político es fundamental implementar esquemas de gestión de la calidad, de mejora continua y de reingeniería de procesos, ya que estos implementan los conceptos globales y específicos para lograr la eficiencia general y de todas las áreas, lo que establece un funcionamiento de alta efectividad y productividad política. La eficiencia partidista generará procesos y actividades de alta presencia y representatividad política, así como esquemas estratégicos de planeación, de control y de acción y movilidad política que logren el posicionamiento partidista y el triunfo electoral. Todos los esquemas y procesos, las instancias generales y las áreas específicas, y los actores involucrados en el sistema mejorarán su eficiencia, lo que implicará un trabajo partidista de alto nivel que generará partidos de vanguardia y políticos de primer nivel, que impactarán a la sociedad y lograrán la mayoría de los triunfos electorales.

LÍNEAS DE ESTRATEGIAS POLÍTICAS Y ELECTORALES

Ensayo de un Sistema Estratégico Integral de Esquemas Políticos y Electorales

ÍNDICE

Introducción general

S i vemos a la política como la actividad de quienes procuran obtener el poder, retenerlo y ejercitarlo con vistas a un fin y como una disposición a obrar en una sociedad utilizando el poder público organizado para lograr objetivos provechosos para todos, toda instancia política tiene, por consecuencia, la búsqueda del poder en todas sus manifestaciones, para desde ese ámbito y orden, ejercerlo de forma eficiente para obtener el reconocimiento que le permita mantenerse en el mismo mediante los esquemas políticos del contexto.

El posicionamiento político de instituciones y actores, para su reconocimiento, aprobación y consolidación, debe ser amplio y favorable, producto de la estrategia, acción y movilidad de sus esquemas, procesos y actividades políticas, laborales y sociales. También mediante la realización, de forma permanente, de campañas estratégicas de fortalecimiento e impulso a su presencia en áreas de influencia, con el objetivo de ampliar paulatina o rápidamente éstas a otros escenarios mayores y a un contexto general. Esta estrategia y movilidad política, estará basada en esquemas integrales con lineamientos que incluyan conceptos generales y específicos en sus procesos y actividades y no solo de buenas intenciones, como a veces se puede percibir. Estas buenas intenciones se refieren a lograr el posicionamiento deseado, más no a las formas y métodos de transitar y conseguir las metas, que normalmente están plagadas de posturas y acciones emanadas de intereses específicos que generan diferencias y conveniencias al interior y exterior de las diversas instancias.

Es importante transitar hacia una homogeneidad positiva del quehacer político, que permita procesos de gran civilidad y transparencia, con instancias, instituciones y actores capaces en sus métodos, acciones y resultados, tanto en la arena política para acceder al poder como ya en el poder mismo. La homogeneidad no en cuanto a esquemas normativos y sus procesos, que por lógica son para todos, y que quedan especificados en los marcos legales y reglamentarios de las instituciones y actores, sino en los aspectos de la percepción, interrelación y trabajo político de los actores. Lo anterior, porque comúnmente se desvían de los causes especificados de las normativas y de los códigos escritos y no escritos del quehacer político y generan inestabilidad y descrédito no solo para ellos, sino que también para sus instituciones y sistemas políticos de sus entornos respectivos. Esta homogeneidad positiva de la percepción y formas de hacer la política, también contempla la mejora de los esquemas políticos, lo que equivaldrá a una eficiencia en todos los sentidos. Desde los mismos esquemas y procesos políticos, con todos y cada uno de sus conceptos y rubros, hasta el ejercicio efectivo, con compromiso y capacidad de los actores políticos y sus instancias.

Tendremos así una democracia mejor, más representativa y justa, con mayor información a la sociedad de sus esquemas y procesos y con mejores instancias para transitar por ella, con instituciones y normativas eficientes y representativas y con actores políticos capaces y con visión, con sensibilidad y compromiso y, por ende, con sociedades también más participativas y preparadas. Como se observa, el otro aspecto de la homogeneidad es la sistematización de los esquemas de la política y la democracia para acceder al poder público en todas sus formas y manifestaciones. Esto permitiría a las instancias contar con los sistemas, normativas, vertientes y procesos para transitar y competir de forma igualitaria, balanceada, eficiente, razonada, transparente, dinámica, funcional y representativa para lograr el triunfo y acceder al poder público. Se debe buscar entonces el posicionamiento político de instituciones, personas y grupos mediante esquemas de homogeneidad y sistematización eficientes y eliminar los aspectos deficientes de los esquemas que históricamente se han utilizado, como los aspectos aleatorios y coyunturales, faltos de compromiso y de moral, etc.

La sistematización de las estrategias políticas y electorales tiene el objetivo de que la política, mediante normativas, instituciones y actores, utilice formas específicas para hacerse más eficiente y lograr unificar los esquemas y procesos a realizar, generando esquemas igualitarios, homogéneos y efectivos, así como procesos transparentes, dinámicos, funcionales, prediseñados y realmente representativos de la sociedad. La sistematización de las estrategias debe incluir la parte de los esquemas políticos y electorales que históricamente han demostrado su eficacia, desechando los malos métodos utilizados, ya que se han basado en conveniencias, falsedades, demagogia, falta de compromiso y sensibilidad y de carencia de propuestas realizables.

Estos métodos deficientes no deben ni pueden representar más a la sociedad y mucho menos interpretar lo que ésta quiere y necesita. Además, el problema se agrava de forma alarmante cuando las fórmulas políticas de plataformas, grupos y personajes sin visión ni capacidad, compromiso y sensibilidad logran acceder al poder. Cuando estos personajes llegan a gobernar hacen un mal tan considerable que daña a su contexto durante años, décadas o más, ya que impiden el desarrollo integral, y aún más grave, generan subdesarrollo, pobreza, marginación, inestabilidad económica, política y social, inseguridad alarmante, descontento social, falta de procuración de justicia, de libertades, de derechos y de democracia. Aún más grave todavía, llegan a generar hasta escenarios de turbulencia, confrontación, inseguridad, guerrilla y guerras internas y externas, hambrunas y genocidio. Por eso la urgencia de poner candados institucionales y constitucionales a los esquemas políticos y electorales de todo sistema político, de estado y de gobierno. Porque al revés de la mayoría de las empresas eficientes y exitosas, no siempre gobiernan los mejores y más preparados, sino los que llegan por diferentes formas y métodos como el amiguismo, compadrazgo, caciquismo, nepotismo y por diversos intereses de grupos, entre otros, con la consabida desgracia para la sociedad y sus sectores.

La sistematización busca establecer esquemas obligatorios que hagan que todos los actores políticos transiten por ellos, con los márgenes y las condicionantes que este esquema indique, los cuales contendrán amplias áreas de movilidad, acción y desarrollo, así como conceptos de eficiencia, sensibilidad, transparencia, justicia, veracidad, compromiso, voluntad, visión y responsabilidad. Los malos conceptos quedarán fuera de estos esquemas, entre otros, la corrupción, la deshonestidad, la irresponsabilidad de ideas y propuestas, el derroche de recursos e influencias, la falta de transparencia e informes a la sociedad y la nula fiscalización y contraloría de los recursos. También la falta de trabajo eficiente y de vías de interrelación, así como la falta de enlace y de diálogo con la sociedad y las contrapartes políticas.

El objetivo de la estrategia política es lograr el cumplimiento de las metas específicas, que van desde los triunfos electorales hasta las formas eficientes de gobernar y generar desarrollo en los contextos, por lo que es necesario no solo enunciar los objetivos, sino como llegar a ellos, mediante que esquemas y métodos. El esquema sistematizado establece las vías, normativas, procesos y acciones a seguir, tanto por los políticos y candidatos, como por las instancias políticas y partidistas respectivas. Esto permitirá una gran libertad de movimiento político, eliminando los aspectos negativos del quehacer político de antaño, que no sólo no son deseados, sino que generan nefastas influencias en personas e instituciones y en el quehacer político en general. Esta influencia negativa ha conformado escenarios de confrontación e inestabilidad política y social en diversos países y sus regiones por así convenir a los intereses de determinados grupos de poder. Esto ha dañado la economía, la seguridad y la tranquilidad de las comunidades, regiones y localidades, lo que, a su vez, en un círculo vicioso, ha impedido el desarrollo, la productividad, el empleo y la mejora de la calidad de vida de la gente. Los esquemas sistematizados de acción política, por tanto, establecen las vertientes para hacer política y gobierno con seguridad y eficiencia, lo que desarrolla integralmente el propio sistema político y, por tanto, el estado y la sociedad. Esto se debe básicamente a los propios esquemas que generan esta sistematización y control político-partidista. Pero también se debe, entre otros conceptos prioritarios políticos y partidistas, a la eficiente acción política y gestión popular, al liderazgo y visión de líderes y dirigentes, a la organización y a la conformación y funcionamiento de la estructura y a la representatividad y abanderamiento de la sociedad y sus asuntos. También a los ideales y principios, a la designación de candidatos capaces, responsables y con compromiso y a los sistemas estratégicos de inteligencia político-partidista. También se debe a los esquemas de responsabilidad de las plataformas partidistas y a las propuestas políticas de partidos y candidatos, a la transparencia de la utilización de los recursos de la acción política y a la eficiencia en los tiempos y en la difusión y propaganda de los procesos políticos y electorales. Toda instancia política y sus actores llevan a cabo estrategias y actividades políticas en su respectivo ámbito y orden, tales como la presentación de sus plataformas políticas y de sus candidatos y la presentación de sus propuestas partidistas para el desarrollo.

También procuran la generación de coaliciones, el análisis y evaluación de los procesos y resultados, el acercamiento con la población, los sectores, los grupos de poder, los medios de comunicación y los aliados respectivos. Además, desarrollan actividades en general, como reuniones, giras, gestiones, eventos, mítines y campañas, así como la difusión de los procesos y resultados convenientes para informar a la sociedad y los sectores, obtener el reconocimiento y la aprobación de estos y atraer más adeptos a sus instancias y votos en los procesos electorales. Aunque en muchos casos estas actividades políticas se hacen de forma coyuntural, aleatoria y de acuerdo con lineamientos de las cúpulas gubernamentales, políticas y partidistas, según el contexto, se ha mostrado que se puede triunfar. Esto es debido a que la competencia electoral en muchos países y en sus entidades se genera entre partidos y candidatos similares en mediocridad, en los que la sociedad no se ve representada ni apoyada. También, debido a que las propuestas y las fórmulas de estas instancias políticas no cumplen con los requisitos básicos ni con las expectativas de mejora para sus contextos.

La competencia, que será de baja calidad y de malos y regulares candidatos, se basará, por lo tanto, en la similitud de propuestas, procesos y acciones, aunque no de presupuestos, en donde si existirán amplias diferencias. Si la propuesta a la sociedad proviene de formas de realizar políticas mediocres parecidas y de propuestas de regulares candidatos, la sociedad tendrá que escoger en base a estas propuestas y plataformas y tendrá que haber un ganador, aunque no siempre sea lo requerido y necesario para un estado y sociedad. Esto es una realidad, pero esto no quiere decir que no haya solución, al contrario, toda sociedad que no cuente con sistemas políticos de vanguardia o candidatos capaces puede transformarlos, cambiarlos o mejorarlos para generar las instancias y actores gubernamentales que se necesiten. A su vez estos ejercerán el poder para lo que fueron elegidos como instancias y representantes constitucionales, que es gobernar y legislar para desarrollar las entidades, con paz y estabilidad económica, política y social y beneficiar con todos los satisfactores sociales a una población. Las sociedades de vanguardia, las menos, saben y conocen su papel en el estado y en la historia, por lo que contienen esquemas sistematizados en determinados grados que son perfeccionados, concebidos, modificados y mejorados continuamente. Esto les permite plantear sus propuestas y necesidades al gobierno, así como también evaluar las políticas públicas y propuestas gubernamentales, para aprobar o no el ejercicio gubernamental, político, legislativo y de gestión, para que, en su caso, manifestar o no su apoyo y reconocimiento al trabajo gubernamental y exigir siempre mejores resultados mediante las vías institucionales de estos esquemas sistematizados. Otras sociedades se encuentran a la mitad del camino, establecidas en países emergentes con diferentes y variados contextos internos, que tanto tienen un esquema de vanguardia en algunos ámbitos y ordenes, como otros intermedios y otros inexistentes, por lo que el trabajo político y gubernamental es fundamental para insertar en todas las regiones estos esquemas.

La mayoría de las sociedades en el mundo se encuentran en contextos de subdesarrollo e incluso de pobreza y marginación y aunque en sus países se cuente con algunas regiones de desarrollo y riqueza, estas serán las mínimas, mientras que el grueso de la población estará conformado por sectores económicamente bajos y en pobreza. Estas sociedades, al igual que su estado, se encuentran en subdesarrollo y pobreza, por lo tanto, su lucha constante es por la generación de esquemas productivos en el menor de los casos y por la subsistencia en el mayor de ellos y no por la búsqueda de mejoramiento y rediseño de esquemas políticos y de diversos rubros. Estas sociedades carecen total o parcialmente, en consecuencia, de la mayoría de los esquemas para la productividad, la democracia plena, las libertades, los derechos de expresión y humanos, la justicia social y el estado de derecho eficiente y de estabilidad económica, política y social. Por lo tanto, menos contarán con esquemas políticos sistematizados que les permitan hacer escuchar su voz por las vías institucionales, y aunque en algunas ocasiones puedan manifestarse, sus reclamos no serán ni escuchados ni atendidos en su generalidad. En el mundo globalizado actual existen, en su generalidad, grandes diferencias entre países y al interior de estos, en sus regiones y localidades y en la forma, concepción y comportamiento de sus sociedades. Por estas razones, el objetivo será el de implementar esquemas políticos sistematizados y de gobierno que generen procesos eficientes, democracia y representatividad, y gobernantes y legisladores capaces, con visión y compromiso, que impulsen el desarrollo integral y los satisfactores sociales en sus entidades. De esta forma, los países avanzarán y se acercarán en sus abismales y graves diferencias económicas, políticas, sociales y culturales. De forma paulatina, rápida o no, de acuerdo con el contexto y las coyunturas, las diferencias entre regiones y países deberán de disminuir, estabilizando asimismo el entorno global y permitiendo un balance que genere desarrollo sustantivo para la estabilidad y la paz mundial y para la mejora de la calidad de vida de todos los seres humanos.

Perspectivas de conformación de un esquema de líneas políticas y electorales

Existen infinidad de documentos con antecedentes y análisis gubernamentales, políticos, sociales y económicos que establecen, de forma certera y apegada, la realidad y la situación en los diversos contextos, y que sin duda tienen un gran contenido que permite analizar, enterarse y entender los asuntos y aspectos respectivos a estos conceptos y escenarios, además de que también cumplen con el objetivo de documentar e informar en este sentido a la sociedad en general. Asimismo, existen documentos de análisis, estrategias, acciones y propuestas políticas, gubernamentales y partidistas que también buscan implementar esquemas y sus efectos para lograr el triunfo electoral y para generar buenos gobiernos.

Este libro busca complementar los ideales, propuestas, escenarios y estrategias de las instancias políticas para generar buenos gobiernos y gobernantes, así como representantes y legisladores para impulsar el desarrollo integral y el beneficio de la sociedad. Asimismo, busca generar esquemas e ideas para establecer un sistema integral político y electoral, con su conformación e infraestructura y sus vertientes, dirigidas al ejercicio de políticas públicas y partidistas eficientes. Este libro contiene ideas y propuestas basadas en esquemas y acciones que se consideren necesarias para este fin, sin tomar de forma literal nombres de actores e instituciones, ni hechos y sucesos en lo particular. Utilizará el contexto de forma general, con sus escenarios específicos, para derivar las proyecciones que se requieran para establecer así un sistema de estrategias políticas y electorales y sus esquemas de propuestas. Por lo tanto, este es un libro de ideas y estrategias que en su conjunto establecerá el amplio esquema que englobe una proyección del triunfo de las instancias políticas, con sus instituciones, actores y candidatos a cargos de elección popular para acceder y ejercer el poder político. En conclusión, este libro es un ensayo de propuestas generales y específicas de líneas políticas y electorales para ser analizadas y utilizadas en determinados contextos de forma total o parcial y de acuerdo con los tiempos y ámbitos, así como a los órdenes y formas de las instancias respectivas, ya sean políticas, sociales o de gobierno.

Un esquema básico de estas líneas políticas y electorales será el de conformar diversas propuestas de lineamientos y esquemas por concepto, para moldearlos e insertarlos en un esquema congruente que busque hacer eficiente de forma global y específica estos conceptos, para que trabajen de forma conjunta, coordinada y funcional como un amplio sistema de trabajo político, electoral y gubernamental. La conformación de un esquema teórico de trabajo político que pueda ser utilizado en la práctica se genera sobre la base de una atracción, análisis y conjunción de los aspectos básicos del quehacer político y electoral de un estado. Esto se logra desglosando sus aspectos en líneas y razonamientos emanados de sus esquemas, procesos y actividades, que pueden ser acomodados y organizados en infinidad de sistemas y esquemas. Derivado de estos preceptos se pueden bosquejar diversos planteamientos que busquen hacer eficientes los esquemas y procesos de la actividad política y electoral, por lo que en este ensayo se establecen diversas líneas de estos conceptos para procurar un marco general y específico de trabajo, con sus esquemas, procesos y actividades. Para estos fines, a continuación, se presenta y comenta una propuesta de un sistema estratégico integral especialmente para gobiernos y partidos políticos, pero también para toda instancia pública y privada que lo necesite y requiera. Este sistema conjuntará una diversidad de conceptos con sus estructuras y funcionamientos necesarios del quehacer político, electoral y gubernamental para coadyuvar en la generación de instancias gubernamentales eficientes y sensibles que produzcan el desarrollo integral sostenible y la mejora de la calidad de vida de la población. Antes veamos de forma breve y sintetizada los propósitos de implementar un esquema Know How aplicado a un sistema político y al propio quehacer político.

El Know How o saber hacer en un sistema político integral

El Know How o saber hacer, originalmente se implementó en esquemas de diseños y proyectos, básicamente de aspectos productivos, industriales y empresariales, basado en la funcionalidad y eficiencia para la productividad, los servicios y otros rubros de estas instancias. Posteriormente, este esquema ha sido utilizado con éxito en otros diversos conceptos, debido a la visión esquemática de saber hacer las cosas en los términos correctos para generar los resultados deseados. Aunque en política no ha sido ampliamente utilizado, salvo en países desarrollados y en regiones de algunos países emergentes, su implementación esquemática y utilización general es fundamental, ya que implicará generar y establecer sistemas y esquemas de alto nivel de conocimiento y productividad del quehacer político y partidista. También debe aplicarse en sistemas gubernamentales y de políticas públicas para generar esquemas y procesos de gobierno y de la administración pública de eficiencia, dinamismo y funcionalidad, para impulsar el desarrollo integral, la productividad y la mejora de la calidad de vida poblacional. Este esquema incluye técnicas, información y su manejo, teorías y datos generales y específicos, que coadyuvan a la generación de esquemas y estrategias basadas en el nuevo conocimiento adquirido de los actores involucrados, así como en sus habilidades y aptitudes distintivas para desempeñar sus funciones. Cuando se aplica a un sistema, partido u organización política, se dice que es la experiencia con que estas instancias cuentan para desarrollar sus actividades políticas, partidistas, electorales, de control, de seguimiento y de resultados de éxito. Algunos aspectos del Know How aplicados a la política, en sus sistemas, procesos e instancias, son básicos para encontrar la razón del objetivo político que permita generar las estrategias para lograr el triunfo político y electoral. Para este fin será básico generar esquemas, estrategias, acción y operatividad política y partidista, y también conocer las estrategias de otras instancias que puedan afectar al sistema y al partido, para estar siempre alertas y con las respuestas y la operación política adecuada. Además, se deberán conseguir los liderazgos del sistema y de los partidos con estas estrategias y acciones, por medio de dirigentes, líderes y candidatos adecuados. Para estos efectos, se deberán utilizar, entre otros aspectos, la información y su análisis exacto para la mejor toma de decisiones, el posicionamiento partidista, político y ciudadano, el abanderamiento de las causas populares y la generación de esquemas políticos incluyentes y vanguardistas que generen los triunfos y los gobiernos eficientes para el desarrollo del estado y el beneficio popular. También se deberá buscar el voto electoral mediante el análisis del comportamiento de los sectores y grupos de la sociedad, para atraerlos estratégicamente con este fin. Será fundamental trabajar de forma coordinada, en grupos y sectores, con líderes y personas capaces y participativas, y con objetivos altos, pero reales y responsables. Será importante también el establecimiento de prioridades y objetivos políticos, con sus vías y esquemas para poder cumplirlos, así como la implementación de esquemas de análisis y reacción rápida para minimizar los ataques adversarios y mantenerse fuertes y bien posicionados. Los esquemas estratégicos políticos, electorales y partidistas han sido utilizados de diversas formas, en todo contexto y tiempo, desde que cada instancia fue creada y diseñada, aunque estas han sido perfeccionadas de acuerdo a las experiencias y a la visión de diversos líderes políticos y de gobierno en sus respectivos ámbitos. Este perfeccionamiento de los esquemas estratégicos en cada contexto ha permitido un avance sustantivo de la estrategia política. Estas estrategias rediseñadas y perfeccionadas han sido difundidas y aplicadas en infinidad de países y sus regiones en la actualidad, gracias a su universalidad y a su visión para hacer bien las cosas para los triunfos políticos. Las estrategias políticas han adoptado nombres de impacto en estos tiempos, que han servido para generar esquemas de alta eficiencia y visión política. Tenemos así conceptos de esquemas de análisis, estrategias y productividad política emanada de los "War Rooms", así como de los "Think Tanks", entre otros, que han transformado y perfeccionado la estrategia y el quehacer político, generando ideas y estrategias vanguardistas e inteligentes, operatividad política eficiente y triunfos electorales que generen gobiernos eficientes. Pasemos ahora, en este ensayo, a las líneas políticas y electorales que conforman un sistema estratégico integral de esquemas políticos y electorales.

Ensayo de un Sistema Estratégico Integral de Esquemas Políticos y Electorales

El sistema estratégico integral comprende esquemas, planificación, tiempos, estrategias, procesos y actividades políticas para la implementación de esquemas políticos y electorales en todo ámbito y orden. El sistema estratégico integral se inserta, asimismo, a las leyes y normas del sistema político y electoral de los diversos contextos y ámbitos en los aspectos, conceptos, tiempos y procesos correspondientes. Pero desarrolla también diversos aspectos y conceptos alternativos, nuevos o coincidentes, complementarios, paralelos y simultáneos al esquema político y gubernamental respectivo. Esto es de acuerdo con su propia naturaleza, conformación, diseño y esquemas de movilidad y acción política y electoral, así como a la búsqueda de la construcción e implementación de nuevos y mejores gobiernos para generar desarrollo integral sostenible y mejora de la calidad de vida de la población.

El sistema estratégico integral abarca, por lo tanto, conceptos dentro de los tiempos electorales tradicionales, pero también incluye conceptos en los periodos que no son electorales, por lo que implica un amplio esquema que genera actividad política, electoral, de difusión y de gobierno en todo tiempo, ámbito y contexto.

El sistema estratégico integral comprende aspectos diversos como lo son los procesos electorales, los de difusión, de promoción, de estrategias, de políticas, de atracción popular y de presentación de plataformas políticas y de gobierno. También de interacción popular y sectorial, de informes, de movimientos, de procesos diversos, de alianzas, de recursos y financiamientos, de construcción de plataformas gubernamentales y de conceptos para el desarrollo integral. El objetivo de este sistema será la planificación estratégica y la ejecución eficiente de estos aspectos, para establecer las propuestas de las vías a seguir por las instituciones, actores y partidos políticos y por las organizaciones y sectores diversos, independientemente del movimiento natural que se genere de las propias actividades de estas instancias.

Los conceptos y actividades del sistema estratégico integral de esquemas políticos y electorales se desarrollarán, dependiendo de su naturaleza y conformación, en todo tiempo político, electoral y no electoral, con la finalidad de conformar la base, la plataforma y el diseño del proceso del quehacer político y de la movilidad y acción partidista para el triunfo, con todos los aspectos que esto implica. Aunque algunos de estos conceptos ya se realizan o se tienen contemplados, el interés de estas propuestas es el de aportar y conformar una serie de estrategias y acciones con la finalidad del triunfo de las instancias políticas mediante este sistema estratégico.

Objetivo del Sistema Estratégico Integral de Esquemas Políticos y Electorales

El objetivo fundamental es el de establecer los esquemas, vías y procesos de la actividad política y electoral para lograr los triunfos partidistas electorales y para generar nuevos gobiernos eficientes, y con esto, coadyuvar en lograr las condiciones para generar el desarrollo integral sostenible y el beneficio para la sociedad. Como se ha observado, este sistema estratégico contiene propuestas de esquemas conformados por una serie de conceptos a seguir en los aspectos políticos y electorales. Estos conceptos a seguir son, entre otros, las actividades de partidos, candidatos e instancias políticas y electorales, las campañas políticas, los tiempos y procesos electorales y los tiempos de receso electoral. La finalidad será la de establecer una propuesta de guía básica que permita a las instancias políticas contar con esquemas predefinidos de eficiencia en el quehacer político, para su implementación y aplicación.

El objetivo inicial, por lo tanto, es que estas instancias políticas puedan utilizar estas líneas y sus vertientes en la búsqueda de los triunfos electorales, con la inserción de plataformas políticas responsables, reales y objetivas. Estas líneas y guías pueden ser mejoradas, adicionadas, rediseñadas o cambiadas, según cada instancia política así lo considere y de acuerdo con sus preceptos y vías de acción. El diseño de estas líneas contiene los elementos para que sean utilizadas efectivamente y para producir el éxito en la obtención de las metas respectivas. Esto es porque su contenido trata de abarcar los planteamientos necesarios y adecuados para lograr estos objetivos, en base a las estrategias políticas y partidistas y al movimiento y acción política y electoral.

La propuesta de estas líneas está basada en la observación directa e indirecta y en el análisis de infinidad de contextos de la vida política en todo ámbito y tiempo, electoral y no electoral. También se ha basado en el análisis del movimiento integral de las instituciones políticas, de sus dirigentes, de su personal y militancia, de los candidatos a cargos de elección popular, de los gobernantes y legisladores emanados de los diversos partidos en los procesos políticos y electorales y en él quehacer diario de estas instancias. Están incluidos también los aspectos burocráticos, administrativos, financieros y de gestión gubernamental, política y partidista.

También se basa en el análisis de las propuestas de candidatos a todo cargo de elección popular en todo ámbito, de su accionar en las campañas electorales y en el ejercicio del poder, ya sea ejecutivo, legislativo, judicial o electoral, así como en los resultados que han generado, que por lo general no han sido de calidad.

Esto se debe a que han llegado a los espacios de poder muchas personas que han carecido de los elementos básicos de conocimiento e interpretación de los aspectos de gobierno, entre ellos los de ejercer políticas públicas y legislar con visión, compromiso y alcance.

Estos aspectos han generado en diversos países, sino es que en los más, contextos de subdesarrollo, marginación y pobreza, falta de productividad e inconformidad social, inflación, devaluación de la moneda y falta de poder adquisitivo de la población, entre algunos de los muchos aspectos no deseados a ningún país ni región. Si observamos el plano mundial, estamos plagados de estos contextos producidos lógicamente por sus sistemas políticos y sus gobernantes y por la falta de participación y reclamo de las sociedades civiles.

Para cambiar estos contextos se necesitan diversos aspectos que permitan generar gobernantes y legisladores, así como gobiernos y estados de mayor capacidad de acción gubernamental y política, y que las sociedades logren contar con una mejor preparación a nivel general para conseguir los espacios de interrelación, de planteamientos y de solución de los asuntos, conjuntamente con sus gobiernos.

El sistema de estrategias políticas y electorales busca establecer lineamientos que puedan convertirse en normativas que sean aplicadas en todo sistema político y electoral y al interior de los gobiernos, de los partidos políticos y de la sociedad y sus sectores. Lo anterior, para establecer esquemas completos que permitan a las instituciones y actores políticos y sociales contar con las vías necesarias y adecuadas que transformen y hagan eficiente no sólo estos sistemas políticos utilizados en la actualidad, sino que transformen, con los resultados obtenidos, los entornos, las regiones y los países.

Esta transformación, por supuesto, implica lograr e implementar gobiernos comprometidos y con visión, actores gubernamentales y políticos preparados y capacitados, partidos y organizaciones políticas, así como sectores poblacionales capaces, comprometidos y sobre todo involucrados e interrelacionados para generar cada vez mejores contextos. Esto permitirá lograr que sus países y regiones generen, mantengan e impulsen el desarrollo integral sostenible y la mejora de la calidad de vida de la población.

El objetivo básico es utilizar estas vías y lineamientos, que son simples enunciados, pero que deben de seguirse para generar los contextos de éxito y desarrollo.

Veamos ahora los conceptos y aspectos generales que conforman los lineamientos del sistema estratégico integral de esquemas políticos y electorales para el desarrollo y la mejora de la calidad de vida para la sociedad.

Sistematización de los esquemas políticos y electorales

La sistematización de todo concepto, esquema y actividad política es fundamental para que la función política y partidista se realice con eficiencia y con resultados óptimos y exitosos en todos los casos. Esta eficiencia será desde la actividad mínima administrativa o de logística, hasta la actividad de los grandes eventos o las grandes estrategias y decisiones partidistas. Esto quiere decir que tendremos un sistema político sistematizado en lo general y en lo particular, en lo global y en los aspectos específicos. Aparte de que los esquemas, los procesos y los resultados siempre serán eficientes y óptimos, lo mejor de todo será que esto funcionará de forma automatizada, es decir, sin ninguna decisión de dirigencia o cúpula partidista o política que no se base en las recomendaciones y resoluciones del propio sistema. Esto quiere decir que el propio sistema contiene todos los elementos metodológicos, normativos, esquemáticos, estructurales, de recursos y de personal para efectuar sus funciones eficientemente. Claro que se necesitará al ser humano para implementar el sistema, pero este podrá ser operado con el mínimo de recursos humanos posibles. Lo mejor de todo es que se evitarán las decisiones y su ejecución, generalmente erróneas y faltas de razonamiento, por parte de las dirigencias o liderazgos políticos y partidistas de todo ámbito. Claro que el ejercicio de la política seguirá intacto, y se podrá manejar como a cada gobernante o líder político le parezca, la diferencia estará en que no podrá manejar los esquemas sistematizados de este sistema político. Es decir, tendrá facultades para desarrollar su tipo de política, ya sea de altura y con visión o primitiva y retrógrada, según su capacidad y el contexto, pero fuera de todo esquema sistematizado. Esto es factible porque todas las actividades, esquemas y decisiones sobre aspectos normativos, reglamentarios y políticos naturales y tradicionales, que son casi todos, quedarán integradas al sistema sistematizado político y partidista. Esto deja un escaso margen de movimiento y acción política independiente a estos líderes, que más bien fungirán como representantes de este esquema sistematizado, ya que tendrán que estar presentes en los eventos y conceptos del quehacer político de su contexto. Sin embargo, el margen de maniobra para estos políticos les permitirá darle un gran lucimiento a su figura y al sistema, en caso de ser preparados y capaces, pero este margen también permitirá ver todas las deficiencias de un dirigente, en caso de no estar preparado o ser completamente retrógrada. A pesar de que el dirigente sea completamente deficiente, el sistema funcionará efectivamente, lo que permitirá a los partidos políticos, gobiernos y cualquier otra instancia, generar resultados óptimos. Esto se logra porque el sistema tiene sus esquemas como modelos y prototipos a seguir, en todo rubro y actividad partidista. El líder político, por tanto, solo podrá manejar, de forma independiente, su propia política y sus aspectos de presencia y actitud personal, lo que le dará plusvalía al sistema o hará ver mal al dirigente sin que el sistema resienta en lo más mínimo estas malas actuaciones cupulares y de dirigentes políticos y partidistas.

Esta propuesta de sistematización, por tanto, igualará los esquemas, procesos y resultados del ejercicio de la política en todos los países del mundo y, por tanto, generará una igualdad en el quehacer político mundial. Esto, asimismo, producirá mejores esquemas de hacer política y, por tanto, mejores candidatos, líderes y gobernantes. También producirá mejores gobiernos y sistemas políticos y de gobierno, lo que hará que las diferencias en el mundo disminuyan y todos se acerquen a los esquemas y resultados de los países avanzados. Asimismo, esto eliminará toda una gama de deficiencia e injusticias en el ejercicio del poder y la política. En síntesis, generará un mundo más igualitario, con esquemas similares y resultados exitosos que producirán gobiernos eficientes, desarrollo integral y mejora de la calidad de vida para todos.

La sistematización de los esquemas políticos se generará e implementará en todo apartado del quehacer político y partidista, desde los aspectos más sencillos hasta los grandes esquemas que producen decisiones y resultados que cambian los contextos de los países y sus regiones. Así tendremos diversos esquemas sistematizados, desde los esquemas de aspectos básicos reglamentarios de todas las áreas de un gobierno o de un partido político, como lo son las funciones, atribuciones y actividades naturales de estas áreas, hasta los esquemas estratégicos y de escenarios partidistas, como lo son los análisis de los conceptos y esquemas de acción y movilidad política y la generación de las estrategias respectivas. Tendremos, entonces, que toda actividad partidista estará sistematizada, desde los conceptos básicos generadores de la actividad política, como lo son la planeación, las agendas, la calendarización, los procesos y los resultados, mediante el diseño y aplicación de sus esquemas respectivos, hasta los aspectos de mayor interrelación de conceptos, de estrategias, de definiciones y de decisiones políticas y partidistas. Esto parece enredado, pero simplemente es el modo y modelo de encasillar, si es que la política se puede, toda actividad y proceso del quehacer político. Sin meterse en aspectos más profundos de estas explicaciones pasemos a demostrar de forma breve algunos prototipos y modelos de este esquema de sistematización. Pongamos como ejemplo la actividad de las manifestaciones y marchas partidistas a realizarse en un año. El sistema contemplará la realización de determinadas marchas por diferentes aspectos, ya sean de recordatorios o aniversarios partidistas o de héroes nacionales o locales o de movimientos de independencia y revolución, etc. También el sistema contemplará la realización de marchas de representación netamente partidista, así como un determinado número de marchas por cualquier situación que se genere en el contexto. Se tendrá, por tanto, un calendario y agenda de todas las marchas a realizarse en un año por los partidos políticos de cualquier ámbito y contexto, también se tendrán las especificaciones de cada una de las marchas. Que elementos contendrán, quién las dirigirá, con cuantas personas, que sectores participarán, que exigirán, etc. También aspectos de cuál será su finalidad, cuál será el impacto mediático y el costo político, además de cuál será el beneficio del partido y de los candidatos, etc.

En el caso de un esquema sofisticado como lo será la toma de decisiones o las estrategias políticas y partidistas a seguir, se tendrán los siguientes aspectos. Se contará con un amplio manual con diversos aspectos a seguir. Estos aspectos especificarán infinidad de situaciones, sucesos y contextos que se pueden generar en todo sistema político y en todo ámbito. Se tendrá, por tanto, un modelo y prototipo de esquemas a seguir en caso de que se produzca cada uno de los escenarios contemplados. Esto quiere decir, que de cualquier actividad o suceso propio o de los adversarios, o de cualquier otro factor, se tendrán los lineamientos y esquemas a seguir, con la propuesta de los escenarios que podrían suscitarse. Esto generará una serie de conclusiones y definiciones para terminar especificando cual sería la decisión más adecuada de tomar en estos escenarios. También proveerá a los dirigentes partidistas de posibles escenarios para que estos puedan decidir. Por tanto, cada líder o gobernante tendrá al menos tres esquemas que produce el sistema para tomar la decisión correspondiente a los determinados sucesos y escenarios. Esto será igual en todo suceso político que afecte a un sistema político en cada entidad, y podrán ser sucesos locales, estatales, nacionales, regionales y mundiales. El sistema tendrá un esquema de colores de focos que indicarán la magnitud y el impacto del suceso en el sistema político respectivo. Esta focalización a escala de los sucesos permitirá asimismo generar las recomendaciones correspondientes. Así tendremos, por ejemplo, si la decisión de un presidente de un país, emanado de un partido azul, es errónea, y produce falta de seguridad pública o pobreza poblacional, cuál será la reacción de un partido político adversario, por ejemplo, rojo, en cuanto a estas decisiones presidenciales. El esquema propondrá varias acciones a seguir y de cada una de ellas proveerá al menos dos o tres decisiones finales para ser ejecutadas. Esto será contemplando lógicamente todo costo político para el partido rojo. Este ejemplo es en el caso reactivo, pero también se tendrán en el caso proactivo. En este caso, el sistema podrá implementar estrategias para que un partido determinado genere propuestas muy efectivas para el desarrollo y exija a los congresos y al poder ejecutivo presidencial implementarlas y aplicarlas. Se hará así para que la sociedad observe y agradezca esta lucha por establecer esquemas para el beneficio de todos. Asimismo, podrá haber asuntos basados en capitalizar pleitos políticos de otros partidos, entre sus dirigentes y grupos sectoriales, etc. Este sistema siempre establecerá normativas que mantengan la unidad partidista y evitará, a cualquier costo, incluso con la expulsión de sus miembros más prominentes, que se generen rupturas y fracturas que disminuyan la fortaleza de un partido. En fin, se contará con todo un gran sistema de manuales de política de altura con diversas definiciones, todas al menor costo político, para ser escogidas y utilizadas, lo que permitirá la mejor decisión de los líderes partidistas, ya que el sistema ya la ha tomado en base a los análisis, evaluaciones y proyección de escenarios generados por el sistema. Esta sistematización será fundamental para transformar los sistemas políticos, para ganar elecciones y para generar gobiernos eficientes, así como desarrollo integral sostenible y mejora de la calidad de vida de la población. Esta sistematización se ha contemplado para ser integrada a todos los conceptos especificados en este libro.

Sistema Estratégico Integral de Esquemas Políticos, Electorales y de Gobierno

- *Sistema de Estrategia y Acción Política*

- *Sistema de Estrategia Electoral*

- *Sistema de Integración y Atracción Ciudadana*

- *Sistema de Construcción y Propuesta de un Gobierno Eficiente*

- *Sistema Estratégico para el Desarrollo Integral Sostenible*

- *Sistema de Control, Planificación, Evaluación y Estrategias de Esquemas Políticos y Electorales*

- *Sistema de Difusión y Promoción Estratégica*

- *Sistema para el Bienestar y Desarrollo de la Sociedad*

- *Esquema de Presentación e Inserción del Sistema Integral Estratégico de Esquemas Políticos y Electorales*

- *Esquema de Financiamiento del Sistema General Integral Estratégico*

- *Esquema de Transparencia y Eficiencia de Utilización de los Recursos*

- *Esquema de Responsabilidad de Plataformas y Propuestas Electorales, Planteamientos y Acciones*

Conceptos generales y lineamientos del Sistema Estratégico Integral de Esquemas Políticos y Electorales

El sistema estratégico integral comprende aspectos y conceptos de acción, movimiento y conformación de instancias políticas, electorales, de gobierno y de la sociedad. También comprende aspectos generales y específicos de esquemas de control y evaluación, así como de difusión y promoción de actividades y procesos, que conformen las vías para la implementación de los esquemas políticos, electorales y de gobierno, eficientes, dinámicos, adecuados, necesarios y representativos, para el desarrollo integral y el bienestar de la sociedad.

Asimismo, cada uno de estos conceptos contiene diversos aspectos y esquemas con sus procesos, lineamientos, actividades, dinámica e interrelación que permitan asimismo integrar y complementar las ideas, esfuerzos y propuestas con el objetivo de establecer los esquemas, vías y procesos de la actividad política y electoral y generar nuevos y mejores gobiernos.

Veamos enseguida el gráfico del mapa del Sistema general integral estratégico de esquemas políticos, electorales y de gobierno, y analizar la propuesta, y los resultados y conclusiones que debemos y podemos deducir, que sin duda nos ayudará a generar las propuestas, las estrategias, las proyecciones y los escenarios en los que se tenga que transitar, con el mayor de los éxitos en el cumplimiento de objetivos y metas.

Mapa del Sistema General Integral Estratégico de Esquemas Políticos, Electorales y de Gobierno

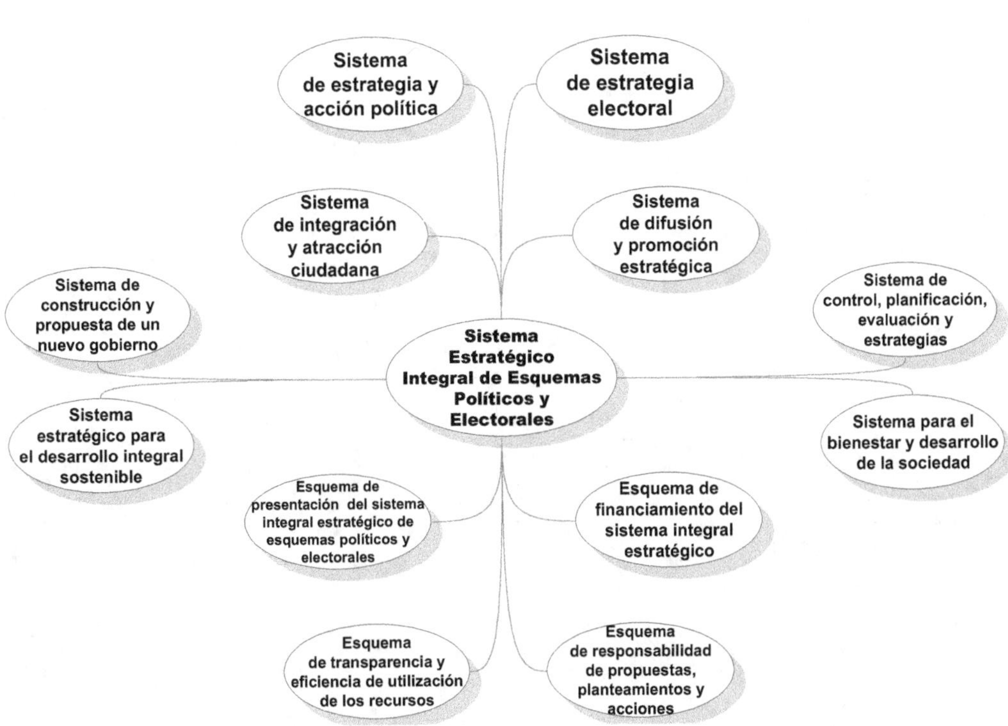

Sistema de Estrategia y Acción Política

Sistema de Estrategia y Acción Política

1.   *Esquema de estrategia de posicionamiento y de acción y operación política*

2.   *Esquema de presentación e interacción de plataformas y de propuestas para el desarrollo*

3.   *Esquema de estructuración y posicionamiento de instituciones y partidos políticos*

4.   *Esquema de estructuración y posicionamiento de alianzas estratégicas de instituciones, partidos políticos y sociedad*

5.   *Esquema de alianzas políticas estratégicas generales*

6.   *Esquema de infraestructura de trabajo político*

7.   *Esquema de organización y acción política de grupos afines y de trabajo*

8.   *Esquema de propuesta política de integración de candidatos partidistas y ciudadanos en procesos electorales*

9.   *Esquema de representaciones políticas de partidos y candidatos*

10. *Esquema de difusión y promoción política*

11. *Esquema de control, estrategias y planificación política*

12. *Esquema de análisis, estrategias y decisiones políticas emanadas del movimiento de organizaciones neutrales y de adversarios políticos*

Este sistema de estrategia y de acción y operación política especifica y contiene los aspectos políticos y partidistas en lo general y en lo particular, así como las normativas, estrategias, acciones y procesos de las instancias políticas de todo contexto. Desde las instituciones de todo orden, organizaciones y partidos políticos, con sus dirigencias, militancias y candidatos a diversos cargos de elección popular, hasta los conceptos de la sociedad y sus sectores. También contiene los aspectos de difusión, control, planificación, estrategias y movimiento de estas instancias en todo tiempo, especialmente político y electoral.

Esquemas fundamentales de estos conceptos políticos generales son, entre otros, de acción y operación política, de estructuración y posicionamiento partidista, de alianzas estratégicas, de infraestructura y trabajo político y de planificación y organización partidista. También son básicos los esquemas de movilidad y representatividad política, de selección de candidatos partidistas y ciudadanos, de control, análisis, estrategias y proyecciones, y de difusión y promoción política.

1. Esquema de estrategia de posicionamiento y de acción y operación política

Este esquema implica diversos aspectos como la planificación, lineamientos, estrategias, operatividad, movimientos y alianzas de instituciones, partidos y candidatos en todo tiempo y ámbito, tanto en periodos políticos y electorales como en sus recesos. Aunque las actividades políticas las realizan infinidad de instituciones y sectores políticos, gubernamentales y de la sociedad, en este ensayo la base será la conformación, presencia y actividad de los partidos políticos y sus candidatos. Esto en virtud de que son las figuras de mayor representatividad del quehacer político en todo contexto, y son la vía preferencial, constitucional y específica de los estados para proponer, competir y lograr el poder gubernamental, así como para representar a la sociedad para estos efectos y para escuchar sus planteamientos y necesidades, y gestionar y solucionar sus problemáticas. Por esta razón, este libro se basará en estas estructuras políticas, como lo son las instituciones y partidos políticos y sus candidatos, en la búsqueda permanente, mediante estrategias y acciones, de obtención del poder político y ejercerlo en beneficio de la sociedad y para la conformación de un estado desarrollado y eficiente.

Toda esta concepción teórica y de acción y operatividad política conformará el "Know How" o el saber cómo desarrollar de forma eficiente el quehacer político de todo contexto, de forma global y específica, con todas sus particularidades, para implementar los sistemas, esquemas y procesos políticos de eficiencia y éxito, para el posicionamiento político requerido y el logro de los triunfos electorales.

Los partidos políticos con sus sectores, representaciones, dirigentes, militancias y candidatos se autoproclaman líderes políticos y partidistas y representantes de la sociedad y sus sectores, sin embargo, la mayoría de las veces no cumplen con estas premisas y no coadyuvan en transferir y difundir los planteamientos sociales a las instancias respectivas. Por tal razón los resultados no han sido los deseados, y en cambio han permitido la generación de contextos de subdesarrollo que de forma constante se continúan ampliando y manifestando. En los estados desarrollados, con sociedades y gobiernos más preparados y capacitados, los representantes y gobernantes en su mayoría son verdaderos activistas en favor del desarrollo de su país y sus regiones, así como de la procura del beneficio de la gente, por lo que son ampliamente reconocidos por su sociedad y su entorno. Al contrario, en la mayoría de los estados en el mundo, la percepción de la sociedad hacia las instancias gubernamentales y políticas es de falta de capacidad para el ejercicio eficiente de las funciones y de abandono de las causas poblacionales. También ven, en muchos casos y ámbitos, a los gobiernos y políticos como personas que casi no trabajan, tienen sueldos muy altos y no hacen lo que la sociedad quiere y necesita sino lo que ellos quieren y lo que les ordenan sus jefes.

En realidad, los principios y postulados de los partidos políticos en el mundo contienen los elementos fundamentales para la búsqueda de los triunfos y el acceso al poder político, velando siempre por el bienestar de la gente y el desarrollo de sus países y regiones. Sin embargo, los representantes de estas instituciones y los candidatos diversos, así como los funcionarios de todo orden y tipo de gobierno, aunque llevan como bandera estos enunciados, en lo general no obedecen a los intereses de la sociedad y del estado, sino a los intereses y estrategias políticas de sus líderes y gobernantes. Estas percepciones de la sociedad hacia sus instancias políticas, candidatos y representantes políticos y gubernamentales, en muchos países y regiones y en la mayoría de los casos, se basa en la realidad del quehacer político en esas entidades. Por tal razón, será importante que las actividades de los representantes de toda instancia política y de gobierno cumplan con los enunciados y principios de sus instituciones y generen políticas y gobiernos con visión y alcance. Esta es la forma para transformar la percepción popular de estas instancias y de sus representantes. Para estos efectos, las instituciones políticas y sus candidatos deberán implementar estrategias y acciones políticas que les permitan estar cerca de la sociedad y sus sectores, con esquemas de amplia difusión en los medios de comunicación, en los que informen, reconozcan y ratifiquen su posicionamiento para abanderar a la sociedad y los proyectos políticos y de gobierno de su contexto.

En todo proceso electoral existe siempre la probabilidad de que con la estructura, inercia, movilidad, acción política y estrategia de las instituciones, partidos políticos y candidatos sea más que suficiente para lograr triunfos electorales de cualquier magnitud, sin embargo, es importante manejar más y mejores conceptos, estrategias y actividades que pueden ampliar las expectativas y la seguridad para estos triunfos. Estos conceptos incluyen el trabajo, acción y operación política que las instituciones y candidatos realizan de forma natural, además de la generación de propuestas y esquemas de trabajo, movimiento y acción, de acuerdo con la planificación y diseño de las actividades integrales, así como de los aspectos, conveniencias, expectativas y proyecciones a seguir. Veamos estos lineamientos y conceptos.

Esquema de estrategia de posicionamiento y de acción y operación política

- *Trabajo político partidista de presentación de informes*
- *Trabajo político de estrategias y proyectos específicos*
- *Foros de propuestas y resultados para el desarrollo integral y la mejora de calidad de vida*
- *Estrategia de difusión y promoción en medios de comunicación*
- *Posicionamiento y fortalecimiento político ante instancias afines*
- *Acercamientos y alianzas con instancias adversarias y opositoras*
- *Planificación y control de actividades de instituciones y candidatos*
- *Cabildeo, lobby político y operación política estratégica*
- *War Rooms, Think Tanks y otros esquemas y estrategias políticas.*

Veamos a continuación cada uno de estos aspectos y su impacto de forma general y específica.

1.1. Trabajo político partidista de presentación de informes

- *Informes partidistas a instancias gubernamentales, sectoriales y poblacionales*
- *Informes político-partidistas a sociedades en otros países*
- *Informes políticos partidistas a instancias políticas y partidistas*

La presentación de informes de trabajo y de resultados, ya sean normativos o no, de políticos, candidatos y gobernantes es una estrategia para informar a la sociedad y los sectores del trabajo político o gubernamental desarrollado por estos en sus áreas y ámbitos respectivos. Esta estrategia tiene la finalidad de fortalecer y promover su figura, institución y partido, así como de informar a la sociedad de sus resultados, formas de trabajo, métodos, procesos y esquemas utilizados y aplicados para estos logros. Otro objetivo de esta estrategia de presentación sistemática de informes de logros, es el de mantener y ampliar el posicionamiento político y las expectativas respectivas, ya sean de triunfo, reconocimiento y aprobación general. Independientemente del trabajo político y de gobierno sobre estrategias, políticas públicas y partidistas, escenarios y decisiones de alto nivel desarrollado en las respectivas áreas de trabajo de estos personajes, será básico e importante generar también, entre otros aspectos, esquemas de gestión de asuntos derivados de planteamientos, solicitudes y propuestas que la gente haga a los candidatos mediante cualquier vía, además de darles seguimiento y resolución. Esto equivaldrá a lograr mayor posicionamiento y presencia ante la población y los sectores.

Objetivo

El objetivo será siempre generar mayor presencia y posicionamiento de los partidos, candidatos y líderes políticos, mediante la presentación de informes de logros y actividades a la sociedad, así como para presentar sus propuestas de esquemas, programas y procesos para el triunfo electoral. También para que estas propuestas sean consideradas como instrumentos de gobierno para el desarrollo integral y la mejora de la calidad de vida. Una estrategia prioritaria será la de establecer una agenda de presentación de informes en diversos ámbitos y tiempos, que deben realizarse en contextos nacionales y regionales, así como en otros países, ya sea por la importancia de su población migrante y residente, o por la importancia estratégica y de interrelación económica, comercial, cultural, política y social entre países. Esta estrategia producirá un mayor posicionamiento político de partidos y candidatos por la presentación de estos informes y por la exposición y difusión de esta interrelación política y social en los medios de comunicación. El objetivo de estos foros de presentación de informes también es que la gente conozca lo que los partidos y candidatos realizan por el bien de su contexto y sociedad, lo que les permitirá abanderar las causas populares y triunfar en los procesos electorales. En estos foros se establecerán esquemas de preguntas, propuestas, planteamientos, etc., entre los candidatos y los grupos, sectores y población presente.

El objetivo será aprovechar la inercia favorable que se producirá en estos foros para que los medios de comunicación difundan ampliamente acerca de los logros políticos de los expositores y como beneficiarían a una región o país, así como del dinamismo e interrelación implementada por los candidatos con los sectores y la sociedad para aumentar aún más su presencia y posicionamiento popular. Será importante planificar no sólo esta actividad de presentación de informes de logros diversos, sino de todo el movimiento político de instituciones y candidatos, ya que esto permitirá presentar a la sociedad una mayor información estratégica partidista. Esto le generará a los partidos y candidatos una mayor credibilidad y posicionamiento para lograr triunfos contundentes que impidan inconvenientes con grupos adversarios y opositores respecto a la claridad de los resultados electorales.

1.1.1. Informes partidistas a instancias gubernamentales, sectoriales y poblacionales

Los informes políticos partidistas son emanados de los diversos logros políticos, partidistas y gubernamentales de los candidatos, líderes políticos y partidos, y deberán ser replicados en todo ámbito a través de los medios de comunicación y de eventos, reuniones, foros y mítines, para un mayor posicionamiento político. Una de las características de este informe político será que el auditorio y público estará conformado por representantes de todos los ámbitos e instituciones, públicas y privadas, y de todos los sectores y organizaciones de una sociedad y de un país, región o localidad, por lo que tendrá un carácter altamente representativo. Estos informes políticos partidistas podrán ser realizados en determinados ámbitos, de acuerdo con los tiempos políticos, y serán realizados por representantes, gobernantes o candidatos en las entidades correspondientes. También se deberán de realizar informes simultáneos por medio de representantes de estos candidatos y funcionarios en la mayoría de las localidades y regiones del contexto respectivo. Se tendrán así informes de logros simultáneos en toda localidad y estado de un país, con una alta representatividad, lo que generará una amplia difusión y promoción estratégica de estos eventos, con un alto impacto favorable, en los contextos gubernamentales, sectoriales y poblacionales.

En la mayoría de las ocasiones el informe podrá ser presentado por el mismo candidato, sin embargo, por la diversidad y simultaneidad de las presentaciones, el informe podrá ser entregado de forma escrita por un representante de partido y del mismo candidato o leído por una autoridad de la entidad y localidad ante los representantes gubernamentales, político-partidistas y poblacionales. Derivado de esto, de acuerdo con una planeación de presentación de informes, se podrá generar de forma simultánea y masiva la entrega y lectura de estos informes en la mayoría de localidades y regiones. Esto implica una presencia importante de un partido y una plataforma política por medio de sus dirigentes, funcionarios y candidatos, así como de los representantes de éstos en las regiones y localidades de una entidad o país.

<u>Presencia y representatividad de auditorio en los informes políticos partidistas</u>

Estos eventos tendrán la presencia de gobernantes y representantes gubernamentales, sectoriales y poblacionales de una entidad y de otros entornos, según se considere en cada contexto. También será fundamental la participación de la sociedad en general.

Invitados a informes contextuales

- *Gobernantes y funcionarios gubernamentales de todo orden y ámbito de la entidad y de otras entidades, de preferencia que sean vecinos y de la región*

- *Legisladores nacionales, de la entidad y de otras entidades*
- *Funcionarios del gobierno nacional y local*

- *Sectores: empresarial, educativo, ciudadano, magisterial, popular, científico y tecnológico, religioso, sindical, militar, gremial, comercial, de comunicación y periodístico, cultural, político, etc., locales y de otras entidades, así como nacionales e internacionales*

- *Sectores y organizaciones locales, nacionales e internacionales*
- *Población en general*

<u>Información del "Sistema integral estratégico de esquemas políticos y electorales" en los eventos de informes político-partidistas</u>

En todas las presentaciones de informes político-partidistas de los candidatos y líderes políticos, se presentarán y difundirán también los conceptos de un sistema integral estratégico que contenga esquemas políticos, partidistas y electorales, vanguardistas y exitosos, diseñados y estructurados con visión y alcance para hacer más eficientes todos los procesos y actividades de un sistema político en todo contexto. También para generar gobiernos eficientes y gobernantes, funcionarios, políticos y candidatos capaces y comprometidos. En estos eventos se informará a la sociedad y sus sectores de los aspectos de una reforma del estado y de los esquemas de sistematización y homogeneidad de los procesos políticos, electorales y de gobierno, con la finalidad de lograr el desarrollo integral y el beneficio popular.

1.1.2. *Informes políticos partidistas a sociedades en otros países*

Estos informes partidistas, de las mismas características del concepto anterior en su esencia y conformación, se podrán generar en diversos países, en su generalidad en aquellos que cuenten con población de residentes y migrantes del país respectivo y con los que se tenga una importancia estratégica económica, política, comercial, cultural y social. La finalidad será la de posicionar la presencia de los candidatos y partidos con la sociedad migrante radicada en otros países y también con la sociedad de primera, segunda y tercera generación de residentes de origen migrante en esos países, ya que esto implica una mayor difusión del movimiento político partidista.

<u>Informes de actividades de políticos, funcionarios y candidatos en otros países</u>

En este caso, los informes políticos, de campaña e incluso los gubernamentales, se podrán presentar en países en cuyas localidades y regiones existan migrantes del país en cuestión y se invitará a los gobernantes y funcionarios de la entidad, a sus representantes político-partidistas, sectores, organizaciones y representantes de migrantes en esas entidades, además de la sociedad en general. En este sentido, podrán generarse varios informes anuales en ciudades y regiones de varios países.

<u>Objetivo de la presencia internacional simultánea</u>

Este objetivo implica establecer reuniones de trabajo con la presencia de candidatos, gobernantes, funcionarios de gobierno, representantes sectoriales, económicos, políticos y sociales de las regiones y localidades del país promotor y de los diversos países que se visitan. Su finalidad será la de generar una inercia de trabajo y de asuntos de importancia mutua que permitan establecer vínculos para la convivencia política y para las alianzas comerciales, culturales, sociales y de inversión para el desarrollo económico de las regiones respectivas. Los procesos y resultados de estas actividades, convenios y acuerdos deberán de difundirse de forma amplia en los medios de comunicación, tanto nacionales y locales como internacionales, ya que esto implicaría un mayor posicionamiento de políticos, gobernantes y candidatos.

1.1.3. Informes político-partidistas a instancias políticas y partidistas

Estos informes se generarán principalmente por parte de los dirigentes, líderes, gobernantes y candidatos de un partido ante la militancia, seguidores, simpatizantes partidistas y de otras instancias políticas y organizaciones aliadas permanentes y coyunturales. Las reuniones se llevarán a cabo en todo ámbito, incluido el internacional. El objetivo será presentar el trabajo político, partidista y electoral de dirigentes, funcionarios y candidatos partidistas ante instancias políticas propias y diversas y mostrar asimismo las estrategias y los logros en determinado tiempo y en determinados procesos generales y específicos.

Sistematización del esquema de presentación de informes

Vamos a tomar de ejemplo este concepto de presentación de informes de políticos y candidatos a la sociedad para tratar de explicar cómo puede ser sistematizado un concepto. También para explicar de forma breve no solo el aspecto teórico, sino como puede ser implementado y aplicado a la realidad de un esquema político y operativo en todo contexto. En este sentido, tendremos un concepto que es el de la presentación de informes políticos a la sociedad, el cual contiene diversos aspectos, integrados a un marco general, que permiten su conocimiento y aplicación.

En este esquema habrá normativas y reglamentos, agendas, calendarios, actividades, procesos, enlaces, coordinación y administración. También habrá aspectos de recursos humanos, materiales, económicos, financieros y de todo tipo, además de servicios integrales y aspectos de promoción, difusión e interrelación con instancias y sociedad, entre otros muchos conceptos que conforman un evento y su realización exitosa. También se tendrán las resonancias e impactos de todo orden y tipo que se generen en los medios de comunicación y en la sociedad y sus sectores. Cada concepto de estos tendrá un esquema sistematizado, el cual especificará la actividad, las atribuciones, su objetivo y alcance, su finalidad y sus resultados e impactos esperados. Asimismo, cada concepto, como por ejemplo el de la logística de un evento, especificará que grupos lo realizarán, cuál será la agenda, el lugar, los servicios, los recursos, los discursos, las invitaciones, los grupos de trabajo, la atención a invitados y ponentes, etc. También se analizará y producirá la planeación, administración y organización, los protocolos, la información, la operación y los resultados generales y específicos. En fin, cada uno de estos aspectos tendrá su modelo o prototipo de esquema, que contendrá toda la información de todas las actividades para la realización de estos eventos. Quienes lo harán, cuantas personas por actividad, que tiempos, cuantos recursos y dinero, etc. Como se observa, cada detalle estará especificado en cada actividad y proceso de este evento. Derivado de esto se generarán modelos y prototipos para que siempre sean utilizados en la realización de estos eventos, en lugar de que cada vez se proceda a toda una serie de aspectos para volver a organizar un evento. Estos prototipos tendrán un formato universal, por lo que podrán ser utilizados en cualquier contexto. Con esto se mejorará la eficiencia de la actividad y el quehacer político y partidista. Esta será la sistematización que se deberá de aplicar en todo concepto y esquema político y partidista de una entidad y país, la cual contendrá desde aspectos básicos de logística hasta aspectos trascendentes de estrategias, escenarios, proyecciones y decisiones políticas.

1.2.   *Trabajo político de estrategias y proyectos específicos*

- *Reuniones de presentación de estrategias, proyectos y propuestas político-partidistas y de gobierno ante instancias gubernamentales, sectoriales y poblacionales*

- *Reuniones en otros países de presentación de estrategias, proyectos y propuestas político-partidistas y de gobierno*

- *Giras de trabajo e interacción con gobiernos, sectores y población en el ámbito nacional, regional y local*

- *Giras de trabajo e interacción con gobiernos, sectores y población en el ámbito internacional*

- *Reuniones de presentación de estrategias, proyectos y propuestas político-partidistas y de gobierno ante instancias políticas y partidistas*

Este punto se refiere a la generación de reuniones diversas de dirigentes, líderes, gobernantes y candidatos emanados de un partido o una alianza, para presentar las estrategias, proyectos y propuestas político-partidistas y de gobierno, con el objetivo de implementar estos lineamientos en los diversos ámbitos y órdenes y triunfar en los procesos electorales diversos. Los proyectos políticos y partidistas son parte fundamental de las plataformas y propuestas de las instituciones políticas y gubernamentales, y deben contener esquemas y políticas con visión y compromiso, así como propuestas de políticas públicas de alcance integral para el desarrollo y la productividad, y para la generación de empleo y de los satisfactores sociales. Además, deben de contener planteamientos para la conformación de un mejor estado de derecho, con justicia, seguridad, democracia, libertades y derechos, con la participación conjunta de gobierno y sociedad. Aunque algunos partidos y gobiernos son altamente efectivos y cuentan con esquemas sobresalientes de políticas y proyectos, para la mayoría de los partidos y gobiernos en el mundo, es difícil contar con esquemas políticos y de gobierno de alta visión y proyección. Sin embargo, dentro de esta mayoría habrá algunos esquemas buenos, otros regulares y malos y otros esquemas que ni siquiera se contemplarán, por lo que las instituciones políticas y gubernamentales deberán esforzarse por presentar mejores proyectos y propuestas a la población y al estado.

Aún con las deficiencias que pueda haber en las plataformas y propuestas partidistas, la sociedad debe de conocer la visión, el compromiso y el alcance de estas y sus proyectos, y evaluar el avance y desarrollo o el retroceso que se puede obtener por medio de estas diferentes plataformas. También se deben comparar las propuestas de estas plataformas con los resultados generados por plataformas de diversos gobiernos, anteriores y actuales. Esta comparación permitirá decidir qué partidos, candidatos, plataformas y gobiernos se requieren para evitar los escenarios que normalmente se generan en la mayoría de países y sus regiones. Estos escenarios que se deben evitar eligiendo a buenos gobiernos son de subdesarrollo general, de inseguridad pública, de inflación, de caída del crecimiento económico, de devaluación, pobreza, desaliento y desesperación en todos los sectores, especialmente económicos, políticos y sociales.

En algunos países el pésimo trabajo gubernamental y político llega al grado extremo de generar hambrunas, guerras, terrorismo, genocidios, etc., sin embargo, existen también ya muchos países que en diversos grados generan estabilidad, desarrollo y paz en sus contextos y que son los ejemplos a seguir indudablemente. He aquí la importancia de generar planteamientos adecuados en las plataformas políticas y en los proyectos, con el objetivo de revertir el proceso de subdesarrollo y caída hacia contextos de mejora continua que provoquen el desarrollo integral sostenible. También se debe de presentar dentro de esta plataforma y de estos proyectos una verdadera reforma del estado, que implique los conceptos descritos, con el mismo objetivo de desarrollo.

Aspecto importante de este punto es que las reuniones que se generen en su diversidad respectiva, entre funcionarios, políticos y gobernantes con sectores de la sociedad, contengan esquemas de presentación de nuevas y mejores políticas para mejores gobiernos, con interrelación de propuestas y planteamientos para los consensos y la aprobación de los esquemas y proyectos. Este aspecto enriquecerá las propuestas y la plataforma de esquemas y proyectos políticos de partidos y candidatos y coadyuvará en la generación de políticas públicas gubernamentales de visión y en una eficiente reforma del estado.

1.2.1. Reuniones de presentación de estrategias, proyectos y propuestas político-partidistas y de gobierno ante instancias gubernamentales, sectoriales y poblacionales

Las plataformas y proyectos político-partidistas y de gobierno deben contener diversos conceptos como la presentación de una reforma del estado y esquemas con una nueva visión para el desarrollo, así como conceptos para la mejora de la infraestructura gubernamental y productiva, con mejores políticas públicas de visión y alcance y programas y acciones efectivas. Además, y muy importante también, los compromisos para establecer nuevas formas de gobernar, con capacidad, sensibilidad, eficiencia y sentido común. Las reuniones nacionales de presentación de informes y de plataformas y proyectos serán presididas por los propios líderes, funcionarios y candidatos del orden nacional, según el caso, y se realizarán en ciudades y regiones establecidas. Simultáneamente se realizarán las reuniones de presentación de estos informes en todas las localidades, que también serán presididas por los candidatos y por los representantes de gobierno y de los partidos políticos correspondientes a esos ámbitos. Así, de forma directa se difundirán masivamente las propuestas de las plataformas y proyectos políticos partidistas para gobernar. En estas reuniones serán invitados gobernantes, funcionarios, sectores y sociedad de la entidad y de otros ámbitos, con el objetivo de plantear y difundir estos proyectos de forma representativa y masiva, para un mayor posicionamiento político partidista y para el conocimiento general. Estas reuniones de presentación de un proyecto de gobierno deberán estar presididas por los candidatos y líderes políticos y realizarse en diversas entidades y localidades en determinados tiempos, mientras que los representantes de estos personajes y de las instituciones y partidos políticos podrán llevar a cabo las presentaciones en todas las demás localidades de una entidad, de forma masiva y simultánea. El efecto será el de contar con un amplio posicionamiento popular de partidos y candidatos en las entidades, regiones y localidades, generando atracción y simpatía popular. Con el objetivo de mostrar también los nuevos planteamientos y proyectos políticos y de gobierno, así como los procesos y resultados de una reforma del estado y los esquemas y compromisos para implementar una nueva visión para gobernar y generar desarrollo, además de generar interrelación con la sociedad.

1.2.2. Reuniones en otros países de presentación de estrategias, proyectos y propuestas político-partidistas y de gobierno

Estas reuniones se realizarán en los países que cuenten con representación importante de migrantes y residentes del país de origen en cuestión, así como en aquellos países con los que se tenga una amplia relación de importancia estratégica económica, comercial, política, cultural y social. Deberán realizarse varias reuniones en las entidades internacionales, de acuerdo con el contexto, a las que se invitarán a gobernantes y representantes políticos y poblacionales de las ciudades y localidades en las que se presenten las plataformas y proyectos de las instituciones, partidos y candidatos. En estas reuniones, por su importancia integral, deberán estar presentes los migrantes y residentes, así como sus organizaciones y representantes en estos países y localidades. La importancia de estas reuniones internacionales para presentar las plataformas y proyectos políticos de las instituciones, partidos políticos y candidatos en otros países es prioritaria, ya que se generará una interrelación, dinámica y atracción entre los diversos sectores y actores representados en estas reuniones, además de conocerse las propuestas políticas y sus estrategias de implementación.

1.2.3. Giras de trabajo e interacción con gobiernos, sectores y población en el ámbito nacional, regional y local

Las giras de trabajo, en todo tiempo, electoral y no electoral, son fundamentales para el fortalecimiento y posicionamiento de funcionarios, candidatos y dirigentes partidistas. Por esta razón será prioritario programar giras por diversas entidades y localidades, en las que se podrán llevar a cabo reuniones, eventos, presentación de informes y propuestas, presentación de proyectos de gobierno, registro de nuevos simpatizantes y otras diversas actividades partidistas, además de una estratégica interrelación con la población y los sectores de las diversas entidades y localidades.

Estas giras de trabajo en el ámbito nacional, regional y local posicionarán y fortalecerán la presencia de dirigentes y candidatos en esos ámbitos. Al mismo tiempo, atraerán un sinnúmero de solicitudes y planteamientos de necesidades populares, las cuales serán canalizadas a la oficina de gestión de los candidatos y partidos, desde donde serán gestionadas a las instancias correspondientes para su seguimiento y solución. En estas giras se deberán de incluir a sectores diversos, incluyendo a los opositores, para que conozcan la plataforma partidista y los proyectos de gobierno y reconozcan el alcance y visión de estas, y se convenzan de apoyarlas. Con este esquema se busca establecer una pluralidad política de interacción y de resultados, ya que los sectores podrán generar sus propuestas y planteamientos para su análisis e integración, en lo conducente, a estos proyectos políticos de gobierno.

Las giras se planificarán de acuerdo con los tiempos y espacios políticos y electorales que las leyes y normas especifiquen y de acuerdo también a lo que los gobernantes, líderes y candidatos decidan, considerando sus prioridades y estrategias.

1.2.4. *Giras de trabajo e interacción con gobiernos, sectores y población en el ámbito internacional*

Se deberán programar giras en regiones y localidades de otros países, sobre todo en países de recepción de migrantes y de una importante interrelación económica y social con ellos, con la asistencia de gobernantes, funcionarios y sociedad de esos países y especialmente con la asistencia de representaciones y dirigentes de migrantes y residentes paisanos en esas instancias. Dentro de las giras se realizarán eventos, reuniones, trabajos y foros, en los que se presentará la plataforma partidista de propuestas y proyectos de gobierno de los partidos políticos y candidatos. Asimismo, se analizarán de forma prioritaria las problemáticas de los migrantes y de la interrelación entre países, para buscar las soluciones a estos asuntos y contextos e integrarlos a las plataformas y proyectos políticos y a sus esquemas de apoyo y desarrollo.

Estas giras de apoyo e información a migrantes y trabajadores en entidades internacionales serán fundamentales, ya que se podrán presentar propuestas y proyectos de interés de estos grupos que, de acuerdo con su magnitud, puedan coadyuvar en la realización de una reforma migratoria integral que les beneficie, además de otros aspectos que protejan a trabajadores, migrantes y residentes en el exterior. Con esto se fortalecerá la atracción popular a favor de estos partidos y candidatos por parte de la población migrante y en general de esos países, además del reconocimiento internacional, lo que tendrá un gran impacto político y electoral.

1.2.5. *Reuniones de presentación de estrategias, proyectos y propuestas político-partidistas y de gobierno ante instancias políticas y partidistas*

Estas reuniones se darán principalmente ante dirigencias, militancias y simpatizantes de los partidos y sus alianzas. Las reuniones se llevarán a cabo en el ámbito nacional, regional y local y ante instancias y actores políticos del ámbito internacional.

Estas reuniones se realizarán en territorio propio y en territorio internacional, ya que el objetivo es presentar el trabajo político de candidatos e instituciones ante las instancias políticas nacionales e internacionales y mostrar la plataforma partidista de propuestas y proyectos de gobierno para el desarrollo integral sostenible.

1.3. Foros de propuestas y resultados para el desarrollo integral y la mejora de la calidad de vida

- *Sistema de análisis y propuestas de la plataforma partidista de proyectos de gobierno para el desarrollo integral y la reforma del estado.*

- *Foros nacionales, regionales y locales de propuestas y resultados para el desarrollo integral*

- *Foros internacionales de propuestas y resultados para el desarrollo integral*
- *Representatividad política de los intereses de los migrantes*

- *Eventos y reuniones nacionales, regionales y locales de presentación de resultados de los foros de propuesta para el desarrollo integral*

- *Eventos y reuniones internacionales de presentación de resultados de los foros de propuesta para el desarrollo integral.*

Será importante establecer un esquema partidista y gubernamental de realización de foros y reuniones para la generación de esquemas políticos y de gobierno, así como para la reforma del estado. Este esquema será organizado y presidido por las instancias políticas correspondientes, con el objetivo de generar los sistemas, esquemas, leyes, políticas públicas, programas y acciones que los gobiernos deben implementar para impulsar el desarrollo integral sostenible y buscar la mejora de la calidad de vida poblacional. Es importante que estos foros se planifiquen, calendaricen e implementen para obtener las propuestas de los sectores, organizaciones y gobiernos, con la finalidad de integrarlas a las plataformas partidistas y a los proyectos políticos y de gobierno.

Estos foros y reuniones tendrán que ser de trabajo verdadero, con resultados que sean considerados por su aportación y que, en base a su análisis y evaluación las propuestas puedan insertarse en programas de gobierno y en planes de desarrollo. Al contrario de lo que sucede siempre, estos foros no servirán como pasarelas políticas para mostrarse y buscar colocarse en algún puesto político. Tampoco se utilizarán estos foros como presentación de ponencias de relleno, cuyo contenido no sirva para ser consideradas e insertadas en una plataforma partidista y gubernamental de propuestas y proyectos de gobierno ni en un plan nacional o local de desarrollo o en los programas correspondientes. Estos foros y reuniones de análisis y presentación de propuestas cumplirán objetivos específicos, entre ellos, el de una difusión y promoción estratégica a través de todos los medios de comunicación. Con el alcance masivo, popular y sectorial de estos medios de comunicación, se presentarán estos proyectos y propuestas a pueblos, sectores y gobiernos, para buscar el posicionamiento político favorable y la aprobación ciudadana, y lograr así la difusión efectiva de esta plataforma partidista de propuestas y proyectos de gobierno.

Estos foros y reuniones serán verdaderas expresiones de los sectores, de la población y de los gobiernos que deseen intervenir, para enriquecer el proyecto de gobierno y sumarse a estas propuestas y objetivos.

<u>Sistema de análisis y propuestas de la plataforma partidista de proyectos de gobierno para el desarrollo integral y la reforma del estado</u>

El sistema contará con áreas de trabajo para el análisis, evaluación, proyecciones y planteamientos, las que generarán los procesos y resultados de estas plataformas basadas en las propuestas de los sectores y la sociedad. En base a esto se tratará de coadyuvar en la generación de los esquemas políticos y de gobierno, de la reforma del estado, de la mejora e implementación de nuevos instrumentos y programas, así como de la mejora del mismo sistema integral de trabajo, sobre todo al recopilar y analizar constantemente la información y las propuestas emanadas de estos foros.

Este sistema de análisis y propuestas recibirá las ponencias y planteamientos de los sectores mediante las comisiones de análisis de los diferentes conceptos para el desarrollo. En estas comisiones se trabajará conjuntamente con los diversos grupos sectoriales, gubernamentales y sociales para la mejora e integración de las propuestas, de considerarse conducente, en el plan nacional y en los planes locales y municipales de desarrollo, en las plataformas partidistas de propuestas y proyectos de gobierno y en la reforma del estado.

Para estos efectos, el sistema de análisis de la plataforma partidista de propuestas y proyectos de gobierno para lograr el desarrollo integral y la reforma del estado contará con las siguientes comisiones.

- *Comisión de análisis para el desarrollo integral sostenible y los sectores productivos*

- *Comisión de análisis para el desarrollo social integral y los sectores y organizaciones sociales*

- *Comisión de análisis para el desarrollo del estado de derecho*
- *Comisión de análisis para la seguridad pública y procuración de justicia*
- *Comisión de análisis para el desarrollo educativo y cultural*
- *Comisión de análisis para el desarrollo científico y tecnológico*
- *Comisión de análisis para la reforma del estado*
- *Comisión de análisis de la infraestructura política y gubernamental*
- *Comisión de análisis para el desarrollo de la seguridad interna y con el exterior*
- *Comisión de análisis para el desarrollo político y democrático*
- *Comisión de análisis para el desarrollo de los derechos y libertades*

Estas comisiones englobarán toda una serie de conceptos correspondientes al desarrollo integral sostenible y a las grandes áreas de trabajo gubernamental. Estarán dirigidas por el coordinador del sistema de análisis y propuestas para el proyecto de un nuevo gobierno, mientras que cada una de las comisiones estará dirigida por un coordinador de comisión especialista en la materia y con grupos de trabajo de especialistas en los diversos campos y áreas correspondientes.

Cada comisión tendrá determinados plazos para establecer avances y mejoras de las propuestas, con la presentación de informes concretos y sustanciales para los gobernantes, candidatos y dirigencia de los partidos políticos, en su caso, para que, en reuniones internas de este sistema y sus comisiones, se genere el análisis, las proyecciones y acciones a seguir.

Habrá también que establecer una amplia difusión y promoción de este sistema y los trabajos de comisión, lo que a su vez provocará que se generen más propuestas y esquemas para la reforma del estado y el desarrollo integral.

En caso de considerar difícil, por parte de un gobierno, institución o partido político, la implementación de este sistema de análisis y propuestas de una plataforma partidista de propuestas y proyectos de gobierno, al menos podrá implementarse el sistema con la función de captar propuestas para analizarlas e integrarlas en un documento integral para el desarrollo.

Este documento también podrá presentarse en reuniones, foros y eventos como una propuesta de los sectores y de la sociedad, conjuntamente con la propuesta de la plataforma de los candidatos y partidos políticos. Los documentos de contenido efectivo que se generen de las propuestas tendrán una amplia difusión en los medios de comunicación, resaltando el esfuerzo global y estratégico de estos esquemas de recepción, análisis y proyección de propuestas.

1.3.1. *Foros nacionales, regionales y locales de propuestas y resultados para el desarrollo integral*

Los foros nacionales, regionales, municipales y locales atraerán infinidad de propuestas y planteamientos sobre diversos conceptos y rubros para el desarrollo, por lo que la realización de estos foros por parte de los partidos y los candidatos es prioritaria para evaluar resultados e integrarlos a un nuevo proyecto político y de gobierno. Se deberá de llevar a cabo un esquema de foros que implique la realización de un foro nacional como inicio del programa y un sistema de foros locales que contengan los grandes conceptos para el desarrollo económico, político, productivo, jurídico, social, cultural y gubernamental.

Se generarán foros por cada concepto específico del desarrollo integral. Por tal motivo se tendrán foros de propuesta y análisis de salud, educación, desarrollo productivo y competitividad, combate a la pobreza y la marginación, trabajo y empleo, seguridad pública, vivienda, satisfactores sociales, leyes y estado de derecho, derechos humanos, democracia, procesos políticos y electorales, obra pública, desarrollo social, investigación y desarrollo científico y tecnológico, analfabetismo, etc. Los foros se harán de forma simultánea en las capitales, ciudades y localidades de todas las entidades de un país.

De acuerdo con la planificación estratégica se realizarán foros de forma simultánea cada determinado tiempo, en los cuales se recolectarán las propuestas ciudadanas y de los sectores. A estos foros se invitará a funcionarios del gobierno de la entidad y representantes del gobierno nacional en esas entidades, así como a los gobiernos municipales y locales, y sobre todo a los sectores, partidos políticos, organizaciones y población en general. La generación, organización y difusión de estos foros por parte de los partidos políticos y de los candidatos establecerá una gran dinámica de difusión y conocimiento de este proyecto y de la figura de los candidatos, para atraer simpatías, reconocimientos y votos.

1.3.2. *Foros internacionales de propuestas y resultados para el desarrollo integral*

En el mismo sentido y conceptualización del contenido y formato de los foros de análisis y propuestas para el desarrollo integral, se deberán de llevar a cabo una serie de foros en otros países, que deberán contar con una cantidad representativa de residentes y migrantes paisanos. Así tendremos foros para el desarrollo integral organizados por los partidos y candidatos en diversos países, especialmente con los que se tenga una relación estratégica comercial, económica, social, cultural y de migrantes.

Uno de los objetivos será el de obtener los planteamientos y propuestas de la sociedad migrante y residente en estos países, que indudablemente desean el apoyo de los gobiernos y organizaciones de su país de origen para contar con mejores leyes que les protejan y mejores esquemas sociales para su desarrollo como migrantes y residentes en países extranjeros. Los planteamientos de estos migrantes también se extenderán para lograr la mejora y el desarrollo de sus entidades de origen, por lo que los funcionarios o candidatos retomarán estas propuestas para gestionar y abanderar los asuntos de los migrantes ante las instancias gubernamentales de su país y de los países conducentes. Habrá que establecer una red de trabajo y organización para llevar a cabo estos foros en el ámbito internacional, ya que es importante su realización y difusión, para el conocimiento y aprobación popular, así como de los gobiernos y sectores relacionados.

<u>Representatividad política de los intereses de los migrantes</u>

En estos foros de carácter internacional se captará el sentir y las necesidades de los migrantes, así como sus planteamientos y propuestas, que serán atendidas y gestionadas por los candidatos y sus equipos ante las autoridades gubernamentales correspondientes. Además, se generarán reuniones con los gobiernos y sectores de los diversos países y sus entidades para plantear estos asuntos y proponer soluciones que coadyuven a una reforma integral migratoria de los países involucrados.

La importancia de esta representatividad de los intereses de los migrantes es fundamental, ya que esto ampliaría el acercamiento de los candidatos con su sociedad en el exterior, además de contar con el reconocimiento de gobiernos y sectores y el posicionamiento político en el ámbito nacional e internacional.

1.3.3. Eventos y reuniones nacionales, regionales y locales de presentación de resultados de los foros de propuesta para el desarrollo integral

Estos eventos y reuniones nacionales, regionales, municipales y locales tienen la finalidad de presentar avances, resultados y conclusiones de los asuntos emanados de los foros de propuestas para el desarrollo integral. Estos foros se realizarán en un esquema nacional y en múltiples eventos locales, que en su conjunto integrarán las propuestas de alcance en los planes de desarrollo respectivos y en los esquemas de una reforma del estado, además de integrarlas en las plataformas partidistas de propuestas y proyectos de gobierno.

Estos eventos y reuniones de presentación de avances y conclusiones tienen una importancia estratégica, ya que los gobiernos, sectores y población, podrán observar que el trabajo partidista es real y que existen conclusiones y seguimiento de los asuntos. La población en general y sus sectores, por tanto, mostrarán su respaldo a estos esfuerzos con un amplio reconocimiento y simpatía hacia los candidatos y los líderes de estos esquemas políticos para lograr nuevos y mejores gobiernos. Asimismo, todo este trabajo servirá de plataforma y consolidación de candidatos y partidos en las campañas electorales para presidentes, gobernantes de entidades y municipios y legisladores de todo orden y ámbito.

1.3.4. Eventos y reuniones internacionales de presentación de resultados de los foros de propuesta para el desarrollo integral

De igual forma los eventos y reuniones de presentación de resultados se llevarán a cabo en las diversas ciudades y localidades de los países que se establezcan para estos efectos. Tendremos así un número determinado de eventos internacionales en el tiempo que corresponda a estos foros de presentación del seguimiento, conclusiones y resultados emanados de los foros de propuesta para el desarrollo.

Esquema de planificación de giras, foros, reuniones e informes, y de la presentación de la plataforma partidista de propuestas y proyectos de gobierno

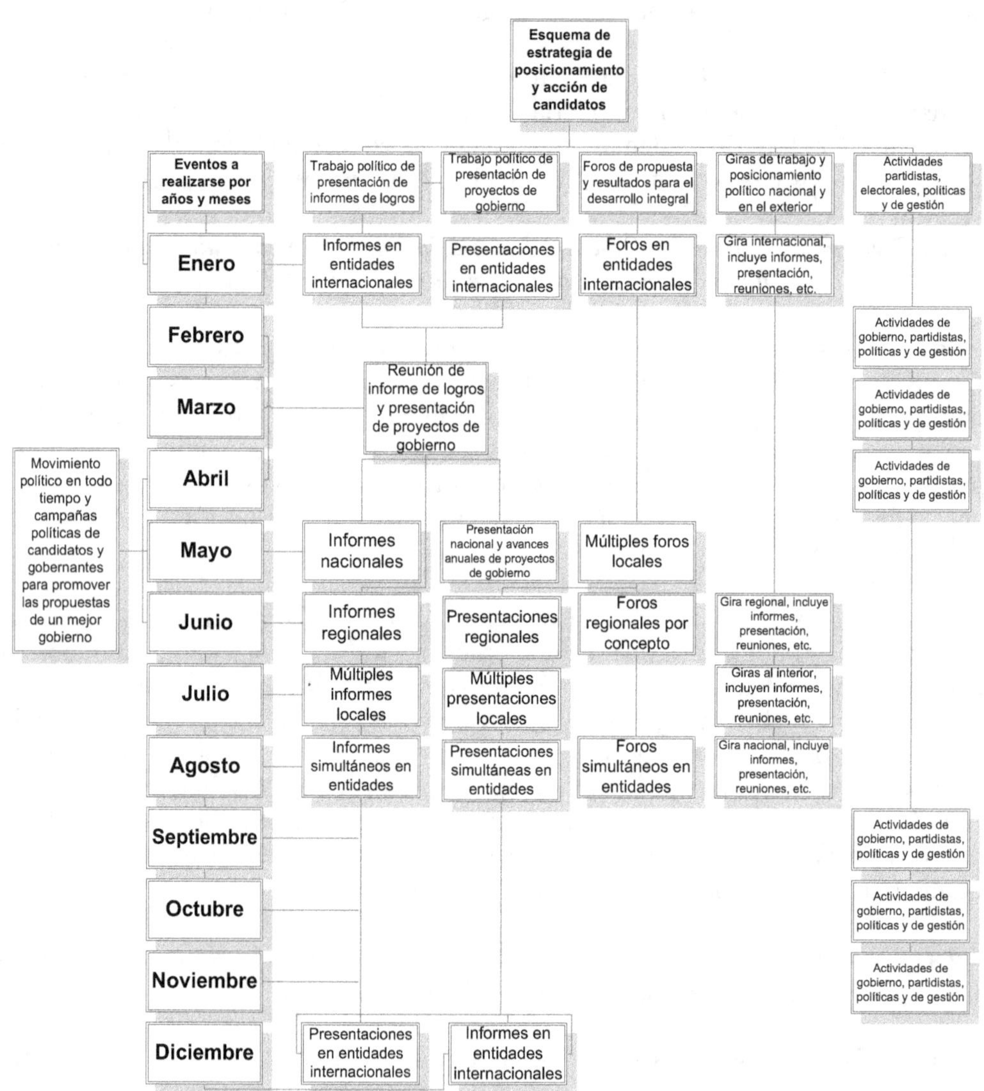

Esta propuesta de calendario y planificación de actividades, que comprenden eventos, giras, reuniones, informes y presentación de los proyectos para un nuevo gobierno, podrán variar de acuerdo con el país, estado y localidad. También variarán de acuerdo con el contexto y tiempo político, si es electoral o no, y a los procesos electorales respectivos de todo orden y ámbito, así como a la normatividad y estrategias políticas correspondientes.

1.4. *Estrategia de difusión y promoción en medios de comunicación*

- *Conferencias de prensa, reuniones con medios de comunicación y entrevistas en el ámbito local, nacional e internacional*

- *Estrategia de distribución de la publicidad estática y móvil*

- *Esquema de difusión y promoción favorable y de potencialización de las acciones y posturas de candidatos y líderes partidistas*

- *Esquema de difusión y publicidad negativa de los adversarios y opositores políticos*

- *Esquema de difusión de reuniones y de la relación con personajes y organizaciones importantes locales, nacionales e internacionales*

- *Esquema de difusión de propuestas y logros de líderes políticos y partidistas*

- *Esquema de generación de proyecciones de encuestas y sondeos*

- *Esquema de establecimiento de tiempo aire en radio, televisión y medios de comunicación locales y del ámbito nacional para la interrelación con la población y los sectores*

- *Esquema de alianzas y acercamientos con los medios de comunicación locales, nacionales e internacionales*

La estrategia de difusión, promoción y publicidad de los partidos políticos y de las actividades de los candidatos y líderes partidistas es fundamental. Aunque en su generalidad cuenten con publicidad gratuita de acuerdo con su movimiento y acción política natural y con tiempos de difusión especificados por las leyes electorales de cada entidad, siempre será necesario ampliar esta difusión mediante el apoyo de estos medios. Esto se logrará gracias al fortalecimiento de los vínculos y las relaciones con sus dueños, representantes y periodistas, para cumplir los objetivos de mayor difusión y penetración política ante los sectores y la sociedad.

Esta estrategia de acercamiento es importante, ya que pueden existir medios de comunicación de todo ámbito con intereses diversos y contrarios al de algunos partidos políticos y sus proyectos, por lo que, en lo posible, se deben buscar acercamientos y acuerdos para evitar golpeteos y ataques innecesarios.

La estrategia de difusión en medios de comunicación y en publicidad estática y móvil deberá ser amplia y aplicada de forma general, con la inclusión de múltiples conceptos y rubros como las conferencias de prensa, entrevistas, reuniones, esquemas de potencialización de aspectos favorables para candidatos, líderes partidistas y aspirantes a gobernantes y legisladores. De forma prioritaria debe de contener esquemas de proyección de encuestas y sondeos, así como de presencia en los medios. También debe de contar con esquemas de difusión de aspectos negativos reales que desprestigien la imagen de los adversarios políticos, así como la difusión de encuentros con personajes y organizaciones importantes de todo rubro y ámbito, especialmente, por su trascendencia e impacto mediático, político y social, con los que defienden las libertades, los derechos y las luchas sociales y civiles.

Todos estos conceptos deberán ser planificados y realizados de forma ordenada, independientemente de los aspectos que surjan de forma eventual, ya que esto permitirá establecer las mediciones y proyecciones necesarias que impulsen la difusión y el posicionamiento de los partidos y candidatos ante sectores y sociedades locales, nacionales e internacionales.

1.4.1. Conferencias de prensa, reuniones con medios de comunicación y entrevistas en el ámbito local, nacional e internacional

Las conferencias de prensa, las reuniones con los medios de comunicación y las entrevistas deben generarse de acuerdo a la actividad de los actores políticos y a los tiempos políticos, electorales y de gobierno. Sin embargo, será necesario planificar estas actividades, en lo posible, independientemente de toda la inercia que conlleva la interacción de los medios de comunicación con la actividad diaria, en este caso, de los líderes partidistas, candidatos y gobernantes. Independientemente de esta inercia, habrá que establecer una planificación de la siguiente forma.

- *Conferencias bimestrales de prensa, con la presencia de la mayoría de los medios de comunicación en el ámbito nacional y conferencias de prensa cuatrimestrales en el ámbito regional y local, con las mismas características, para informar de las plataformas partidistas de propuestas y proyectos de gobierno, de los logros gubernamentales y de las actividades.*

- *Generación de reuniones con medios de comunicación, afines y neutrales para promocionar y difundir actividades y asuntos que sean necesarios filtrarlos en los diversos espacios de difusión, tanto en el ámbito local como nacional.*

- *Establecimiento de esquemas de entrevistas amplias planificadas con medios de comunicación, que aparezcan cada determinado tiempo en los mismos.*

- *Establecimiento de esquemas de entrevistas breves que aparezcan a diario en los diversos medios de comunicación, televisión, radio y por escrito.*

Este esquema de conferencias de prensa y reuniones con los medios de comunicación y de entrevistas debe de realizarse simultáneamente en televisión, radio y prensa escrita, ya sea de periódicos, semanarios, revistas, folletos y boletines. Se sabe de los costos que esto representa, sin embargo, las alianzas, amistades y afinidades, además de las expectativas que puedan generar determinados candidatos y sus plataformas, podrán establecer las mejores propuestas para lograr este objetivo de difusión estratégica de forma masiva y permanente.

De acuerdo con las estrategias, al contexto y a los actores, se deben implementar conferencias nacionales, regionales y locales en la televisión, la radio y la prensa escrita, así como reuniones con los medios de comunicación en esos mismos ámbitos para difundir y presentar las plataformas y los asuntos y aspectos necesarios para el posicionamiento de los candidatos y los líderes políticos y partidistas.

Asimismo, se deben planificar y agendar entrevistas amplias cada determinado tiempo y entrevistas breves diarias de forma alternada en televisión, radio y prensa escrita.

Es importante establecer una planificación como la anteriormente descrita y presentarla a los medios de comunicación, afines y neutrales, solicitando apoyo para su implementación y aplicación. En este punto se contempla a medios nacionales, regionales y locales de comunicación, tanto de televisión como de radio y prensa escrita en sus diversas modalidades.

La estrategia de conferencias de prensa, reuniones y entrevistas con medios de comunicación internacionales tiene las mismas características de planificación, contenido y expectativas que la estrategia nacional y local, solo que, aplicadas en otros países, de acuerdo con sus características específicas y en medios de comunicación que permitan un alcance regional y global externo.

En este sentido, habrá que hablar y establecer alianzas de afinidades y amistades con los dueños, representantes y periodistas de estos medios internacionales de comunicación para conseguir la publicidad y propaganda comercial al menor costo posible o de forma gratuita, así como la difusión respectiva a las conferencias, reuniones, entrevistas y acción política de los partidos y candidatos inmiscuidos.

La planificación permitirá establecer una serie de conferencias de prensa, entrevistas y reuniones con los medios de comunicación extranjeros, afines, neutrales y aliados, para difundir las plataformas y los mensajes de los líderes políticos y partidistas. Respecto a las entrevistas, deberá haber toda una serie de entrevistas amplias cada determinado tiempo, así como entrevistas breves consecutivas y constantes para lograr una difusión balanceada que permita un posicionamiento político y social efectivo en esos ámbitos.

Cuadro mensual de ejemplo de difusión y promoción en medios de comunicación locales, regionales, nacionales e internacionales

Ejemplo de difusión política estratégica de dos meses. En estos dos meses se representan las conferencias y conceptos de promoción y difusión política de carácter bimestral, cuatrimestral y semestral, así como los conceptos que se generen de forma mensual, quincenal, semanal y diaria.

Mes primero

Lunes	Martes	Miércoles	Jueves	Viernes	Sábado	Domingo
						1
2	*3*	*4*	*5*	*6*	*7*	*8*
Entrevista breve diaria en medios locales y nacionales	*Entrevista breve diaria*	*Entrevista amplia quincenal nacional*	*Entrevista breve diaria*	*Entrevista breve diaria*	*Entrevista breve diaria*	
9	*10*	*11*	*12*	*13*	*14*	*15*
Entrevista amplia quincenal con medios locales	*Entrevista breve diaria*	*Entrevista breve diaria*	*Entrevista amplia mensual con medios nacionales*	*Entrevista breve diaria*	*Entrevista breve diaria*	
16	*17*	*18*	*19*	*20*	*21*	*22*
Entrevista breve diaria	*Conferencia de prensa cuatrimestral con medios nacionales*	*Reunión mensual con medios aliados*	*Entrevista breve diaria*	*Entrevista breve diaria*	*Entrevista breve diaria*	
23	*24*	*25*	*26*	*27*	*28*	*29*
Entrevista breve diaria	*Conferencia de prensa bimestral nacional*	*Entrevista breve diaria*	*Entrevista amplia quincenal con medios locales*	*Entrevista breve diaria*	*Entrevista breve diaria*	
30	*31*					
Entrevista breve diaria	*Entrevista amplia quincenal nacional*					

Lunes	Martes	Miércoles	Jueves	Viernes	Sábado	Domingo
		1	**2**	**3**	**4**	**5**
		Entrevista breve diaria	*Conferencia de prensa trimestral con medios extranjeros*	*Entrevista breve diaria*	*Entrevista breve diaria*	
6	**7**	**8**	**9**	**10**	**11**	**12**
Entrevista amplia quincenal nacional	*Entrevista breve diaria*	*Entrevista breve diaria*	*Entrevista breve diaria*	*Entrevista amplia bimestral con medios extranjeros*	*Entrevista breve diaria*	
13	**14**	**15**	**16**	**17**	**18**	**19**
Entrevista breve diaria	*Entrevista breve diaria*	*Entrevista amplia quincenal con medios locales*	*Entrevista breve diaria*	*Reunión mensual con medios de comunicación aliados*	*Entrevista breve diaria*	
20	**21**	**22**	**23**	**24**	**25**	**26**
Entrevista amplia mensual con medios nacionales	*Entrevista breve diaria*	*Entrevista breve diaria*	*Entrevista amplia quincenal nacional*	*Entrevista breve diaria*	*Entrevista breve diaria*	
27	**28**	**29**	**30**			
Entrevista breve diaria	*Conferencia de prensa cuatrimestral regional y locales*	*Entrevista breve diaria*	*Entrevista amplia quincenal con medios locales*			

Cuadro de actividades de conceptos de difusión en medios de comunicación realizados anualmente

En el siguiente cuadro se observan los tipos de eventos de difusión, los tiempos y espacios en que se generan y los totales anuales, con el objetivo de posicionarse y permanecer siempre en los medios de comunicación en cualquier tiempo, electoral o no electoral, y ámbito, tanto local como regional, nacional e internacional. Esto permitirá mantenerse en un buen posicionamiento con los votantes, porque la imagen, figura, actividades y propuestas de partidos y candidatos serán seguidas por la gente con la finalidad de que se adhieran a su propuesta de un nuevo proyecto de gobierno.

Aunque los candidatos cuenten con una percepción ampliamente positiva ante la ciudadanía, es importante convencer a otros sectores ciudadanos y partidistas opositores y neutrales. Para estos efectos la difusión y promoción estratégica es fundamental para atraer a estos grupos de personas y sectores.

Cuadro de actividades de los conceptos de difusión y promoción en los medios de comunicación realizados anualmente

Concepto de difusión	Quincenal	Mensual	Bimestral	Cuatrimestral	Semestral	Total Anual
Conferencia de prensa bimestral nacional			1			**6**
Conferencia de prensa cuatrimestral regional y locales				1		**3**
Conferencia de prensa cuatrimestral con medios nacionales				1		**3**
Conferencia de prensa semestral con medios extranjeros					1	**2**
Reunión mensual con medios de comunicación aliados		1				**12**
Entrevista amplia quincenal nacional	1					**24**
Entrevista amplia quincenal con medios locales	1					**24**
Entrevista amplia mensual con medios nacionales		1				**12**
Entrevista amplia bimestral con medios extranjeros			1			**6**
Entrevista breve diaria en medios locales y nacionales	26					**312**
Total anual de conceptos de difusión						**404**

1.4.2. Estrategia de distribución de la publicidad estática y móvil

Esta publicidad tiene que ver con los tiempos, estrategias, espacios y recursos, por lo que su distribución será fundamental por su alcance y penetración, por lo que es prioritario contar siempre con esta publicidad en todos los lugares posibles. Derivado de los costos de este tipo de publicidad será importante localizar los espacios necesarios en las entidades y localidades, desde los espacios comerciales hasta los que se consiguen por medio de una red de amigos, grupos afines y aliados que aportan estos espacios para apoyar la difusión y propaganda e impulsar las expectativas de triunfo de sus partidos políticos y candidatos. La estrategia de la publicidad en esta etapa tendrá que ver de forma sustantiva con todos los espacios de difusión generados y los apoyos conseguidos, tanto de personas, como de grupos, organizaciones y sectores, para contar con esta publicidad en todos sus conceptos.

En cuanto a la publicidad estática, la estrategia será la de aprovechar los espacios comerciales de mejor ubicación y costo en todos los escenarios, además de colocar estratégicamente la publicidad en todo lugar y espacio permitido por las leyes respectivas. Así se tendrá publicidad de todo tipo de diseño publicitario, como espectaculares, mantas, pancartas y pendones, distribuida masivamente en la infraestructura urbana y rural de todo país, siempre de acuerdo con la negociación y la autorización de propietarios de espacios y de autoridades correspondientes. La publicidad móvil deberá implementarse también en todo tipo de móviles, vehículos y estructuras similares, además de implementarse la repartición de trípticos y folletos en todos los escenarios y espacios posibles. La difusión por medio de Internet será fundamental, por su carácter masivo, proactivo y de interrelación, así como por su gran alcance y penetración en todas las sociedades del mundo.

Otro aspecto estratégico es el de manejar una publicidad conjunta de los diversos candidatos con las grandes figuras y líderes partidistas y ciudadanos, así como con otros candidatos de mayor jerarquía, como lo son los candidatos a presidencias y gubernaturas. Esto se implementará mediante propaganda y promoción de imágenes, mensajes y plataformas unificadas y ampliamente difundidas para generar una gran expectativa política y social y un amplio posicionamiento político de todas las figuras y candidatos.

<u>Estrategia de difusión y promoción en las campañas electorales</u>

Las instituciones, partidos políticos y candidatos, de acuerdo con la legislación electoral respectiva, podrán establecer alianzas y estrategias con diversos partidos, para que su imagen y sus mensajes aparezcan también en la promoción y propaganda de los partidos y candidatos de las alianzas en todos los procesos electorales. Esto permitirá, mediante una estratégica difusión, un amplio posicionamiento político y ciudadano favorable en todo país y sus entidades.

En toda la publicidad se deberá implementar la imagen, mensaje y proyecto de gobierno, especialmente de líderes y candidatos presidenciales o de gubernaturas, para fortalecer el posicionamiento en todas las entidades y localidades.

Como se observa, la publicidad estática y móvil, en todo tiempo y en especial en las campañas electorales, es fundamental para difundir y posicionar a los partidos y candidatos mediante la difusión de sus perfiles, mensajes y plataformas políticas.

1.4.3. Esquema de difusión y promoción favorable y de potencialización de las acciones y posturas de candidatos y líderes partidistas

Este esquema implica generar difusión y promoción que impulse la imagen, las actividades y trabajos de los candidatos y de los líderes políticos y partidistas, así como de los partidos y organizaciones políticas mediante diversos aspectos como los siguientes.

- *Promocionar y repetir constantemente en los medios de comunicación los aspectos más importantes de las conferencias y entrevistas*

- *Potenciar los aspectos trascendentes e importantes de los asuntos tratados en las entrevistas y conferencias*

- *Disminuir y eliminar los aspectos y asuntos negativos tratados en las conferencias y las entrevistas*

- *Potenciar los aspectos ganadores y las cualidades de líderes políticos y partidistas*

- *Potenciar los aspectos de la familia, la honestidad, la capacidad y preparación, la sensibilidad, el talento, la visión y las cualidades de líderes políticos y partidistas*

- *Disminuir y eliminar los aspectos de confrontación no deseada con personajes y partidos opositores y adversarios*

- *Maximizar los aspectos y logros de buen gobierno y trabajos desarrollados anteriormente, en su caso, por los candidatos, así como los aspectos preponderantes de su actividad política y de gobierno en beneficio de la sociedad*

- *Promocionar ampliamente las ideas y propuestas, la visión y el proyecto de las instituciones, partidos políticos y candidatos para conformar nuevos gobiernos eficientes*

- *Promocionar la lucha de partidos y candidatos por impulsar el desarrollo integral, eliminar la pobreza, impulsar la educación, salud, alimentación, vivienda, servicios públicos, trabajo, derechos humanos, la democracia, las libertades y el beneficio para todos*

- *Promocionar los aspectos trascendentes de su vida pública, profesional y familiar*

Este esquema contiene estrategias de siembra de información de los aspectos positivos de los candidatos y partidos políticos en los medios de comunicación, que será de forma constante en diarios, revistas, prensa escrita, radio y televisión. Esto equivaldrá a la difusión de múltiples conceptos de información positiva que coadyuven en fortalecer e impulsar la imagen y presencia de estos candidatos y partidos ante la población. La promoción y difusión se generará de forma amplia y planificada en la televisión, la radio, la prensa escrita y en la promoción estática y la móvil, en los contextos respectivos.

Para lograr un mayor reconocimiento de la sociedad y sus sectores a favor de los candidatos y partidos políticos, este tipo de promoción y difusión va a generar este reconocimiento a sus actividades y propuestas, además de atraer las simpatías populares y un sentimiento de afinidad y correspondencia. Esto provocará que la gente tome el triunfo de los candidatos como un triunfo de sí mismos, por su identificación con estos candidatos y partidos, quienes les han demostrado su compromiso con la gente y su visión para tratar de desarrollar a sus entidades y llevar beneficios a la sociedad.

1.4.4. Esquema de difusión y publicidad negativa de los adversarios y opositores políticos

En todo esquema de difusión política estratégica, debe quedar incluido el concepto de siembra de difusión y publicidad de los asuntos y posturas negativas reales y verdaderas de los adversarios, que afecten y disminuyan su imagen ante la sociedad. Este concepto contiene mucha materia, ya que, entre los adversarios y opositores, como con cualquier otro individuo que de forma dudosa y rápida adquiere fortuna y poder, se tiene una amplia gama de asuntos negativos derivados de sus actividades que deben difundirse y explotarse ante la opinión pública. La sociedad reprobará estos aspectos y, por lo tanto, no decidirá apoyar a estos individuos opositores ni a sus instituciones y partidos políticos. Para estos efectos simplemente se deberán de seleccionar estratégicamente los aspectos negativos de estos personajes y planificar su siembra en los diversos medios de comunicación.

De igual forma que los personajes, las instituciones y partidos políticos quedan marcados como instancias que no trabajan por el bien de un país o entidad, ya que se les conoce como instancias generadoras de políticos, gobernantes, funcionarios y legisladores que no ejercieron sus funciones eficiente y ejemplarmente. Debido a lo anterior, permitieron y provocaron pobreza, desempleo e inseguridad, y lo peor, que su partido político los arropó y no los denunció. La importancia de este concepto recae en la constancia y permanencia de la siembra estratégica de esta información y de su conocimiento por parte de la población, la que dirigirá su confianza y su voto a otros partidos y candidatos.

Esta siembra de información en todos los medios de comunicación deberá de hacerse constantemente en todo tiempo y especialmente en las campañas electorales. Deberá ser una siembra sistemática, constante y estratégica que mantenga a la población concentrada en esta información, que les mostrará a todos porque no les convienen los candidatos y partidos adversarios, ya que si votan por éstos llevarán al poder a gobiernos de todo orden que ya demostraron en todo tiempo y ámbito su falta de eficacia y resultados.

El objetivo es que esta información llegue a la mayoría de la gente y que se logre conformar una imagen negativa de los candidatos e instancias opositoras a una plataforma aliada que impulsa políticas y proyectos para generar gobiernos eficientes.

1.4.5. *Esquema de difusión de reuniones y de la relación con personajes y organizaciones importantes locales, nacionales e internacionales*

La figura de algunos de los candidatos, sobre todo a presidentes y gobernantes, por si sola llega a ser una figura relevante, de gran popularidad, y muy importante, en su contexto e incluso en el mundo. Por tal razón la mayoría de las personas, candidatos, dirigentes y funcionarios que interactúan con ellos y que son parte de la misma plataforma partidista de gobierno son favorecidos y beneficiados. Sin embargo, y a pesar de esta popularidad masiva y favorable, es necesario que estos líderes fuertes también se interrelacionen con otras figuras importantes de todos los ámbitos y tiempos, que les permitan ampliar su potencial de impacto ante la opinión pública.

Todo líder y candidato necesita interrelacionarse con sus similares, superiores o no, popular, social y políticamente hablando, porque si los políticos poderosos necesitan de estos esquemas de interrelación, mucho más lo necesitarán los que se encuentren debajo de esta escala y que sin embargo tengan su fuerza y relevancia en determinados ámbitos, pero que deban ampliarla y fortalecerla.

Será importante difundir y promocionar ampliamente los encuentros, reuniones y acercamientos que tengan todos los líderes y candidatos, de cualquier posición, con personajes y organizaciones importantes en lo local, nacional e internacional. Esto conformará un fortalecimiento de la figura política y de sus alcances, lo que será percibido, aprobado y reconocido por la población, los sectores y los gobiernos diversos. Es importante planificar una serie de encuentros y reuniones de alto nivel entre estos personajes y organizaciones, con la simple finalidad de que muestren sus ideas, propuestas y proyectos para conformar gobiernos eficientes que mejoren la calidad de vida de las personas. Estos encuentros deben de difundirse ampliamente para que la sociedad y sus sectores conozcan los planteamientos de estos importantes líderes políticos.

En el ámbito nacional y local se deben establecer, cada determinado tiempo y de forma planificada, acercamientos continuos de los candidatos de una alianza con las organizaciones más importantes de las entidades, entre ellas las de los sectores sociales, empresariales, culturales y políticos, para generar la interrelación constante con sus representantes y personajes más importantes.

En el ámbito nacional y local también será importante mostrarse en reuniones o pláticas con los líderes y figuras de organizaciones importantes, así como con los líderes legislativos nacionales y locales y con las grandes figuras de los diversos partidos políticos, aliados y opositores. Esto le mostrará a la sociedad que los candidatos y líderes partidistas trabajan de forma conjunta, por medio de acuerdos y consensos, lo que habla de su pluralidad y visión política. Asimismo, mostrarán que, al ser gobierno, establecerán las alianzas y convenios de trabajo necesarios con todas las instancias públicas y privadas, económicas, gubernamentales, políticas y sociales, de todo ámbito, para el beneficio colectivo y el desarrollo integral.

Asimismo, será importante tener entrevistas con reconocidas personalidades de los diversos sectores nacionales, locales e internacionales, como grandes empresarios, líderes de todo sector, sindicalistas, religiosos, luchadores sociales, científicos, académicos, representantes de la cultura, del deporte, de los sectores minoritarios, etc. También es importante interrelacionarse y aparecer en los medios de comunicación con los líderes legisladores nacionales y locales y con los líderes representantes de los grupos políticos parlamentarios, así como con los representantes del poder judicial, como magistrados y jueces, entre otros.

Es básico también aparecer en los medios de comunicación locales, nacionales e internacionales con los dueños y representantes de los mismos, tomando el café o en un acercamiento personal o de trabajo, ya que la percepción e impulso de los medios hacia los candidatos podrá fortalecer su figura y su plataforma partidista de propuestas y proyectos de gobierno. Asimismo, será importante aparecer en público con representantes de la izquierda, del centro y de la derecha política de todos los países, así como con presidentes, gobernantes, ex presidentes, ex gobernantes y ministros, etc., de todas las regiones y continentes.

Es fundamental acercarse a organizaciones de alta importancia y tener entrevistas con sus dirigentes y funcionarios, representantes y presidentes, tales como la ONU, el Banco Interamericano de Desarrollo, el Banco Mundial, la OPEP y el FMI, entre otras, y también con empresas particulares y de grupos de gran importancia, como las petroleras, cementeras, comerciales, de software y computación, de vehículos, etc. También se debe buscar la relación con las organizaciones empresariales, bancarias, de la construcción, culturales, sociales, etc., locales, nacionales, regionales e internacionales.

Lógicamente también deberá haber encuentros y entrevistas, en el propio contexto, con representantes de todas las religiones, locales, nacionales e internacionales. Con respecto a las diversas religiones profesadas por las sociedades de todo el mundo, los encuentros con sus representantes más importantes, así como con sus más sencillos representantes en las pequeñas localidades serán de gran valía para estos fines.

Los encuentros con los maestros de los pueblos, con el magisterio, con los líderes sindicales y con los representantes militares de todo ámbito, incluido el internacional, son necesarios, además del acercamiento con las organizaciones no gubernamentales y de luchas de los derechos civiles y humanos.

Encuentros con líderes indígenas, con nativos de las regiones y con sus comunidades también son prioritarios para impulsar una nueva visión y plataforma de apoyo y desarrollo de estos sectores poblacionales. Asimismo, habrá que reunirse con representantes de la cultura, de la ciencia y la literatura, de los deportes y el arte, etc., entre los que contamos a escritores, novelistas, deportistas, actores, escultores, pintores, científicos, etc., con una alta representatividad y reconocimiento en todo ámbito.

Es fundamental tener también un amplio acercamiento con organizaciones y personajes que específicamente representen las luchas sociales, los derechos indígenas, de los nativos y de las minorías, las luchas por las libertades y los derechos humanos, el respeto a la religión y el beneficio de los pobladores, tanto del ámbito local, regional, nacional e internacional.

Es básico el acercamiento con líderes campesinos y luchadores agrícolas y productivos locales y regionales, nacionales e internacionales, además de que con todos estos acercamientos se puede generar la inercia del planteamiento de asuntos, la gestión y la inclusión de propuestas de estos sectores en una plataforma partidista de propuestas y proyectos de gobierno.

La difusión de los encuentros y las entrevistas tiene que ser constante y amplia, continua e incluso repetida en todos los medios de comunicación, tanto en la televisión como en la radio, en la prensa escrita y en la publicidad fija y móvil. Con esta estrategia se podrá mantener la presencia, la imagen y el nuevo proyecto de gobierno de los candidatos y los líderes políticos y partidistas.

Es una labor titánica, pero es posible lograr una mayor presencia basada en este esquema, que indudablemente permitirá ampliar inmensamente la plataforma de la imagen, de la interrelación y de la movilidad política de los candidatos y los líderes políticos y partidistas promotores de un nuevo proyecto político y de gobierno.

1.4.6. Esquema de difusión de propuestas y logros de líderes políticos y partidistas

Es importante sembrar información de las diversas propuestas partidistas para el desarrollo y beneficio de la sociedad, así como los diversos logros políticos y gubernamentales de candidatos y líderes políticos en los medios locales, nacionales e internacionales de comunicación. Las propuestas deben de ser trascendentes e impactantes de preferencia, aunque también habrá que difundir las propuestas normales de impacto medio que impliquen mejora en los sistemas gubernamentales y en los esquemas de productividad para el desarrollo. Propuestas y acciones que deberán de cumplirse en el ejercicio de las funciones de los cargos públicos respectivos y que asimismo impacten a sectores, sociedad y gobiernos. Las propuestas deberán basarse en el desarrollo integral sostenible y en la mejora sustantiva de todos sus rubros y conceptos fundamentales. Estos rubros serán, entre otros, el empleo, la expectativa de desarrollo de las personas, la educación, salud y alimentación, el combate a la pobreza y marginación, la ciencia y tecnología, la economía, productividad y los satisfactores sociales, la seguridad pública y la procuración de justicia, la democracia, los derechos y libertades. Estos y otros conceptos y aspectos de igual o mayor trascendencia e importancia son los que la sociedad requiere para transformar su entidad y mejorar su calidad de vida.

Estas propuestas atraerán, por lógica, una serie de infraestructuras para el desarrollo, especialmente de gobiernos de diversos países y de grandes empresas trasnacionales y nacionales, así como infraestructura para todos los rubros mencionados anteriormente. Estas inversiones e infraestructuras fortalecerán al estado, lo que impulsará el desarrollo integral sostenible, el empleo, la productividad y la competitividad, lo que asimismo coadyuvará a lograr la estabilidad económica y política que fortalezca el estado de derecho, los derechos y libertades, el beneficio colectivo y la paz social. Esto se logrará conjuntamente con un buen ejercicio gubernamental, que implemente obligatoriamente esquemas de liderazgo, visión, calidad, capacitación, especialización y sensibilidad inteligente para los funcionarios y la burocracia, que genere gobiernos eficientes con respeto y buen trato a la población y con la gestión y seguimiento a las solicitudes y necesidades de la gente.

En fin, propuestas de alta calidad para trabajar por el desarrollo y que puedan convertirse en realidad son importantes de difundir, al igual que una nueva imagen de los gobiernos, gobernantes y funcionarios, que implique capacidad, preparación, visión, sensibilidad y buen trato y amistad con la población, así como atención de los asuntos y el seguimiento y resolución de los mismos. Por otra parte, es prioritario evitar el nepotismo, la insensibilidad laboral entre funcionarios y trabajadores, la irresponsabilidad laboral de funcionarios y burócratas, la corrupción, etc. Con este tipo de propuestas y mensajes indudablemente que se atraerán grandes simpatías de todos los sectores y organizaciones, así como de la población local, nacional e internacional.

1.4.7. Esquema de generación de proyecciones de encuestas y sondeos

El centro de estrategias, que denominaremos centro de control de actividades y movimiento de los candidatos y líderes políticos (CCAM), deberá implementar un esquema estratégico de encuestas y sondeos, cuyos resultados favorables en los diversos rubros deberán difundirse en todos los medios de comunicación y en todo tiempo, sobre todo en campañas electorales.

En política, como sabemos, el censo, la encuesta y el sondeo son los medios por los que las personas, sectores y organizaciones miden diversos conceptos, rubros y aspectos. Entre estos aspectos tenemos la popularidad y el reconocimiento y fortalecimiento o disminución de posibilidades de triunfo o fracaso de los actores e instancias políticas en los procesos electorales, así como la aprobación o desaprobación de la figura pública en el ejercicio político, profesional y personal.

Es importante llevar a cabo encuestas periódicas para impulsar el posicionamiento favorable de los candidatos ante la sociedad y para aumentar las adhesiones populares a su figura política. Esto permitirá no sólo su consolidación, sino que también generará un mayor crecimiento y fortalecimiento de sus proyectos y propuestas, que le permitan obtener un triunfo holgado y mayoritario que impida inconformidades políticas y poselectorales de grupos opositores.

Para estos efectos se debe de trabajar con diferentes empresas encuestadoras de prestigio y seriedad, que emitan sus resultados de forma temporal, según las estrategias y el contexto, para que así se cuente con encuestas periódicas reales planificadas en las que la presencia y los proyectos de determinados candidatos buscarán estar siempre arriba en las preferencias de la sociedad.

La difusión de resultados de las encuestas de forma masiva y a favor de determinados candidatos atraerá no sólo el reconocimiento de la sociedad, de los aliados y de la ciudadanía neutral, sino que también de los sectores opositores.

La estrategia de las encuestas tiene por objetivo establecer una serie de adherencias y reconocimientos que crezcan constantemente, para que cuando comiencen los procesos electorales respectivos, la imagen y la tendencia favorable del voto y del reconocimiento popular sea muy alta, impactante e irreversible. Esto permitirá que, incluso los mismos funcionarios gubernamentales y militantes de fuerzas políticas opositoras reconozcan con antelación el triunfo electoral de determinados candidatos, especialmente a gobernantes, además de lograr el reconocimiento de los diversos sectores económicos, políticos, sociales y culturales a favor de sus plataformas de propuestas y proyectos de gobierno.

Derivado de estas estrategias, los sondeos deberán mostrar que, con trabajo y compromiso, además de propuestas serias, los líderes, gobernantes y candidatos aumentarán su popularidad, que les coloque en una posición favorable en las encuestas, desde una diferencia cerrada o mediana hasta una holgada, ya sea en tiempos de receso y previos electorales, como en las mismas campañas electorales.

El esquema implica generar encuestas que se siembren periódicamente en los diversos medios de comunicación, mostrando el reconocimiento y apoyo de la sociedad para con determinados candidatos, ya que esto repetido constantemente, porque está basado en la realidad y la verdad, impulsará y fortalecerá gobiernos, liderazgos, partidos y candidaturas en los procesos y campañas electorales.

Los partidos opositores llevarán a cabo, algunos con grandes recursos, otros con pocos, una campaña mediática de generación de encuestas, en las que tratarán que sus candidatos se encuentren arriba en las mismas o bien posicionados, inmediatamente debajo de los candidatos favoritos, para dar la sorpresa final y triunfar. La estrategia de la oficina de los candidatos aliados que propongan una plataforma para generar nuevos gobiernos eficientes será la de establecer una difusión y siembra de información de que las encuestadoras son pagadas por los partidos adversarios o por los gobiernos emanados de estos. También de que han manejado las cifras y resultados de forma fraudulenta, lo que indudablemente impactará de forma negativa a los candidatos opositores y a sus partidos políticos.

Es fundamental en estos casos sembrar información verdadera y real, que indique que los resultados de las encuestas que favorezcan a los candidatos opositores están pagados y manipulados y que no representan el sentir de la gente, además de mostrar el fraude de los candidatos y partidos adversarios y de los gobiernos emanados de partidos opositores, lo que reprobará la ciudadanía.

Habrá que establecer también una planificación para que los candidatos y líderes partidistas aliados se presenten en múltiples entrevistas en los medios de comunicación locales, nacionales e internacionales, aliados y neutrales e incluso los medios opositores, y difundir ampliamente el resultado de las encuestas a favor de sí mismos y de sus propias instituciones.

También se deben de generar entrevistas para la difusión de estas encuestas con los medios de comunicación, no solo por parte de los líderes políticos y partidistas de estos proyectos, sino que también por todos los gobernantes y funcionarios de su misma instancia política. Lo anterior, para que la difusión masiva y de gran alcance muestre la ventaja en las tendencias del voto y en el reconocimiento de la población hacia una plataforma partidista de propuestas y proyectos de gobierno.

Por lo tanto, periódicamente deberán de generarse varias entrevistas en los diversos medios de comunicación de todo ámbito y orden, en las que los candidatos reproduzcan y difundan los resultados de las encuestas a su favor. También, y muy importante, deberán de existir múltiples y constantes entrevistas en las cuales diversos actores y funcionarios aliados, neutrales e incluso opositores, reconozcan la figura, el nuevo proyecto y la visión de estos candidatos y sus plataformas, así como la tendencia favorable del voto y, por lo tanto, el triunfo de los mismos.

1.4.8. Esquema de establecimiento de tiempo aire en la radio, televisión y medios de comunicación locales y del ámbito nacional para la interrelación con la población y los sectores

Este esquema implica dos aspectos, primero contar con espacios de tiempo aire en la radio, televisión y prensa escrita, así como en la publicidad estática y móvil, y segundo, establecer la medición y seguimiento del tiempo aire en estos medios, con el análisis, evaluación y toma de decisiones correspondiente.

<u>Medición y seguimiento de tiempo y espacio en radio, televisión, prensa escrita y publicidad móvil y estática, con el análisis y toma de decisiones correspondiente</u>

Este concepto implica analizar y evaluar la información del esquema de medición y seguimiento y sobre todo de los resultados de posicionamiento popular y otros indicadores del tiempo aire en los medios de comunicación, para así poder contar con los elementos que permitan diseñar y proponer las estrategias y acciones para un mayor posicionamiento de triunfo de los candidatos y líderes partidistas.

<u>Espacios y tiempo en radio, televisión, prensa escrita y publicidad estática y móvil</u>

Las actividades de los candidatos, partidos políticos y líderes partidistas implican, conjuntamente a las diversas estrategias de difusión y publicidad y el movimiento de la militancia y de las alianzas partidistas, una serie de procesos que deben de medirse, evaluarse, analizarse, planificarse y ordenarse. Además, deberán de difundirse de forma masiva y estratégica para obtener el objetivo de un mayor posicionamiento político ante los sectores y la sociedad.

Habrá que buscar más tiempo aire en los medios de comunicación, sobre todo contar con espacios de mayor amplitud en la radio y la televisión para que los candidatos cuenten con programas que les permitan enviar sus mensajes, difundir su plataforma partidista de propuestas y proyectos de gobierno e interrelacionarse con la población.

Veamos de forma más amplia los dos conceptos anteriores, que son el análisis y la evaluación de la medición y el seguimiento del tiempo aire en los medios y la medición de los espacios de tiempo y aire en televisión, radio y prensa escrita.

<u>Medición y seguimiento del tiempo aire en radio, televisión y prensa escrita y de la publicidad móvil y estática, con el análisis, evaluación y toma de decisiones correspondiente</u>

Dentro del centro de planificación y control de actividades (CPCA) de los candidatos, se tendrá una instancia de control y estrategias de difusión y propaganda en medios de comunicación y publicidad estática y móvil. Esta instancia contará con un área dedicada por un lado a la planificación de la publicidad y difusión y por el otro lado a la captación de la información, su análisis, seguimiento, medición y resultados para la toma de decisiones adecuadas de las estrategias de publicidad y difusión de los candidatos y los partidos políticos.

Esta área neurálgica de captación y medición de la difusión y la publicidad, permitirá contar con los elementos para insertar, de forma planificada y estratégica, la difusión en los diversos medios de comunicación, conocer su alcance y penetración y poder planificar también esquemas de tiempos gratuitos y pagados de esta publicidad y difusión.

En este sentido, también se podrá equilibrar la siembra de difusión de los promocionales y mensajes de los candidatos y líderes políticos en los medios de comunicación, al igual que en los espacios de publicidad estática y móvil.

El objetivo es contar con una planificación y ordenamiento que permitan lograr la mayor difusión, distribuida estratégicamente, para que llegue a más población, durante más tiempo y en las mejores horas de percepción, para lograr así una mayor influencia en la sociedad. Esto implica la medición y alcance de los medios de comunicación en todas las entidades y localidades.

Este esquema permitirá también implementar la difusión y propaganda partidista en las localidades y áreas aisladas en las que no llegue ningún medio de comunicación tradicional, por lo que se planificará la entrada de publicidad por medio de esquemas diversos, tales como la difusión a través de vehículos con altavoces, que recorrerán estas localidades y regiones. Asimismo, se establecerá la distribución de trípticos y volantes con la difusión del mensaje de los candidatos y líderes políticos. Estas estrategias y recursos los deberán aportar los candidatos y los comités directivos de los partidos políticos en las entidades que cuenten con estos escenarios.

Como se observa, toda estrategia es importante en cuanto a la difusión, aún en las poblaciones aisladas, marginadas o empobrecidas. Por un lado, se puede llegar a ellas para conocer sus carencias y buscar integrarlas a la productividad y a una mejor calidad de vida, y por el otro, para conforman una base de votos que no por ser menor o desperdigada y pulverizada, se debe de minimizar. Por el contrario, se deberá darle su valor estratégico, ya que es una suma de voto por voto y localidad por localidad, lo que sin duda coadyuvará en los triunfos electorales respectivos.

Toda esta medición, por lo tanto, permitirá abarcar los mercados publicitarios y todos los sectores poblacionales, al igual que permitirá definir estrategias para llegar a sectores poblacionales aislados, que carecen de servicios y de difusión de la información de los medios de comunicación.

<u>Espacios de tiempo aire en la radio, televisión y prensa escrita y en la publicidad estática y móvil</u>

Este punto es muy importante, ya que es necesario contar en todo tiempo con espacios definidos en los medios de comunicación y aumentarlos progresivamente a medida que se acerquen las diversas campañas electorales, con estrategias de contenido de impacto y de asimilación de la población de los mensajes de las plataformas políticas y de los proyectos de gobierno. Por lo tanto, se debe de contar con una buena agenda de programas en la televisión de forma periódica y constante, de preferencia gratuita o económica, además de los espacios comerciales de paga.

En lo que respecta a la radio, se tiene una mayor posibilidad de contar con diversos espacios publicitarios, por lo económico y masivo. Debido a esto, será básico contar con varios programas amplios para difundir los mensajes y promover la figura de los candidatos y los partidos, además de implementar el envío, de forma sistemática, de cientos y miles de mensajes breves en todas las estaciones de radio a las ciudades, localidades, regiones y entidades correspondientes al contexto.

También es importante contar con espacios definidos en los medios de comunicación de la prensa escrita, no sólo en publicidad pagada, sino con entrevistas amplias y entrevistas normales y breves, en las que se difunda el mensaje y la plataforma política de los candidatos y partidos.

Veamos enseguida los esquemas de difusión y publicidad de todos los conceptos y aspectos en los medios de comunicación enunciados anteriormente.

Televisión

Mientras que la televisión de paga por sistema cerrado de cable y de satélite llega a la mayoría de la población en algunos países, sobre todo los más desarrollados, por ser el sistema de televisión preponderante en esos contextos, en la mayoría de países se utiliza el sistema de televisión abierta, con el que también se llega a la mayoría de la población. Sobre la base de estos auditorios, es fundamental contar con diversos formatos televisivos de difusión política en los que los candidatos y partidos muestren sus plataformas políticas y mensajes a la población. Estos mensajes en comerciales de propaganda política pagada deberán de difundirse diariamente, de ser posible, en los espacios de mayor audiencia y alto rating. Esto se hará en base a una estrategia partidista de comercialización y publicidad en el ámbito nacional y local, mediante diversos y diferentes mensajes que traten de captar el interés de los auditorios y generar atracción hacia estos candidatos y partidos.

Habrá que planificar eficientemente los recursos presupuestales dedicados a este fin, para que estos permitan establecer una difusión amplia y con mucha penetración en la sociedad y sus sectores. También, y como estrategia, se deberá de solicitar el apoyo económico a diversos patrocinadores, que pueden ser aliados o con similares intereses, amigos y grupos de poder económico, que pueden ser gobernantes, empresarios, grupos afines, partidos políticos y medios de comunicación.

Radio

En la radio deberá de establecerse como estrategia un mínimo determinado de comerciales breves al día por estación y aumentarlos en tiempos electorales de todo concepto, por lo que se tendrán en la mayoría de las estaciones de un país y de sus entidades y localidades infinidad de comerciales políticos difundidos masivamente con el mensaje de los candidatos y partidos.

Esta difusión es más barata y puede llegar en determinados países y ámbitos a más población que la propia televisión, por lo que será indispensable implementarla en todo tiempo y especialmente en las campañas electorales, en las que también se insertarán otros esquemas de promocionales y mensajes de gran amplitud y alcance.

Es básico también implementar la difusión en la radio de mensajes políticos promocionales amplios y constantes, tanto en el ámbito local y nacional, como en otros países con entidades de población migrante del país de los candidatos. De igual forma se deberá de implementar un espacio radiofónico con horario y tiempo muy amplio, de ser posible diario o al menos semanal, en el que los candidatos presenten sus propuestas y proyectos de gobierno y se interrelacionen con la población y los sectores.

Prensa escrita

Será fundamental agendar y realizar constantemente entrevistas amplias en periódicos y revistas, ya que estas permiten una mayor exposición de los asuntos y de las propuestas de los candidatos, lo que asimismo puede lograr una mayor comprensión e identificación de los ciudadanos hacia estas propuestas y planteamientos y, por tanto, un mayor posicionamiento favorable.

La siembra de entrevistas medias y cortas deberá de generarse de forma continua y diaria, tal y como se especifica en el cuadro especial de planificación de difusión en medios de comunicación que se presenta más adelante, con la finalidad de posicionar e impulsar la presencia de los candidatos en los periódicos y revistas. El objetivo será el de lograr que la gente conozca sus plataformas partidistas y propuestas y que se identifiquen con éstas para lograr su aprobación y más votos electorales. De igual forma, en cuanto al contenido y a la difusión del mensaje y la figura de los partidos y candidatos, se procederá en la publicidad estática y móvil, de acuerdo con las características y dinámicas respectivas de estos esquemas de publicidad.

Contar con estos espacios radiofónicos, especialmente los de mayor amplitud y tiempo, en los que se presenten los mensajes de los candidatos y líderes políticos es fundamental y prioritario, ya que cualquier instancia política que no cuente con éstos no tendrá cobertura y por ende no tendrá mensajes políticos ni votos ciudadanos.

1.4.9. *Esquema de alianzas y acercamientos con los medios de comunicación locales, nacionales e internacionales*

Existen medios de comunicación locales y nacionales e incluso internacionales que son y pueden ser aliados y afines a determinados grupos, partidos y candidatos y a un proyecto de gobierno, sin embargo, existirán también algunos medios afines de los grupos adversarios, los que podrán ser utilizados para golpear y disminuir una plataforma partidista aliada y a sus candidatos. En este punto es importante mantener y fortalecer las relaciones y alianzas con los medios de comunicación afines, lo que siempre es muy probable y seguro de lograr, además de buscar atraer a los medios de comunicación neutrales y que no tienen intereses ni a favor ni en contra por diversas razones.

También es importante buscar acercamientos con medios adversarios y opositores, con la finalidad de lograr algunas alianzas generales o parciales que permitan contar con el mayor número de medios de comunicación para poder promocionar la figura y mensajes de los candidatos y también evitar al máximo el golpeteo de estos medios de comunicación adversos. Veamos entonces de forma breve estos tres conceptos y definiciones y sus aspectos a considerar.

- *Alianzas y fortalecimiento de vínculos con medios de comunicación afines, amigos, aliados y por intereses coincidentes*

- *Atracción y alianzas con medios de comunicación neutrales*

- *Acercamiento y coincidencias con los medios de comunicación controlados por los grupos opositores y adversarios*

Alianzas y fortalecimiento de vínculos con medios de comunicación afines, amigos, aliados y por intereses coincidentes

Es necesario fortalecer, mantener y ampliar los vínculos y acuerdos con los medios de comunicación afines y amigos, además de buscar también a aquellos cuyos representantes, aunque no sean amigos, puedan ser aliados, en virtud de tener proyectos políticos e intereses coincidentes en determinados conceptos y aspectos por diversas circunstancias y tiempos. El trabajo de acercamiento a los periodistas, analistas, representantes y dueños de estos medios de comunicación afines en el ámbito local, nacional e internacional, siempre deberá de ser de una alta sensibilidad y visión. Esto permitirá generar alianzas fundamentales y amistades con estos medios, basadas en proyectos coincidentes, intereses comunes, visiones compartidas, objetivos específicos y generales de conveniencia mutua, amistades y afinidades, conformando una base importante de alianzas estratégicas que permitan generar una difusión efectiva de los candidatos y de sus plataformas de propuestas.

Atracción y alianzas con medios de comunicación neutrales

Deben generarse acercamientos con representantes de medios de comunicación neutrales, establecer coincidencias y relaciones para atraer de forma natural las alianzas necesarias y aprovecharlas para lograr mayores espacios de difusión favorable. De no generarse estas alianzas, será prioritario mantenerse amigables con estos medios para tener siempre la posibilidad de contar con estos espacios de difusión, aunque sean de publicidad pagada, además de saber que siempre difundirán la noticia y la información política normal y tradicional, por no tener nada en contra de los candidatos aliados. De todas formas, será importante realizar siempre el esfuerzo de acercamiento con estos medios para generar amistad y alianzas que permitan obtener mayores espacios de difusión favorable y evitar la propaganda negativa, independientemente de la información generada de los procesos políticos y electorales naturales. Existirán también medios de comunicación neutrales que puedan tener intereses comunes y coincidencias con los proyectos, propuestas y plataformas de los partidos políticos y candidatos e incluso con algunas de las ideas y con determinados aspectos profesionales y personales de estos últimos. Estos medios sin duda podrán ser grandes aliados coyunturales o de forma permanente en todo tiempo y especialmente en los procesos políticos y las campañas electorales.

En cuanto a los medios de comunicación totalmente neutrales porque no sean coincidentes en ningún asunto o concepto, o porque tengan otras vías y alianzas para resolver sus asuntos, pero que tampoco sean opositores en ningún grado y aspecto, siempre serán una opción importante para que en determinados tiempos se puedan tener elementos, intereses y objetivos de coincidencia y afinidad con ellos. Siempre será importante buscar los acercamientos con estos medios, con sensibilidad e inteligencia, para lograr su aceptación y así poder contar con otra importante plataforma mediática para la difusión de los mensajes y las propuestas a la población.

<u>Acercamiento y coincidencias con los medios de comunicación controlados por los grupos opositores y adversarios</u>

Este concepto implica generar una estrategia encaminada a obtener dos objetivos, uno es el de generar alianzas, incluso con representantes de medios de comunicación adversarios y opositores, y el otro es el de lograr neutralizar las posturas de estos medios de comunicación para evitar los ataques a los partidos políticos y a los candidatos y líderes políticos. Siempre habrá medios de comunicación en todo ámbito que seguirán siendo opositores a estos candidatos y partidos políticos, por tener otras alianzas e intereses diferentes de estos, sin embargo, se buscará desactivar a la mayoría de ellos para evitar al máximo los ataques que puedan causar desconcierto en la sociedad y disminuir las expectativas de los triunfos electorales. También es necesario desactivar las alianzas que estos medios de comunicación adversarios concreten con otros medios de comunicación, en todo ámbito, para establecer sus propias estrategias de difusión política y para implementar esquemas de difusión de ataque que logren desprestigiar a los candidatos y partidos aliados y a sus plataformas políticas. Para evitar estos efectos es básico conformar una estrategia que permita el acercamiento para establecer los consensos, coincidencias, acuerdos, negociaciones y alianzas de todo tipo con los dueños y representantes de estos medios de comunicación opositores que lo permitan, para así lograr transformarlos en neutrales y hasta en coincidentes parcial o totalmente.

Habrá algunos medios declaradamente adversarios y opositores, y que, a pesar de esto, se pueda establecer el contacto y acercamiento con ellos para lograr determinadas negociaciones y al menos evitar los golpes y la guerra sucia, pero esto dependerá definitivamente de los intereses y alianzas, así como de los objetivos y metas de los dueños y representantes de estos medios de comunicación. Sin embargo, el esfuerzo por lograr estas negociaciones será fundamental para desactivar un polo de ataque que podría ser permanente y que asimismo podría disminuir drásticamente las expectativas de triunfo de determinados candidatos, de acuerdo a la fuerza y presencia de estos medios de comunicación en el contexto y entorno respectivo y a la fortaleza de sus aliados políticos, económicos, sociales y gubernamentales.

Cuadro de actividades de difusión y promoción de la plataforma partidista de propuestas y proyectos de gobierno

Ejemplo de proyección semanal de difusión en medios de comunicación

Conceptos de difusión	Medios de comunicación y conceptos realizados						Total
Comerciales, entrevistas, mensajes, espacios, etc.	**T.V.** *En varios canales*	**Radio** *En varias estaciones*	**Periódicos** *En varios diarios*	**Revistas** *En varias revistas*	**Publicidad** *Estática En varios espacios*	**Publicidad** *Móvil En varios espacios*	
Difusión y promoción favorable de las acciones de candidatos y líderes políticos	2	10	4	2	1	2	**21**
Difusión y publicidad negativa de los adversarios y opositores políticos	2	10	2	2	1	2	**19**
Difusión de reuniones con personajes y organizaciones importantes locales, nacionales e internacionales	1	10	4	2	1	2	**20**
Difusión de reuniones con personajes y organizaciones de luchas sociales, locales nacionales e internacionales	1	10	2	2	1	2	**18**
Difusión de propuestas y logros de líderes políticos y partidistas	2	10	4	2	2	4	**24**
Encuestas y sondeos	2 *mensual*	10 *mensual*	10 *mensual*	6 *mensual*	20 *espacios*	30 *espacios*	**78**

1.5. Posicionamiento y fortalecimiento político ante instancias afines

- *Posicionamiento político con personajes, grupos, partidos y gobiernos afines locales, nacionales e internacionales*

- *Posicionamiento con sectores y sociedades afines locales, nacionales e internacionales*

Este concepto especifica que se debe de generar, mantener y aumentar el posicionamiento de líderes, candidatos y partidos políticos ante todas las instancias económicas, políticas y sociales locales, nacionales e internacionales. Aunque ya se cuente con un determinado posicionamiento en algunos aspectos con varios de estos sectores representativos de todos los ámbitos, siempre será fundamental mantener, ampliar y fortalecer este posicionamiento. El objetivo fundamental será contar con una amplia red local, regional, nacional e internacional de gobiernos, partidos, sectores y sociedades afines a una plataforma partidista de propuestas y proyectos de gobierno, conformando una amplísima red tejida de acercamientos, enlaces y alianzas con todos estos grupos afines. Veamos algunos conceptos de este esquema de posicionamiento político con sectores y sociedades de todo ámbito y orden.

1.5.1. Posicionamiento político con personajes, grupos, partidos y gobiernos afines locales, nacionales e internacionales

Los candidatos podrán tener un buen posicionamiento político en lo local, nacional e internacional, sin embargo, siempre será importante ampliar este posicionamiento mediante diversas estrategias y aspectos. Una de estas estrategias será el logro de más y mejores relaciones con personas representativas de todos los sectores de la sociedad y los gobiernos, incluso adversarios, para atraerlos al movimiento de la plataforma partidista de propuestas y proyectos de gobierno de los aliados. Los candidatos de cualquier instancia podrán contar o no con un amplio posicionamiento político y social. De contar con éste, habrá sido logrado gracias a su capacidad, sensibilidad, compromiso y forma de ser y a sus actividades y resultados emanados de los diversos cargos y posiciones sociales, políticas, gubernamentales y empresariales, entre otros, que han desempeñado en sus trayectorias públicas y particulares. También habrá sido logrado por el reconocimiento de sus aspectos profesionales y personales, lo que les ha generado y otorgado un determinado reconocimiento en sus contextos y entornos. Será importante mantener este posicionamiento político de diferentes magnitudes y ampliarlo con el acercamiento y logro de alianzas con personajes, grupos, partidos y gobiernos de todo ámbito y orden que contengan plataformas y conceptos afines, por lo que el establecimiento de estas alianzas será necesario para este objetivo básico. Nuevos acercamientos políticos y el fortalecimiento de los ya existentes serán una buena estrategia para ampliar y fortalecer el posicionamiento de los candidatos ante los grupos políticos y de poder, y ante la sociedad.

Los acercamientos deberán darse con gobernantes y funcionarios de todo ámbito, sobre todo de los grupos afines y neutrales, así como con legisladores nacionales y locales, con representantes del poder judicial y con dirigentes y funcionarios emanados de todo partido político. El objetivo será fortalecer y ampliar las alianzas y el posicionamiento con gobiernos, grupos y partidos políticos afines, pero también atraer a personajes de partidos y gobiernos neutrales y también a los no afines.

1.5.2. Posicionamiento con sectores y sociedades afines locales, nacionales e internacionales

En este punto se debe de fortalecer y ampliar el posicionamiento con sectores y sociedades afines en el ámbito local, nacional e internacional, con los que se debe buscar conseguir un amplio reconocimiento por el trabajo político que se realiza y por las propuestas para fortalecer a esos sectores. Por lo anterior, será prioritario ampliar los enlaces y acercamientos con estos representantes de sectores y sociedades. Sectores políticos, económicos, sociales, culturales, empresariales, educativos, populares, sindicales, académicos, científicos, tecnológicos, agrícolas, campesinos, magisteriales, religiosos, militares, de profesionistas, indígenas, obreros, etc., deben ser atraídos al movimiento político de los partidos y candidatos aliados y a su plataforma partidista de propuestas y proyectos de gobierno. Será importante ubicar o generar un padrón de sectores y representantes sociales para atraerlos a este movimiento democrático para el desarrollo de las entidades y países. Asimismo, también será importante tener relaciones fuertes y amigables con representantes de organizaciones sociales y con luchadores de los derechos sociales, civiles y ecológicos, entre otros, en todo ámbito y contexto. Encuentros con representantes de sectores diversos del ámbito internacional también son importantes para generar una amplia corriente de afinidad hacia una plataforma partidista aliada de propuestas y proyectos de gobierno. Con esto se logrará conformar una gran red de alianzas exteriores afines y coincidentes que impliquen una gran diversidad de apoyos y de impulso a favor de las fórmulas partidistas de propuestas de desarrollo y de gobiernos efectivos.

1.6. Acercamientos y alianzas con instancias adversarias y opositoras

- *Acercamientos, alianzas y posicionamiento político con personajes, grupos, partidos, sectores, gobiernos y sociedades adversarias y opositoras del ámbito local, nacional e internacional*

En este concepto se contempla lograr que las diversas instancias, tanto gubernamentales como partidistas, sectoriales y poblacionales que sean consideradas adversarias y opositoras, de todo orden y ámbito, puedan ser atraídas en su mayoría, total o parcialmente, para qué se integren a una plataforma partidista aliada de propuestas y proyectos de gobierno.

Lograr este escenario será sumamente difícil por la formación opositora de los grupos y personas, sin embargo, si se llevan a cabo determinadas acciones estratégicas de acercamiento, con visión, sensibilidad e inteligencia, con los personajes de influencia y líderes de estos grupos e instancias, se tiene la posibilidad de lograr atraer a algunos grupos de forma total o parcial. También se podrá neutralizar a otros y suavizar al menos la postura y posición de los opositores más radicales e irracionales hacia esta plataforma partidista aliada de propuestas y proyectos de gobierno. Veamos entonces este concepto de acuerdo con su ámbito, por un lado, local y nacional y por el otro el internacional.

1.6.1. Acercamientos, alianzas y posicionamiento político con personajes, grupos, partidos, sectores, gobiernos y sociedades adversarias y opositoras del ámbito local, nacional e internacional

El acercamiento hacia los opositores y adversarios en el ámbito local, nacional e internacional será de suma importancia, para plantear y buscar la atracción de coincidencias y para la desactivación de posturas radicales e irracionales en contra de los candidatos aliados y de su plataforma partidista de proyectos de gobierno. Acercarse a gobiernos emanados de partidos políticos adversarios será necesario, ya que podrán tener coincidencias y afinidades coyunturales y contextuales que logren atraer la atención y el consenso favorable en determinados aspectos y conceptos que integran las plataformas y proyectos de los aliados. Existen posturas políticas diversas derivadas de los planteamientos y contenidos de las plataformas partidistas, sin embargo, algunas de ellas podrán tener afinidades entre los adversarios, a pesar de las diferencias ideológicas y de representatividad de grupos y personas, por lo que será importante explorar y explotar estas potenciales afinidades y coincidencias, para atraer a estos elementos a favor de un nuevo proyecto de gobierno.

Establecer acercamientos con adversarios y opositores representantes de sectores políticos y partidistas, así como de los poderes judiciales, electorales y legislativos, podrían atraer una amplia base de personajes de alto nivel e importancia con los cuales se pueden tener alianzas, de forma o de fondo, y al menos neutralidad, evitando así ataques que desgastan y desprestigian. Conjuntar el mayor volumen de adhesiones y simpatías y lograr desactivar las posturas irracionales y los ataques de los opositores será una estrategia que implicará una importante suma de votos populares favorables. Líderes de sectores y sociedades, adversarios y opositores, nacionales e internacionales, deben ser atraídos, ya que pueden influir en sus mismos y en otros sectores, así como en sus representantes y afiliados y conformar una mayor red de posturas favorables y neutrales, desactivando las posturas opositoras normales y hasta las irracionales y fundamentalistas. También se podría analizarse el escenario de acercamiento para generar alianzas totales o parciales y de forma o fondo, entre los gobiernos presidenciales, estatales y municipales y algunos partidos políticos y candidatos, aunque sean adversarios políticos o partidistas.

Estos escenarios podrán suscitarse debido a varios factores, entre ellos tenemos a las coyunturas políticas, las coincidencias de objetivos, intereses y afinidades entre las partes, las conveniencias por determinados aspectos y resultados, etc. Esto se implementará siempre por medio de negociaciones y acuerdos convenientes para las partes. Aunque es muy difícil que este escenario se produzca, no es imposible y puede generarse de alguna u otra forma, de acuerdo con intereses, coincidencias y objetivos afines y similares. Por lo anterior, la atracción de funcionarios y trabajadores de toda instancia pública y privada en el ámbito nacional y de las entidades y regiones, es fundamental, ya que, si no se generan estos acercamientos, los grupos adversarios y opositores pueden fortalecerse y ampliarse. Sin embargo, si se llevan a cabo acciones de acercamiento y enlace con personajes líderes e influyentes de estos grupos, probablemente se logre atraer a un buen porcentaje de los mismos, lo que sin duda logrará un alto impacto mediático de reconocimiento y atracción ciudadana y del voto popular. La generación de contactos y acercamientos con funcionarios, adversarios y opositores, del ámbito nacional y local puede lograr el aumento de las coincidencias y tendencias favorables de los candidatos aliados. Por esta razón será fundamental establecer una planificación y agenda de encuentros con estos funcionarios y gobernantes adversarios, al igual que con los representantes de los partidos y organizaciones políticas adversarias nacionales y locales. La razón será debido a que el pronunciamiento de estos personajes y grupos a favor de los esquemas políticos y de gobierno de los aliados es básico para lograr más adhesiones y reconocimientos. El objetivo será el de establecer una amplia red de nuevos aliados y una red de sectores y gobiernos que sean al menos neutrales, con el objetivo de minimizar completamente a los adversarios y opositores que mantengan sus posturas radicales en contra de los nuevos proyectos de un gobierno eficiente. En el mismo contexto se encontrará el ámbito internacional, aunque en este ámbito seguramente se tendrá el mínimo de opositores y adversarios, pero puede haberlos, por lo que habrá que tratar de atraerlos, neutralizarlos y generar alianzas favorables.

1.7. Planificación y control de actividades de instituciones y candidatos

- *Centro de Planificación y control de actividades de candidatos y líderes partidistas*
- *Planificación de actividades partidistas, políticas, electorales y personales*
- *Control y evaluación de actividades partidistas, políticas y electorales*

- *Análisis, proyectos y toma de decisiones de las actividades partidistas, políticas, electorales y personales*

Los candidatos y funcionarios partidistas realizan diversas actividades políticas, partidistas, electorales y personales, derivadas de sus agendas de trabajo político y personal, las que generan una movilidad diversa que no siempre puede planificarse de forma eficiente. Por esta razón se deberán establecer áreas específicas de este rubro en los partidos y en las oficinas de los candidatos, que generen, planifiquen y controlen estas agendas y estrategias de sus actividades políticas y personales.

Esta agenda integral y simultánea contendrá una serie de conceptos de actividades políticas, entre estos, reuniones, entrevistas, conferencias y giras, que tendrán el objetivo de presentar, difundir e impulsar sus propuestas y proyectos políticos de gobierno, además de generar una mayor interrelación y enlace con los gobiernos y la sociedad. Asimismo, se buscará implantar la infraestructura política y electoral necesaria para estos fines, que incluirá centros y oficinas de gestión y actividad política de los candidatos en las entidades y localidades. Los partidos políticos cuentan con infraestructura para coadyuvar en esta tarea, sin embargo, será necesario instalar, al interior de su estructura y en todo ámbito, un área denominada "Centro de planificación y control de actividades partidistas de generación de esquemas políticos y de gobierno". Este centro también se instalará en las propias oficinas políticas de los candidatos para que, de manera conjunta, partidos y candidatos, generen las estrategias y actividades políticas y electorales de mayor alcance y conveniencia. El centro de planificación y estrategia nacional va a generar la planeación de las actividades y estrategias políticas y electorales de los candidatos, de los líderes políticos, de las instituciones del rubro y de los partidos políticos y sus sectores, al igual que de los mismos centros regionales y locales.

Se generarán proyecciones de actividades, reuniones, giras y entrevistas de los líderes, candidatos y partidos, para planificar una agenda para todo tiempo y previa de los procesos electorales, además de una agenda para las propias campañas electorales y los procesos poselectorales.

1.7.1. Centro de Planificación y control de actividades de candidatos y líderes partidistas

Este centro de planificación deberá contar con una infraestructura que planifique, controle y ejecute la agenda, que establezca los resultados de la estrategia, de los eventos de la agenda. También que genere resultados y proyecciones de agenda de las actividades de los candidatos y los actores políticos en su interrelación y movimiento partidista, político, social y personal. Estos aspectos son prioritarios, por lo que un análisis planificado de los resultados y de la proyección de las agendas es necesario para establecer los enlaces y los vínculos que permitan lograr de forma efectiva la interrelación popular, las negociaciones, estrategias, alianzas, acercamientos y la atracción de grupos de poder y del voto popular. También será básico contar, por estrategia y conocimiento de la información, con la generación de resultados y análisis del movimiento político de todos los candidatos y líderes políticos y partidistas, así como de los propios partidos políticos. Este centro de planificación y control contará con un área de captación de la información emanada del movimiento de los actores políticos y candidatos, con los datos de reuniones, entrevistas y eventos. También contará con un área de control y seguimiento de la agenda, además de un área que contenga los apartados necesarios para generar los análisis cualitativos y cuantitativos, así como las propuestas y resultados derivados de las reuniones y actividades de la misma agenda política, partidista y popular.

Este centro tendrá un área específica para generar proyecciones de agenda y sus resultados, además del área de planificación, análisis, estrategias y toma de decisiones de las actividades de los candidatos y de las proyecciones de sus agendas. Esto es sumamente importante porque en la actualidad e históricamente, en la gran mayoría de los partidos políticos, salvo aquellos políticamente vanguardistas y desarrollados, se trabaja de forma aleatoria, sin planificación ni estrategia, y solo de acuerdo con decisiones cupulares. Esta práctica cupular afecta sin duda a la mayoría de las estrategias y actividades de los partidos políticos. Entre estas afectaciones a la estrategia y operatividad partidista se encuentra la conformación de las agendas. Estas estarán basadas, entre otros aspectos, en la decisión de asistir o no a determinados eventos y reuniones de todo rubro y concepto por así convenir a supuestos intereses, y no en base a una estrategia sistematizada de presencia partidista física y virtual en espacios de pluralidad y representatividad política y social. Como se observa, se cambiará una agenda de importancia política y partidista de conceptos prioritarios, generada por un esquema sistematizado, por una forma antigua basada en las decisiones cupulares deficientes. Esto es lógico, porque en los espacios agendados por el sistema se tratarán aspectos trascendentes, se difundirán propuestas y proyectos importantes y se podrán captar más simpatizantes. Este centro de planificación y control aumentará su infraestructura y áreas de acción, de acuerdo con los tiempos y procesos políticos y electorales, y permitirá lograr una mayor movilidad, alcance y efectividad en las actividades y resultados partidistas.

1.7.2. Planificación de actividades partidistas, políticas, electorales y personales

La planificación integral de las actividades de partidos y candidatos incluye actividades partidistas, políticas, electorales, profesionales y personales, las cuales son diversas e intensas, por lo que será prioritario distribuir estas actividades en una planificación que permita lograr la movilidad e interrelación que sea necesaria para el fortalecimiento y posicionamiento de los proyectos políticos de estas figuras e instancias. Esta planificación estará basada en las estrategias partidistas y en la propia visión de los candidatos y de su equipo de colaboradores, para conformar su agenda con un sentido de proyección política para el posicionamiento e impulso de sus esquemas políticos para un nuevo gobierno eficiente.

1.7.3. Control y evaluación de actividades partidistas, políticas y electorales

El control y evaluación de las actividades partidistas, políticas, electorales, profesionales y personales de los actores políticos, deberá de contar con un esquema de análisis, seguimiento y evaluación, derivado de los resultados de sus agendas. Este esquema de control y evaluación permitirá el cumplimiento de la agenda y la generación de las proyecciones para implementar nuevas actividades y establecer las estrategias y resoluciones que amplíen e impulsen la figura, las actividades y los ideales de los actores y partidos políticos y de sus plataformas partidistas.

1.7.4. Análisis, proyectos y toma de decisiones de las actividades partidistas, políticas, electorales y personales

De acuerdo con los puntos anteriores, el concepto de análisis, proyecciones y toma de decisiones será fundamental, ya que establecerá las proyecciones de la agenda, la interrelación y actividad y, sobre todo, la generación de las decisiones políticas adecuadas para fortalecer a los candidatos y a sus esquemas políticos de gobierno.

Organigrama del esquema de estrategia de posicionamiento y acción de candidatos políticos

Estrategia de posicionamiento de candidatos y actores políticos

Estrategia de difusión en medios de comunicación	Trabajo político como líderes de nuevos proyectos de gobierno	Foros de propuesta para el desarrollo integral	Trabajo político de presentación de informes	Posicionamiento y fortalecimiento político ante instancias afines	Acercamiento con instancias adversarias y opositoras	Planificación de actividades de líderes partidistas a un nuevo gobierno	Sistema de un nuevo gobierno, para el desarrollo integral
Conferencias de prensa y entrevistas en el ámbito regional y local	Reuniones nacionales de presentación de proyectos de gobierno a sectores y sociedad	Sistema de análisis y propuestas de un nuevo gobierno para el desarrollo integral	Informes partidistas nacionales y regionales a sectores, militancia y población	Posicionamiento con personajes, partidos y gobiernos afines locales	Posicionamiento con partidos, sectores y gobiernos adversarios locales	Centro de Planificación y control de agenda de candidatos	Comisión de análisis para el desarrollo integral y los sectores productivos
Conferencias de prensa y entrevistas en el ámbito nacional e internacional	Reuniones locales de presentación de proyectos de gobierno a sectores y sociedad	Foros regionales y locales de propuesta para el desarrollo integral	Informes partidistas locales a instancias sectoriales, militancia y poblacionales	Posicionamiento con sectores y sociedades afines locales	Posicionamiento con partidos, sectores y gobiernos adversarios nacionales y externos	Planificación de agenda y actividades políticas y electorales	Comisión para el desarrollo social integral y los sectores sociales
Establecimiento de publicidad estática y móvil de proyectos de gobierno	Reuniones en otros países de presentación de proyectos de gobierno	Representatividad de intereses de emigrantes	Informes partidistas nacionales a instancias gubernamentales locales y federales	Posicionamiento con personajes, partidos y gobiernos afines nacionales y externos		Control y evaluación de actividades políticas y electorales	Comisión de análisis para el desarrollo del estado de derecho
Esquema de difusión favorable de líderes para el nuevo gobierno	Giras de trabajo con gobiernos, sectores y población en el ámbito local	Foros nacionales e internacionales de propuestas para el desarrollo	Informes partidistas en otros países	Posicionamiento con sectores y sociedades afines nacionales y externas		Análisis y decisiones de las actividades políticas y electorales	Comisión de análisis para la seguridad pública
Esquema de difusión y publicidad negativa de los adversarios y opositores políticos	Giras de trabajo con gobiernos, sectores y población en el ámbito nacional e internacional	Eventos locales de resultados de los foros para el desarrollo	Informes de gestión a sectores y población				Comisión de análisis para el desarrollo científico, educativo y cultural
Esquema de difusión de reuniones con personajes y organizaciones		Eventos nacionales e internacionales de resultados de los foros de desarrollo					Comisión de análisis para la reforma de estado
Esquema de difusión de reuniones con personajes y grupos de lucha social							Comisión de análisis de la infraestructura política y gubernamental
Esquema de difusión de propuestas de líderes del nuevo proyecto de gobierno							
Esquema de generación de proyecciones de encuestas y ratings							
Esquema de tiempo aire en la radio y televisión y medios de comunicación							
Esquema de alianza y acercamiento a los medios de comunicación							

1.8.   Cabildeo, lobby político y operación política estratégica

El cabildeo y el lobby político-partidista de dirigentes, líderes políticos y candidatos, deberá tener la capacidad de influir ampliamente en todos los actores, organizaciones y grupos políticos, sociales y de gobierno, aliados, neutrales y adversarios, entre otros, con poder de decisión, para provocar las negociaciones, consensos y acuerdos y lograr alcanzar los objetivos y los cambios específicos necesarios de todos los aspectos que se traten, en todo contexto. Este cabildeo de los actores políticos y partidistas implica, por tanto, acercamientos, planteamientos de asuntos, consensos y negociaciones, con las dosis de intensidad y presión adecuada para el logro de los objetivos. Este proceso socio-político ha expresado generalmente relaciones de poder y de objetivos, también de poder. Por esta razón siempre se deberán de buscar las transformaciones políticas para lograr los objetivos deseados, mediante las estrategias adecuadas. Esta acción política de cabildeo generará procesos dinámicos y organizados, para lograr los cambios en políticas públicas, partidistas, electorales y sociales que correspondan a fines comunes de gobiernos, partidos, sectores y sociedad. Este cabildeo partidista también deberá basarse en planes de acción estratégica mediante los cuales se tendrá que influir en los actores con poder de decisión para lograr los cambios concretos en las decisiones gubernamentales, políticas y de todo tipo. El cabildeo también será fundamental para lograr alianzas, acuerdos diversos, oficiales y no oficiales, y actividades generales, específicas y particulares con grupos y personas, para buscar el mayor posicionamiento político y el triunfo electoral. Todos estos aspectos permitirán el diseño y la aplicación de estrategias, actividades, procesos y resultados con estos mismos objetivos. El cabildeo permitirá asimismo la operación política y partidista, ya que una parte importante de los resultados de este cabildeo generarán esquemas de operatividad y acción política. Por otro lado, la operación política también abarca entre sus conceptos el cabildeo en sí mismo, ya que esta operación es teórica y táctica política, independientemente de sus aspectos de actividad, operatividad y logística, es decir, la operatividad política abarcará aspectos de cabildeo, teóricos, tácticos y coercitivos, y aspectos logísticos y operativos. La operación política será desde el nivel macro y global hasta esquemas específicos y particulares. Esta operación política podrá generar, por tanto, desde una estrategia que maneje sistemas y procesos que lleven al triunfo a un partido político y sus candidatos, hasta esquemas particulares en que un operador político en una pequeña región alejada trate de convencer a los grupos de ese contexto de apoyar y de votar por sus candidatos. En cualquiera de sus formas, la operación política será fundamental, aplicada tanto como función de estado como de una estrategia particular de convencimiento de grupos. Por tal razón, los partidos, líderes y candidatos que la ejecuten, de forma inteligente y estratégica, como método sistemático, tendrán una amplia ventaja sobre sus adversarios. Gracias a la operación política estratégica, global y específica, en todas sus manifestaciones, se han generado estrategias políticas que han permitido triunfos partidistas y han posicionado gobiernos que han transformado contextos.

1.9.   War Rooms, Think Tanks y otros esquemas y estrategias políticas

Como sabemos, un War Room se refiere, en términos políticos partidistas, a un esquema de análisis y de generación de estrategias, y a un espacio en el que se reúnen gobernantes, líderes políticos y candidatos partidistas, con sus principales colaboradores, asesores y consejeros, con el objetivo de analizar y desarrollar las estrategias políticas y partidistas, establecer los lineamientos, las tácticas y los esquemas, darles seguimiento, lograr el triunfo electoral y generar gobiernos eficientes y gobernantes con visión y capacidad para desarrollar a sus países y regiones. Estas estrategias políticas abarcan aspectos globales y específicos, como la estrategia general de una campaña electoral y sus esquemas para el posicionamiento político y la atracción del voto popular, así como sus esquemas generales de agendas, giras y eventos, de imagen pública y capacitación, de análisis y evaluación política, de escenarios y proyecciones, de organización y acción política, entre otros, y las estrategias específicas y particulares de cada uno de los rubros que contienen estos conceptos.

El concepto de War Room se utiliza en todos los esquemas estratégicos comentados en este libro, específicamente en los denominados centros de control y estrategias partidistas. Es importante mencionar la conceptualización y alcance de los War Rooms, ya que tienen una gran importancia en todo esquema de estrategias políticas y electorales. Este concepto de análisis político y estrategias se ha usado en el mundo, sin ese nombre, desde que se inició la política estratégica, aunque este concepto a través del tiempo ha sido mejorado y rediseñado constantemente en diversos contextos y países, hasta generar nuevos esquemas vanguardistas de estrategia política. En cuanto a los Think Tanks, estos son utilizados como esquemas genera*dores de ideas y de la implementación de estas en la acción. Normalmente son instancias independientes de análisis e investigación para asuntos de interés público, político y de gobierno.* Los Think Tanks originalmente centran sus actividades en la investigación sobre cuestiones económicas y de políticas públicas, con el objeto de ayudar a que los asuntos públicos se gobiernen de la forma más eficaz posible. Los denominados Think Tanks de partido, son entidades que suministran ideas y programas a los partidos políticos, y sirven de escuelas de formación de futuros líderes y gobernantes. Algunos autores señalan que los Think Tanks ponen en contacto los resultados de la investigación con las necesidades de las políticas públicas y se han convertido en los mediadores del mercado de las ideas políticas. Los promotores de los Think Tanks afirman que sus propuestas han ejercido una alta influencia en la evolución de las ideas políticas y económicas de los países desarrollados. Hoy en día tanto las autoridades públicas como los partidos políticos elaboran sus programas y toman sus decisiones a través de la mediación de expertos en distintas materias. Se ha producido un paulatino desplazamiento ideológico desde el estado y los partidos políticos hacia nuevos espacios de generación de ideas, los cuales reciben el nombre de centros de estudio, fundaciones_o simplemente Think Tanks. El trabajo de los Think Tanks, organizado en torno a los partidos políticos, pero intelectualmente autónomos, es directamente útil a estos últimos y generalmente constituyen poderosos laboratorios de ideas, pues trabajan directamente con las elites partidarias, gobiernos, líderes políticos y candidatos.

2. Esquema de presentación e interacción de plataformas y de propuestas para el desarrollo

Este apartado especifica la presentación de las plataformas políticas y las propuestas de un nuevo proyecto partidista de gobierno eficiente para el desarrollo integral sustentable, y la interacción que se genere, derivada de estos esquemas y eventos. La presentación de las plataformas y propuestas de los líderes políticos y partidistas, de los candidatos y de los partidos políticos, buscará que se genere la inercia, integración e interrelación de estos esquemas, figuras e instancias con la sociedad, sectores, grupos y organizaciones. Lo anterior con el fin de conformar una agenda estratégica de eventos de presentación de informes de actividades y de presentación de plataformas y propuestas políticas de esquemas de gobierno y de bienestar popular. Por esta razón, en este punto se analiza solamente el contenido de presentación de estos eventos, ya que la agenda de reuniones se encuentra considerada en el punto *"1.2. Trabajo político de estrategias y proyectos específicos"*, descrito anteriormente en la página 30. En otro apartado se especifica la conformación y el contenido de la plataforma política y de las propuestas para el desarrollo, por lo que en este apartado simplemente se analizará una agenda de presentación de esta plataforma de propuestas y proyectos de gobierno.

Será básico para los actores políticos presentar una plataforma de propuestas para el desarrollo integral y la mejora de la calidad de vida. Esta plataforma contendrá esquemas para el desarrollo productivo, educativo, empresarial, industrial, agrícola, marítimo, de la salud, del empleo, de la vivienda y las telecomunicaciones, de las necesidades sociales básicas, del combate a la pobreza, de seguridad pública, de democracia, de derechos humanos, de libertad de expresión, del estado de derecho y del desarrollo científico, tecnológico y cultural. Lo anterior en virtud de que la sociedad quiere escuchar diversas propuestas reales, para así, de convencerse del alcance y contenido de estas, dirigir sus intenciones de voto hacia estas propuestas integrales para el desarrollo. Para lograr estos objetivos será importante contar con una estructura de movimiento político que contenga diversas áreas especializadas y dinámicas que coadyuven al posicionamiento político y electoral, por lo anterior se presentará un apartado específico en el que se propone y analiza una estructura de oficina de movimiento político y de campaña de candidatos y de líderes partidistas.

- *Conformación de la presentación de la plataforma de propuestas de esquemas políticos*

- *Integración de propuestas de los sectores en la plataforma de propuestas y esquemas políticos de gobierno*

- *Análisis político y toma de decisiones derivado de las presentaciones de la plataforma de propuestas y esquemas políticos de gobierno*

- *Estructura de oficinas de promoción y campaña de candidatos y líderes partidistas*

Este esquema permitirá llevar a cabo una amplia movilidad política que permita generar mayores expectativas de atracción de grupos, sectores, gobiernos y sociedades para lograr el triunfo electoral, y con esto, conformar la implementación de estas propuestas mediante nuevos esquemas políticos de gobierno.

2.1. *Conformación de la presentación de la plataforma de propuestas de esquemas políticos de gobierno*

El sistema deberá incluir un concepto de presentación de los esquemas políticos de gobierno y de su plataforma de propuestas, así como un formato de interrelación de público y candidatos. Asimismo, quedará establecida la agenda de foros de trabajo en la que se podrá generar toda una interrelación de asuntos y aspectos que enriquezcan y produzcan los planteamientos y propuestas que mejoren la plataforma partidista y que incluyan el sentimiento y las necesidades del estado, de los sectores y de la población. La plataforma partidista de propuestas de gobierno tendrá una conformación básica de acuerdo con los siguientes conceptos y características.

2.1.1. *Plataforma partidista de propuestas y proyectos de gobierno*

Reforma del estado

<u>*Desarrollo social integral*</u>

- *Combate real a la pobreza y marginación*

- *Esquemas para el desarrollo educativo, de la salud, de la vivienda, de la alimentación, de la infraestructura de servicios básicos, etc.*

- *Esquemas para la capacitación, el empleo y la previsión social*
- *Esquemas para el esparcimiento, cultura, arte y deporte de los sectores sociales*
- *Organización y planificación del desarrollo social integral y sus sectores*

<u>*Desarrollo de los pueblos indígenas*</u>

- *Implementación de infraestructura productiva en comunidades indígenas*
- *Combate a la pobreza y marginación y transición a la productividad*
- *Apoyo a proyectos y actividades productivas*
- *Implementación de esquemas de satisfactores sociales básicos e infraestructura urbana*
- *Impulso a la educación, salud, alimentación, vivienda y trabajo en comunidades indígenas*
- *Desarrollo del campo y agroindustria en regiones indígenas*
- *Mejora del marco legal y de las leyes de protección a los pueblos indígenas*
- *Desarrollo integral sostenible y mejora de la calidad de vida de los pueblos indígenas*

<u>*Desarrollo de los pueblos nativos*</u>

- *Implementación de infraestructura productiva en comunidades nativas*
- *Combate a la pobreza y marginación y transición a la productividad*
- *Apoyo a proyectos y actividades productivas*
- *Implementación de esquemas de satisfactores sociales básicos e infraestructura urbana*
- *Impulso a la educación, salud, alimentación, vivienda y trabajo en comunidades nativas*
- *Desarrollo del campo y agroindustria en regiones nativas*
- *Mejora del marco legal y de las leyes de protección a los pueblos nativos*
- *Desarrollo integral sostenible y mejora de la calidad de vida de los pueblos nativos*

<u>*Desarrollo productivo integral*</u>

- *Transición de escenarios de pobreza y marginación a escenarios productivos básicos*
- *Apoyo a la productividad básica y a las micro y pequeñas empresas*
- *Impulso a la pequeña y mediana empresa*
- *Competitividad y productividad de las empresas y actividades productivas*
- *Empleo, capacitación y especialización productiva*
- *Mejora y conformación de infraestructura productiva*
- *Impulso a la gran empresa y a las exportaciones*
- *Conformación de corredores y parques industriales*
- *Impulso al desarrollo artesanal*
- *Esquema de desarrollo tecnológico, electrónico, etc., y sectores corporativos*
- *Organización y planificación del desarrollo productivo integral y sus sectores*

<u>*Migración y reforma integral migratoria*</u>

- *Reforma migratoria integral*
- *Centro integral de migración*
- *Apoyos integrales al migrante*
- *Esquema de productividad nacional y local para disminuir la migración*
- *Capacitación y especialización del migrante*

<u>*Desarrollo del estado de derecho*</u>

- *Mejora y propuestas de más y mejores leyes para la sociedad*
- *Respeto a las garantías individuales y a los derechos humanos*
- *Mejora de la infraestructura, normatividad y operatividad de las instituciones*
- *Capacitación y especialización para el ejercicio de las leyes*
- *Organización y planificación del desarrollo del estado de derecho y sus sectores*

<u>*Desarrollo de la seguridad pública y social*</u>

- *Mejora del marco legal y la infraestructura de las instituciones de seguridad pública*
- *Capacitación, especialización y depuración de los elementos de la seguridad pública*
- *Esquemas de operación, funcionamiento e interacción de los cuerpos de seguridad pública*
- *Organización y planificación del desarrollo de la seguridad pública y social*

<u>*Desarrollo político y electoral*</u>

- *Mejora del marco legal y la infraestructura de las instituciones políticas y electorales*
- *Capacitación, especialización y depuración de funcionarios políticos y electorales*
- *Mejora de la normatividad de los procesos electorales*
- *Mejora de la normatividad y operatividad de los partidos políticos*
- *Reforma política interna de los partidos políticos*
- *Mejora en la representatividad y distribución de los cargos de elección popular*
- *Obligatoriedad del ejercicio presupuestal eficiente de partidos e instancias electorales*
- *Comprobación y transparencia del uso de recursos*
- *Reforma política y electoral*

<u>*Desarrollo gubernamental del poder ejecutivo y la administración pública*</u>

- *Esquema de transparencia y comprobación del uso de los recursos gubernamentales*
- *Esquema de sensibilidad, interrelación y buen trato con sectores y sociedad*
- *Esquemas de medición de resultados gubernamentales y de la aprobación popular*
- *Esquema de plebiscito y referéndum para el ejercicio gubernamental*
- *Esquemas de contraloría y rendición de cuentas del ejercicio gubernamental*
- *Esquema de servicio civil de carrera*
- *Esquema de calificación de funcionarios y servidores públicos*
- *Esquemas de reconocimientos y de revocación de funcionarios y servidores públicos*

<u>*Desarrollo de los poderes gubernamentales legislativo y judicial*</u>

- *Esquema de transparencia y comprobación de uso de recursos de ambos poderes*
- *Esquema de sensibilidad, interrelación y buen trato con sectores y sociedad*
- *Esquema de rendición de cuentas*
- *Esquema de eficiencia y productividad legislativa y judicial*
- *Esquemas de contraloría y rendición de cuentas del ejercicio legislativo y judicial*
- *Esquemas de balanceo y autonomía de los poderes legislativo y judicial*
- *Esquema de calificación de representantes populares y funcionarios públicos*
- *Esquema de revocación de representantes populares y funcionarios públicos*

<u>*Desarrollo urbanístico, de obras públicas, ecología y medio ambiente*</u>

- *Esquema de mejora obligatoria del desarrollo urbano integral*
- *Esquema de implementación de infraestructura urbana integral necesaria*
- *Esquema de desarrollo urbano turístico productivo*

- *Esquema de obras públicas necesarias*
- *Esquema de corredores y parques urbanísticos*
- *Esquema de mejora de la normatividad de obras públicas*

- *Esquema de integración de las constructoras nacionales y locales en todas las obras*

- *Esquema de diversificación obligatoria de contratos entre constructores de la sociedad*
- *Esquema de desarrollo de obras públicas prioritarias*
- *Esquema de eficiencia de aplicación de recursos en obras prioritarias*

- *Esquema de obligatoriedad en el desarrollo ecológico sustentable*
- *Esquemas de protección al medio ambiente y del aire*
- *Esquemas de mejora a la normatividad de la ecología*
- *Esquemas de protección a la selva, fauna y flora*

<u>*Desarrollo del campo y la agroindustria*</u>

- *Desarrollo normativo y productivo del campo*
- *Desarrollo de la agroindustria*
- *Esquema de ejecución eficiente de los recursos públicos para el campo*
- *Esquema de contraloría de la aplicación de los recursos públicos para el campo*
- *Esquema de planificación e infraestructura agrícola*
- *Desarrollo normativo y productivo de la agricultura, la ganadería, la silvicultura, etc.*
- *Esquema de apoyo e impulsó a los proyectos productivos para el campo*
- *Esquema de financiamiento para proyectos productivos y la agroindustria*
- *Esquema de protección y capacitación de campesinos, agricultores, ganaderos, etc.*
- *Planificación y organización de los sectores del campo*

<u>*Desarrollo de infraestructura de comunicaciones y transportes*</u>

- *Esquema de mejora y reconstrucción de la infraestructura de comunicaciones y transportes*

- *Planificación para la implementación necesaria de la infraestructura de comunicaciones y transportes*

- *Esquema de desarrollo tecnológico para las comunicaciones y transportes*
- *Mejora de la normatividad de las comunicaciones y transportes*

- *Esquema de rendición de cuentas y transparencia de los recursos en las comunicaciones y transportes*

- *Planificación y organización de los sectores de las comunicaciones y transportes*

<u>*Desarrollo de los sectores estratégicos*</u>

- *Desarrollo de los sistemas, normativas, infraestructura, procesos y resultados del sector de energéticos y sus derivados*

- *Desarrollo de los sistemas, normativas, infraestructura, procesos y resultados del sector del petróleo y sus derivados*

- *Desarrollo de los sistemas, normativas, infraestructura, procesos y resultados del sector de la energía, eléctrica, eólica, nuclear, atómica, hidroeléctrica, etc. y sus derivados*

- *Desarrollo de los sistemas, normativas, infraestructura, procesos y resultados del sector de la minería y sus derivados*

- *Desarrollo de los sistemas, normativas, infraestructura, procesos y resultados del sector del desarrollo científico, tecnológico, de investigación y sus derivados*

- *Desarrollo de los sistemas, normativas, infraestructura, procesos y resultados de los sectores estratégicos y sus derivados*

<u>*Desarrollo turístico integral*</u>

- *Mejora a la normatividad para el desarrollo turístico*
- *Esquemas integrales de desarrollo turístico*
- *Esquema de difusión y promoción de las zonas turísticas*
- *Generación de corredores turísticos en las entidades*
- *Impulso a los productos turísticos y artesanales*
- *Planificación, construcción y conformación de los nuevos desarrollos turísticos*
- *Capacitación, especialización y empleo del sector turístico*
- *Esquemas de normatividad e infraestructura de casinos y juegos*
- *Planificación y organización de los sectores turísticos*

<u>*Desarrollo democrático integral*</u>

- *Mejora del marco constitucional, político y electoral*
- *Implementación de esquemas de participación ciudadana en procesos electorales*

- *Obligatoriedad de partidos políticos de incluir fórmulas ciudadanas a cargos de elección popular*

- *Esquemas de transparencia y contraloría del ejercicio democrático político y electoral*
- *Esquemas de mayor apertura a la población en los procesos políticos y electorales*

<u>*Desarrollo de normatividad e interrelación con sectores y agrupaciones*</u>

- *Esquemas normativos de interrelación obligatoria de gobierno, sectores y agrupaciones*
- *Esquemas de mejora de la representatividad ciudadana y sectorial*
- *Esquemas de normatividad para el apoyo integral a sectores y organizaciones*
- *Esquemas de conformación de infraestructuras sectoriales y organizacionales*
- *Conformación de esquemas organizacionales sectoriales y ciudadanos*

<u>*Desarrollo de esquemas de mejora de la calidad de vida de la sociedad*</u>

- *Esquemas sociales de seguimiento y resultados de índices de la calidad de vida*

- *Esquema de análisis e implementación de programas y acciones para la mejora de la calidad de vida*

- *Esquema de informes para la mejora de la calidad de vida*
- *Conformación de infraestructura y políticas públicas para la mejora de la calidad de vida*

Un nuevo proyecto político de gobierno puede ser presentado con esta base de propuestas y esquemas, que incluyen una reforma política y de estado, políticas públicas e instrumentos de trascendencia, eficiencia y alcance, un sistema estratégico de trabajo, control y resultados de gobierno y una visión y acción eficiente de gobernantes, funcionarios y trabajadores. Además, será fundamental una interrelación respetuosa y dinámica del gobierno con sectores, organizaciones y sociedad.

Se deben incluir esquemas de mejora integral y de apoyos a todos los rubros del desarrollo integral sostenible. En base a esto se buscará la mejora sustantiva de la productividad, el empleo, los satisfactores sociales, la educación, salud, vivienda, empleo y combate a la pobreza y marginación, entre otros importantes rubros. También será fundamental implementar esquemas para mejorar los sectores estratégicos, energéticos, científicos, tecnológicos y los procesos políticos y electorales, el ejercicio eficiente y la fiscalización de los recursos, el ejercicio gubernamental y la labor de los funcionarios de los poderes de gobierno.

Existen un sinfín de conceptos y esquemas de mejora para estos efectos, cuya finalidad es la de generar los contextos de desarrollo, empleo y seguridad que la gente necesita, con una mejora real de su calidad y expectativas de vida y de la atención y solución de sus asuntos. Esto implica que se contará con mejores esquemas e instituciones para que la sociedad sea escuchada y apoyada en sus problemáticas e intereses, así como en sus necesidades básicas y fundamentales.

También la gente quiere más y mejores empleos y apoyos para generar proyectos y productividad, por eso esta plataforma partidista diseñada para generar gobiernos eficientes y lograr una sustantiva reforma del estado debe contemplar los diversos conceptos que la ciudadanía necesita y requiere, además de los conceptos básicos y prioritarios de estado y gobierno para el desarrollo.

2.2. *Integración de propuestas de los sectores en la plataforma de propuestas y esquemas políticos de gobierno*

En los foros diversos se podrán presentar las propuestas y planteamientos de los sectores para su análisis y su inclusión, en su caso, en la plataforma de esquemas políticos de gobierno y en los espacios y rubros de la reforma del estado. En estos foros habrá una interrelación importante de representantes, ponentes y auditorio, por lo que se podrán proponer planteamientos verbales o de forma escrita, para su planteamiento y análisis, ya que la estructura del evento de presentación de la plataforma política contempla, después de esta presentación, una interrelación del auditorio y los candidatos o sus representantes.

Los foros para la conformación de la plataforma política y la reforma del estado son la vía institucional para presentar las propuestas de los sectores y la población, para que sean integradas, las que procedan, a un nuevo proyecto político de gobierno, o a un plan nacional o a los planes locales de desarrollo que correspondan. Veamos a continuación la proyección de una estructura de candidatos y partidos políticos para generar esquemas de participación de la sociedad, conjuntamente con los militantes y simpatizantes de las instituciones políticas, para conformar la plataforma partidista de propuestas y proyectos de gobierno.

2.2.1. *Sistema nacional de organizaciones y de la sociedad para el desarrollo integral sostenible*

Este amplio sistema nacional deberá ser implementado por los partidos políticos y sus alianzas partidistas y ciudadanas, y tiene por objetivo fundamental conformar un gran sistema, mediante una amplia red de estructuras partidistas, sectoriales y ciudadanas, de carácter nacional y local.

La finalidad de este sistema nacional será la de establecer una gama de aspectos que coadyuven en la implementación de esquemas y programas para el desarrollo integral sostenible. Estos aspectos van desde la generación y gestión de propuestas, su análisis, evaluación y seguimiento, hasta la obtención de resultados que puedan ser implementados e integrados, en su caso, a los planes de desarrollo y a las políticas públicas e instrumentos gubernamentales para estos fines. También para que los partidos políticos y sus alianzas presenten a las autoridades gubernamentales de todo ámbito y orden, las propuestas y esquemas respectivos para su evaluación, implementación y aplicación en los programas de gobierno existentes o para que se generen nuevos programas gubernamentales, basados en las necesidades de desarrollo de una entidad y su sociedad.

Otro objetivo fundamental y básico será que, de manera inmediata, se establezca, con los resultados emanados de los foros y reuniones de estos sistemas nacionales y locales, la conformación de la plataforma de gobierno de los partidos políticos y sus alianzas.

También otro objetivo básico será el de generar el interés de los medios de comunicación, de los sectores en general y de la ciudadanía, tanto en tiempos electorales como no electorales, para atraer el voto popular a favor de una plataforma partidista de propuestas y proyectos de gobierno.

<u>Conformación del sistema de propuestas de instituciones, partidos políticos, candidatos y la sociedad, para la plataforma partidista de propuestas y proyectos de gobierno</u>

La función de este sistema de propuestas será la de captar, analizar, evaluar, resolver y generar propuestas para insertarlas en las temáticas de políticas públicas de una plataforma partidista de propuestas y proyectos de gobierno. Estas propuestas se integrarán y difundirán, a través de los partidos políticos y sus aliados, en todo tiempo y en las campañas políticas y electorales, como propuestas partidistas de los candidatos y de la ciudadanía para desarrollar y generar beneficios a la sociedad.

La integración de las propuestas será realizada y conformada por la propia gente y por funcionarios y militantes, quienes se reunirán reglamentaria y periódicamente para generar y evaluar las propuestas adecuadas y necesarias de la plataforma partidista para producir el desarrollo integral sostenible.

Su conformación quedará de acuerdo con el esquema que se presenta enseguida.

Sistema nacional, internacional y local de redes de la plataforma partidista para la generación de políticas públicas para:

- *El desarrollo económico, productivo y el empleo*
- *La erradicación de la pobreza, la miseria y la marginación*
- *La transición de los sectores hacia la productividad integral y la ecología sostenible*
- *El desarrollo integral educativo y social y de la seguridad social integral*
- *El desarrollo integral de los satisfactores básicos de la sociedad*
- *El desarrollo integral de los pueblos indígenas y nativos*
- *El desarrollo científico, tecnológico y de la investigación*
- *El fortalecimiento de la cultura y el desarrollo académico, artístico, deportivo y recreativo*
- *El estado de derecho, las libertades, los derechos humanos y la procuración de justicia*
- *La democracia y la participación de la sociedad*

- *La seguridad pública, el combate a las drogas y la erradicación de las delincuencias para la tranquilidad social*

- *La generación de políticas públicas para la atención de los migrantes y el desarrollo de las relaciones con entidades nacionales e internacionales*

- *El desarrollo de la política, los partidos y organizaciones políticas y los procesos y esquemas electorales*

- *El desarrollo de las políticas públicas, la mejora de la administración pública y del ejercicio gubernamental*

- *El desarrollo de los sectores estratégicos, las comunicaciones, la minería, el petróleo y las energías diversas*

Estos son los grandes temas que conforman los aspectos para generar el desarrollo y la seguridad social y pública de un estado moderno. Estas son las propuestas de partidos y candidatos para conformar un sistema para el desarrollo integral emanado de los planteamientos y las propuestas gubernamentales, partidistas y ciudadanas para lograr gobiernos eficientes y beneficios para la sociedad. Vamos a observar el desglose de estas grandes temáticas que quedarán conformadas y enfocadas en sistemas de rubros y conceptos.

Independientemente del objetivo de este sistema para generar propuestas para el desarrollo integral, también se trata de generar un sistema partidista con resultados de gran impacto político y mediático favorable ante la sociedad y sus sectores. Esto se logrará mediante la implementación de esquemas de carácter político. Entre estos se tienen; la toma de protesta de los responsables de estos sistemas durante todo tiempo electoral y no electoral, las reuniones de información de resultados de este sistema ante la sociedad y los mítines de reconocimiento de estos resultados y de apoyo a las figuras y plataformas que los produjeron, etc.

<u>Conformación del sistema nacional de redes de instituciones y partidos políticos y sus alianzas estratégicas, así como de la ciudadanía, para el desarrollo integral sustentable</u>

Este sistema general integra a todos los sistemas que incluyen los diversos conceptos y rubros para el desarrollo económico, político, cultural e integral. En el apartado anterior se observaron los grandes temas que conforman la esencia de este gran sistema, que se complementa con otros conceptos también considerados fundamentales y que constituyen su estructura básica. Estos grandes temas y conceptos conjuntos tienen la finalidad de lograr su integración, implementación y aplicación como esquemas y programas gubernamentales y de políticas públicas.

La conformación de este sistema nacional, de acuerdo con las vertientes de ámbito, orden y concepto será la siguiente:

Sistema nacional e internacional y sistemas locales de redes de la plataforma partidista de propuestas y proyectos de gobierno de candidatos y partidos políticos y sus alianzas estratégicas, así como de la sociedad para:

- *La erradicación de la pobreza y la marginación*
- *La transición de la pobreza hacia la productividad integral y el empleo con sueldo digno*

- *El desarrollo social y la transición de los sectores sociales hacia la productividad integral y el empleo con sueldo digno*

- *El desarrollo integral, la empresa, la industria, el comercio, los servicios y el empleo con sueldo digno*

- *La mejora continua de la seguridad social para todos los pobladores*
- *La educación con calidad y la mejora sustantiva de la infraestructura educativa*
- *La vivienda digna para toda la sociedad*
- *La salud con atención al alcance de toda la sociedad*
- *El desarrollo sostenible del campo y la agroindustria*
- *La seguridad pública y la tranquilidad de la sociedad*
- *La integración social y productiva de grupos vulnerables y minorías sociales*
- *El desarrollo de la cultura y las actividades artísticas*
- *El desarrollo de los pueblos indígenas y nativos*
- *El desarrollo sindical y el desarrollo de los sectores sociales*

- *El desarrollo de las comunicaciones y transportes, la tecnología, el petróleo, los sectores estratégicos y las diversas energías y sus regiones y comunidades*

- *Estados con justicia y aplicación de los derechos humanos*
- *Preservación y mejora de la ecología y el medio ambiente*
- *Manejo de las relaciones del gobierno y la sociedad en todo ámbito, con respeto y calidad*
- *La atención de migrantes y asuntos migratorios*
- *La protección de la libertad de expresión y de los medios de comunicación*

- *El desarrollo turístico con calidad*
- *El desarrollo científico, tecnológico y de la investigación*
- *El desarrollo del deporte hacia la calidad local, nacional e internacional*
- *El desarrollo integral de la mujer, los jóvenes y los niños*
- *El estado de derecho, las libertades, los derechos humanos y la procuración de justicia*
- *La democracia y la participación de la sociedad*

- *El desarrollo de la democracia y la política, los partidos y organizaciones políticas y los procesos y esquemas electorales*

- *El desarrollo de las políticas públicas, la mejora de la administración pública y del ejercicio gubernamental*

Estas son las estructuras que conforman la red de una plataforma partidista de propuestas y proyectos de gobierno de candidatos y partidos políticos, así como de la sociedad. De este amplio sistema de redes saldrán las propuestas y programas poblacionales y de estado para su implementación y aplicación en las políticas y en los instrumentos de un nuevo gobierno eficiente.

<u>Objetivo, planeación y temporalidad de la implantación del sistema nacional y sus sistemas de redes para el desarrollo integral</u>

Ya se comentó el objetivo básico de este concepto de redes para coadyuvar en la generación del desarrollo integral, por lo que ahora se comentará el objetivo político y electoral de la implantación de este gran sistema de redes. Estos objetivos constan de dos vertientes. Veamos.

- *La primera vertiente será la de su implantación periódica tanto a nivel local, nacional e internacional, mediante la planeación específica de instalación de este gran sistema.*

- *La segunda vertiente de objetivos y de impactos será la de generar la dinámica e interrelación de la sociedad y los sectores, conjuntamente con la militancia y simpatizantes de los partidos políticos y sus alianzas estratégicas, para reunirse y generar propuestas que permitan conformar programas e instrumentos para el desarrollo. Además de establecer un ancho sistema de gestión por medio de oficinas de este sistema y por parte de los líderes políticos y partidistas, de los candidatos y de los partidos políticos y sus aliados ante las instancias gubernamentales de todo orden y ámbito.*

Como se observa, este objetivo político y electoral estará sustentado en dos vertientes, la primera será para la implantación periódica de este sistema nacional de redes en todos los ámbitos, mediante el diseño y la planeación específica para estos fines. La instalación conllevará realizar los foros y las reuniones correspondientes para la toma de posesión de los dirigentes y encargados del sistema en su ámbito respectivo y con los actores e instituciones conducentes.

En esta primera vertiente se busca que el impacto en los medios de comunicación y en los sectores poblacionales y productivos de diversos órdenes sea de un alcance sustantivo y que contenga una amplificación de sus efectos de forma positiva.

Derivado de la planificación y de la implementación de estos sistemas, así como de la toma de posesión de sus coordinadores, ejecutivos y personal, se buscará, en esta primera vertiente, que se genere un alto impacto favorable en los medios de comunicación y en la sociedad.

Esto se hará mediante una planificación que genere estos impactos de forma total por un lado y de forma escalonada por el otro. De acuerdo con esta planeación, este sistema integral deberá de estar instalándose en dos aspectos, uno de forma integral y general y otro de forma escalonada y por etapas, en al menos dos de sus conceptos y rubros cada determinado tiempo.

Esto quiere decir, en el caso de su implementación por etapas, que en cada periodo se tendrá la instalación del sistema nacional de determinado rubro, por ejemplo, el de erradicación de la pobreza, el cual lo instalarán los propios líderes partidistas o los candidatos en la entidad, región y ciudad o medio rural respectivo, dentro de una planificación específica.

De forma simultánea se instalarán los sistemas locales e internacionales del rubro de la erradicación de la pobreza y la marginación por parte de dirigentes partidistas y de sus alianzas, así como de ciudadanos aliados y simpatizantes, y si son tiempos electorales, por medio de los diversos candidatos de estos partidos. Se tendrá, por lo tanto, con esta instalación simultánea de sistemas, un efecto multiplicador y de alto impacto en los medios de comunicación y en la sociedad.

La segunda vertiente de objetivos y de impactos será la de generar la dinámica e interrelación de la sociedad y los sectores, conjuntamente con la militancia y los simpatizantes de determinados partidos políticos y sus alianzas, para realizar propuestas que permitan lograr la producción de programas e instrumentos para el desarrollo. Además, se establecerá un ancho sistema de gestión ante las instancias gubernamentales y privadas de todo orden y ámbito. La estructura y las áreas de trabajo de este sistema de gestión estarán ubicadas en determinadas áreas de los partidos políticos y de las oficinas de trabajo de los candidatos y líderes políticos.

El otro aspecto de esta segunda vertiente será la generación de resultados apropiados de la plataforma política de candidatos y partidos políticos para su integración en las políticas públicas y programas gubernamentales, así como en los planes locales y nacionales de desarrollo.

<u>Aplicación y funcionamiento del sistema nacional y su sistema de redes de generación de propuestas ciudadanas y de los candidatos, instituciones y partidos</u>

El objetivo es que este sistema y sus redes funcionen permanentemente como una estructura dinámica de acción, propuestas, interrelación, gestión y resultados efectivos, por medio de sus estrategias y normativas específicas de trabajo y también por medio de foros y reuniones de interrelación política, gubernamental y social, entre otros conceptos. Estas actividades generarán esquemas, agendas y procesos que permitirán exponer y plantear en todo tiempo y ámbito, las necesidades poblacionales y de las organizaciones ante todo gobierno e instancia conducente. Esto permitirá, asimismo, generar propuestas políticas y ciudadanas que puedan insertarse en las leyes, en las políticas públicas y en los programas de gobierno, para coadyuvar en el desarrollo integral de un contexto. Su funcionamiento radicará en un esquema de enlace e interrelación entre las estructuras y coordinaciones del sistema en las entidades y localidades con una coordinación nacional, que permita generar las agendas, reuniones, estrategias y proyecciones para la implementación de propuestas, consensos y acuerdos para el desarrollo de la actividad política partidista. También servirá como un instrumento de gestión general de los partidos políticos y candidatos, basado en las propuestas y resultados emanados tanto de los eventos como de los esquemas e instrumentos de cada una de las estructuras e instancias partidistas y ciudadanas de esta red nacional y local. También se realizará una amplia cobertura del seguimiento y resolución de los asuntos, su análisis y evaluación y su corrección y transformación, en su caso, en leyes, instrumentos y programas de gobierno. Este esquema impulsará propuestas y programas en beneficio de la gente y del desarrollo de países y regiones, por lo que deberá ser difundido en los medios de comunicación, especialmente en los asuntos que el esquema genere y que se conviertan en una realidad para el beneficio popular.

<u>Conformación del sistema nacional y su sistema de redes de la plataforma partidista de propuestas y proyectos de gobierno</u>

El sistema nacional para el desarrollo integral y el sistema de redes de la plataforma partidista de propuestas y proyectos de gobierno de los partidos políticos y sus alianzas, así como de la ciudadanía, estará conformado por los ciudadanos que lo deseen y por los militantes y simpatizantes de los partidos políticos y de sus alianzas más representativas y reconocidas. El sistema nacional estará conformado por la coordinación general nacional y por sus comités y mesas de análisis y evaluación. Estas mesas serán las de interrelación popular, de captación de necesidades populares, de reuniones y trabajo, de enlace y de generación de propuestas, así como de seguimiento y concreción de los asuntos en leyes, programas y acciones para el desarrollo. Este sistema nacional y sus sistemas locales conformarán una estructura que podrá ampliarse por medio de diversas organizaciones y representaciones de la sociedad, que decidan integrarse a este esfuerzo conjunto ciudadano y partidista.

2.3. Análisis político y toma de decisiones derivado de las presentaciones de la plataforma de propuestas y de esquemas políticos de gobierno

De acuerdo con las propuestas y planteamientos ciudadanos y partidistas se generarán los análisis, resoluciones y decisiones, en base a los resultados, para su integración, en general o en partes, en esquemas, políticas, instrumentos y programas de gobierno para el desarrollo de todos los rubros. Esta labor de selección, análisis y decisión, la realizarán asesores partidistas y de los candidatos, aprovechando la estructura de los partidos políticos nacionales y locales. Además, se contará con el apoyo de gobiernos aliados, los que conjuntamente evaluarán y promoverán los conceptos que deben ser insertados en las plataformas partidistas respecto al desarrollo y a la productividad de un país y sus regiones y a la mejora de la calidad de vida de la sociedad.

2.4. Estructura de oficinas de promoción y campaña de candidatos y líderes partidistas

La conformación de una amplia red de estructuras de promoción partidista y de los candidatos será fundamental. Por tal razón se deberá implementar una red de oficinas de acción política y gestión ciudadana de candidatos y líderes partidistas, la que se conjuntará con la estructura de los partidos políticos, para funcionar integralmente en todo tiempo y en las campañas electorales, sobre todo para el trabajo político de posicionamiento de los candidatos, especialmente a gobernantes.

Esta estructura contará con las siguientes áreas estratégicas y de acción política.

- *Coordinación de alianzas estratégicas*
- *Coordinación de análisis de promoción y difusión en los medios de comunicación*
- *Coordinación de promoción y difusión por objetivos*
- *Coordinación de generación de propuestas populares y propuestas de estado*
- *Coordinación de estrategias de acción política y de campañas electorales*
- *Coordinación de planeación del movimiento político y electoral*
- *Coordinación de imagen y presencia de partidos y candidatos*
- *Coordinación de capacitación partidista*
- *Coordinación de proyección general de escenarios*
- *Coordinación de proyección y estrategias de posicionamiento ante las sociedades*
- *Coordinación de puentes políticos estratégicos integrales*
- *Coordinación de atención y apoyo a la sociedad*
- *Coordinación de mensajes y discursos políticos partidistas*
- *Coordinación de estrategias de financiamiento y donaciones*
- *Coordinación de redes de movimiento político y electoral*

- *Coordinación de enlace y análisis ante instituciones electorales, gubernamentales, políticas y del sector privado*

Tanto en tiempos electorales como no electorales, las oficinas de gestión o de campaña de los líderes políticos y candidatos deberán de contar con algunos esquemas adicionales a los que tradicionalmente conforman estas oficinas. Estos esquemas tendrán funciones específicas para cada rubro de la actividad política. Tendremos así esquemas integrales de planeación y coordinación, de coordinaciones regionales y locales, de giras y aspectos logísticos, de agendas y calendarización de campañas, de oficinas de enlaces generales y comunicación de líderes políticos. También de relaciones públicas, de promoción y difusión, de aspectos logísticos y de planeación de reuniones, eventos y entrevistas, además de oficinas de atención a los medios de comunicación, de análisis, financieras, administrativas y de servicios, etc. Estos esquemas de estructura de partido y de las oficinas de líderes y candidatos permitirán llevar a cabo campañas políticas permanentes en todo tiempo, basadas en la planificación y las estrategias de movilidad y acción política de posicionamiento ante los sectores y la sociedad. Además de la estructura partidista tradicional y la de las oficinas políticas y de campaña de los candidatos, son necesarias, entre otras, las oficinas de coordinación de reacción y respuesta rápida ante los medios de comunicación. Estas oficinas serán estratégicas y permitirán generar planteamientos, respuestas y resultados inmediatos a cualquier evento o declaración propia o ajena, además de la presentación de posturas partidistas y de los candidatos en este mismo sentido, con el objetivo de ganar el impacto mediático y de posicionamiento de un partido, de sus líderes y sus candidatos con respecto a los adversarios. Por ejemplo, la información masiva e inmediata de que se triunfó en un debate, encuentro o encuesta de todo tipo, acompañada de sus respectivas encuestas, gráficas y comentarios a favor de la ciudadanía, ya que esto genera una imagen triunfadora ante la opinión pública que durará permanentemente y que influirá decisivamente en las votaciones electorales. Esta oficina partidista de acción rápida también permitirá desactivar de inmediato en los medios, las estrategias de posicionamiento y ataque de los adversarios. Son básicas también las oficinas de acción y propuestas de los jóvenes y mujeres, que serán las que se encarguen de difundir los pronunciamientos y estrategias de los partidos políticos y los mensajes y actividades de los líderes y candidatos en estos sectores fundamentales de la sociedad. Además, difundirán los aspectos de una reforma del estado en sus diferentes conceptos, siguiendo la línea de su partido político, con la finalidad de sensibilizar a estos sectores para conseguir su respaldo y aprobación mayoritaria, entre otros aspectos.

Coordinación de alianzas estratégicas

Será necesaria una oficina o coordinación de alianzas estratégicas que permita establecer los acuerdos, agendas y reuniones de firma de alianzas de las diversas instancias, ya sean oficiales, estratégicas, privadas y hasta secretas, las cuales, salvo las secretas, deberán tener la mayor difusión posible. También es básica una oficina o coordinación de enlace con las oficinas de promoción del voto de los partidos aliados y la generación de mejores esquemas estratégicos y logísticos en este rubro.

Coordinación de promoción y difusión por objetivos

Una oficina o coordinación que atienda y genere la promoción y difusión por objetivos es básica, ya que se concentrará la estrategia de acción y de difusión en cada aspecto específico. Tendremos así, entre otros conceptos específicos, los objetivos de información de las propuestas, mensajes y alianzas, así como de la información de las potencialidades de los candidatos y líderes partidistas, de la información negativa sobre los adversarios, de la estrategia de desinformación y desorientación y de la información de las actividades generales y específicas.

Esto contrasta con muchas estructuras partidistas actuales de difusión, que solo funcionan como oficinas de envíos de boletines a los medios de comunicación, las cuales se encuentran fuera de todo contexto de competitividad.

Coordinación de generación de propuestas populares y propuestas de estado

Es necesaria una oficina o coordinación partidista y de los candidatos que genere y que reciba las propuestas populares, así como las propuestas de estado y de gobierno de parte de la sociedad y de las diversas instancias públicas y privadas. Los especialistas de estas oficinas analizarán, evaluarán y presentarán estas propuestas a los equipos de asesores de los mismos candidatos y líderes políticos, para su gestión y promoción ante las diversas instancias de gobierno y del sector privado. Estas oficinas contarán con áreas de asesores capacitados que realizarán las propuestas del partido político y de los candidatos, para su difusión y promoción.

Coordinación de estrategias de acción política y de campañas electorales

Una oficina o coordinación de estrategias de campaña, es fundamental, ya que será el centro neurálgico desde donde se analizarán, evaluarán, propondrán y generarán las estrategias, procesos, esquemas y políticas de campaña de partidos y candidatos.

Coordinación de planeación del movimiento político y electoral

Será necesaria una oficina o coordinación de planeación estratégica que permita planificar esquemas al corto, mediano y largo plazo del movimiento y acción política de partidos y candidatos. Su objetivo será que esta planificación permita generar actividades, procesos y resultados políticos y electorales óptimos que impacten favorablemente a la sociedad y coadyuven de forma sustantiva en los triunfos electorales.

<u>Coordinación de imagen y presencia de partidos y candidatos</u>

Se deberá contar con una oficina o coordinación de imagen y presencia de partidos y de líderes políticos y partidistas, que analice la imagen, símbolos, logotipos y propuestas de los partidos para su mejora integral permanente. La mejora integral comprende también la figura, imagen y actitudes y formas de proceder, reacciones y estrategias de desenvolvimiento y acción política, profesional y personal de los candidatos y líderes políticos. También, y como un aspecto fundamental, la imagen se conforma de acuerdo a su desenvolvimiento en sus áreas de trabajo y de hacer política, a sus resultados y a su propuesta ante la sociedad. Todos estos aspectos se integran al centro de análisis, en su rubro correspondiente para su análisis, evaluación y resultados por parte de los especialistas en imagen y mercadotecnia política. Estos resultados se dividen en diversos aspectos, generales y específicos, los cuales a su vez generan proyecciones que pueden ser favorables o no, para corregir, reafirmar, impulsar y potenciar los aspectos necesarios para ofrecer a los votantes una imagen integral que sea atractiva e influya en la decisión de su voto. Esta mercadotecnia en su generalidad conforma a los partidos políticos y candidatos como un buen producto, en todos los sentidos, para la ciudadanía.

<u>Coordinación de capacitación partidista</u>

Esta área ya se encuentra en las estructuras partidistas en su generalidad, y tiene por objetivo lograr la capacitación necesaria a los funcionarios y cuadros de partido, así como a los candidatos y militancias y ciudadanos en general. La capacitación partidista se puede establecer de forma propia o asociados con diversas instancias educativas y empresas consultoras profesionales, o simplemente mediante la contratación de diversos académicos y especialistas del ramo. Debido a esto, la capacitación será de alta calidad y esto implicará que se produzcan buenos políticos y candidatos del partido, que se denominan cuadros partidistas. Asimismo, se producirán partidos y actores partidistas preparados en todos los aspectos, especialmente los políticos, electorales, gubernamentales y sociales, entre otros, los cuales lograrán diseñar y difundir las mejores propuestas para la sociedad y su país. Ésta será fundamentalmente una oficina que se dedique a capacitar no solo a los cuadros partidistas, sino que también a los mismos candidatos y dirigentes para que estos tengan los conocimientos básicos y avanzados correspondientes a las investiduras que aspiran. La capacitación deberá estar basada en el aprovechamiento de los esquemas actuales de eficiencia en la enseñanza partidista y académica, además de la implementación de nuevas estrategias de capacitación de conceptos partidistas, políticos, electorales y de gobierno, entre otros, conjuntamente con la capacitación tradicional básica. Con esta capacitación seguramente los candidatos rendirán mejor y presentarán una mejor imagen, capacidad y propuestas a la sociedad. Esto indudablemente generará también una gran imagen a los partidos políticos de los que surjan estos líderes, gobernantes, funcionarios y legisladores.

Coordinación de proyección general de escenarios

Será necesaria también una oficina o coordinación de proyecciones generales de escenarios, que permita a los candidatos y a sus equipos analizar los diferentes conceptos y escenarios para establecer las evaluaciones adecuadas para la mejor toma de decisiones. Esta oficina tendrá que ver con el aspecto globalizado de todos los conceptos de una campaña, en tiempos electorales y no electorales, para generar sus proyecciones y escenarios.

Coordinación de proyección y estrategias políticas de posicionamiento ante las sociedades

Importante será una oficina o coordinación de proyecciones y estrategias políticas que analice la tendencia de las simpatías populares y del posicionamiento de los partidos y candidatos en todo tiempo político, especialmente en las campañas electorales. También deberá analizarse y evaluarse la tendencia del voto y de los contextos, para generar las proyecciones y escenarios correspondientes, para que los candidatos y sus equipos puedan decidir las mejores estrategias y acciones.

Coordinación de puentes políticos estratégicos integrales

Se contará también con una oficina de coordinación de puentes estratégicos que tendrá la finalidad de establecer y mejorar las relaciones entre líderes políticos, candidatos, gobernantes, funcionarios y representantes de la sociedad mediante esquemas de acercamiento para lograr puentes políticos y sociales. Asimismo, estos puentes estratégicos servirán para generar nuevas alianzas o mejorar las ya existentes. Esto generará una imagen partidista y de candidatos de diálogo y negociación integrales, ya sea con aliados y adversarios o con los representantes de todos los sectores del contexto. Esta estrategia logrará convencer y atraer hasta a los adversarios y opositores y a los ciudadanos neutrales e indecisos, al igual que a los militantes y funcionarios de otras fuerzas políticas hacia esta plataforma partidista.

Coordinación de atención y apoyo a la sociedad

Prioritaria será una oficina o coordinación de atención y apoyo a la población. Esta oficina se encargará de recibir las peticiones y necesidades ciudadanas mediante funcionarios y empleados con sensibilidad para la atención de las personas y los grupos, estableciendo como prioridad la confianza, el buen trato, la gestión y el seguimiento de los asuntos en las áreas correspondientes de todo ámbito e informar de los resultados de sus planteamientos. Con este esquema de atención ciudadana por parte del partido y de los candidatos, la gente reconocerá y aprobará esta nueva visión de trabajo partidista y se dará cuenta de que sí se les atiende y sí se lleva a cabo la gestión y seguimiento de sus demandas, necesidades y problemáticas.

Coordinación de mensajes y discursos políticos partidistas

Es básico establecer una oficina de coordinación de los aspectos del mensaje y del discurso de los líderes políticos y candidatos en la que se generen los discursos políticos y los mensajes partidistas y en la que se analicen y evalúen las propuestas de los discursos. El mensaje deberá ser siempre estratégico, profundo, y deberá tener un contenido que genere confianza y credibilidad a la gente. El mensaje y los discursos contendrán en su estructura el esquema de objetivos, de visión y de eficiencia en todos los asuntos y aspectos trascendentes, de acuerdo con los contextos y ámbitos. Esta coordinación será fundamental en toda estructura de posicionamiento político y electoral, sobre todo en tiempos de campaña electoral.

Coordinación de estrategias de financiamiento, aportaciones y donaciones

También se debe contar con una coordinación de estrategias de financiamiento, aportaciones y donaciones, que será la encargada de generar los análisis y decisiones para la captación de los financiamientos de todo tipo. Esta instancia aprovechará también todos los esquemas de difusión de tiempos gratuitos de los medios de comunicación, por ley electoral, según el país respectivo, para atraer financiamiento. Estos financiamientos permitirán generar todas las actividades y el movimiento político de los partidos y candidatos. A su vez, todo esquema de financiamiento tendrá una planificación eficiente en todos los aspectos, pero básicamente en la difusión pagada y gratuita, lo que permitirá atraer más financiamiento y recursos.

Coordinación de redes de movimiento político y electoral

Una oficina de coordinación de redes de movimiento político y electoral de partidos políticos y candidatos, conformada por un sistema de redes y coordinaciones en entidades y localidades, y enlazadas a una coordinación nacional, será la estructura fundamental desde la que se generarán las estrategias del movimiento y acción política y electoral partidista y de los candidatos. Estas estarán basadas en los análisis, evaluaciones y proyecciones de la información general y específica emanada de los contextos y escenarios de todo ámbito, tiempo e instancias. Este análisis permitirá tomar las mejores decisiones para esta acción política, en la búsqueda de los triunfos electorales.

Coordinación de enlace y análisis ante instituciones, partidos y gobiernos

Aunque las estructuras de enlace ya se encuentran implementadas de alguna forma en la mayoría de las instancias partidistas en el mundo, una coordinación de enlace y análisis ante las instituciones electorales, los partidos y organizaciones políticas y los gobiernos nacionales y locales, entre otros, será fundamental por la naturaleza de sus funciones de coordinación, enlace e interrelación.

Esta coordinación también abarcará otros conceptos de trabajo como el análisis y la evaluación de escenarios, la generación de acuerdos y tratos con todo sector y la eficiencia y dinámica en los enlaces con las diversas estructuras de todo tipo.

<u>Instalación y operación de oficinas de movimiento político de candidatos</u>

Los partidos deben planificar la instalación de oficinas para impulsar la presencia y liderazgo de sus líderes políticos y de sus candidatos en todo tiempo y ámbito, para generar la movilidad y acción política requerida y para abanderar y difundir las plataformas partidistas de propuestas y proyectos hacia nuevos gobiernos eficientes. Será necesaria una planificación y generación inteligente de esquemas de movilidad política y partidista, que tendrán que ampliarse paulatinamente, hasta llegar a las campañas políticas, ya que los tiempos y circunstancias electorales así lo exigen. Esta movilidad política es básica, de acuerdo con la planificación del esquema político de las plataformas partidistas, que contempla la instalación de oficinas de trabajo político por parte de los candidatos en las entidades, regiones y localidades, para que la población y los sectores cuenten con instancias que les permitan conocer estos proyectos. Además, también servirán como estructuras de difusión, enlace, promoción y acción política de los candidatos y partidos políticos y como una estructura de gestión y seguimiento de los asuntos de los sectores y la población. Es fundamental tejer una gran red de oficinas de trabajo y difusión de las actividades de los candidatos en las localidades y entidades, ya que esta amplia red estructural de oficinas servirá de plataforma del movimiento y acción política partidista en todo tiempo y en todo proceso y campaña electoral. La estructura de trabajo político de los líderes partidistas y candidatos a cargos de elección popular, debe ser dinámica y eficiente en sus funciones. Si a estas instancias se le adhieren propuestas de esquemas y estructuras de vanguardia para un mayor alcance y resultados, esto permitirá que la planificación y la dinámica generen mejores campañas políticas, con efectos favorables sustantivos y masivos de promoción y aceptación popular. En la mayoría de los países y sus entidades la ley electoral impide a diversas instancias la implementación de campañas de proselitismo político antes de tiempo o fuera de los tiempos electorales específicos, pero esta estructura de movilidad política de partidos y candidatos, deberá ser implementada en todo tiempo, especialmente en las campañas electorales. Esto se debe a que funcionarán oficialmente como oficinas de gestión e interrelación con la sociedad, ante la ley electoral respectiva, y no como oficinas de proselitismo político abierto, aunque este sea su fundamento y estrategia básica, y el motivo de su implementación y acción en todo tiempo. Estas oficinas podrán trabajar en diversos aspectos en todo país y sus entidades, con movilidad y acción política de los mismos candidatos, en todo tiempo y en los diversos procesos electorales, así como en conceptos de gestión, enlace e interrelación. También tendrán esquemas con capacidad de análisis, de reacción, de evaluación, de logística, de operación, de promoción y difusión, de generación de alianzas y de conformación de escenarios de impactos favorables a partidos políticos, líderes y candidatos.

Los partidos y candidatos deberán aprovechar los financiamientos estratégicos y las aportaciones y donaciones que puedan conseguirse para generar diversos esquemas políticos estratégicos. Entre otros, se tendrían esquemas para la atención de los planteamientos populares y para la construcción de plataformas partidistas, así como también para generar sistemas de redes dinámicos y eficientes, como las oficinas de movimiento político, que producirán proyecciones generales y específicas, con sus escenarios respectivos, lo que permitirá un mayor análisis de los contextos para lograr las mejores decisiones. Se buscará, por tanto, conformar una estructura que dinamice las actividades propias en todo tiempo y potencialice las habilidades de los candidatos y aliados en todos los procesos. A continuación, se presenta el esquema de esta estructura de campaña.

Organigrama de estructura que se anexa a una estructura tradicional y conforman una estructura integrada para la oficina de gestión o de campaña de candidatos y de líderes partidistas

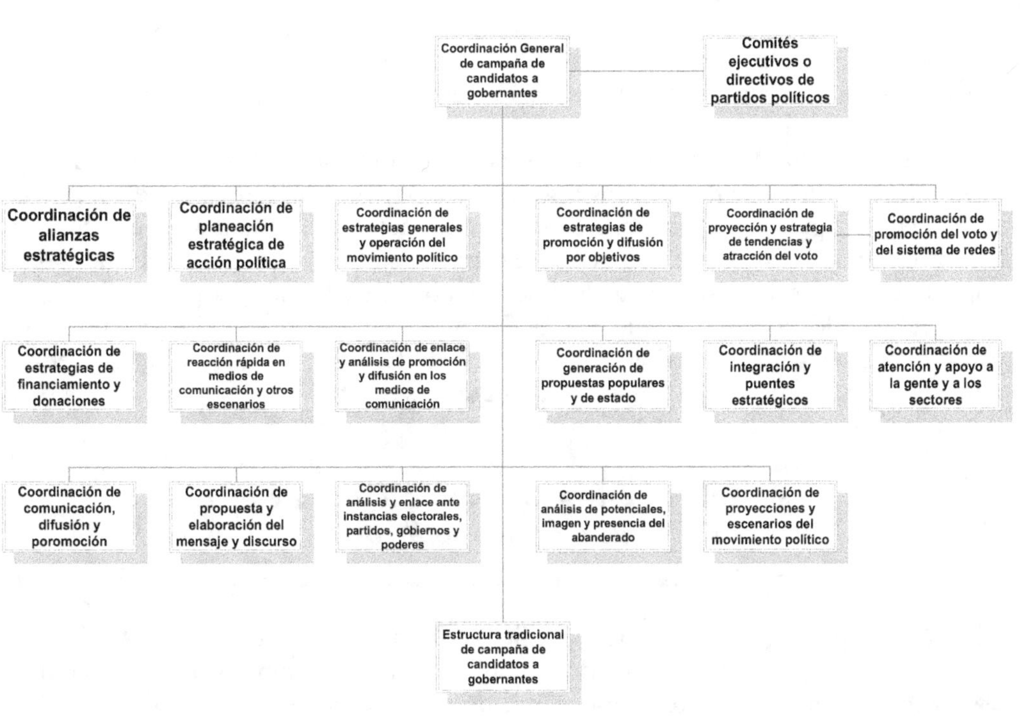

Sería importante que en toda estructura partidista y de candidatos, en todo tiempo y sobre todo en campañas políticas, las entidades implementen estos conceptos de estructura, como la especificada en este organigrama, y se designen funcionarios capacitados para dirigir y llevar a cabo estas tareas básicas. Estos esquemas contendrán todos los aspectos que se generen de las estrategias y de la acción y movilidad de los partidos, líderes políticos y candidatos en todo ámbito, sobre todo en las campañas políticas, para producir la planificación y las proyecciones de todos los rubros en la búsqueda de los triunfos políticos y electorales.

Estos conceptos podrán manejarse en cada entidad mediante la estructura de las oficinas de representación de candidatos y partidos políticos, las que establecerán las acciones y estrategias que conformen los procesos políticos y electorales en esas entidades, para lograr un posicionamiento favorable de los candidatos y partidos. Sin duda que este tejido estructural establecerá una conexión de mayor calidad, operatividad y eficiencia en los enlaces con las regiones, entidades y localidades, y atraerán, con el trabajo de cada uno de los colaboradores, funcionarios y aliados, una mayor atención y simpatía popular hacia los candidatos y sus aliados.

Es importante que los cargos estructurales y de los esquemas estratégicos de partido y de campaña sean ocupados por personas capacitadas en los rubros respectivos, ya que de otra forma no cumplirían con los objetivos porque carecerían de funcionalidad, dinámica, convicción, fuerza, capacidad y sentido común.

Los puestos de alta dirección de estos esquemas podrán ser ocupados por líderes de renombre y experiencia de diversas organizaciones, partidos políticos y sectores, por su capacidad y presencia, que generarán mayor atracción ciudadana y, por tanto, una alta promoción política, además de otorgar posiciones políticas y representatividad popular a estas instancias. Los cuadros de trabajo si tendrán que ser profesionales de estos rubros de acción, porque así quedaría implementado el dinamismo y la capacidad de trabajo, de visión de esquemas, de reacción rápida, de talento en el trabajo y de compromiso y voluntad para lograr los objetivos.

3. *Esquema de estructuración y posicionamiento de partidos políticos*

Las instituciones y partidos políticos en la mayoría de los países y sus entidades, padecen de ciertos grados medios y amplios de inmovilidad política cuando no son tiempos electorales. Solamente en etapas previas a los procesos electorales y en las mismas campañas electorales aumentan sustantivamente sus actividades políticas, electorales y normativas y la intensidad de su actividad integral política y partidista.

Esto no quiere decir que en tiempos que no son electorales no exista actividad política y partidista, pero esta es menor y carecerá de intensidad y acción política. Un partido político, por tanto, deberá contar con movilidad política real y estratégica tanto en los procesos electorales como en todo tiempo, para impulsar sus expectativas de crecimiento y de atracción de militantes y simpatías para lograr más voto popular, además del reconocimiento a una infraestructura que funciona de forma eficiente y que tiene grandes alcances. Por lo anterior, los partidos políticos deberán esforzarse para mejorar sus esquemas de movilidad y estrategia política e integrar otros esquemas vanguardistas para atraer militantes y triunfos electorales.

Aspectos potenciales de los partidos políticos

Será conveniente generar en todo tiempo, ya sea electoral o de transición entre procesos electorales, los esquemas de difusión de los aspectos positivos de los partidos políticos. Esto permitirá que la sociedad pueda tener una mejor percepción de lo que son y lo que hacen estos partidos, en virtud de que la gente desea ver partidos modernos y con ideologías e infraestructura de vanguardia, que establezcan las vías para lograr gobiernos eficientes y abanderar las causas ciudadanas.

Los partidos políticos con fuertes liderazgos y visión integral se mejoran y transitan a convertirse en partidos políticos de vanguardia, que generan verdaderas estrategias partidistas, políticas y electorales para lograr triunfos y abanderar el sentir y la resolución de las necesidades de la población y la visión de la construcción de un país con alto desarrollo. Esta nueva perspectiva de los partidos políticos con fuertes y capacitados liderazgos visionarios, debe difundirse como aspectos potenciales favorables para cambiar la percepción de la gente hacia los partidos, para un mejor posicionamiento político y un mejor conocimiento y entendimiento popular de las actividades y fundamentos partidistas.

Los aspectos a difundir de los partidos políticos en los medios de comunicación, a través de los actores políticos y de gobierno emanados de estas instancias políticas y de sus aliados, serían entre otros, la generación de propuestas de estado y propuestas populares, los principios básicos de los partidos, la democracia, la justicia social y el bienestar de la gente. También difundir la estructura partidista, que busca llevar a los candidatos al triunfo y generar gobiernos eficientes, además de que estos partidos también ejercen una gran labor de gestión en favor de las necesidades de la población y de los sectores. Asimismo, los partidos políticos deberán de implementar esquemas de mayor apertura para la inclusión de la población en los procesos partidistas y difundir ante los medios esta nueva propuesta normativa. Esto generará una mayor sensibilidad en las dirigencias y en los cuadros de representación del partido, en su trato e interrelación con la población y en el compromiso de la gestión de los asuntos de la gente. Veamos algunos aspectos y conceptos necesarios para estos fines.

Esquema de estructuración y posicionamiento de instituciones y partidos políticos

    a. *Infraestructura efectiva*
    b. *Estrategia de objetivos*
    c. *Planificación, control y resultados*
    d. *Movimiento y acción política*
    e. *Evaluación y toma de decisiones adecuadas*
    f. *Selección adecuada de candidatos a cargos partidistas y de elección popular*
    g. *Abanderamiento de las causas populares y de los sectores*
    h. *Gestión, trato sensible, acercamiento con la población y resolución de asuntos*
    i. *Gobiernos efectivos, sensibles y populares*
    j. *Análisis y mejora continua de estrategias, acciones y estructuras*
    k. *Financiamiento y recursos*

El posicionamiento popular favorable y estratégico de los partidos políticos incluye una serie de conceptos que deben de generarse de forma eficiente, con voluntad, sensibilidad y visión. Esto permitirá establecer estrategias y acciones, así como políticas partidistas de abanderamiento de las necesidades populares y de todos los sectores poblacionales, incluidos también los sectores productivos y de poder adquisitivo importante, por su influencia económica, corporativa y social y para así tener representada a toda la sociedad. Los partidos, por lo tanto, tienen que mejorar su infraestructura y movilidad política, además de implementar diversos esquemas que le generen mayor posicionamiento, popularidad y acercamiento con la población en general y sus sectores.

El principal obstáculo en la mayoría de los partidos políticos de los países y sus entidades, como todos sabemos, es la escasez de los recursos económicos, sin embargo, con pocos recursos es posible implementar algunos aspectos básicos para este objetivo. Veamos estos conceptos.

a. Infraestructura efectiva

- *Infraestructura de partido*
- *Infraestructura territorial y sectorial*

Todos los partidos políticos cuentan más o menos con una infraestructura organizacional similar, con comités nacionales, estatales, municipales y locales, con sus respectivas presidencias y secretarías generales, así como con sus secretarías de organización, acción electoral, gestión social, procesos electorales y políticos, sociales y económicos, acción cultural, difusión y promoción, capacitación, finanzas y administración, entre otras instancias. También cuentan con coordinaciones regionales, territoriales y locales, lo que les permite la movilidad política necesaria para lograr una alta efectividad partidista cuando son bien dirigidos y cuando los que ocupan las posiciones de todo nivel, tienen capacidad, voluntad y visión.

Será prioritario, de todas formas, establecer algunas nuevas áreas importantes y necesarias que permitan a la estructura tradicional funcionar de forma sistematizada y con mayor alcance. Lo anterior, porque normalmente se trabaja de acuerdo a las decisiones cupulares y del presidente o dirigente partidista en turno, aunque siempre recibirán los lineamientos y órdenes que se produzcan desde una estructura partidista central o nacional y de parte de los gobernantes y líderes políticos de su misma afiliación política en sus respectivos contextos.

Esto implica en algunos tiempos una disminución de actividades debido a la espera de las decisiones cupulares, por lo que será importante establecer mecanismos que permitan un trabajo sistemático de actividades partidistas, aparte de los trabajos que se generen de acuerdo con los tiempos políticos y electorales y a las decisiones de las cúpulas partidistas.

Aunque varias áreas estructurales tienen actividad permanente, mayor o menor, de acuerdo con los tiempos, en otras áreas generalmente deben esperar decisiones y órdenes para iniciar, mantener o concluir determinadas actividades y acciones. Si en determinados lapsos no se emiten ordenes cupulares, puede disminuir la actividad política en ese tiempo, lo que impide el fortalecimiento popular y el desarrollo de la actividad partidista efectiva.

Como vemos, normalmente, en los partidos políticos la decisión del líder partidista de la entidad, que puede ser el gobernante, y del presidente o dirigente del partido, genera movilidad y acción política. Sin embargo, la estructura del partido no genera por si sola una alta movilidad y acción política. Tampoco genera información estratégica ni propuestas que le permitan a la dirigencia, así como al grupo del poder, analizar esta información y establecer mecanismos para la mejor toma de decisiones. Por tal razón será importante que un partido político genere mucha actividad, información y propuestas desde su infraestructura partidista hacia la cúpula. Esto les permitirá a las dirigencias contar con información sensible de las necesidades y problemáticas de la población y de la propia infraestructura y organización del partido, además de conjuntar esfuerzos, información y estrategias que desarrollarán la actividad partidista para el posicionamiento popular y los triunfos electorales.

Por esta razón será necesario implementar algunas áreas que generen actividad política sistematizada y efectiva y la información producto de estos contextos de movilidad política. Veamos algunas de estas áreas y su actividad.

En este caso, algunas nuevas áreas para los partidos pueden ser similares a las áreas propuestas en el concepto de la infraestructura de oficinas de líderes políticos y de candidatos, sin embargo, contendrán sus características propias de movilidad y acción partidista. Veamos.

a.1. Infraestructura de partidos

A la estructura tradicional de una secretaría de difusión y propaganda de cualquier partido político en diversos países y sus entidades habrá que anexar las siguientes áreas cuya actividad no se realiza o se lleva a cabo de forma mínima y aleatoria.

- *Área de análisis y estrategia de promoción y difusión en los medios de comunicación*
- *Área de promoción y difusión por objetivos*
- *Área de seguimiento de medios y respuestas de acción rápida*

Es prioritario también establecer una secretaría de acción política que contenga las siguientes áreas.

<u>*Secretaría de análisis de estrategias y de acción política*</u>

Coordinación de estrategias de acción política y de campañas electorales
Coordinación de planeación del movimiento político y electoral
Coordinación de operación política
Coordinación de proyección y estrategias de posicionamiento partidista
Coordinación de redes de movimiento político y electoral
Coordinación de alianzas estratégicas
Coordinación de puentes políticos estratégicos integrales
Coordinación de proyección general de escenarios
Coordinación de enlace y análisis ante instituciones electorales, políticas y de gobierno

Asimismo, en el esquema organizacional de una secretaría de capacitación política tradicional se pueden anexar las siguientes áreas.

- *Coordinación de capacitación partidista y de cuadros*
- *Coordinación de capacitación a candidatos*
- *Coordinación de capacitación a gobernantes, funcionarios y legisladores*
- *Coordinación de imagen y presencia de partido y candidatos*

Es importante establecer una secretaría de planificación, control y estrategias, que planifique y controle todas las actividades partidistas, genere seguimiento y resultados y pueda emitir análisis, estrategias, proyecciones y toma de decisiones.

- *Secretaría de planificación, control y estrategias*

En una secretaría de gestión social se pueden anexar las siguientes áreas.

- *Coordinación de atención y apoyo a la población*
- *Coordinación de generación de propuestas populares y propuestas de estado*
- *Coordinación de seguimiento y resultados de las solicitudes y propuestas populares y sectoriales*

Mientras que en una secretaría de finanzas se pueden anexar áreas de estrategias.

- *Coordinación de estrategias de financiamiento, aportaciones y donaciones*

En la oficina de la presidencia de partido se pueden anexar áreas para los mensajes y discursos. Veamos.

- *Coordinación de mensajes y discursos políticos partidistas*

Será fundamental crear una secretaría de enlace y coordinación de acción interna partidista, que se encargue del funcionamiento y la operatividad de un partido, que independientemente de las decisiones políticas y electorales, se mantenga y genere una operatividad partidista dinámica y funcional en todo tiempo y proceso político y electoral. Esta secretaría de enlace y coordinación de acción partidista interna, se encargará de llevar a cabo los enlaces que permitan la coordinación de forma permanente y sistematizada entre todas las áreas del propio partido político, así como de éste con sus estructuras y sectores en las entidades y localidades.

Estos enlaces permitirán que la actividad sea continua, tanto en aspectos políticos y electorales como en los conceptos del propio quehacer partidista. Estos conceptos serán, entre otros, la generación de reuniones, mítines, manifestaciones y marchas, la gestión y seguimiento de solicitudes, la generación de análisis y de propuestas, el movimiento y acción política estratégica, la colocación de propaganda, la atención a los medios de comunicación y la generación de difusión y propaganda. También las reuniones con las militancias, la organización de campañas políticas y electorales, la presentación de plataformas políticas, los triunfos electorales y la capacitación partidista, entre otros muchos conceptos.

Las decisiones cupulares de alto nivel y envergadura producirán diversas estrategias, movilidad y acción partidista política y electoral, por lo que, a la acción tradicional y normativizada de partido, se le combinará la acción y el movimiento generado de las estrategias y decisiones de la cúpula partidista, las cuales casi siempre estarán por arriba de la actividad partidista normal, lo que no siempre es lo aconsejable.

Cuando se habla de actividad partidista normal, quiere decir que se genera una regular o poca acción partidista en la mayoría de las áreas, básicamente cuando no se tienen procesos electorales o partidistas internos, y de lo que se trata es de generar una actividad de mayor intensidad en todas las áreas, en todo tiempo y ámbito. Para estos efectos, la secretaría de enlace y coordinación de acción partidista interna contará con un área de vigilancia y seguimiento para el impulso y efectividad de estas actividades. Aunque parezca coercitivo este esquema, los resultados finales generarán un gran impulso y posicionamiento a los partidos políticos ante la sociedad y ante los sectores y gobiernos.

Veamos algunas áreas de esta secretaría de enlace y coordinación de acción partidista interna.

Secretaría de enlace y coordinación de acción partidista interna

- *Oficina de enlace y coordinación del trabajo interno partidista*
- *Oficina de seguimiento y resultados del trabajo interno partidista*
- *Oficina de análisis, evaluación y generación de informes del trabajo interno partidista*
- *Oficina de estrategias, proyecciones y toma de decisiones del trabajo interno partidista*

a.2. Infraestructura territorial y sectorial

Para la infraestructura territorial se contará con los siguientes conceptos, que conformarán, conjuntamente con la estructura tradicional de partido, nacional y local, una estructura alterna que funcione de forma simultánea para generar la movilidad y acción partidista para los triunfos electorales.

- *Comités nacionales de instituciones y partidos políticos*
- *Comités de entidades, municipales y locales de los partidos políticos*

- *Comité del sector campesino*
- *Comité del sector obrero*
- *Comité del sector de organizaciones populares*
- *Comité del sector empresarial*
- *Comité del sector profesionista*
- *Comité del sector organizaciones religiosas*
- *Comité del sector laboral*
- *Comité del sector magisterial*
- *Comité del sector sindical*
- *Comité del sector turístico*
- *Comité del sector de la salud*
- *Comité del sector educativo y académico*
- *Comité del sector de organizaciones sociales*
- *Comité del sector de la construcción y vivienda*
- *Comité del sector de comunicaciones y transportes*
- *Comité del sector de gente con otras habilidades*
- *Comité del sector de cultura y el arte, deportivo y de recreación*
- *Comité del sector del desarrollo e investigación científica y tecnológica*
- *Comité del sector militar*
- *Comité del sector gremial*
- *Comité del sector indígena y de nativos*
- *Comité del sector de migrantes*
- *Comité del sector económico*
- *Comité del sector comercial*
- *Comité del sector ambulante*

Estos son los sectores, entre otros, que deben de ser integrados a una estructura partidista, y aunque varios de estos ya se encuentran insertados en diversos partidos políticos del mundo, algunos de ellos no los tendrán ni siquiera contemplados. Es importante también que los mismos partidos y sus sectores generen las propuestas que se consideren para ampliar su estructura funcional partidista, ya que contar con una amplia base de sectores y organizaciones indudablemente que fortalecerá a los partidos y mejorará su movilidad y acción partidista. Esta infraestructura deberá de estar representada también en las mismas entidades, municipios y localidades, para lograr conformar una amplísima red de sectores y militantes que indudablemente atraerán más simpatizantes y votos populares.

Existen infinidad de propuestas para el trabajo interno y externo de los partidos políticos. La movilidad y acción política, la capacidad de los funcionarios partidistas, la sensibilidad, el buen trato, la visión, la voluntad y sensibilidad para abanderar las causas populares y las necesidades de los sectores de la población, indudablemente que son, entre otras, las propuestas del trabajo partidista y las causas principales para fortalecer e impulsar a un partido político. En este concepto de la infraestructura, esta es la mejor forma y diseño para impulsar la movilidad partidista estructural en la búsqueda de los objetivos y de los triunfos electorales, así como de abanderar las necesidades populares y representar a la sociedad. También será fundamental contar con el compromiso y la visión partidista general, así como de sus líderes y candidatos, para lograr los triunfos y establecer gobiernos que sean eficientes y políticas públicas de avance y desarrollo para el estado y la sociedad.

Como se observa, estas son algunas propuestas de estructura y trabajo político que pueden generarse con la adición de oficinas de analistas y estrategas políticos en todo partido. Estos se dedicarán de forma profesional y especializada a analizar, evaluar y generar proyecciones y propuestas partidistas en base al contexto, a los tiempos, a las conveniencias e intereses y a la información política y electoral. Los resultados serán importantes, ya que se tendrán mejores estrategias partidistas, mejor planificación y diseño de actividades y esquemas políticos, mejor resolución de los asuntos y atención a la sociedad, entre otros muchos conceptos que transformarán a los partidos políticos. Estos pasarán de partidos regulares, malos y del montón a ser partidos vanguardistas que generen muchos triunfos, desarrollo de sus entidades y beneficios a la población.

b. Estrategia de objetivos

Es básico establecer un esquema de estrategias por objetivos partidistas, tanto generales como específicos, que se produzcan y regeneren constantemente, de acuerdo con tiempos y contextos. Habrá algunos objetivos que serán permanentes y otros que se establecerán de acuerdo con los contextos, procesos y coyunturas de la actividad política y electoral.

Derivado de lo anterior se tendrá el siguiente conjunto de objetivos.

Objetivos generales

- *Posicionar permanentemente a los partidos políticos y a los candidatos ante los sectores y la población*

- *Generar triunfos constantes en los procesos electorales*
- *Abanderar las causas populares y de los sectores de la sociedad*

- *Producir líderes, dirigentes, candidatos, gobernantes y legisladores, así como funcionarios de primer nivel*

- *Generar desarrollo integral en países, entidades y regiones por medio de sus gobiernos*
- *Llevar beneficios y mejorar la calidad de vida de la sociedad, por medio de sus gobiernos*
- *Establecer trato con sensibilidad y respeto para la población*
- *Generar cuadros y funcionarios altamente preparados para gobernar*
- *Contar con la mayor militancia política*
- *Ser y seguir siendo siempre el partido político más fuerte e importante*

Objetivos específicos

- *Infraestructura efectiva y productiva*
- *Normativa clara y recursos económicos y generales suficientes*
- *Efectiva selección de candidatos a cargos de elección popular y de dirigencias partidistas*
- *Verdadera interrelación y actividad partidista*
- *Movimiento y acción política y electoral estratégica y de alcance*

- *Generación de propuestas e iniciativas partidistas para el desarrollo integral y el beneficio de la sociedad*

- *Coordinación de actividades políticas, partidistas y gubernamentales de los representantes y grupos partidistas*

- *Búsqueda de triunfos en todos los procesos electorales*
- *Generar alianzas estratégicas políticas y electorales*
- *Establecimiento de centros de control, análisis, proyecciones y estrategias partidistas*
- *Planificación, orden y eficiencia en la actividad partidista y en las proyecciones políticas*

Como se observa, existen infinidad de objetivos, pero los más esenciales se encuentran en los documentos básicos y principios políticos e ideológicos esenciales de los partidos políticos, además de los que se propongan en libros y documentos de estrategias y alcance partidista, como en este caso. Es trascendente planificar todos estos objetivos, para que de forma constante y permanente se dé el seguimiento y análisis respectivo a los procesos partidistas para la consecución de los triunfos electorales y la implementación y cumplimiento de todos estos objetivos específicos y en general.

También se deben de generar resoluciones y resultados parciales y totales de los procesos de todos estos objetivos, mediante una oficina de seguimiento y acción política por objetivos y así lograr conformar un partido político de vanguardia que se identifique con la gente y los sectores y, por lo tanto, produzca triunfos electorales y buenos gobiernos.

c. *Planificación, control y resultados*

La planificación, el control y la generación de resultados son conceptos básicos y prioritarios que deben realizar todas las organizaciones e instituciones, y sobre todo los partidos políticos, ya que en su generalidad la acción política y electoral responde a tiempos, coyunturas, normativas, estrategias, decisiones y circunstancias. Sin embargo, aunque se generan diversas políticas partidistas, así como estrategias y acciones, en lo general los partidos políticos no planifican profesionalmente un alto porcentaje de sus actividades y acción política, y mucho menos se genera un control, seguimiento y resultados, con su respectiva evaluación y análisis, para producir las estrategias globales y específicas de movimiento y acción política partidista.

Esto impide, asimismo, generar proyecciones y escenarios para utilizar las mejores estrategias y las mejores expectativas en la toma de decisiones.

Por todo esto es necesario establecer una secretaría de planificación, control y estrategias que contenga áreas específicas para la planificación, el control y la generación de análisis, evaluaciones, estrategias, proyecciones y toma de decisiones políticas y electorales.

- *Coordinación de planificación*
- *Coordinación de control y seguimiento*
- *Coordinación de análisis, estrategias y proyecciones*

Indudablemente que con estas áreas podremos planificar y controlar todas las actividades de los partidos políticos, desde las relacionadas a la generación de calendarios, agendas, reuniones, eventos y foros, hasta las relacionadas a las actividades políticas, giras y procesos electorales, además de las relacionadas a la planificación de proyecciones, estrategias y actividades de movimiento político y electoral.

Todas estas y otras actividades que se planifican llevarán un control y seguimiento que pueda corregir y mejorar el proceso, de ser necesario, así como de generar los análisis que permitan establecer las estrategias y proyecciones, y así tener la mejor información para generar escenarios favorables y para la toma de decisiones cupular.

d. *Movimiento y acción política*

El movimiento y acción política de los partidos políticos deberá de ser constante, con una serie de esquemas de acción de diversos conceptos, generados en todo ámbito y tiempo, por medio de la estructura partidista.

Este movimiento y acción política constará de los siguientes conceptos.

- *Agenda de reuniones para presentar la información y actividades de partido, los proyectos políticos de gobierno y la información de propuestas, iniciativas, estrategias y acciones partidistas*

- *Agenda de reuniones de atención a asuntos ciudadanos, generación de propuestas, interrelación con la población, captación de necesidades y planteamientos populares y de los sectores para su gestión y seguimiento*

- *Agenda de reuniones con sectores sociales y población en general para definir diversos asuntos partidistas como marchas, mítines, reuniones, propuestas de candidatos a cargos de elección popular, etc.*

- *Giras de candidatos y dirigentes partidistas con reuniones, eventos y acercamiento popular y sectorial*

- *Difusión de proyectos y propuestas de partido, así como de esquemas políticos de gobierno, mediante los candidatos, la dirigencia, la militancia y los aliados*

- *Agenda de reuniones con representantes gubernamentales, de partidos y organizaciones políticas y de sectores, para analizar alianzas, coincidencias y posturas, para así conformar alianzas políticas y electorales*

- *Planificación de difusión y propaganda de actividades y propuestas de partido ante los medios de comunicación*

- *Promoción y propaganda en tiempos electorales y en tiempos no electorales, mediante brigadas móviles y grupos de interacción popular*

- *Agenda de generación de actividades estratégicas partidistas y procesos de campañas electorales*

- *Movimiento político partidista de dirigencia, gobiernos y legisladores emanados de los partidos políticos*

- *Agenda de coordinación e interrelación de representantes partidistas en gobiernos, legislaturas y en el mismo partido político*

- *Movimiento de dirigencias y brigadas móviles para el registro de la militancia y simpatizantes debido al convencimiento popular*

- *Movimientos de distribución propagandística y visitas de casa en casa para promover a los partidos políticos y candidatos, sus propuestas y proyectos políticos de gobierno*

- *Movimiento integral de toda la red de partidos políticos, mediante la estructura y los sectores de los mismos partidos, de los comités partidistas de entidades, municipios y localidades, de los gobiernos y funcionarios públicos, de los legisladores locales y nacionales y la militancia. Todos emanados de un mismo partido político y de sus aliados, para promover en todo tiempo y ámbito los nuevos proyectos políticos y de gobierno y la figura de los candidatos como líderes partidistas de proyectos para el desarrollo integral*

Como vemos, estas propuestas de esquemas estratégicos están encaminadas a fortalecer el movimiento y acción política para que los partidos políticos se desarrollen y continúen con la generación de la actividad política trascendente y de vanguardia, y también para que produzcan gobernantes fortalecidos y mejores programas e instrumentos de gobierno, así como políticas públicas de calidad y alcance para el desarrollo integral.

e. Evaluación y toma de decisiones adecuadas

Mediante el establecimiento del centro de control, planificación y evaluación de estrategias y acción política, la dirigencia de los partidos políticos de todo ámbito tendrá más elementos de información y más y mejores proyecciones, situaciones, planteamientos y propuestas para evaluar y proyectar los escenarios más adecuados. Esto les permitirá a las dirigencias partidistas establecer las mejores estrategias y resultados para la toma de decisiones necesarias, al menor costo político posible y de mayor objetividad en los asuntos políticos, electorales y partidistas.

Esto es fundamental, ya que esta base de análisis permitirá que un grupo de analistas partidistas profesionales y capacitados plantee las mejores propuestas de decisiones, para que la cúpula las analice y decida correctamente en base a esta información, evitando así decisiones al vapor y de urgencia. Esto es fundamental, ya que generalmente estas dirigencias no cuentan con toda la información real, estratégica y actualizada para estos efectos, lo que producirá decisiones cupulares deficientes que disminuirán la movilidad e impacto partidista, lo que, asimismo, disminuirá las expectativas de atracción del voto popular. Con esto disminuirá también el posicionamiento y el reconocimiento del partido y de los candidatos ante la sociedad y sus sectores, así como las posibilidades de los triunfos electorales. De ahí la importancia de tomar decisiones estratégicas adecuadas, que sin duda generarán acciones y políticas partidistas que gusten a la población y consigan el reconocimiento de los gobiernos, sectores, partidos y sociedad en general, atrayendo mayores adhesiones y militancias, y con esto, mayor tendencia del voto popular. La mejor toma de decisiones, en todos los aspectos políticos y partidistas, es lo que se necesita para fortalecer a los partidos políticos y candidatos y coadyuvar en las estrategias de triunfo y de posicionamiento de los mismos.

f. Selección adecuada de candidatos a cargos partidistas y de elección popular

La selección y propuesta de candidatos de un partido político es uno de los aspectos fundamentales y más importantes con respecto al posicionamiento popular y a los triunfos electorales, ya que estas figuras deberán contar con los atributos necesarios de capacidad, inteligencia, visión, compromiso y sensibilidad, porque serán la propuesta partidista que deberá identificarse, representar y gobernar a la sociedad.

La decisión para escoger a los candidatos partidistas deberá estar basada en el análisis estratégico integral de las propuestas partidistas, políticas, sectoriales y ciudadanas para representar a los mismos partidos políticos y a la población. Este análisis para generar candidatos eficientes y realmente representativos, elimina sistemáticamente los esquemas retrógrados que muchos partidos políticos aún utilizan en la actualidad y que se basan en las designaciones cupulares a favor de amigos, recomendados, conveniencias y caciques. Estos personajes designados cupularmente defenderán a sus jefes políticos, de quienes además recibirán órdenes, y a sus intereses personales y de grupo, en lugar de representar y defender los intereses de la sociedad, de su entidad y de su país.

Algunas sociedades del mundo han avanzado en diversos aspectos, entre ellos el de decidir quiénes serán sus representantes y gobernantes, ya que ahora son sociedades más preparadas y analíticas y cuentan con mejores instrumentos para exigir y cambiar a estos representantes. Sin embargo, la mayoría de sociedades del mundo aún son altamente influenciadas y dirigidas por los grupos de poder y del gobierno, además de que no cuentan con los instrumentos políticos, sociales y de gobierno, e incluso democráticos, ni con la capacidad de movilización y de exigencia conjunta o de grupos, para promover sus planteamientos y sus demandas, y mucho menos para exigir o destituir a sus gobernantes y funcionarios.

A pesar de esto, las sociedades pueden mostrar su poder ejerciendo su voto en las urnas electorales y decidir quién les gobernará, porque ya se ha demostrado que este voto ciudadano masivo, unido y razonado ha superado por mucho al voto influenciado y pagado por gobiernos y grupos de poder, así como al voto duro de cualquier partido político. De ahí la importancia de que los partidos políticos designen siempre a mejores candidatos y presenten propuestas con visión y responsabilidad para convencer a la ciudadanía.

La base de buenas decisiones de selección de candidatos indudablemente que a nivel global coadyuvará en la mejor presencia de los partidos políticos en los futuros procesos políticos y electorales. Es fundamental establecer mecanismos de selección de candidatos para obtener estos fines y objetivos.

Estos mecanismos van desde la implementación de exámenes y procesos generales y específicos diversos hasta la utilización de esquemas de análisis y proyecciones del probable candidato partidista en un contexto electoral. Veamos.

- *Examen psicométrico para evaluar la inteligencia integral y la coordinación mental*

- *Examen toxicológico para contar con candidatos que no recurran a las drogas y alcohol como medio constante de vida*

- *Examen de conocimientos históricos, culturales y de capacidades*

- *Examen de conocimientos constitucionales, de gobierno, políticos partidistas, y de cómo llevar a cabo la función que le corresponda de llegar a ser representante en los diversos cargos gubernamentales, legislativos y políticos partidistas correspondientes*

Con este esquema basado en una serie de exámenes especializados se genera un perfil de los probables candidatos, para que verdaderamente los que sean más capaces y preparados representen a los partidos políticos en los procesos electorales. Con esto se buscará evitar generar candidatos que, de triunfar, se conviertan en dictadores y caciques políticos en el mejor de los casos, con una alta corrupción y sin conocimientos en absoluto de cómo gobernar o legislar. Con esto indudablemente que los partidos políticos fortalecerán su imagen y postura, ya que se generarán los mejores candidatos que puedan impulsar el desarrollo integral y la mejora de la calidad de vida de la sociedad.

g. *Abanderamiento de las causas populares y de los sectores*

El abanderamiento de las causas populares es uno de los objetivos básicos de todo partido político, al igual que la obtención de triunfos electorales que les permitan gobernar, mediante la presentación y seguimiento de sus principios y propuestas. A los partidos políticos en general les es difícil abanderar las causas populares y sectoriales, y sólo generan actividades electorales y políticas, en este sentido, de acuerdo con los tiempos y conveniencias. Esta inactividad de representatividad les ha debilitado en lo general ante la sociedad, la que sólo ve a los partidos políticos como trampolín de personajes para acceder al poder en sus diferentes concepciones. También ve a los partidos como un instrumento político de gobernantes para generar decisiones políticas y partidistas que les convengan, en lugar de ser una estructura que represente a la gente y a sus causas. El verdadero abanderamiento de las causas populares y de sus sectores debe otorgar importantes beneficios a la población, y con esto, simpatías y atracción de votos populares para los partidos y sus representantes. Los partidos políticos no deben de ser pasivos, por lo que no solamente deben esperar a que llegue la gente a solicitar apoyo a sus demandas, ya que esto solamente genera una actividad de gestión mínima que no los desarrolla ni los hace crecer.

Por lo anterior, será importante establecer mecanismos que permitan captar planteamientos y propuestas, así como necesidades y solicitudes para que se cuente con una base amplia de movilidad de gestión y de interrelación con la población y los sectores. Para estos efectos los partidos políticos y las oficinas de los candidatos, así como las oficinas de campaña deben de contar con estructuras especializadas en la gestión, el seguimiento y los resultados de las demandas y peticiones ciudadanas. Veamos esta infraestructura partidista necesaria.

- *Coordinación de atención y apoyo al pueblo*
- *Coordinación de generación de propuestas populares y propuestas de estado*

- *Coordinación de seguimiento y resultados de las solicitudes y propuestas populares y sectoriales*

- *Oficina de interrelación ciudadana y abanderamiento de causas populares*
- *Oficina de agenda de reuniones sectoriales y populares*

Estas áreas en particular y en conjunto impulsarán la interrelación popular y sectorial con los partidos y generarán una movilidad política trascendente, sobre todo en los rubros de la gestión y representatividad, para atraer más militancia, seguidores y simpatías populares, así como triunfos electorales.

h. *Gestión, trato sensible, acercamiento con la población y resolución de asuntos*

Uno de los aspectos fundamentales es y será siempre la interrelación de la dirigencia y los funcionarios de un partido político con la gente, mediante el establecimiento de un trato respetuoso y de sensibilidad para todos, ya sean trabajadores, militantes, simpatizantes o personas que solicitan apoyos políticos, sociales o de gestión a sus planteamientos y necesidades. Por esta razón la figura de los candidatos aumenta, ya que los que tengan talento, capacidad, liderazgo, sensibilidad y visión, que son los menos, establecerán un trato cordial, respetuoso y de atención con la gente, además de generar propuestas con visión de proyectos y políticas públicas para el desarrollo.

Al conocer a estos candidatos sensibles, preparados y preocupados por el beneficio poblacional, la mayoría de la población apoyará a estas figuras y a sus plataformas partidistas y les dará su voto electoral. Este es un ejemplo de interrelación y sensibilidad de trato a seguir por las dirigencias y militancias de los partidos políticos, por lo que esto se debe de establecer y generar como un esquema normativo obligatorio. Es básico llevar a cabo una evaluación de los funcionarios para imbuirles estos esquemas de sensibilidad y buen trato con la población, de atención de los asuntos, de seguimiento y resolución de los mismos.

Siempre será el momento para que los partidos políticos generen, por medio de sus representantes, dirigentes y candidatos, más atracción popular, con buen trato, con atención, con la generación de reuniones y eventos que atraigan a la población para que presenten sus solicitudes, las cuales se gestionarán o se analizarán con la finalidad de integrarse en los programas y presupuestos de los nuevos gobiernos.

i. Gobiernos efectivos, sensibles y populares

Los gobiernos deben contar con funcionarios que se interrelacionen con la gente y los sectores, que busquen solucionar los asuntos y que trabajen para generar estrategias y acciones en este sentido. Muchas dependencias gubernamentales en los países y sus regiones mantienen personal ocioso, además de que muchos de los que si trabajan no cuentan con la coordinación de sus superiores ni con los esquemas que conjunten esfuerzos para ser más productivos y generar mejores proyecciones y expectativas para el desarrollo de sus áreas laborales. Este esquema tiene que cambiar, porque es importante coordinar esfuerzos y proyectos que verdaderamente generen el desarrollo gubernamental y, por consecuencia, el beneficio poblacional.

Establecer esquemas de gestión de la calidad en las oficinas gubernamentales de todo orden y ámbito, que eviten los ratos u horas de ocio y falta de productividad de dirigentes, funcionarios y empleados, así como esquemas que obliguen a responder con trabajo y seguimiento del mismo y que obliguen a generar buen trato y atención a la gente y al personal de otras oficinas, entre otros aspectos, serán fundamentales para conformar un gobierno que funcione eficientemente y produzca desarrollo y beneficios a la sociedad. Será prioritario insertar en la infraestructura gubernamental de todo orden y ámbito, esquemas de gestión de la calidad y productividad, que establezcan más y mejores gobiernos funcionales que reconozcan y apoyen a los sectores y a la sociedad. Esto seguramente influirá también para que la sociedad continúe favoreciendo con su voto a estos partidos políticos de los cuales hayan salido estos gobernantes y gobiernos.

j. Análisis y mejora continua de estrategias, acciones y estructura

Los partidos políticos deberán establecer un centro de control y actividades partidistas que incluya un área de análisis y evaluación de los asuntos, programas y políticas partidistas que les permitan generar proyecciones y escenarios para obtener las mejores estrategias, decisiones y resultados políticos y electorales. Esto implica buscar constantemente la mejora de proyectos, ideas, estrategias, esquemas y acciones que le permitan a las dirigencias y a las cúpulas partidistas las mejores proyecciones y la mejor información para obtener las resoluciones y políticas adecuadas al contexto y escenarios para lograr los triunfos electorales.

Esto implica también lograr un marco de mejora continua, basado en la información y en la propuesta de más y mejores esquemas eficientes, dinámicos y populares de los partidos políticos. Este concepto es prioritario para qué los partidos se mejoren constantemente y generen políticas y decisiones partidistas de atracción ciudadana y del voto popular, de triunfos electorales, de gestión eficiente de las necesidades de la gente y también para generar cuadros partidistas que produzcan gobernantes, legisladores y líderes de alta capacidad de movimiento político y sensibilidad social.

La renovación constante y la mejora continua son las bases y el fundamento para que los partidos políticos y sus dirigencias y militancias, en todo tiempo y ámbito, representen verdaderamente lo que la gente quiere y necesita para mejorar su vida y para generar gobiernos eficientes que impulsen el desarrollo integral sostenible.

k. *Financiamiento y recursos*

El financiamiento y los recursos de los partidos políticos, será siempre el tradicional por ley, aparte del financiamiento de otros diversos apoyos fijos, sin embargo, se pueden obtener mayores recursos anexando otros diversos esquemas. Veamos.

- *Recursos otorgados de acuerdo con la normatividad por instituciones electorales de todo orden y ámbito al que correspondan*

- *Esquemas de financiamiento por aportaciones obligatorias o voluntarias de funcionarios gubernamentales, partidistas, etc., emanados de las mismas instituciones y partidos políticos*

- *Esquemas de financiamiento por aportaciones voluntarias de sectores poblacionales y sus representantes*

- *Esquemas de financiamiento por aportaciones voluntarias de empresas de todo rubro, locales, nacionales e internacionales*

- *Esquemas de financiamiento por aportaciones voluntarias de organizaciones locales, nacionales e internacionales*

- *Esquemas de financiamiento por aportaciones derivadas de negocios partidistas, marketing político, conferencias de líderes, cenas, desayunos y convivencia con estos líderes, concesiones, así como negocios por venta de productos diversos*

- *Esquemas de financiamiento por aportaciones mediante esquemas de Internet y por eventos especiales artísticos, culturales, y de diversión*

- *Esquema de financiamiento por aportaciones de rifas, loterías, tandas, etc.*

- *Esquemas de aportaciones de simpatizantes en alcancías, buzones, por vía telefónica, a cuentas bancarias partidistas, etc., lo que amplía la base de aportación a los partidos*

Estos y otros conceptos de financiamiento podrán mantener con fortaleza la infraestructura de los partidos y otros aspectos fundamentales de movilidad y acción política, tanto del propio partido como de las campañas de los candidatos.

Indudablemente que habrá otros aspectos de atracción de recursos y financiamientos, que pueden lograrse de acuerdo a reuniones y negociaciones de alto nivel entre las partes, y que, sin embargo, no sean oficiales, por la normativa electoral y política partidista, pero que son legales y servirán para el mantenimiento de esquemas de financiamiento y productividad de los partidos políticos.

Será prioritario e importante que los partidos políticos muestren a la gente los diversos esquemas de aportación y financiamiento partidista, mediante diversos esquemas específicos, con la finalidad de mostrar la transparencia y eficiencia del uso de los recursos y de los financiamientos y origen de los mismos. En las diversas giras de candidatos y funcionarios partidistas se podrán dar a conocer estos esquemas ante la militancia y la población.

Algunos de estos esquemas de financiamiento partidista son, entre otros, un sistema de aportaciones por medio de telefonía y de Internet, las aportaciones en alcancías y buzones, así como las aportaciones y financiamientos que se hagan directamente en los mismos partidos políticos y en las cuentas bancarias partidistas abiertas específicamente para estos fines.

No es aconsejable extender esta información en un sentido altamente descriptivo en los sitios oficiales específicos marcados por la ley para estos efectos ni en los medios de comunicación, por cuestiones de seguridad pública y de la seguridad de las personas involucradas.

Tampoco se deberán pedir apoyos y recursos a la población, ya que esto es contraproducente por la escasez de dinero y la pobreza masiva en el mundo, por lo que los esquemas de financiamiento por medio de aportaciones solamente quedarán adscritos a determinados sectores y grupos gubernamentales, organizacionales, políticos, sectoriales y poblacionales.

Aspectos potenciales de los partidos políticos
Esquema de estructuración y posicionamiento de los partidos políticos
Infraestructura efectiva
Estrategia de objetivos
Planificación, control y resultados
Movimiento y acción política
Evaluación y toma de decisiones adecuadas
Selección Eficiente de candidatos a cargos partidistas y de elección popular
Abanderamiento de las causas populares y de los sectores
Gestión, trato sensible, acercamiento con la población y resolución de asuntos
Gobiernos efectivos, sensibles y populares
Análisis y mejora continua de estrategias, acciones y estructura
Financiamiento y recursos

4. Esquema de estructuración y posicionamiento de alianzas estratégicas de instituciones, partidos políticos y sociedad

Es importante establecer alianzas estratégicas con diversas fuerzas políticas representativas, con partidos políticos y sus sectores, y con organizaciones y sectores de la sociedad. Para efectos de difusión y propaganda, esta será una muestra de los esfuerzos de los partidos políticos y los candidatos por lograr acuerdos y consensos, con el objetivo de generar esquemas que les permitan posicionarse y obtener triunfos electorales que los lleven al poder, para generar desde ahí las políticas y programas de gobierno que beneficien a la población.

Alianzas con sectores económicos, políticos, culturales y sociales, populares, campesinos, obreros, empresariales, científicos y tecnológicos, de profesionistas, castrenses, religiosos, de jóvenes y mujeres, culturales, deportivos, académicos, sindicales, patronales y magisteriales, entre otros, así como con organizaciones y partidos políticos de todo ámbito, incluso el internacional, y con personajes importantes y líderes de opinión, serán la muestra que se necesita para posicionarse favorablemente y lograr el reconocimiento y el voto popular. Gobiernos de todo orden y ámbito, al igual que organizaciones en el mismo contexto, serán importantes de integrar a una alianza estratégica, en la que la sociedad será la principal y más fuerte alianza rumbo a los triunfos electorales.

Lograr el máximo de alianzas estratégicas será importante por la fuerza que representan y sobre todo por el reconocimiento de la gente hacia estas muestras de integración, consensos y acuerdos entre instancias. La conformación de una alianza estratégica fuerte, con partidos políticos representativos, con organizaciones y representantes de gobiernos y con la sociedad civil e instancias internacionales, mostrarían a la sociedad que todas estas instancias conocen y aprueban las plataformas y propuestas de esta alianza, y que reconocen que será lo mejor para ese país o entidad. Esto definitivamente inclinaría aún más las tendencias a favor de una plataforma partidista de propuestas y proyectos de gobierno que represente a una amplia y representativa alianza de organizaciones, partidos y sectores de la sociedad. Estas alianzas estratégicas de instituciones, partidos políticos y sociedades podrán establecerse de forma paulatina o simultánea en todo tiempo y ámbito, y generarse integral o parcialmente, de forma nacional, local e internacional, o entre estas modalidades, de acuerdo con los contextos, intereses y características respectivas y a los acuerdos entre partidos y las demás instancias. De igual forma podrán generarse alianzas entre instituciones y entre personas, también de forma total, parcial o mixta, las cuales, al igual que todas las alianzas, tendrán que regirse por medio de sus respectivos acuerdos y por sus propios objetivos políticos y de gobierno en los diversos ámbitos.

Será importante siempre generar con tiempo y planificación la conformación y la actividad política de las alianzas y no al vapor como infinidad de instancias políticas y partidos las hacen en la actualidad. Esto impedirá la generación de estrategias y acciones razonadas y analizadas de forma profesional, que tendrán el objetivo de impulsar a los partidos políticos, candidatos y líderes partidistas, por medio de su presencia y sus mensajes, para lograr el mayor posicionamiento posible. Veamos estos esquemas de promoción y visión política necesaria para estos fines.

Esquema de estructuración y posicionamiento de alianzas estratégicas de instituciones, partidos políticos y sociedad

- *Movimiento y acción política de los partidos políticos y sus alianzas y de sus candidatos para promover una plataforma partidista de propuestas y proyectos de gobierno*

- *Movimiento y acción política de dirigentes y funcionarios nacionales y locales y de sus alianzas estratégicas para promover los procesos políticos y candidatos correspondientes*

- *Movimiento y acción política de gobernantes de países, entidades y localidades, emanados de los mismos partidos políticos y los que se adhieran, en su caso, de otras instancias políticas, para promover los procesos políticos y a los candidatos correspondientes*

- *Movimiento y acción política de legisladores nacionales y locales y de los partidos de una alianza, más los que se adhieran de otras instancias partidistas, para promover los procesos políticos y a los candidatos correspondientes*

- *Movimiento y acción política de personajes nacionales, locales e internacionales, simpatizantes y de cualquier afiliación doctrinaria o política para promover los procesos políticos y a los candidatos correspondientes*

- *Movimiento y acción política de personajes nacionales y locales emanados de los partidos políticos y de las instancias partidistas aliadas y opositoras que deseen adherirse al nuevo proyecto, para promover los procesos políticos y a los candidatos correspondientes*

- *Movimiento y acción política de la militancia y las bases de un país, de sus entidades y localidades, del exterior y de las instancias partidistas aliadas, además de las opositoras y la población en general que deseen adherirse a un nuevo proyecto para promover los procesos políticos y a los candidatos correspondientes*

Todos estos esquemas de movimiento y acción política comprenden eventos, giras, reuniones, foros, marchas, mítines y audiencias, que contarán con la presencia de los actores políticos y sociales aliados representativos de los países, entidades y localidades respectivas. Será importante y fundamental que estas alianzas tengan una planificación estratégica de acción política mediante reuniones, marchas, giras, eventos y foros en sus regiones y localidades y en el exterior, con una amplia difusión en los medios de comunicación, que impliquen la promoción de los procesos políticos nacionales y locales y la figura de los candidatos y líderes partidistas.

Esta planificación deberá de contener al menos un concepto de reunión, evento o marcha cada determinado periodo y replicarse en varias regiones, encabezada por los candidatos y líderes de estas alianzas, incluyendo a las personalidades nacionales y locales respectivas.

Red de redes estratégica política y electoral de promoción

Aspecto fundamental será que las instituciones, partidos políticos y sus alianzas estratégicas, mediante sus dirigencias, militancias, simpatizantes y candidatos, en todo ámbito y tiempo y en todo proceso y campaña electoral, promocionen su plataforma partidista de propuestas y proyectos de gobierno. La figura de algunos candidatos a gobernantes y presidentes e incluso de candidatos de localidades, de gran presencia y reconocimiento en sus entidades y regiones, así como en el ámbito nacional e internacional, deberá de ser aprovechada mediante estrategias partidistas y de redes de difusión para potenciar y promocionar su imagen, fuerza y carisma. Con esta estrategia de fortalecimiento de la figura e imagen de los candidatos representativos, sobre todo de aquellos que tienen liderazgo y carisma, se buscará que estos líderes a su vez impulsen y posicionen sustantivamente a sus mismos partidos, a sus alianzas y a los demás candidatos de su partido, al igual que a sus campañas electorales y a sus plataformas partidistas. Esta gran red establecerá la infraestructura de movimiento y acción política y electoral necesaria para que, con la promoción de todos los actores e instancias, estos partidos políticos generen procesos de interés popular y de propuestas reconocidas para lograr triunfos electorales de forma amplia, especialmente de gobernantes y presidentes. Gracias a estos esquemas los triunfos deberán ser consistentes y con el respaldo de la certeza, transparencia y credibilidad, lo que evitará cualquier duda de cualquier tipo e instancia y evitará, asimismo, reclamos y manifestaciones de los adversarios en contra de los resultados electorales finales.

5. *Esquema de alianzas políticas estratégicas generales*

Las alianzas estratégicas se han implementado y utilizado de forma sustantiva por partidos políticos y candidatos a través de la historia, sobre todo en infinidad de procesos políticos y electorales, así como también por diversas instancias del quehacer político en infinidad de países y sus entidades, como los estados y gobiernos, sectores, organizaciones y grupos, y la misma sociedad. Las alianzas estratégicas políticas y electorales, por su naturaleza, siempre se generarán mediante diversas formas y aspectos, oficiales o no oficiales, entre grupos, personas, gobiernos, partidos, candidatos, organizaciones, sectores y todas las instancias que se requieran, en el contexto correspondiente.

Estas alianzas se generarán asimismo con instancias que sean o hayan sido aliadas, para reafirmar e impulsar estos lazos, así como con instancias afines y neutrales e incluso adversarias y opositoras, con las que se podrán tener objetivos e intereses comunes. Los partidos políticos y sus candidatos podrán establecer algunas alianzas estratégicas, oficiales o no, como las que se presentan en los siguientes conceptos.

5.1. *Alianza estratégica nacional de instituciones y partidos políticos*
5.2. *Alianzas estratégicas con partidos y organizaciones políticas de todo orden y ámbito*
5.3. *Alianzas estratégicas con gobiernos de todo orden y ámbito*

5.4. *Alianzas estratégicas con la población, sectores, organizaciones y representaciones ciudadanas*

5.5. *Alianzas estratégicas con medios de comunicación*
5.6. *Alianzas estratégicas con adversarios y opositores por coincidencia de objetivos*
5.7. *Alianzas estratégicas con representantes legislativos de todo orden y ámbito*
5.8. *Alianzas estratégicas con personajes de influencia nacional y local.*
5.9. *Alianzas estratégicas con sectores nacionales, locales e internacionales*

Veamos a continuación una breve descripción de estas alianzas estratégicas.

5.1. *Alianza estratégica nacional de instituciones y partidos políticos*

Una alianza estratégica de instituciones y partidos políticos se construye, a nivel nacional, en todo país, con infraestructura y representaciones en todas sus entidades y localidades, como una alianza entre partidos, instituciones, sectores y sociedad, con el objetivo de representar la visión y las necesidades de las mayorías políticas y sociales, así como de las minorías poblacionales y de toda la sociedad en general. El objetivo es lograr todos los triunfos electorales posibles en todos los procesos correspondientes. También existirán las alianzas no oficiales, que se construirán con gobiernos, organizaciones y sectores locales, nacionales e internacionales, que por ley no se puedan oficializar, pero que funcionarán igual o mejor que cualquier alianza oficial. Otras alianzas estratégicas no oficiales serán aquellas que se establezcan con organizaciones, sectores y partidos adversarios, así como también con líderes y candidatos opositores.

Estas alianzas, aunque estén permitidas por las leyes electorales correspondientes, por su naturaleza no se puedan dar a conocer, por diversas causas, sobre todo de imagen, de representatividad, de posturas oficiales y de ideologías políticas, al igual que con los dirigentes y militantes de los mismos partidos adversarios, pero que se trabajará por un mismo objetivo de intereses coincidentes. Estas alianzas estratégicas, por tanto, serán una suma de todas las alianzas oficiales y no oficiales que llevarán a los partidos políticos y a sus candidatos a los triunfos electorales y al ejercicio del poder público.

5.2. Alianzas estratégicas con partidos y organizaciones políticas de todo orden y ámbito

Seguramente los partidos políticos establecerán sus alianzas tradicionales con los partidos y organizaciones con los que siempre ha sumado fuerzas y colaborado en diversos procesos, por lo que será importante mantener estas alianzas y buscar ampliarlas a más partidos y organizaciones. Otras alianzas, oficiales o no oficiales, con representantes, dirigentes y militantes de partidos opositores, deben buscarse para establecer los procesos de negociación y acuerdos que permitan conformar las alianzas. Será importante aprovechar las coyunturas políticas para la realización de muchas de estas alianzas. Al designar las dirigencias a nivel nacional y local, a sus propios candidatos o que estos se elijan por diversos métodos y medios de selección, siempre existirán grupos al interior de los partidos que no estén de acuerdo con esas designaciones o con los resultados de estos procesos internos partidistas de selección. En estos escenarios de inestabilidad interna partidista se pueden generar alianzas parciales o totales con estos grupos y personas inconformes. También podrá explorarse la conveniencia de buscar atraer a los partidos políticos opositores y a sus representantes, para que se integren a estos proyectos y establecer alianzas con quienes así lo decidan, algunos o todos, para que apoyen la plataforma partidista de los aliados. Este último escenario se ve muy improbable, por los diversos intereses, posturas e ideologías que implica cada partido político y sus líderes y candidatos.

Alianzas con organizaciones políticas y sociales de todo orden y tipo también son fundamentales. Por esta razón habrá de establecerse una agenda de acercamiento de los líderes y dirigentes partidistas, así como de los candidatos, con esas instancias, para lograr coincidencias y afinidades, lo que permitirá establecer negociaciones, consensos y acuerdos para la integración y conformación de una alianza estratégica partidista y sectorial. Todas las organizaciones políticas, en lo particular y en su conjunto, generan una importante tendencia del voto, por lo que será fundamental buscar todo tipo de alianzas con expectativas para sumar voluntades, coincidencias, adhesiones y esta tendencia de voto favorable. Incluso organizaciones políticas adversarias históricamente o adversarias en algunos procesos políticos, pueden ser atraídas mediante negociaciones y pláticas con sensibilidad y capacidad y lograr así una alianza multitudinaria y trascendente para el triunfo electoral.

5.3. Alianzas estratégicas con gobiernos de todo orden y ámbito

Algunos partidos políticos en el mundo sostienen que, con su estructura y fuerza, además de la presencia y posicionamiento de sus líderes y candidatos, tienen una sólida expectativa permanente de triunfo, que será suficiente para un triunfo holgado en los diversos procesos y campañas electorales. Aun así, siempre será importante buscar acercamientos y negociar alianzas con toda instancia que lo amerite, para asegurar estas altas expectativas y evitar cualquier sorpresa desfavorable.

Por esta razón se deben analizar de forma prioritaria las alianzas no oficiales, por ley electoral, que se pueden generar con gobiernos de todo orden y ámbito.

Estas alianzas estratégicas, fuera de registros oficiales, deberán realizarse con todos los gobiernos que se consideren coincidentes, y por lógica, aunque en política no siempre funciona, con aquellos gobiernos que son emanados de los mismos partidos políticos, lo que podría ser más que suficiente para impulsar los triunfos electorales. También se buscarán alianzas con los gobiernos neutrales e incluso adversarios, que sería prioritario para lograr una amplia alianza que conforme un gran bloque político a favor de una plataforma partidista de propuestas y proyectos de gobierno y de coincidencia de intereses para un cambio de gobierno.

Por normativa de la mayoría de las instituciones electorales de todo el mundo, las alianzas y coaliciones entre partidos políticos y entre candidatos si se pueden efectuar, sin embargo, con gobiernos no son posibles, por la propia naturaleza diferente de estas instancias. Pero en este caso estamos hablando de alianzas personales y de grupos, no oficiales, con representantes gubernamentales y gobernantes, en su carácter de personas y líderes políticos, por lo que estas alianzas políticas pueden establecerse en todos los niveles y conceptos. Trabajar una amplia alianza con gobernantes de países, entidades y localidades, emanados de todos los partidos políticos, aliados, neutrales, e incluso adversarios, es prioritario para aumentar las expectativas del triunfo electoral.

Las alianzas políticas y electorales con representantes de los gobiernos pueden lograrse de forma integral, total, parcial o mixta, y esto depende de la negociación, de los lineamientos y la voluntad e intereses de los actores políticos, por lo que la suma de todas estas alianzas, por muy pequeñas que sean, es importante y prioritaria. Las alianzas deben de construirse, lograrse y ejercerse de preferencia antes de los procesos electorales para trabajar con buen tiempo, de forma no oficial, las estrategias y acciones que permitan extender las expectativas de triunfo y generar gobiernos integrales representativos para bien de la sociedad.

5.4. *Alianzas estratégicas con la población, sectores, organizaciones y representaciones ciudadanas*

Las organizaciones sociales y ciudadanas, desde las más pequeñas hasta las más grandes, han sido fundamentales para los triunfos políticos y electorales, por lo que las alianzas con estas organizaciones deben de ser amplias y mayoritarias, de todo orden y ámbito. Los partidos políticos han establecido alianzas con múltiples organizaciones tanto nacionales como locales e incluso internacionales, por lo que se espera que continúe esta tendencia y que se aumente la base de alianzas políticas estratégicas con las organizaciones y sectores diversos.

Indudablemente que muchas organizaciones sociales se acercarán y adherirán por identificarse con determinadas plataformas partidistas de propuestas y proyectos de gobierno de los partidos políticos, aunque habrá algunas otras que permanezcan indecisas y otras más que se comporten completamente opositoras. La estrategia será fortalecer y ampliar las alianzas con organizaciones sociales y ciudadanas afines y aliadas y atraer a la mayoría de las organizaciones indecisas y neutrales. Al mismo tiempo, se deberá trabajar para conseguir los encuentros y acercamientos con las organizaciones políticas y sociales que han mostrado ser opositoras, pero que sin embargo pueden ser atraídas, total o parcialmente, por sentirse a gusto e identificarse en todos o en algunos aspectos de una plataforma partidista, de un candidato o de un proyecto político de gobierno.

5.5. *Alianzas estratégicas con medios de comunicación*

También los medios de comunicación son fundamentales para los procesos políticos, y como se sabe, existen y han existido alianzas entre partidos políticos, gobiernos y medios de comunicación, además de que muchos candidatos y líderes políticos, generalmente han establecido, en todo tiempo y ámbito, múltiples y diversas alianzas derivadas de afinidades, amistades e intereses comunes con estos medios.

Si ya existen alianzas con periodistas, representantes y dueños de los medios de comunicación afines, estas habrán de ampliarse también con los medios de comunicación neutrales que puedan ser atraídos para que estos puedan apoyar con su difusión a los partidos políticos aliados y sus candidatos, así como a sus plataformas de propuestas. Esta difusión podrá tener más espacios gratuitos o a menor costo, para estos partidos y candidatos, en base a estas alianzas. Existen también representantes de medios de comunicación que son adversarios, pero también habrá que explorar las posibilidades y formas de volverlos aliados, por lo que se pueden establecer los acercamientos y probables acuerdos con ellos para realizar una planificación de difusión y promoción del movimiento político y de las campañas de los candidatos. Por representantes de los medios de comunicación nos referimos a los dueños, directivos, periodistas y analistas políticos, entre otros.

Muchos medios de comunicación en el mundo tienen contratos de difusión con los gobiernos de todo orden de sus respectivos contextos, ya sean municipales, estatales o federales, por lo que puede pensarse que habrá un mayor acercamiento y coincidencia de intereses de estos medios para apoyar a partidos y candidatos identificados con estos gobiernos. En cambio, la difusión será mínima o nula para partidos y candidatos adversarios a estos gobiernos y partidos, aunque por principios de imparcialidad y veracidad, así como de neutralidad ante la opinión pública, estos medios tendrán que difundir algunas noticias naturales de la actividad y acción política de los adversarios, y estas serán lógicamente las de menor impacto político.

Aunque algunos medios de comunicación no deseen aliarse con determinados partidos políticos y sus candidatos por tener diferentes intereses, siempre deberán de ser considerados en toda estrategia de acercamiento y negociación, como mínimo para generar acuerdos importantes de no agresión, en lo posible.

También, y muy importante, para que no se genere una guerra sucia en contra de estos partidos y candidatos, ni se afecten aspectos e intereses personales de las partes. De no lograrse estos acuerdos, habrá que estar atentos y establecer estrategias de respuesta rápida y de ataque a los adversarios políticos, incluidos estos medios, y de considerarse conducente, en todos los escenarios políticos y en otros medios de comunicación.

5.6. *Alianzas estratégicas con adversarios y opositores por coincidencia de objetivos*

Para lograr conformar las alianzas estratégicas con los adversarios y opositores, las cuales tendrán sus altos grados de dificultad, que incluso en algunos casos sean casi imposibles de lograr, habrá que establecer parámetros de sensibilidad y visión, compromiso, voluntad y respeto para establecer los acercamientos, y sobre la base de estos, los consensos, negociaciones y acuerdos respectivos. Por tal razón se deberá de identificar, entre estos adversarios, a las instancias y actores de representatividad y trascendencia, que cuenten, entre otros aspectos, con el liderazgo e influencia para lograr un voto masivo y corporativo favorable y de real convencimiento ciudadano.

Con estas instancias adversarias podrá haber coincidencias fundamentales, como lo son la afinidad e identificación con las plataformas partidistas y de candidatos, la afinidad con los sectores, funcionarios, militantes y candidatos en lo particular, la afinidad con sus trayectorias y comportamientos, con su visión y capacidad, de cómo tratan de gobernar y de cómo tratan a la gente, etc.

Más coincidencias con estos adversarios, totales o parciales, tendrán que ver con las políticas públicas, con las expectativas de desarrollo y crecimiento económicas, políticas y sociales, empresariales, sindicales, magisteriales y populares, de atención de los asuntos y de generación de proyectos que desarrollen las entidades y localidades y mejoren la calidad de vida de la gente. Otras coincidencias más se basarán en la imagen, comportamiento y reconocimientos de los candidatos y representantes de los partidos políticos, así como de sus valores familiares y de otras cualidades positivas que puedan ser ejemplares para la sociedad. Otras coincidencias, entre estas las negativas, son aquellas en las que no se desea que algún partido, grupo o personaje triunfen, por lo que habrá que impedirlo mediante alianzas con sus opositores de todo tipo.

Asimismo, algunos grupos o personas obedecen a ciertos intereses económicos, políticos y comerciales adversos a determinados miembros de su partido o de otras instancias y partidos, por lo que se hará todo lo posible porque esos grupos de intereses adversos no lleguen al poder. Todas estas coincidencias en objetivos, específicamente las positivas, habrá que atraerlas con el cabildeo, el trato personal y la movilidad y acción política. Asimismo, se debe de generar una amplia difusión en los medios de comunicación, en los que se especificará que la gente se identifica con determinados candidatos porque son ganadores, capaces, tienen visión, quieren el desarrollo del país, quieren llevar beneficios a la sociedad y tienen valores familiares, moral y honestidad. Estos aspectos permitirán establecer las condiciones para que los diversos grupos encuentren coincidencias para que se generen las alianzas que sean convenientes a los diversos intereses de las partes.

5.7. *Alianzas estratégicas con representantes legislativos de todo orden y ámbito*

A nivel partido y de candidatos, sobre todo a gubernaturas y presidencias, se pueden establecer alianzas con grupos legislativos y parlamentarios, mientras que en lo personal se pueden establecer alianzas de amistades, afinidades y coincidencias con legisladores de todo ámbito, orden y afiliación política. En primer término, por su importancia estratégica, deben realizarse las alianzas a nivel partido político con los grupos parlamentarios de las cámaras legislativas nacionales y locales.

Cualquier alianza puede tener problemas en su conformación o en sus procesos, de forma grupal o personal, por lo que los candidatos, independientemente de todas las alianzas estratégicas, aún con los adversarios, por coincidencias y objetivos, deben de estar siempre alerta por estos factores: traiciones, espionaje político, siembra de información que no es real, chismes, confrontaciones y otros aspectos no deseados.

Independientemente de estos aspectos, que seguramente se tienen contemplados en los partidos políticos y en los equipos de los candidatos, será importante establecer alianzas, totales o parciales, con representantes y grupos del poder legislativo nacional y local. En este sentido, se pueden tener acercamientos entre dirigencias nacionales con legisladores de otros partidos de todo orden, federal o local, para atraerlos de forma personal o grupal, aunque lo ideal sería una atracción global, con línea partidista aprobada por los grupos parlamentarios. Sin embargo, estas negociaciones se manejan y deciden especialmente entre los líderes nacionales, por lo que, de no existir un acuerdo de estas características, con estas instancias, para este fin, entonces el acercamiento deberá de ser de forma personal con los diversos legisladores en el ámbito respectivo. Será fundamental atraerlos de forma personal y que estos se conviertan en aliados y coadyuven en la difusión y promoción de determinadas plataformas y candidatos en el ámbito en el que se desenvuelvan.

Todo lo anterior será importante para conformar e impulsar la suma de coincidencias, intereses, simpatías y adhesiones de legisladores de todo ámbito y orden y para generar la difusión de estos representantes parlamentarios a favor de una plataforma partidista que proponga un nuevo proyecto de gobierno eficiente.

En lo local, el equipo de campaña de los candidatos podrá tratar de establecer alianzas con grupos políticos de legisladores locales para estos mismos fines, aunque también podrán ampliar su base de alianzas con legisladores de otros ámbitos locales y, por supuesto, del escenario nacional y federal, siempre de acuerdo con los contextos, intereses y fuerzas políticas correspondientes.

5.8. *Alianzas estratégicas con personajes de influencia nacional y local*

Las alianzas con personajes de influencia nacional y local también son prioritarias, por lo que será necesario establecer una planificación de agenda de acercamientos y acuerdos con personajes y líderes que decidan unirse y coadyuvar en la difusión de una plataforma partidista de propuestas y proyectos de gobierno y de la figura de determinados candidatos. Veamos algunos conceptos de alianzas con personajes diversos del ámbito político, empresarial, económico, popular, sindical, magisterial, social, cultural, científico, deportivo y, en fin, de todos los sectores de un país.

- *Alianzas con personajes de influencia nacional y local, afines y con proyectos y objetivos comunes*

- *Alianzas con personajes de influencia nacional y local neutrales, que coincidan en proyectos y objetivos*

- *Alianzas con personajes de influencia nacional y local neutrales que, aunque no coincidan en proyectos y objetivos, puedan aliarse por otros aspectos*

- *Alianzas con personajes de influencia nacional y local adversarios y opositores que puedan coincidir en objetivos, aunque no en proyectos*

- *Alianzas con personajes de influencia nacional y local adversarios y opositores que, aunque no coincidan en objetivos ni en proyectos, decidan aliarse por diversas razones*

- *Alianzas con personajes de influencia nacional y local, por diversos razonamientos y planteamientos*

Estas alianzas podrán establecerse en todo orden y ámbito, sobre todo el político, para generar plataformas partidistas que contengan figuras capaces y de renombre, que indudablemente aumentarán las expectativas de triunfo.

5.9. *Alianzas estratégicas con sectores nacionales, locales e internacionales*

En este sentido, las alianzas con los sectores nacionales, internacionales y locales son fundamentales, por lo que se podrán generar las alianzas siguientes.

- *Alianzas nacionales y locales con sectores económicos, políticos, sociales, campesinos, indígenas, religiosos, militares, empresariales, transportistas, académicos, sindicales, magisteriales, de profesionistas, estudiantiles, de trabajadores, populares, artísticos, deportivos, culturales, obreros, de comunicaciones, etc.*

- *Alianzas nacionales y locales con sectores, organizaciones y representaciones ciudadanas no gubernamentales, ecológicas, de defensa de derechos y libertades, etc.*

- *Alianzas nacionales y locales con sectores productivos, estratégicos, tecnológicos, de ciencia y desarrollo, etc.*

- *Alianzas nacionales y locales con sectores corporativos, de empresas trasnacionales, de diversión y telecomunicación, de medios de comunicación, de digitales y de software, etc.*

- *Alianzas nacionales y locales con figuras representativas de todos los sectores*

- *Alianzas estratégicas internacionales con gobiernos, organizaciones, sectores, embajadas, representaciones, personas y grupos de todo orden, ideología, ámbito y posición*

En el ámbito internacional se pueden lograr la mayoría de alianzas y acercamientos con grupos afines y coincidentes y con instituciones y personajes de gran nivel en su ámbito y en el internacional. Al menos se pueden generar estos acercamientos para difundirse de forma masiva en los medios de comunicación y captar el interés y la aprobación popular, así como el reconocimiento de gobiernos, partidos y sociedades.

6. *Esquema de infraestructura de trabajo político*

El esquema de infraestructura de trabajo, movimiento y acción política partidista de los candidatos y sus plataformas de propuestas y proyectos de gobierno, equivale a la conformación de varias estructuras políticas y partidistas, de preferencia especializadas en cada concepto, lo que permitirá generar trabajos políticos verdaderamente profesionales, que generen gran imagen y un alto posicionamiento partidista. Por tal razón deberán hacerse más eficientes y mejorarse todas las estructuras de los partidos políticos y de las diversas instituciones y coordinaciones partidistas, la estructura de las oficinas de los candidatos y la estructura territorial, sectorial y social partidista, así como la estructura de las alianzas y de los grupos y personas que tengan participación partidista.

Esta infraestructura conformará la gran red estructural partidista de movimiento y acción política nacional y local, así como internacional. Esta gran red estructural conformará el diseño de la infraestructura de trabajo, movimiento y acción política de instituciones y partidos políticos para impulsar al triunfo electoral a los candidatos e implementar un sistema de esquemas políticos y de gobierno. Veamos.

Esquema de infraestructura de trabajo político

- *Estructura de los partidos políticos*
- *Estructura sectorial de los partidos políticos*
- *Estructura territorial, nacional y local de los partidos políticos*
- *Nueva estructura propuesta de los partidos políticos*

- *Estructura de la oficina de acción política y de precampaña de candidatos*
- *Estructura de las oficinas locales de acción política y de campaña de candidatos*

- *Estructura de los partidos de la alianza estratégica*
- *Estructura de sectores y organizaciones aliadas de candidatos y de los partidos políticos*

- *Estructura de acción política no oficial de gobiernos emanados de partidos políticos aliados nacionales y locales*

- *Estructuras de toda organización y sector afín a los candidatos*

Por medio de toda esta infraestructura partidista propia y aliada deberá de realizarse la acción y movimiento político en favor de los partidos y candidatos, para impulsar sus actividades y tareas político-partidistas, para su posicionamiento favorable y el de las plataformas partidistas de propuestas.

La intensidad de la actividad y del movimiento político será mayor en los partidos políticos y en las oficinas de acción política y campaña de los líderes políticos y de los candidatos, pero también habrá un alto grado de intensidad en las oficinas de los partidos y organizaciones aliadas de todo orden y ámbito. Esto implica que, de acuerdo con una planificación estratégica, deberá de existir una promoción masiva a favor de estos candidatos en todas las entidades y localidades.

Esta red de infraestructuras deberá de contar con una planificación de la acción política, que va desde los aspectos logísticos de pegar carteles de propaganda y publicidad hasta la difusión en los medios de comunicación de la acción política y de las estrategias partidistas. Esta planificación estratégica permitirá contar con un gran esquema organizado y ordenado de las actividades y conceptos partidistas, como lo son, entre otros, las agendas, foros, reuniones, mítines, marchas, manifestaciones, eventos, entrevistas, conferencias, promoción y propaganda e información a la sociedad y los sectores de los esquemas políticos y de gobierno.

7. *Esquema de organización y acción política de grupos afines y de trabajo*

De acuerdo a las estrategias de partido y a todos los grupos afines y aliados, será importante establecer un esquema de trabajo y de acción política de forma organizada y ordenada en todo tiempo, y especialmente en los procesos de campañas electorales.

Cada grupo y sectores de aliados tendrán actividades diversas, que en conjunto conformarán un trabajo globalizado de acción política y electoral. Esto permitirá contar con una amplia infraestructura que funcionará de forma estratégica en todo tiempo y ámbito, de forma planificada y organizada, con movimiento político y objetivos integrales y específicos, que equivaldrán a un mayor posicionamiento de los candidatos, partidos y plataformas ante sectores, gobiernos y sociedades.

Veamos una propuesta de este esquema de grupos afines y aliados en movimiento y acción política.

Esquema de organización y acción de grupos afines y de trabajo

a. *Acción política de los representantes de la estructura de los partidos políticos*

b. *Acción política de los representantes de la estructura sectorial de los partidos políticos*

c. *Acción política de los representantes de la estructura territorial, nacional y local de los partidos políticos*

d. *Acción política de los representantes de la estructura de las oficinas de gestión y acción política y de campaña de candidatos*

e. *Acción política de los representantes de la estructura de las oficinas locales de acción política y de campaña de candidatos*

f. *Acción política de los representantes de la estructura de los partidos de una alianza estratégica*

g. *Acción política de los representantes de la estructura de sectores y organizaciones aliadas de candidatos y de los partidos políticos*

h. *Acción política de los representantes de la estructura de acción política no oficial de gobiernos emanados de partidos políticos aliados nacionales y locales*

i. *Acción política de los representantes de las estructuras de toda organización y sector afín a los candidatos*

Veamos a continuación, de forma breve, cada uno de estos conceptos de organización y acción política de grupos de trabajo.

a. Acción política de los representantes de la estructura de los partidos políticos

- *Movimiento de acción política y electoral*

- *Promoción y difusión de las plataformas políticas de propuestas y de proyectos para nuevos gobiernos efectivos*

- *Generación de reuniones de alto nivel para discusión y análisis de programas, acciones, estrategias, proyecciones y toma de decisiones*

- *Encuentros de alianzas estratégicas, procesos políticos y electorales, normativos, procesos para la generación y selección de candidatos, de registros diversos, de postulaciones, designación de funcionarios partidistas y de funcionarios a los procesos políticos y electorales, esquemas de representación ante las instituciones electorales, etc.*

- *Generación de propuestas, planes, encuentros de interrelación con la población, giras, etc.*

- *Promoción y difusión de partidos y de sus candidatos, con esquemas de entrevistas, conferencias de prensa, programas de radio y televisión, difusión en comerciales partidistas, etc.*

- *Promoción y propaganda con brigadas móviles, desde repartir boletines, folletos, trípticos, pega de propaganda, pendones, etc.*

- *Generación de mítines, foros, reuniones, eventos, encuentros, entrevistas con actores políticos, presentación de propuestas, información de actividades de los partidos políticos y de los candidatos; presentación de informes en general y específicos y presentación de esquemas políticos y de gobierno*

- *Encuentros culturales, artísticos, deportivos, bailes, rifas, desayunos, etc.*

b. Acción política de los representantes de la estructura sectorial de los partidos políticos

La acción política de los funcionarios y militantes de los sectores partidistas deberá realizarse de forma estratégica y eficiente, y por lógica, a favor de sus candidatos de partido y de sus alianzas. Esto se hará mediante esquemas y estrategias de movilidad y trabajo político generado desde los mismos partidos y desde todas sus instancias. Estas instancias y sectores variarán de acuerdo con el país y la entidad, pero serán, entre otros, el ciudadano, obrero, popular, social, económico, de jóvenes y mujeres, campesino, empresarial, de profesionistas, religioso, magisterial, sindical, científico, académico, educativo, estudiantil, político, agrario, de servidores públicos, etc.

Las dirigencias y militancias pertenecientes y adscritas a estos sectores deberán de generar reuniones y propuestas que establezcan planteamientos e iniciativas políticas para la mejora de cada sector y para el desarrollo en general.

c. *Acción política de los representantes de la estructura territorial, nacional y local de los partidos políticos*

La acción política de los representantes y de la estructura territorial deberá de generarse en todo ámbito, nacional, municipal y local. Con esto se tendrá una amplia acción y movimiento político territorial en todas las entidades y regiones. El movimiento territorial incluye a todos los sectores y organizaciones partidistas, por lo que su acción deberá ser planificada estratégicamente, ya que su movimiento podrá ser simultáneo y masivo, según se establezca, y permitirá demostrar una gran fuerza de movimiento político a la sociedad y los gobiernos.

De igual forma, el movimiento territorial podrá ser utilizado en aspectos que van desde la logística más elemental, hasta grandes esquemas de manifestaciones masivas y simultáneas, con estrategias de promoción del voto en todo ámbito, de forma global y de casa en casa. También deberán generarse esquemas de promoción y difusión de propaganda partidista, así como estrategias que generen acuerdos políticos entre los sectores y con otros sectores adversarios. También será prioritario establecer los esquemas de cabildeo y convencimiento popular por parte de los grupos y líderes sectoriales, entre otros conceptos.

d. *Acción política de los representantes de la estructura de las oficinas de gestión y acción política y de campaña de candidatos*

La acción política de los representantes de los candidatos y de la estructura de sus oficinas, será enfocada al movimiento y acción política de los candidatos, al igual que al manejo de las estrategias diversas para su posicionamiento político. Asimismo, estas oficinas tendrán que establecer esquemas de planificación, difusión, movimiento político, agendas, estrategias, manifestaciones y generación, presentación y difusión de las plataformas políticas de los candidatos, entre otros aspectos, y principalmente el manejo de las campañas electorales y todo lo relacionado a sus diversos aspectos políticos, electorales, jurídicos, etc.

De igual forma, estas oficinas deberán impulsar y posicionar la figura, imagen y propuesta de los candidatos respectivos para abanderar los proyectos políticos que generen gobiernos eficientes. Asimismo, los esquemas de giras, eventos, reuniones, entrevistas y foros estarán enfocados específicamente a impulsar la figura, mensajes y propuestas de los candidatos, así como sus plataformas políticas.

e. Acción política de los representantes de la estructura de las oficinas locales de acción política y de campaña de candidatos

La acción política se basará fundamentalmente en las acciones descritas anteriormente, pero específicamente para impulsar la figura de los candidatos, con trabajos específicos en el ámbito local, que incluye a las entidades, municipios y localidades. Esta infraestructura, con su movimiento y acción política, permitirá llegar incluso hasta las pequeñas poblaciones más alejadas de toda entidad y lograr penetrar a la gran mayoría de las poblaciones. También se podrá salir del ámbito local, de acuerdo con las estrategias y contextos, y trabajar en ámbitos de otras entidades, así como en contextos regionales, nacionales e internacionales, como parte de la planificación de las actividades estratégicas.

f. Acción política de los representantes de la estructura de los partidos de una alianza estratégica

En este caso, la infraestructura de los partidos políticos aliados y las demás instancias que se integren a su plataforma partidista de proyectos de gobierno, trabajarán en todas las estrategias y actividades de movimiento y acción política, así como de difusión, propaganda y publicidad, con reuniones, eventos y foros, además del trabajo político interno, para apoyar a los candidatos de una alianza estratégica partidista. Toda la estructura de estos partidos políticos aliados deberá realizar similares actividades en todo ámbito, las que deberán de realizarse por medio de acuerdos cupulares estratégicos, para que el trabajo sea planificado y consensuado.

g. Acción política de los representantes de la estructura de sectores y organizaciones aliadas de candidatos y de los partidos políticos

En este concepto, los sectores y organizaciones deberán mostrar su apoyo total y su adhesión política y electoral al partido político de su preferencia, a sus candidatos y a sus líderes políticos y partidistas, así como a quienes integren sus alianzas en los diversos procesos electorales. Igualmente se deberán identificar con las plataformas partidistas y con sus propuestas y esquemas para generar gobiernos eficientes, desarrollo integral y beneficios populares.

Los sectores y organizaciones deberán, por lo tanto, llevar a cabo diversas actividades políticas como las que se presentan enseguida. De hecho, algunas de estas actividades ya las realizan de forma total o parcial, aunque se busca que sea de forma profesional, planificada, organizada y sistemática. El objetivo será que los candidatos y partidos que estas organizaciones apoyan siempre se encuentren bien posicionados ante la sociedad y los sectores.

- *Realización de marchas y manifestaciones populares y sectoriales a favor de los candidatos de la alianza y de sus propuestas para un nuevo gobierno*

- *Realización de reuniones, foros, eventos, etc., de manifestación y adhesión a la propuesta de gobierno de sus candidatos, además de trabajar las propuestas de los sectores y organizaciones con el fin de integrarlas a la plataforma partidista*

- *Coadyuvar en diversas actividades partidistas, de giras, de trabajos, de propaganda y promoción, de reuniones, etc., en apoyo a partidos y candidatos*

- *Realización de entrevistas y comunicados en los medios de comunicación, para informar de su adhesión a favor de los candidatos de una alianza y de una plataforma partidista de propuestas y proyectos de gobierno*

- *Realización de trabajo territorial y sectorial con todas las representaciones de estos sectores y organizaciones en todas las localidades, trabajando el voto corporativo y el voto ciudadano normal en favor de los candidatos y partidos políticos*

Como se observa, estas y otras acciones y movimientos políticos de sectores y organizaciones serán básicos para que, de forma específica y en su conjunto, conformen una gran alianza de sectores y organizaciones a favor de sus partidos políticos y candidatos.

h. Acción política de los representantes de la estructura de acción política no oficial de gobiernos emanados de partidos políticos aliados nacionales y locales

En este concepto, por restricciones normativas de las instituciones electorales en casi todos los países y regiones, será imposible que de forma oficial se generen apoyos a los partidos y candidatos por parte de gobernantes, funcionarios y trabajadores de gobierno, aunque estos se podrán realizar por otras vías no oficiales ni escritas. Sin embargo, los pronunciamientos y la actividad partidista de estos actores gubernamentales se podrán realizar fuera de sus horarios de trabajo a favor de su partido y de sus alianzas.

En este sentido, será fundamental que, en base a estas condiciones, todos los gobernantes locales y de las entidades, así como sus funcionarios, continuamente se manifiesten en favor de sus partidos, de sus candidatos y de sus plataformas partidistas. Los funcionarios y gobernantes aliados deberán de generar manifestaciones y reuniones periódicamente en diferentes localidades de su ámbito y territorio, para difundir el mensaje del partido y de la alianza, de los candidatos y de las propuestas de la plataforma partidista. Todo esto indudablemente que deberá de realizarse fuera de horas de oficina reglamentarias, lo que sin duda generará una amplia corriente favorable de difusión y promoción de estas plataformas políticas.

i. *Acción política de los representantes de las estructuras de toda organización y sector afín a los candidatos*

Los representantes de estas estructuras organizacionales y de los sectores afines a los candidatos y a su plataforma partidista, deberán generar, en lo posible, proselitismo político a favor de sus partidos y alianzas. Deberán también de asistir a la mayoría de los eventos y reuniones que se realicen, con la finalidad de promocionar su plataforma partidista y generar la acción política estratégica para el triunfo electoral. También se deberán de generar reuniones organizacionales y sectoriales en las que difundan su adhesión al movimiento y acción política de sus partidos políticos y de sus candidatos, especialmente a gobernantes.

Diagrama del esquema de organización y acción política de grupos afines y de trabajo de candidatos a cargos de elección popular

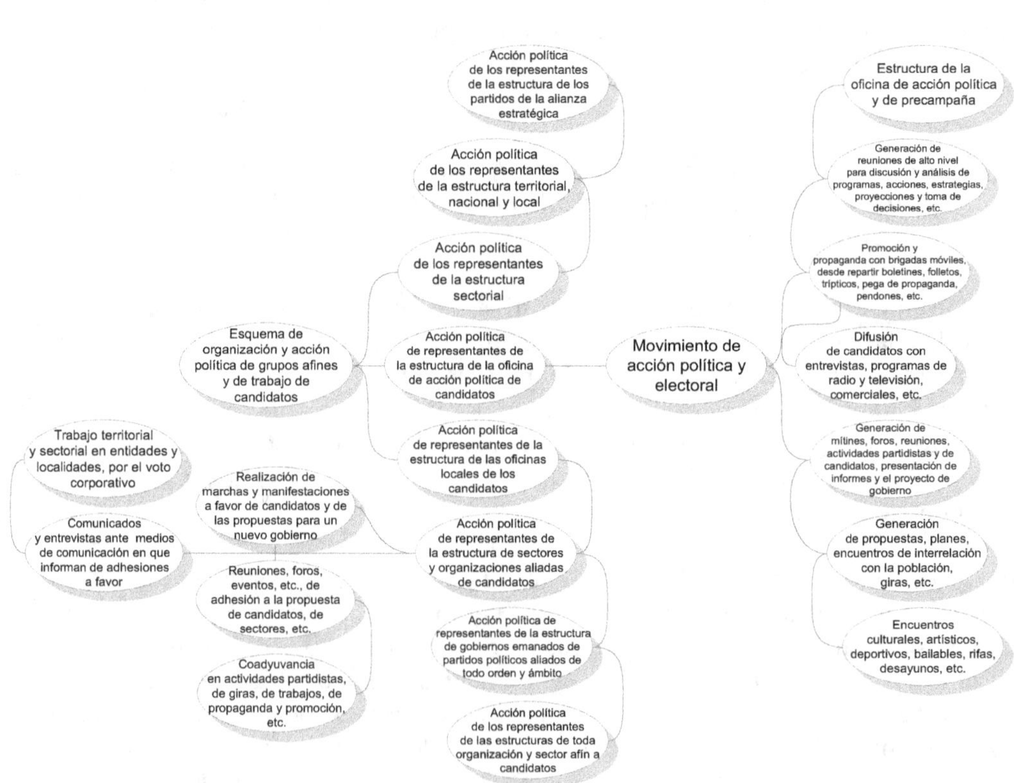

8. Esquema de propuesta política de integración de candidatos partidistas y ciudadanos en procesos electorales

- *Esquema de selección de candidatos y representantes de los partidos políticos emanados de cuadros partidistas*

- *Esquema de selección de candidatos y representantes combinados de una coalición y alianza estratégica*

- *Esquema de selección de candidatos y representantes de los partidos políticos combinados y mixtos, de cuadros partidistas y propuestas de ciudadanos con imagen y reconocimiento*

La propuesta de fórmula de candidatos de los partidos políticos en los procesos electorales debe de combinar tanto a cuadros de imagen y capacidad del propio partido como a candidatos ciudadanos capacitados, de buena imagen y reconocidos en su actividad pública y profesional. En la realidad las listas de candidatos de los partidos políticos en el mundo, históricamente han incluido cuadros eminentemente partidistas, apoyados sobre todo en las estructuras de partido y en los líderes y gobernantes de las entidades y localidades respectivas, emanados de esos mismos partidos y de sus aliados. También, de forma inteligente, muchas fórmulas de estos candidatos representan a grupos y organizaciones políticas, partidistas y sociales que reciben a cambio determinados porcentajes de cotos de poder en varios aspectos y que han conformado fuertes plataformas que han logrado el reconocimiento de la sociedad. En algunos países, desde hace tiempo, y en otros recientemente, los partidos políticos han establecido fórmulas de candidatos que han incluido a ciudadanos de gran imagen y presencia, las que generalmente han logrado buenos dividendos y triunfos electorales. Una sociedad conocedora y preparada siempre escogerá a las fórmulas partidistas que contengan políticos y ciudadanos responsables y honestos, de mejor imagen y fuerza, con capacidad, sensibilidad y forma de ser cordial. En caso de no tener candidatos de estas características la sociedad preferirá anular su voto antes que votar por candidatos que no le representen o que cuenten con mala reputación. En un escenario intermedio en el que las propuestas de candidatos en su mayoría sean mediocres siempre se escogerá la fórmula con los pocos candidatos ciudadanos por sobre la imagen y trayectoria de un candidato eminentemente partidista, que podrá ser buena, regular o mala. Esto es debido a la mala percepción que las sociedades tienen de los partidos políticos, de sus candidatos y de sus representantes gubernamentales y legislativos. Por eso es fundamental incluir una buena base de representantes partidistas y otra base de representantes ciudadanos y de los sectores como una fórmula de éxito en los procesos de selección de candidatos y en los procesos electorales. El combinar las propuestas de candidatos de buena imagen ciudadana es importante ya que atraerá un mayor reconocimiento de la población y de los sectores.

Los cuadros de candidatos en todo proceso electoral, de cualquier tiempo y ámbito, deberán estar conformados de forma mixta, combinando cuadros partidistas con ciudadanos de buena imagen y reconocimiento, ya que es la fórmula ideal para balancear una buena propuesta política a la sociedad, con la visión y planteamientos de objetivos y necesidades de ambas partes. Así tendremos que cuando estas fórmulas políticas y ciudadanas arriben al poder, logren que los poderes de gobierno, ejecutivo, legislativo, judicial y electoral, tengan una visión, sensibilidad y compromiso global y específico del trabajo que se debe de hacer, y esto indudablemente va a producir gobiernos y poderes públicos más eficientes y capaces. Estas fórmulas políticas representan entonces una combinación de perfiles, con ciudadanos y líderes políticos y sociales populares para atraer el voto popular y masivo, y con ciudadanos con mayor reconocimiento social, para atraer también las simpatías de los sectores medios y los económica y socialmente poderosos.

Se puede pensar que con el solo voto duro de los partidos o el voto trabajado a nivel popular se logrará triunfar. Esto podría ser así en algunos contextos específicos, sin embargo, en la mayoría de contextos no lo será, por lo que siempre será importante abarcar todos los sectores, especialmente los sectores económicamente fuertes, ya que seguramente manejan determinados aspectos del voto sectorizado y corporativo, el cual indudablemente puede direccionar una parte importante del voto popular. Las candidaturas deberán de emanar de los partidos políticos y de los diversos sectores, para que todos se sientan integrados y partícipes, sobre todo para preparar el escenario rumbo a las candidaturas, a los procesos electorales y a la forma de gobernar y legislar.

La selección mixta de candidatos, aunque mayormente representativa de partidos políticos, de un 60% a un 75% de candidatos de partido por un 40% a un 25% de ciudadanos debe ser la fórmula ideal para la obtención de triunfos. La estrategia será mostrar a la sociedad que las fórmulas de los partidos políticos contienen las plataformas que representan las múltiples manifestaciones y necesidades populares y la razón de estado para generar nuevos gobiernos de visión y compromiso.

9. *Esquema de representaciones políticas de partidos y candidatos*

Aunque los partidos políticos cuentan con una estructura organizacional básica de alcance, que contiene la estructura nacional, sectorial y territorial, así como la estructura estatal o de entidades, municipal, local y distrital, la cual variará según el país y el contexto, será fundamental fortalecer esta estructura con una conformación amplia, dinámica y eficiente para lograr así un mayor alcance estructural y por consiguiente de representatividad, movimiento y acción política y electoral en todo territorio y hasta en las últimas localidades de las entidades.

Los partidos políticos, grandes y chicos, tienen en su estructura una gran profundidad, alcance y conformación, prueba de esto son sus triunfos electorales, pocos o muchos de cada uno de ellos, en todo país, entidad y región, basados en buena parte en estas estructuras y en su forma de utilizarla, la cual siempre debe ser ampliada y mejorada. Esta estructura está conformada generalmente por todas las representaciones de los partidos a nivel nacional, regional, estatal, municipal, distrital y local, según el ámbito respectivo. Esta estructura comprende sectores, movimientos y coordinaciones que implican la presencia partidista en todo territorio nacional, regional y local, además de contar con la estructura de los partidos, organizaciones, gobiernos y sectores de la sociedad aliados y amigos, por lo que esta estructura partidista representa una gran red que permite la eficiente y exitosa movilidad y acción política partidista estratégica. Por otra parte, los elementos que conforman el aspecto cualitativo y cuantitativo de los partidos políticos siempre deben contar con los últimos avances y mejoras. Estos elementos, esquemas y procesos son, entre otros, el desarrollo tecnológico y de software, los recursos humanos, materiales y de servicios, el mobiliario y la estructura inmobiliaria, la difusión y propaganda, las proyecciones y estrategias partidistas, electorales y de promoción del voto, los sistemas de calidad y de reingeniería. Si estos conceptos no se modernizan y avanzan sustantivamente en su alcance, capacidad, fortaleza y movilidad, se volverán lentos y obsoletos y no responderán a la dinámica y funcionalidad partidista que genere triunfos electorales.

Los partidos políticos que no se transformen y mejoren sustantivamente en estos conceptos estratégicos fundamentales, tanto en su estructura como en la de sus elementos y componentes, de todo orden y ámbito, se irán quedando obsoletos y no podrán responder de forma adecuada a los avances de interrelación, enlace, comunicación, organización, dinámica, estrategias, movimiento y acción política partidista. Esto disminuirá de forma drástica sus expectativas y realidades de desarrollo, alcance, representatividad, operatividad y funcionamiento, así como de trabajo político, de representatividad ciudadana y de triunfos electorales. Por tal razón, la implementación de mejores y nuevos esquemas de trabajo político y electoral, de estrategias y proyecciones, de análisis, evaluaciones y decisiones, así como de sistemas de calidad y reingeniería de procesos políticos y partidistas, será fundamental para mantener e impulsar a los partidos e instituciones políticas a la vanguardia del idealismo, de la representatividad y de la acción política y partidista de sus entidades y del mundo. Con esto los partidos y candidatos serán auténticos representantes de la sociedad y de sus planteamientos y necesidades, además de ser las instancias generadoras de esquemas de estado y de gobiernos eficientes y de políticas públicas para el desarrollo integral de alcance y profundidad. También debe ser cambiada, mejorada o modernizada la infraestructura física mobiliaria e inmobiliaria, de periféricos y accesorios, de equipamiento e instrumentos, de software y tecnologías diversas, así como de capacitación de recursos humanos y de modernización y eficiencia de recursos materiales y de servicios.

Solo con estos cambios sustantivos y esta transformación estructural, de esquemas y procesos, y del quehacer partidista, se podrán afrontar los nuevos retos políticos y electorales para maximizar las expectativas de triunfos y representatividad masiva popular. Independientemente de estos requerimientos y necesidades prioritarias para mejorar a todo partido político, la red de instituciones y partidos políticos, que ya exista en los países y en sus entidades, también deberá mejorarse y conformarse teóricamente de una forma más amplia y estratégica. Esto, debido a que solamente se contempla en sus documentos básicos los aspectos normativos, de atribuciones y de funciones primarias en las áreas partidistas. Es decir, solamente se cuenta con documentos normativos, principios partidistas, estatutos y manuales de funciones muy básicas. Un partido de vanguardia, además de estos documentos, debe contener otros documentos, estatutos y manuales de más alcance, que contengan esquemas de estrategias, de operación, de escenarios y proyecciones, de movilidad y acción política y de funcionamiento general eficiente y dinámico en todos los aspectos de la acción partidista, política y electoral. En cuanto a las oficinas de representación y acción política de los candidatos, será fundamental que se conformen también estas estructuras y oficinas de representatividad en todas las entidades y localidades. Esta gran red sumará estructuras, actividades y representación partidista y de la sociedad, así como acción y movimiento político integral de candidatos y partidos políticos y de una alianza estratégica. Será importante conformar estas estructuras con el mayor alcance, aún con pocos recursos, pero con voluntad, inteligencia y participación poblacional, sectorial, ciudadana y partidista. El trabajo estratégico de todo partido y de sus candidatos para generar las alianzas y los acuerdos que permitan expandir y ampliar las estructuras tradicionales y de sus propias oficinas representativas, debe realizarse para implementar esta estructura general en todo tiempo y hasta el fin de las campañas electorales. Este esquema de expansión servirá para los procesos electorales de todo orden y ámbito, sin embargo, el objetivo es conformar una amplia red inteligente y de gran acción política para las campañas electorales, que generen permanentemente triunfos para los partidos políticos y los candidatos.

Esquema de representaciones políticas de candidatos y partidos políticos

Instituciones y partidos políticos

- *Comité nacional*
- *Comités de entidades*
- *Coordinaciones regionales y locales*
- *Comités locales y municipales*
- *Comités sectoriales y territoriales*

Estructura de oficinas de acción política de candidatos, partidos políticos y alianzas

- *Oficina central nacional de estrategia y acción política de candidatos*
- *Oficinas de entidades, municipios y localidades de estrategia y acción política de los candidatos*

Como se observa, esta es una infraestructura que conforma una amplia red estratégica estructural y representativa para lograr una eficiente acción política y electoral, por lo que su implementación y aplicación, puede lograrse de forma paulatina y sistemática hasta su conformación total. Lo anterior con el objetivo de que los candidatos cuenten no solo con la estructura de los partidos políticos, sino que también con una estructura propia de candidatos que les permita mucha movilidad política y electoral para lograr triunfos holgados y convincentes.

10. Esquema de difusión y promoción política

Este concepto, por ser de importancia básica y fundamental, está contenido en la mayoría de los esquemas de estrategias políticas, electorales y de gobierno aquí presentados, y debido a esto existirán varias menciones de este rubro en los diversos apartados de este libro, con sus respectivos esquemas, planteamientos y características específicas, por lo que sería repetitivo, en virtud de esta diversa y amplia presentación, volver a comentar los similares enunciados al respecto.

En el caso de este apartado se considera que este esquema se fusiona e integra con el esquema que ya se analizó en la pág. 41 en el punto siguiente: *"1.4. Estrategia de difusión y promoción en medios de comunicación"*, por lo tanto, se considera como ya comentado y analizado. Asimismo, se presentan otros aspectos de este importante rubro en el siguiente concepto: *"Sistema de Difusión y Promoción Estratégica"* en la página 258.

11. Esquema de control, estrategias y planificación política

El sistema de estrategia y acción política, debe contar con un esquema de planificación, control y estrategias de los conceptos políticos y partidistas tanto del propio partido, como de los candidatos. Este esquema estará representado por un centro de planificación, control y estrategias que contenga los elementos específicos que de forma integral permitan generar la planificación, el control, el seguimiento y las estrategias políticas y electorales.

El centro de control contendrá un software con diversos apartados para la acción política y electoral, tanto de los partidos políticos como del movimiento y acción de los candidatos. Este software contendrá los siguientes espacios virtuales para recabar, procesar, planificar y generar los conceptos de análisis, evaluación y resolución de los asuntos de la acción política y electoral.

Esquema de control, estrategias y planificación política

11.1.   *Esquema de control, estrategias y planificación política de la oficina central de estrategia política y electoral de candidatos y líderes partidistas*

11.2.   *Esquema de control, estrategias y planificación política de instituciones y partidos políticos nacionales y locales*

11.3.   *Esquema de control, estrategias y planificación política de partidos, grupos, organizaciones y personajes aliados*

11.1. Esquema de control, estrategias y planificación política de la oficina central de estrategia política y electoral de candidatos y líderes partidistas

Actividad partidista, política y electoral de candidatos y líderes partidistas

- *Reuniones institucionales y oficiales en todo ámbito y orden*
- *Reuniones no oficiales y personales en todo ámbito y concepto*

- *Entrevistas institucionales y oficiales con diversos actores económicos, políticos y sociales*
- *Entrevistas no oficiales y personales con diversos actores económicos, políticos y sociales*

- *Conferencias de prensa, entrevistas, reunión con medios, boletines y comunicados a los medios de comunicación, información diversa, etc.*

- *Información de la movilidad y acción política, partidista, gubernamental, cultural y social de candidatos aparecida en los medios de comunicación*

- *Eventos, foros, presentaciones e informes institucionales y oficiales en todo ámbito y orden*

- *Marchas y mítines, manifestaciones institucionales y oficiales de todo ámbito y concepto*

- *Actividades especiales institucionales y oficiales como registros, votación y certificación.*

- *Giras e interrelación popular, institucional y oficial en todo ámbito y orden*
- *Giras e interrelación popular no oficial en todo ámbito y orden*

- *Actividad política partidista y concentración de informes de actividades*

- *Esquema de espacios para comentarios cuantitativos y cualitativos de cada rubro*
- *Esquema de procesos y gráficos en cada uno de los puntos*

- *Esquema de análisis, evaluación y presentación de informes en cada uno de los puntos y de forma integral*

11.2. Esquema de control, estrategias y planificación política de instituciones y partidos políticos nacionales y locales

- *Acción política y electoral de partido, su estructura, sus sectores y candidatos*

- *Acción institucional, política y electoral de la estructura de partido; secretarías, coordinaciones, direcciones, unidades, etc.*

- *Planificación, procesos y resultados del movimiento de la estructura de partido*

- *Acción institucional, política y electoral de la estructura sectorial y territorial de partido*

- *Planificación, procesos y resultados del movimiento de los sectores y coordinaciones de partido*

- *Acción institucional, política y electoral de los candidatos de partido en todo proceso, ámbito y tiempo*

- *Planificación, procesos y resultados del movimiento y acción política de los candidatos de partido en todo proceso, ámbito y tiempo*

- *Esquema de espacios para comentarios cuantitativos y cualitativos de cada rubro*
- *Esquema de procesos y gráficos en cada uno de los puntos*

- *Esquema de análisis, evaluación y presentación de informes en cada uno de los puntos y de forma integral*

11.3. Esquema de control, estrategias y planificación política de partidos, grupos, organizaciones y personajes aliados

- *Acción institucional política y electoral de partidos, organizaciones y personajes aliados de los candidatos y de los partidos políticos*

- *Acción no oficial, política y electoral de partidos, organizaciones y personajes aliados a los candidatos y a los partidos políticos*

- *Acción política y electoral de los sectores y candidatos de partidos, organizaciones y grupos aliados de los candidatos y partidos políticos*

- *Procesos y resultados del movimiento y acción política de los candidatos y organizaciones aliadas*

- *Esquema de espacios para comentarios cuantitativos y cualitativos de cada rubro*
- *Esquema de procesos y gráficos en cada uno de los puntos*

- *Esquema de análisis, evaluación y presentación de informes en cada uno de los puntos y de forma integral*

Este software, con todos estos campos de actividades y acción, contendrá la información, que desde todo ámbito y proceso se genere, derivada de la actividad y acción política y electoral de los partidos políticos y de los líderes políticos y candidatos, así como de las instancias aliadas, neutrales, adversarias y opositoras.

Este software, por tanto, contendrá toda la información que permita generar análisis y evaluaciones para planificar y llevar a cabo un control y seguimiento de todos los procesos y actividades políticas y electorales de estas instancias. Asimismo, contará con esquemas de análisis cualitativos e información de aspectos cuantitativos, con gráficas y proyecciones, para la presentación de informes y la generación de escenarios, y para el análisis de las estrategias políticas y electorales a seguir para la mejor toma de decisiones.

Este tablero de control funcionará con la información que se genere todos los días en todos los procesos, la cual será vaciada en los respectivos espacios de recopilación y tratamiento de la información. Esta información generará de forma simultánea la calendarización y las agendas respectivas, y con esto, los análisis, evaluaciones y proyecciones que se necesiten para visualizar los escenarios y las estrategias a seguir, mediante la mejor toma de decisiones partidista consensuada y cupular.

Gracias a estos esquemas se pueden generar también diversos escenarios que permitirán evaluar la planificación de la acción política y electoral. También permitirán analizar los aspectos diversos de los asuntos políticos y electorales, para comprender y entender la conformación de los mismos escenarios y cuáles serán las mejores proyecciones, con el menor costo político y electoral y con los mayores beneficios, tanto para los candidatos como para los partidos políticos.

Por lo tanto, tenemos un instrumento estratégico esencial para el trabajo político y electoral, que permitirá evaluar los contextos y generar los escenarios y recomendaciones correspondientes para que las cúpulas partidistas emitan las mejores decisiones políticas y partidistas. Este centro de control contendrá también la información y los esquemas de las actividades de las instancias neutrales y de los adversarios y opositores políticos.

La información global y específica recabada de la acción y movilidad política de todas estas instancias, con sus respectivos esquemas y procesos, análisis y evaluaciones, así como sus proyecciones, escenarios y estrategias, conformarán los conceptos de inteligencia y estrategias del centro de control de los partidos políticos.

Esto permitirá observar de forma global, integral y específica todos los aspectos políticos y electorales de todo ámbito, contexto y tiempo para la mejor proyección de escenarios y la mejor toma de decisiones.

12. *Esquema de análisis, estrategias y decisiones políticas emanadas del movimiento de organizaciones neutrales y de adversarios políticos*

El esquema de análisis, estrategias y decisiones políticas también tiene, en el mismo software, diversos rubros y espacios en los que se analizarán y cuantificarán las acciones y las probables estrategias de los adversarios y opositores políticos, al igual que de los sectores y organizaciones neutrales. Lo anterior con el fin de establecer un seguimiento y evaluación de la acción y movimiento político y electoral de los sectores y organizaciones neutrales, para observar sus coincidencias, su inclinación hacia determinadas propuestas, etc., y también la acción política y movimiento electoral de los sectores, partidos políticos, grupos y gobiernos adversarios y opositores, para su análisis e información.

Será importante conocer y estudiar las probabilidades de estos sectores neutrales y adversarios, ya que gracias a la presentación y muestra de diversos escenarios, aumentarán las posibilidades de generar análisis y evaluaciones fundamentadas, así como de lograr las mejores resoluciones y decisiones. Por tanto, esto permitirá que se logren mejores estrategias políticas para aventajar a los adversarios y conseguir una mayor atracción a favor de determinados candidatos y partidos políticos. En este sentido, siempre se deberán de producir esquemas favorables de mayor dinámica y rapidez, que impacten a la población antes que cualquier acción que generen los adversarios y opositores.

Esto podrá parecer irrelevante, sobre todo si la manifestación de simpatías y reconocimientos a favor, así como el posicionamiento de algunos candidatos sea muy grande y se encuentren muy arriba en las preferencias del voto electoral. Sin embargo, será importante trabajar con estos esquemas e instrumentos de análisis político y electoral, ya que las decisiones tomadas en base a los mismos, permitirán coadyuvar en el crecimiento favorable de estas preferencias. Por esta razón y otras muchas más son importantes todos los aspectos y todos los puntos, además de todos los detalles para establecer un gran sistema integral que concentre diversos sistemas y estos conformen una amplia red de esquemas y conceptos hasta el menor detalle, que funcione de forma eficiente y dinámica en la búsqueda del triunfo electoral. Veamos entonces los conceptos de los sectores y organizaciones neutrales y de los sectores y organizaciones adversarias y opositoras.

Esquema de análisis, estrategias y decisiones políticas emanadas de:

- *Partidos, grupos, organizaciones y personajes neutrales*
- *Partidos, grupos, organizaciones y personajes opositores*

12.1. *Partidos, grupos, organizaciones y personajes neutrales*

- *Acción institucional política y electoral de partidos, organizaciones y personajes neutrales para su posible atracción a favor de determinados candidatos y partidos políticos*

- *Acción no oficial, política y electoral de partidos, organizaciones y personajes neutrales para atraerlos a favor de determinados candidatos y partidos políticos*

- *Acción política y electoral de los sectores y candidatos de partidos y grupos neutrales*

- *Procesos y resultados del movimiento y acción política de los candidatos y sectores de los partidos, grupos y organizaciones neutrales*

- *Esquema de espacios para comentarios cuantitativos y cualitativos de cada rubro*

- *Esquema de procesos y gráficos en cada uno de los puntos*

- *Esquema de análisis, evaluación y presentación de informes en cada uno de los puntos*

12.2. *Partidos, grupos, organizaciones y personajes opositores*

- *Acción institucional política y electoral de partidos, organizaciones y personajes adversarios y opositores a determinados candidatos, partidos políticos y sus alianzas*

- *Acción no oficial, política y electoral de partidos, organizaciones y personajes adversarios y opositores a determinados candidatos, partidos políticos y sus alianzas*

- *Acción política y electoral de los sectores y candidatos de partidos, organizaciones y grupos adversarios y opositores a determinados candidatos, partidos políticos y sus alianzas*

- *Procesos y resultados del movimiento y acción política de los candidatos y sectores de los partidos, grupos y organizaciones adversarias y opositoras a determinados candidatos, partidos políticos y sus alianzas*

- *Esquema de espacios para comentarios cuantitativos y cualitativos de cada rubro*

- *Esquema de procesos y gráficos en cada uno de los puntos*

- *Esquema de análisis, evaluación y presentación de informes en cada uno de los puntos y de forma integral*

Sistema de Estrategia Electoral

Sistema de Estrategia Electoral

1. *Esquema de estructura preelectoral y electoral de candidatos*

2. *Esquema de estructura y acción electoral partidista*

3. *Esquema de infraestructura y de atracción y promoción del voto*

4. *Esquema de responsabilidad de plataformas y propuestas electorales*

5. *Esquema de alianzas electorales oficiales y no oficiales*

6. *Esquemas de selección de candidatos en procesos electorales*

7. *Esquema de representaciones electorales*

8. *Esquema de difusión y promoción electoral*

9. *Esquema de control y estrategias electorales*

El sistema de estrategia electoral integral estará conformado por los esquemas relacionados a todos los conceptos y aspectos electorales, preelectorales y poselectorales, tanto de los partidos políticos como de la infraestructura de los candidatos y de los aliados, así como de las instancias que correspondan, incluyendo las neutrales y adversarias, con respecto a la acción política y electoral, en los procesos y campañas electorales de todo ámbito, tiempo y orden. El objetivo será lograr el triunfo de los candidatos, de preferencia mediante una postulación conjunta y de consenso de los partidos políticos y sus alianzas con partidos, sectores y sociedades, que generen resultados electorales amplios y favorables sobre los adversarios en todos los procesos electorales. El objetivo de los partidos políticos será lograr la mayoría de los triunfos en todos los procesos electorales.

La misión será conformar un sistema que contenga los esquemas que permitan diversificar, de forma ordenada y planificada, el trabajo electoral con respecto a los procesos y campañas políticas y electorales. En la actualidad y en su generalidad, los tiempos se reducen y se empatan, y esto genera agendas apresuradas y menor movilidad política por objetivos y resultados, que impiden la atención justa para establecer la planificación, los procesos y las actividades de forma dinámica y funcional. Esto es una generalidad en todos los procesos electorales, ya que es muy difícil lograr un amplio control de todos los aspectos de una campaña electoral, sin embargo, será posible especificar los diversos conceptos y aspectos de forma teórica para establecerlos en la práctica con los mejores resultados.

Veamos a continuación los diferentes conceptos y sus objetivos.

1. *Esquema de estructura preelectoral y electoral de candidatos*

En las oficinas centrales, regionales y locales de acción y movimiento político de los candidatos se deberá de contar con un área específica para todo lo relacionado a los aspectos preelectorales, electorales y poselectorales, que abarquen también, entre otros, los conceptos políticos, normativos y administrativos.

Esto es con el fin de planificar, atender, controlar, dar seguimiento y generar estrategias y acciones en el aspecto preelectoral, electoral y poselectoral, por parte del equipo encargado de este concepto, de forma especializada, eficiente y dinámica, para así evitar dispersión y distracción de funciones, logrando así, con esta profesionalización, la producción de los mejores procesos y resultados.

Veamos entonces los conceptos de la infraestructura preelectoral y electoral de los centros de movimiento y acción política de las oficinas de candidatos.

Esquema de estructura preelectoral y electoral de candidatos

- *Oficina de acción política y de campaña de candidatos*
- *Oficinas locales de acción política y de campaña de candidatos*

1.1. *Oficina de acción política y de campaña de candidatos*

Áreas de atención siguientes:

- *Normativas, procesos administrativos y procesos electorales de la campaña de candidatos*

- *Planificación de procesos preelectorales y electorales de la campaña de candidatos*

- *Análisis y estrategias de los conceptos preelectorales y electorales de la campaña de candidatos*

- *Movimiento y acción preelectoral y electoral de la campaña de candidatos*

- *Seguimiento, resultados y evaluación preelectoral y electoral de la campaña de candidatos*

1.2. Oficinas locales de acción política y de campaña de candidatos

Las mismas áreas de atención, con las características y recursos de la entidad y localidad.

- *Normativas, procesos administrativos y procesos electorales de la campaña de los candidatos*

- *Planificación de procesos preelectorales y electorales de la campaña de candidatos*

- *Análisis y estrategias de los conceptos preelectorales y electorales de la campaña de candidatos*

- *Movimiento y acción preelectoral y electoral de la campaña de candidatos*

- *Seguimiento, resultados y evaluación preelectoral y electoral de la campaña de candidatos*

2. Esquema de estructura y acción electoral partidista

Los partidos políticos cuentan con la infraestructura tradicional para los aspectos preelectorales, electorales y poselectorales, que básicamente se fundamentan en áreas de atención y seguimiento a estos procesos, e incluyen asimismo los aspectos normativos, legales, de registros y de campañas, así como los procesos generales y específicos de este rubro.

Por otro lado, cuentan con infraestructura de movilización y acción política y electoral para estos fines, que incluyen los diversos sectores y los esquemas territoriales nacionales, de entidades o estatales, municipales y locales.

Será importante contar con una infraestructura que conforme una gran red de acción y movilidad electoral para estos procesos, ya que esto permitirá la presencia partidista en todo ámbito e instancia respecto a este concepto. En base a esto, a continuación, se presenta la estructura tradicional con algunos conceptos adicionados para este fin. Los partidos políticos de todo ámbito deben de contar en alguna medida, y con sus especificaciones respectivas, con estas infraestructuras partidistas.

Esquema de estructura y acción electoral partidista

- *Esquema de infraestructura tradicional*
- *Esquema de infraestructura alternativa simultánea*

2.1. *Esquema de infraestructura tradicional*

Comité ejecutivo o dirigente nacional de partidos políticos

- *Secretaría de acción y procesos electorales del comité ejecutivo nacional*
- *Coordinación nacional y coordinaciones regionales y locales de acción y procesos electorales*

Comités directivos de partidos políticos

- *Secretarías locales de acción y procesos electorales*
- *Coordinación de entidades y coordinaciones locales de acción y procesos electorales*

Comités locales de partidos políticos

- *Secretarías locales de acción y procesos electorales*
- *Coordinación local de acción y procesos electorales*

- *Oficinas locales de partidos políticos*
- *Oficinas locales de acción y procesos electorales*

- *Comité nacional de los sectores populares, comerciantes, campesinos, obreros, de profesionistas, sindicales, magisteriales, religiosos, sociales, etc.*

- *Comités de entidades de los sectores*
- *Comités locales de los sectores*

- *Estructura de acción y procesos electorales del movimiento territorial de partidos políticos*

- *Estructura nacional y local de difusión, promoción y propaganda de los procesos electorales*

- *Estructura nacional y local de normatividad, administración, presupuestos y finanzas de los procesos electorales*

- *Estructura nacional y local de planeación, control y resultados de los procesos electorales*

- *Estructura nacional y local de análisis, estrategias, proyecciones y escenarios de los procesos electorales*

- *Estructura nacional y local de procesos y campañas electorales*

- *Estructura nacional y local de acción electoral de los sectores de jóvenes y mujeres*

- *Estructura nacional y local de acción y procesos electorales de los sectores indígenas*

- *Estructura nacional y local de procesos electorales de usos y costumbres*

Esta infraestructura que puede ser amplia, de contar con recursos, o menos amplia, por cuestiones de bajo presupuesto, abarca todos los aspectos de las campañas y de los procesos electorales, ya que se diversifica y se especializa el trabajo político y electoral. Se debe de contar también con elementos capacitados en su actividad, evitando la dispersión del trabajo y la infiltración de elementos adversarios para desestabilizar al interior de los partidos y de las instancias de representación electoral, generando desconfianza en el proceso electoral, que impacte en la actividad, trabajo y movimiento partidista.

Sin embargo, cuando se cuenta con personas capacitadas que atienden diversas áreas electorales, la confianza en el objetivo y la seguridad en el trabajo y en el proceso impactan favorablemente en la actividad del proceso electoral, y esto redunda en un mejor trabajo, con visión y voluntad, que se emana hacia la población.

2.2. Esquema de infraestructura alternativa simultánea

- *Infraestructura especializada en esquemas de análisis, marketing político y electoral, encuestadoras, informes y escenarios*

- *Infraestructura especial de vigilancia y seguimiento de adversarios políticos*

- *Infraestructura especial de estrategias y operación de inconformidades sociales como marchas, manifestaciones, enfrentamientos, mítines, etc.*

- *Infraestructura especial de redes de promoción del voto y registro de probabilidades de voto*

- *Infraestructura especial de estrategia y operación para la movilización ciudadana para el ejercicio del voto*

- *Infraestructura especial de estrategias y resoluciones poselectorales*

- *Infraestructura especial de análisis, lectura y generación de inconformidades de los resultados electorales*

Esta infraestructura en su gran mayoría es fundamental e incluso algunas de sus partes generalmente operan integradas a la estructura de partido o de la oficina de campaña de candidatos, sin embargo, será importante que exista una especialización en el manejo de estas funciones electorales y poselectorales con la finalidad de obtener los mejores resultados y el triunfo electoral. Veamos estas infraestructuras, pero antes veamos el organigrama del esquema de la estructura preelectoral y electoral de candidatos y el esquema de estructura y acción electoral de los partidos políticos.

Estructura preelectoral y electoral de candidatos y esquema de estructura y acción electoral partidista

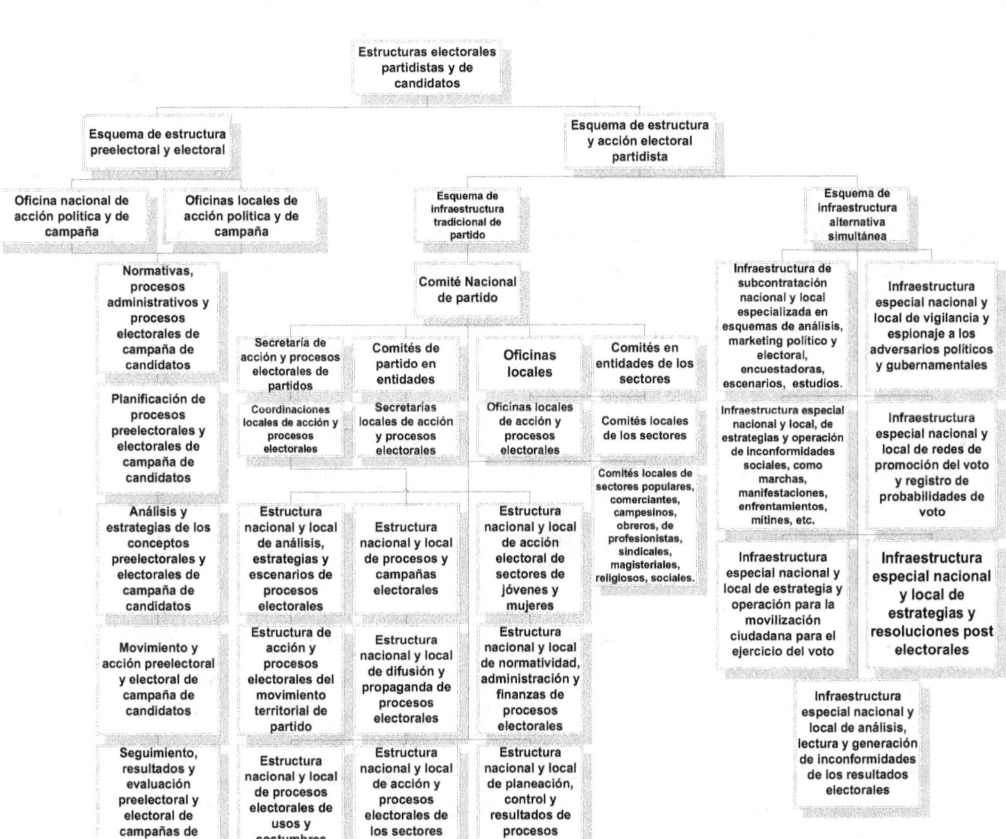

Veamos ahora estas infraestructuras fundamentales de forma breve, descriptiva y concisa.

2.2.1. *Infraestructura especializada en esquemas de análisis, marketing político y electoral, encuestadoras, informes y escenarios.*

Esta infraestructura especializada ha sido diseñada con la visión de conjuntar toda una serie de informaciones, elementos, esquemas y proyecciones de resultados y escenarios políticos y electorales de forma global y específica de todos los rubros y conceptos del quehacer político y electoral que surgen y se generan por parte de los partidos políticos y de los candidatos.

Estos elementos, por lo tanto, deberán de proporcionar, en su esfera correspondiente, una serie de informaciones, resultados y escenarios que permitan a los analistas especializados de toda instancia política generar los análisis y resultados respectivos. Asimismo, se deben generar las propuestas de proyecciones y escenarios que le permitan a las dirigencias políticas y partidistas contar con los elementos suficientes y reales para establecer sus propios análisis cupulares y las decisiones políticas más acertadas y con el menor costo posible para sus instituciones, candidatos e intereses.

Esta infraestructura especializada tendrá a su cargo la contratación y subcontratación de empresas consultoras en cuestiones de marketing político y electoral, de empresas de encuestas, de empresas de análisis y consultorías y de estudios especializados, etc., dependiendo de los asuntos y aspectos de las campañas y procesos electorales, así como de los aspectos de precampaña y de los asuntos poselectorales.

Los escenarios que maneje este esquema de toda infraestructura partidista o adjunta podrán evaluarse para establecer diversas estrategias fundamentales como lo son la siembra, el manejo, la difusión y el impacto de las encuestas, así como las proyecciones de los resultados de las encuestas. Asimismo, el marketing político y electoral generará resultados reales y verdaderos, que siempre tendrán que ser favorables a determinados candidatos de los partidos políticos y sus alianzas. Esta información de resultados deberá ser ampliamente difundida en los medios de comunicación para generar el impacto deseado de atracción de simpatías y del voto.

Otros aspectos como asesorías y estudios de empresas consultoras en capacitación electoral, en proyectos políticos, en análisis estratégicos y proyecciones de campaña, en imagen, en aspectos promocionales y de difusión, además de estudios especializados políticos y electorales de diferentes rubros, podrán ser subcontratados con empresas de consultoría de estos conceptos. Estas incluso podrán ser empresas nacionales e internacionales o de la localidad respectiva.

Debido a la amplitud de estos conceptos, siempre será importante contar con una infraestructura especializada en todos estos aspectos anteriormente enunciados. Esta infraestructura podrá ser amplia o mínima, dependiendo de los recursos, y deberá contener siempre a personal comprometido y capacitado para qué se dedique a estos aspectos especiales y fundamentales en todas las actividades políticas, electorales y partidistas que ayuden a impulsar a la imagen de su partido y de sus candidatos en todo proceso político y electoral. Veamos.

- *Encuestas, estrategia de siembra de encuestas, proyecciones de encuestas, difusión, etc.*

- *Marketing político y electoral y difusión de resultados en medios de comunicación, en sectores y en la sociedad*

- *Análisis políticos y electorales, antes, en y después de los procesos y campañas electorales, mediante empresas consultoras*

- *Análisis y medición de impactos políticos y electorales*

- *Estudios especializados, estudios de planificación y calendarización de actividades, de proyecciones, de escenarios, etc.*

En fin, habrá tantas necesidades en estos conceptos que se podrá contar con dos o tres empresas especializadas que permanentemente serán contratadas, de acuerdo a concursos, debido a que esta actividad especializada estará integrada en los esquemas y procedimientos de este rubro, dentro de toda infraestructura partidista de análisis, estrategias y proyecciones de encuestas y marketing político y electoral.

2.2.2. *Infraestructura especial de vigilancia y seguimiento de adversarios políticos y gubernamentales*

Siempre deberá de existir una infraestructura de los partidos políticos y de los candidatos encargada específicamente de vigilar y dar seguimiento a las actividades, estrategias, acciones y movimiento de los adversarios políticos, así como de los resultados de sus actividades políticas y electorales. Esto permitirá contar con la información necesaria y adecuada para ser integrada, desglosada, analizada, evaluada y proyectada, mediante los diversos espacios específicos y generales a un centro de control y estrategias de acción política, para su utilización como información estratégica fundamental. Derivado de esta información, los campos y espacios de llenado y vaciado de información del software del centro de control y estrategias proporcionarán toda una información general global y específica, así como una síntesis de la acción y movimiento político y electoral de los adversarios. Esto se hará mediante esquemas cualitativos y cuantitativos y otros aspectos que pueden ser adicionados y mejorados, según el contexto y las necesidades. También se deberán utilizar y aplicar los aspectos que se describen enseguida.

- *Vigilancia e información integral y específica de los adversarios y opositores políticos y electorales en todo ámbito, tiempo y de todo orden y conformación*

- *Reuniones oficiales y privadas institucionales y no institucionales de dirigentes de partidos y organizaciones opositoras, sobre todo los adversarios fuertes*

- *Generación de eventos, giras, reuniones, actividades, procesos, etc., oficiales e institucionales de los partidos políticos opositores*

- *Alianzas estratégicas, coaliciones, posturas oficiales, etc., de los partidos adversarios*

- *Esquema de probabilidades de actividades de líderes, funcionarios y aliados de los partidos adversarios y opositores*

- *Generación de proyecciones y escenarios de la acción política y movilidad de los partidos políticos, organizaciones y sectores opositores y adversarios*

- *Análisis y generación de resultados y proyecciones derivado de manifestaciones, mítines, marchas, inconformidades, de militancias y sectores sociales aliados a los partidos opositores*

- *Conclusiones de todo aspecto y concepto de acción política y movimiento de partidos opositores, de sus funcionarios y militancias y de sus aliados y sectores*

- *Análisis y generación de resoluciones y toma de decisiones con respecto a la información y conclusiones del movimiento y acción política electoral de los adversarios y opositores*

Contar con esta base de datos e información, con los informes y conclusiones y con los análisis y aspectos específicos y generales, permitirá a los analistas encargados y especializados de esta infraestructura, generar las proyecciones y escenarios que le permitan a la cúpula de los partidos políticos y a los dirigentes de una alianza establecer las estrategias a seguir, el análisis de los escenarios y las opciones para la mejor toma de decisiones. Esta decisión se producirá aún con todos los aspectos políticos y de todo tipo en contra, los que se analizarán, absorberán y resolverán con el menor costo político posible. Esto será factible gracias a las recomendaciones y decisiones indicadas por este esquema estratégico de información.

2.2.3. *Infraestructura especial de estrategias y operación de inconformidades sociales como manifestaciones, enfrentamientos, mítines, marchas, etc.*

Las decisiones importantes para la generación de marchas, manifestaciones y mítines partidistas provienen siempre de una decisión de gobernantes y líderes políticos, así como de las dirigencias partidistas nacionales, estatales o municipales. Estas decisiones se establecen según las condicionantes, el ámbito y las características políticas de un contexto, mediante las instancias políticas y sociales y los sectores diversos, que basan sus estrategias e intereses de acuerdo con las proyecciones de beneficio para sus partidos y sus candidatos.

En la actualidad, en la gran mayoría de partidos políticos en el mundo, las órdenes para cualquier acción y movimiento partidista de un partido político y de sus candidatos, se generan en las cúpulas políticas de una entidad y país, las que son transmitidas e implementadas por los funcionarios partidistas y los diversos sectores y organizaciones inmiscuidas. Sin embargo, estas decisiones son tomadas de acuerdo con los análisis tradicionales, basados en la información y en el quehacer político de cada contexto que, aunque no generen altos costos políticos, tampoco producirán un alto impacto favorable poblacional, por lo tanto, será imprescindible implementar los esquemas de análisis y resultados de un centro de control que genere escenarios y recomendaciones estratégicas, para que los resultados sean de alto impacto favorable. Por estas razones también será importante retroalimentar a los dirigentes partidistas y sobre todo a los candidatos, en especial a gobernantes, en todo proceso electoral, con los análisis y estrategias elaborados por los analistas especializados del centro de control, estrategias y proyecciones de la acción y movimiento político de los partidos políticos y de las oficinas de candidatos. Esta retroalimentación les permitirá a los candidatos y a los líderes de cúpulas partidistas y de gobiernos, generar los consensos para la implementación de estas actividades de manifestación política y social urbanas, semiurbanas y rurales.

La decisión para que se implementen estos operativos de acción política recaerá básicamente en los líderes del ámbito nacional, y en su caso, de las entidades y localidades, y de acuerdo con la importancia de los asuntos, esta decisión recaerá en otros mandos importantes de los partidos políticos y del gobierno y en otras determinadas estructuras partidistas relacionadas a estos aspectos. Sin embargo, esta responsabilidad de la decisión será variable y de acuerdo con la dirigencia y al liderazgo en turno. Será importante establecer una infraestructura especializada, amplia o mínima, de acuerdo con los recursos, atendida por personas capacitadas en estos aspectos, para qué generen la operación para la implementación de marchas, manifestaciones y mítines. En su generalidad y en la actualidad, la organización de manifestaciones y mítines la realizan instancias y áreas partidistas de otros y diferentes rubros a este concepto, por carecer de una oficina especializada, y por lo tanto el proceso y los resultados no son los mejores ni los óptimos.

Esta nueva infraestructura especializada será la encargada, a nivel nacional y local, de la organización y operación de todas las marchas, mítines y manifestaciones que un partido político y la cúpula partidista consideren necesarias, de acuerdo con los contextos y las recomendaciones de un centro de control. Estas manifestaciones siempre estarán basadas en estrategias y objetivos para informar a las sociedades y sectores de las posturas y políticas partidistas o para denunciar y criticar diversos asuntos, con la finalidad de atraer más simpatizantes y votos electorales. Independientemente de la organización y operación de estos eventos, esta estructura generará el seguimiento de las actividades y la presentación de los informes respectivos, cuantitativos y cualitativos, para su análisis y obtención de resultados.

La estrategia, planificación, agenda, organización, conformación, implementación y características generales y específicas de las marchas, manifestaciones y mítines, serán generadas por esta infraestructura, mediante los análisis y la evaluación de la información, los escenarios y las recomendaciones específicas, que producirán los esquemas, acciones e instrumentos a seguir de acuerdo con los contextos respectivos. Esta operación especializada se generará tanto a nivel nacional, como en todas las entidades y en la mayoría de las localidades de un país, estableciendo una amplia red de movilidad y acción política de manifestaciones, marchas y posturas ciudadanas. El sentido de estas manifestaciones y eventos, será el siguiente.

- *Planificación, agenda y siembra de marchas, mítines y manifestaciones populares y sociales, políticas y electorales, de forma constante, en todo tiempo y en entidades y localidades a favor de partidos políticos, para mostrar las adherencias a favor de sus candidatos y proyectos de gobierno y en contra de los partidos opositores y sus candidatos*

- *Eventos, manifestaciones, marchas y mítines en favor de líderes políticos y partidistas*

- *Eventos, manifestaciones, marchas y mítines en favor de candidatos a diversos cargos de elección popular en diferentes procesos electorales, así como a favor de los partidos políticos y de una alianza estratégica, encabezada por los candidatos y líderes partidistas*

- *Eventos, manifestaciones, marchas y mítines en campañas políticas y electorales, en eventos especiales contextuales de apoyo a candidatos y líderes partidistas y sus alianzas*

- *Eventos, manifestaciones, marchas y mítines en todos los conceptos y aspectos que se consideren necesarios para fortalecer a los partidos políticos y sus alianzas y sobre todo a los candidatos a gobernantes, así como para fortalecer a los candidatos partidistas*

- *Eventos, manifestaciones, marchas y mítines en protesta de políticas y acciones de gobiernos nacionales y locales de oposición a los partidos políticos, etc., cuyas políticas desfavorecen a la sociedad y a los sectores diversos*

- *Eventos, manifestaciones, marchas y mítines en protesta de aspectos necesarios en contra de gobiernos nacionales locales opositores a los partidos políticos y sus aliados*

- *Eventos, manifestaciones, marchas y mítines en todos los aspectos y conceptos que se consideren necesarios para apoyar los planteamientos, las necesidades, las propuestas y las decisiones populares para el beneficio de la sociedad*

- *Eventos, manifestaciones, marchas y mítines de apoyo a las causas populares, a los aliados políticos y electorales, a los sectores diversos y al sentir ciudadano*

Como vemos, existe una gran cantidad de posibilidades para generar las marchas, mítines y manifestaciones, las cuales deberán de tenerlas consideradas, tanto los partidos políticos como los equipos de los candidatos, como un mecanismo estratégico de manifestación de posturas y plataformas y de reclamos justificados, según el asunto, así como de atracción de simpatías ciudadanas y del voto popular.

Los funcionarios que dirijan y atiendan esta infraestructura deberán planificar y agendar de forma continua y sistemática estos eventos y manifestaciones. Lo anterior para que se mantenga una presencia constante en todos los sentidos y que la gente lo perciba como una suma de apoyos a favor de los partidos, candidatos y líderes partidistas que promuevan la generación de nuevos gobiernos eficientes.

2.2.4. Infraestructura especial de redes de promoción del voto y registro de probabilidades de voto

Los partidos políticos cuentan con una estructura de acción electoral, que es utilizada también para la promoción del voto en sus diversas modalidades y aspectos, al igual que otras áreas partidistas ajenas a estas actividades de promoción, debido a la pluralidad y diversidad de funciones, que generalmente son deficientes por esta falta de estructuras especializadas para estas actividades. También se debe a diversos factores, como el económico y el de falta de capacidad, responsabilidad y visión de los mandos medios encargados de estas actividades. También a la falta de capacidad de las dirigencias y los liderazgos partidistas, que incluso han atraído esta acción para ser realizada por personal de la misma presidencia de estos partidos políticos y de sus comités estatales y locales y de algunas otras áreas, secretarías y coordinaciones ajenas. Por tal razón es más que prioritario establecer una infraestructura especial dedicada a la promoción del voto, adscrita a la secretaría u oficina de acción electoral tradicional. Esta infraestructura especializada en la promoción del voto, conjuntamente con la secretaría de difusión y propaganda partidista, deberán realizar diversas acciones para la difusión de este concepto en los medios de comunicación. Además, se deberá generar toda la actividad relacionada a este tipo de promoción, como la distribución y colocación estratégica y masiva de propaganda en espacios fijos y móviles, la movilidad de las brigadas logísticas, la pega de propaganda, la afiliación y registro del voto comprometido ciudadano y la distribución de boletines, folletos y trípticos en diversas áreas públicas e incluso en los domicilios particulares. Toda esta actividad podrá decirse que es básica y está bien, además de que se ejecuta de acuerdo a las circunstancias del contexto y a los tiempos de los procesos, además de que se genera de acuerdo con las estrategias y decisiones cupulares, sin embargo, es necesaria una instancia de mayor envergadura y alcance para estos fines. En base a lo anterior, el objetivo será el de establecer una infraestructura profesional que sistematice, profesionalice y eficiente todas las acciones sobre la promoción del voto partidista, mediante estrategias y esquemas de vanguardia en sus diversos aspectos, para que, independientemente de la decisión de los líderes políticos y partidistas y de los candidatos, el sistema contenga los esquemas sistematizados correspondientes para establecer las actividades y acciones de forma planificada y calendarizada en todo tiempo, y antes, en y después de todo proceso electoral. Para estos efectos, la infraestructura contará con el software del centro de estrategias, en cuyos campos se podrá planificar esta actividad de promoción y propaganda de forma integral, y que contendrá los siguientes aspectos.

Sistema de difusión, promoción y propaganda integral, nacional y local

- *Planificación, control y seguimiento nacional y local de las actividades de promoción y propaganda*

- *Esquema nacional y local de análisis, estrategias, proyecciones, escenarios y toma de decisiones de promoción y propaganda*

- *Esquema de acción y operación de promoción y propaganda*

- *Distribución de propaganda fija y móvil en todo ámbito y tiempo de los procesos preelectorales y electorales*

- *Brigadas de promoción de propuestas y actividades, y de la imagen de los candidatos*
- *Brigadas de registro de militantes y simpatizantes*

- *Brigadas de difusión a la población, de promoción de eventos, actividades de todo tipo emanadas de un partido, como las artísticas, culturales, musicales, deportivas, políticas, electorales, reuniones, etc.*

- *Esquema conjunto con las áreas de difusión en medios de comunicación, de estrategias y promoción en medios de comunicación de las actividades y propuestas de candidatos y de los eventos y foros de toda índole partidistas*

- *Esquema de difusión y propaganda en Internet y medios electrónicos alternos*

- *Todas las actividades de promoción y propaganda que se consideren necesarias*

Todos los esquemas de actividades de promoción anteriormente descritos deberán de funcionar de forma sistematizada y automatizada, como estrategia partidista de movilidad y acción de promoción del voto favorable, por lo que estos esquemas deberán de ser integrados, planificados y calendarizados en los diversos tiempos y procesos electorales. De acuerdo con el desarrollo de las estrategias y actividades de promoción y de los contextos específicos, estos esquemas podrán ser mejorados, ampliados o adicionados con otras estrategias y esquemas, según se considere.

2.2.5. *Infraestructura especial de estrategia y operación para la movilización ciudadana para el ejercicio del voto*

Este esquema implica, en todos sus aspectos, la movilización ciudadana que deberán implementar los partidos políticos e instancias respectivas para el ejercicio del voto en todo proceso electoral. Este esquema deberá de ser sistematizado, para que funcione eficientemente en todo tiempo y proceso electoral, especialmente el día de la votación, ya que esto permitirá generar una amplia red de movilización masiva ciudadana, previamente establecida como favorable a sus partidos y candidatos.

El esquema contiene conceptos de promoción y aseguramiento del voto que se generan en todo tiempo y ámbito, mediante procesos de consultas ciudadanas personificadas y certificadas, lo que asegurará el voto y la movilización ciudadana el día de la elección. Esta sistematización permitirá específicamente que la estructura de movilización ciudadana para el voto el día de la elección implique siempre una movilidad automatizada, independientemente del proceso electoral, de los partidos y candidatos y del ámbito, nacional o local, ya que la importancia del esquema será la movilización de forma masiva y segura y el resultado del voto de forma certera.

Estos esquemas se han aplicado anteriormente en algunos aspectos y grados, con la diferencia de métodos, organización, acción y estrategia de cada dirigencia para esta movilización ciudadana. En el caso de este libro, la propuesta será un esquema de promoción del voto eficiente que deberá ser institucionalizado en los partidos políticos y en sus alianzas, para que funcione de forma automática y sistemática.

La red que coordina la estructura se denominará coordinación de la movilización ciudadana en el ejercicio del voto, que además es una coordinación legal y efectiva que permite registrar a los militantes, simpatizantes y ciudadanos que previamente decidieron de forma abierta apoyar a sus partidos y candidatos. Esta coordinación implica la estrategia para que todos los ciudadanos vayan a votar el día de la elección a favor de sus candidatos y partidos políticos. Veamos la conformación.

- *Coordinación nacional general de movilización ciudadana para el ejercicio del voto*
- *Coordinaciones locales de movilización ciudadana para el voto*
- *Coordinación de enlace e información de la movilización ciudadana para el voto*

- *Coordinación de zona de movilización ciudadana para el ejercicio del voto*
- *Coordinación de colonias de movilización ciudadana para el ejercicio del voto*
- *Coordinación de manzanas de movilización ciudadana para el ejercicio del voto*
- *Coordinación de calle y cuadra de movilización ciudadana para el ejercicio del voto*

- *Coordinación rural de movilización ciudadana para el ejercicio del voto*
- *Subcoordinación de zonas rurales de movilización ciudadana para el ejercicio del voto*
- *Coordinación de comunidades y poblados de movilización ciudadana para el voto*
- *Coordinación de manzanas y cuadras de poblados para el ejercicio del voto*

- *Coordinación nacional y local de movilización corporativa sectorial para el voto*

- *Coordinación general nacional de control, seguimiento y resultados de la movilización ciudadana para el ejercicio del voto*

- *Coordinaciones locales de control, seguimiento y resultados de la movilización ciudadana para el ejercicio del voto*

- *Coordinación administrativa, logística y operativa nacional y local de la movilización ciudadana para el ejercicio del voto*

Como se observa, existe una amplia red de coordinaciones de movilización ciudadana para el ejercicio del voto electoral en un contexto general, que abarcará a la población de todo ámbito, desde el nacional y estatal, con sus grandes ciudades y asentamientos urbanos y rurales, hasta el local, y en este, hasta en las más pequeñas poblaciones y rancherías. Lo anterior implicará una movilización planificada y estratégica ciudadana, organizada y masiva, aprobada por todos y cada uno de los ciudadanos que decidieron integrarse a este esquema para promover y ejercer su voto electoral y decidir sus preferencias políticas para ser representados en las diversas tribunas gubernamentales, legislativas, judiciales y electorales de su país, región o entidad.

En base a un esquema estratégico de seguimiento, que en todo tiempo ha generado la información y el registro de compromiso de quienes van a votar por determinados candidatos y partidos políticos y sus alianzas en los diferentes procesos electorales, se generará el esquema de movilización ciudadana el día de la elección. Cabe hacer mención que muchos de estos ciudadanos registrados emanan de un esquema operativo permanente de captación de simpatizantes y votantes convencidos previamente establecido, mientras que otros simplemente son afines a estos partidos y candidatos y decidieron apoyar este esquema de promoción del voto.

El esquema del ejercicio del voto el día de la elección funciona de la siguiente forma; un coordinador general de movilización ciudadana se reunirá con los coordinadores de zona, de colonias, de manzanas o cuadrados y los de calle y cuadra, con los que procederá a operar la estrategia de movilización. En este esquema, los coordinadores de calle o cuadra pasarán a cada vivienda a recordar a las personas de su compromiso de ir a votar por determinados candidatos, o en su caso pasarán a recoger a los ciudadanos, con ese mismo compromiso, para que salgan a votar, en un horario previamente establecido, ya que todo esto es de común acuerdo. Para establecer la certeza de este esquema de seguridad del voto el día de la elección, se deberá registrar que todos los ciudadanos integrados al programa de esa cuadra o de todo el estado o país ya votaron. Es decir, este es un esquema piramidal de promoción del voto electoral a favor de determinados partidos y candidatos.

Así se hará en todas las cuadras de las ciudades, pueblos y comunidades de un país, para que, posteriormente, los coordinadores de cuadra, que en su generalidad podrán ser cuatro, uno por cada cuadra de una manzana, o los necesarios, transmitan su información por Internet al centro de control, además de reunirse con su coordinador de manzana para entregarle los resultados. Los coordinadores de manzanas concentrarán la información que les llegue por Internet y la remitirán por esta vía a los coordinadores de colonias. Posteriormente se reunirán con estos en un área específica de control de este esquema, que puede estar en las oficinas de este sistema, del partido o de los candidatos, en su respectivo ámbito, para entregar la información, analizar el contexto y generar sus estrategias a seguir.

Estos coordinadores de colonias, ya con la información recabada y concentrada, se reunirán con los coordinadores de zona respectivos, quienes recibirán asimismo toda la información vía Internet y físicamente para generar un nuevo concentrado y obtener el resumen global de toda la zona. Posteriormente estos coordinadores de zona remitirán la información al coordinador de enlace y éste al coordinador general del sistema para presentarla a la cúpula partidista y a los candidatos. Este proceso se llevará a cabo en todas las entidades y localidades, así como en el contexto rural, por lo que se tendrá una información constante del ejercicio del voto respecto a los ciudadanos que se comprometieron y registraron en este sistema. Ya sean estos de una ciudad, comunidad, ranchería, pequeño poblado o de una cuadra, lo que permitirá contar con una proyección factible del resultado de la votación.

Otra parte de la estrategia implica que desde temprano se recoja a los ciudadanos para ejercer su voto. Aquellos ciudadanos que por determinado motivo no hayan salido en el primer recorrido del coordinador de cuadra o coordinador de poblado, tendrán que cumplir el compromiso, ya que los coordinadores volverán a pasar una o dos horas más tarde y así hasta que se les encuentre y vayan a votar, de acuerdo con el compromiso que hicieron. Otro aspecto de la votación será que también se recoja a los ciudadanos votantes por medio de un vehículo para llevarlos a votar, esto de acuerdo con la distancia de las casillas y a los recursos disponibles. El día de la votación, por lo tanto, podrán ser acarreadas miles de personas mediante vehículos, siempre de acuerdo y con la aprobación de estas personas, bajo un esquema de movilización ciudadana para el voto legal y autorizado por los ciudadanos votantes.

Este esquema, por lo tanto, se generará en todo tiempo, por medio de la consulta a los ciudadanos, de forma grupal o individual, para que quienes sean afines y simpatizantes se adhieran a este programa de aseguramientos del voto. Quienes no sean afines, podrán ser informados de las propuestas de los partidos y candidatos y se convenzan o sean influidos para aceptar registrar su decisión de voto. Esto implica una serie de acercamientos con la población y reuniones en todo tiempo en las que los diversos promotores del voto informarán a las personas que se está manejando un programa de promoción del voto, con el compromiso de registrar y ejercer su voto a favor de determinados candidatos. Al aceptar los ciudadanos se les informará de que el día de la elección un coordinador de cuadra pasará a recordarles que deben cumplir este compromiso de votar por sus candidatos.

Este es un sistema muy sencillo que será operado de forma legal, ya que no se estará presionando a nadie para que voten por determinada persona, sino que simplemente es un esquema de aseguramiento de la votación libre ciudadana comprometida previamente. El fundamento de este esquema es el compromiso de los ciudadanos por el voto, para que todo voto comprometido quede registrado en el sistema y esto implique una movilidad favorable del voto para determinados partidos políticos y candidatos el día de la elección.

2.2.6. *Infraestructura especial de estrategias y resoluciones poselectorales*

Esta infraestructura tendrá a su cargo las áreas especiales de análisis de las estrategias a seguir, de acuerdo con las resoluciones electorales y poselectorales. Esto incluirá, por lógica, escenarios de triunfo electoral, escenarios muy cerrados con triunfos y derrotas y sobre todo cuando existen anomalías que impactan en los resultados de forma negativa para los partidos políticos y los diversos candidatos en todos los procesos electorales. Esta área, por lo tanto, generará los informes de acuerdo con la ley, las normativas y las resoluciones de los procesos electorales, para que los partidos y las dirigencias, así como los candidatos generen las estrategias y posturas electorales, políticas y jurídicas a seguir.

2.2.7. *Infraestructura especial de análisis, lectura y generación de inconformidades de los resultados electorales*

Esta área obtendrá la información, analizará y evaluará las determinadas posturas de los partidos políticos, de los candidatos y de sus aliados con respecto a las quejas, anomalías y violaciones de la normativa electoral por parte de los adversarios en todos los aspectos de un proceso electoral, para definir las inconformidades que se presentarán ante las instancias electorales correspondientes y ante las instancias políticas y partidistas conducentes. De acuerdo con la información y resultados y básicamente a las resoluciones y dictámenes, esta área generará las inconformidades y les dará el seguimiento respectivo en los tribunales conducentes y en todos los órganos normativos, políticos y de comunicaciones que sean necesarios, así como en las instancias electorales, políticas, gubernamentales y legislativas correspondientes.

El seguimiento será básico, sobre todo con una atención especial a todos los aspectos de los procesos. Esto permitirá establecer las estrategias y acciones a seguir, con la precaución de presentar los elementos que se requieran para justificar y respaldar las posturas y decisiones partidistas y otorgar a los tribunales e instancias respectivas estos elementos para que cuenten con las pruebas que permitan un dictamen y resolución favorable para estos partidos y candidatos. De igual forma se procederá con respecto a las impugnaciones que los adversarios hagan en contra de los partidos y candidatos aliados, por medio de análisis y estrategias que contemplen todos los detalles de estas inconformidades, para presentar las pruebas que permitan a las instancias correspondientes desechar estas impugnaciones y lograr resultados de triunfo libres de toda inconformidad. Los aspectos anteriores se relacionan con inconformidades e impugnaciones partidistas con respecto a diversas anomalías en los procesos electorales, sin embargo, derivadas de estas, estarán las resoluciones de los tribunales electorales y las instancias correspondientes, sobre todo las específicas a los resultados de toda una elección. Por tanto, esta infraestructura partidista atenderá, estratégica y prioritariamente, estos aspectos en el mismo sentido profesional y comprometido de presentación de pruebas y elementos, para lograr las mejores resoluciones y confirmar los triunfos electorales propios o revertir los resultados cuando el supuesto triunfo haya correspondido a los adversarios políticos.

3. *Esquema de infraestructura de atracción y promoción del voto*

En este apartado se encuentra especificado el esquema de la promoción del voto general y específico de los partidos políticos, pero también se establece el esquema de compromiso por el voto favorable para los candidatos en las elecciones diversas. Veamos entonces los aspectos de la promoción del voto electoral y del esquema del voto comprometido.

3.1. Promoción, difusión y propaganda del voto electoral

3.2. Esquema de red integral de compromiso por la defensa del voto libre a favor de una plataforma partidista de propuestas y proyectos de gobierno

3.1. Promoción, difusión y propaganda del voto electoral

- *Difusión y promoción de los candidatos y de una plataforma partidista de propuestas y proyectos de gobierno y el desarrollo de un país y sus regiones*

- *Difusión en todo proceso electoral de los candidatos y sus propuestas en los medios de comunicación nacionales y locales*

- *Difusión de las propuestas de los partidos políticos y de una alianza estratégica en los medios de comunicaciones nacionales y locales*

- *Difusión y promoción del voto por medio de la publicidad estática y móvil en las ciudades, regiones y localidades*

- *Brigadas móviles de propaganda partidista en centros de reunión, lugares públicos y avenidas, etc., con entrega de boletines, proyectos, trípticos y toda la publicidad especial*

- *Brigadas móviles de promoción, casa por casa, de difusión de las propuestas de los candidatos de partido en todo ámbito de una entidad*

- *Envío de cartas a los domicilios con las propuestas de los candidatos y de partido en todo ámbito de una entidad*

- *Brigadas móviles para pegar propaganda en todos los espacios permitidos en las ciudades, carreteras, desarrollos urbanos, localidades y poblaciones*

- *Difusión de los candidatos y sus propuestas en la red de Internet y de intranet*

Éstos son algunos de los esquemas que generalmente contienen y utilizan los partidos políticos para promocionar y difundir el voto electoral, y que siguen siendo propuestas eficaces de acción y movimiento para la promoción de los candidatos y de los partidos políticos. En las últimas décadas se comenzó a utilizar en varios países y en algunas de sus entidades y regiones, un esquema de red partidista y ciudadana legal y oficial. En esta se registraba la tendencia del voto favorable, presumiblemente comprometido, para contar con una base de votos determinada que permitía generar las proyecciones respectivas, con la finalidad de ser siempre mejoradas para aumentar las expectativas de triunfo.

Este esquema funciona mediante una estructura de coordinación y organización de promoción del voto partidista y de acercamiento con la ciudadanía y sus sectores. Esta coordinación solicitará el voto comprometido y corporativo de las personas que así lo permitan y deseen, adscritas a todas las instancias de gobierno, en todos sus órdenes, ejecutivo, administrativo, legislativo y judicial, así como de los sectores públicos y privados y de la sociedad. En base a esta información, esta coordinación generará un concentrado de este voto comprometido, mediante los nombres, número de credencial de elector y otros datos específicos que le otorguen certeza y seguridad a este procedimiento. Las listas que contengan a todos aquellos ciudadanos registrados conformarán un concentrado del voto favorable a un partido y sus candidatos con que se cuenta presuntamente para el proceso electoral y para determinar las posibilidades y expectativas de triunfo. Este esquema con algunas mejoras sustantivas funcionará, de aplicarse correctamente, en todos los procesos electorales en que intervengan los partidos políticos y sus alianzas. Veamos.

<u>Objetivo y operatividad</u>

En el apartado anterior referente a la infraestructura de la movilización ciudadana para el ejercicio del voto, se comentó, de forma enunciativa, que habrá un esquema de captación y registro del voto ciudadano comprometido y también que habrá un esquema de movilidad ciudadana a desarrollarse el propio día de la elección. Con este último se logrará el aseguramiento del voto de las personas en las casillas electorales. En el nuevo esquema para la atracción y promoción del voto electoral, estamos hablando de una serie de esquemas y estrategias de promoción y difusión partidista basados en una amplia red de estructuras y operadores para la atracción de afinidades, simpatías y del voto comprometido. Lo más importante de este esquema, por tanto, será conseguir el compromiso y el registro del voto de la gente a favor de determinados partidos políticos y candidatos. Es decir, este será un esquema partidista de una amplia coordinación y organización, implementado con el objetivo de convencer a la gente, mediante propuestas reales y efectivas, para asegurar el voto ciudadano, por un lado, y por el otro, para registrar los votos ciudadanos seguros por afinidad y simpatía hacia estas instancias políticas.

Este esquema genera una operatividad diaria en todo ámbito, aun cuando no exista proceso electoral alguno, porque su objetivo es el de sumar el voto comprometido hacia determinado partido político y sus candidatos y a favor de una plataforma partidista de propuestas y proyectos de gobierno. Por lo tanto, su funcionamiento está planificado para operar diariamente, en cualquier tiempo, pero especialmente en los periodos que se consideren estratégicos, recabando la información en una amplia red estructural, para saber, conocer y registrar el compromiso de la gente con esta plataforma partidista. A quienes no quieran comprometerse por diversas razones, se tratará, por los medios permitidos, sin afectar su privacidad, de convencerlos para que se adhieran a estas propuestas para generar gobiernos eficientes.

A diferencia de las redes de adhesión y compromiso por el voto, que generan información sobre tendencias y que generalmente se llevan a cabo en los procesos y campañas electorales, en este caso la operación se genera en todo tiempo, en los lapsos que se consideren necesarios y trascendentes política y electoralmente para impulsar determinadas candidaturas y proyectos políticos. Por lo tanto, la operación de esta amplia red permitirá que, de forma paulatina, concentrada y ordenada, se vaya conformando la base de datos y registros de las personas que apoyarían a una plataforma partidista, con los grados de certeza e incertidumbre que todo proyecto de este tipo conlleva. Esto permitirá observar la tendencia y la fuerza de un candidato y de un partido político en determinados tiempos y procesos, por lo que su aplicación será importante para estos fines y, sobre todo, para hacer crecer una ola de impacto mediático favorable a estos candidatos y partidos políticos.

3.2. *Esquema de red integral de compromiso por la defensa del voto libre a favor de una plataforma partidista de propuestas y proyectos de gobierno*

- *Coordinación general nacional de la red integral del voto comprometido por un nuevo gobierno (COREDVO)*

- *Comisión en entidades de la red integral del voto comprometido por un nuevo gobierno*
- *Comisión municipal de la red integral del voto comprometido por un nuevo gobierno*
- *Comisión local de la red integral del voto comprometido por un nuevo gobierno*
- *Comisión sectorial de la red integral del voto comprometido por un nuevo gobierno*
- *Comisión ciudadana de la red integral del voto comprometido por un nuevo gobierno*

3.2.1. *Coordinación general nacional de la red integral del voto comprometido por un nuevo gobierno (COREDVO)*

La coordinación general nacional de la red integral del voto comprometido por un nuevo gobierno será la instancia de coordinación, enlace, acción y movimiento de la red integral del voto comprometido. Esta coordinación recabará de forma integral la información emanada de las diversas comisiones estatales y locales de esta amplia estructura, así como de los sectores y las redes ciudadanas, para concentrar el voto comprometido a favor de determinados candidatos. Este voto comprometido no será ficticio ni un esquema de relleno para cumplir con algunos gobernantes y líderes políticos que exigen a sus partidos la seguridad del voto electoral, y que pueden ser engañados al no contar con un verdadero esquema que les dé certeza a estos informes. En este caso será real, además de que no será inducido ni coactivo, sino que será voluntario, por medio del reconocimiento y convencimiento, por lo que será un esquema estadístico oficial permitido por las instancias electorales, constitucionales y legales, y que podrá realizarse siempre de forma abierta como si fuera el ejercicio de una encuesta.

De acuerdo con estrategias partidistas de visión y proyección, será fundamental llevar a cabo una amplia encuesta ciudadana de consenso, registro y compromiso del voto. Para recabar la información emanada de la ciudadanía será básico desplegar una amplia red conformada con otras diversas redes, en efecto pirámide, que realicen las encuestas, la base de datos, los resultados y los registros del compromiso del voto ciudadano a favor de determinados partidos y candidatos. Como se ha visto, se cuenta con comisiones especiales que representan diversos conceptos y ámbitos de acción, las cuales tendrán la facultad y el objetivo de implementar estas redes y de establecer los registros y resultados del compromiso del voto ciudadano en su respectivo ámbito, al igual que en los sectores y en toda la sociedad.

Las coordinaciones de los sectores y la coordinación ciudadana del voto comprometido contarán con diversos comités de compromiso del voto, cada uno en su determinado sector, en su determinada zona y en su determinada manzana y cuadra, con la finalidad de recabar la información necesaria de quienes decidan comprometer su voto a favor de los candidatos. Esto se logra con la diversificación hasta la calle o la cuadra en la que se preguntará por quien desean votar y si deciden comprometer su voto por determinado partido político y por sus candidatos, al igual que por una plataforma partidista para generar gobiernos eficientes. Con esta base queda registrada, con una amplia probabilidad de certificación, la tendencia del voto comprometido en todo proceso electoral. Los comités ciudadanos, de los sectores y los locales, buscarán trabajar el voto corporativo convencido y real a favor de una plataforma partidista para beneficio de la gente. El ejercicio de esta función deberá de contar con el compromiso de los funcionarios, de los voluntarios partidistas y del personal de este esquema de red, para lograr una información real con un voto comprometido al 100%, para contar con una base de certeza máxima.

Asimismo, el voto no seguro o medianamente comprometido de los ciudadanos que tengan dudas, aunque parezca que su voto sea favorable a los candidatos aliados, quedará concentrado en un apartado del voto comprometido con medianas posibilidades. Esto implica generar diversos escenarios probables, pero de mayor certeza cada uno, basados en primer término en un escenario en el que solamente se capte y registre el voto duro favorable y en un segundo escenario en el que al voto duro se le sume el voto probable. De igual forma, al recabar la información, se logrará conocer el voto que va a ser destinado a los adversarios y opositores partidistas y a los otros candidatos, gracias al registro de la decisión de cada ciudadano, por lo que, de ser posible, se podrá trabajar con estas personas para buscar convencerlos y se logre su transformación a favor. Este voto contrario también permitirá generar los análisis de las tendencias del voto en varios rubros. Si los resultados de las encuestas son favorables, deberán difundirse ampliamente en los medios de comunicación, lo que coadyuvará a que la atracción crezca a favor de estos candidatos y partidos políticos. Veamos enseguida las demás instancias de coordinación por el compromiso del voto para generar nuevos gobiernos eficientes.

3.2.2. *Comisión en entidades de la red integral del voto comprometido por un nuevo gobierno*

Esta comisión tendrá la misma estructura, conformación y sistema que la comisión nacional, pero en el ámbito de las entidades o estados de un país, por lo que al conocer la estructura nacional obviamos ésta. Por este motivo se pasa al siguiente punto que es la comisión municipal o de condados, que es básica para este esquema.

Habrá que especificar que los resultados de los informes de estas comisiones estatales, basados en sus propios informes y en los de las comisiones municipales y locales, serán remitidos a la comisión nacional para los efectos correspondientes.

3.2.3. *Comisión municipal de la red integral del voto comprometido por un nuevo gobierno*

- *Comité urbano de la red integral del voto comprometido por un nuevo gobierno*
- *Comité rural de la red integral del voto comprometido por un nuevo gobierno*
- *Comités locales de la red integral del voto comprometido por un nuevo gobierno*

Los comités municipales contarán con una infraestructura conformada por comités urbanos, los que atenderán todo lo relacionado a los centros urbanos, semiurbanos, rurales y locales. Asimismo, contarán con los comités de zonas, los módulos de colonias y las células de calles o cuadras para recabar la información de las encuestas sobre el voto comprometido en favor de determinados partidos políticos y sus candidatos, así como a favor de una plataforma partidista específica. Con este esquema, tanto en el ámbito urbano como rural, se contará con la información necesaria respectiva, gracias al trabajo y a la información recabada por medio de una amplia red que incluye las ciudades medianas y grandes y todas las zonas semiurbanas y rurales de los municipios.

También se contará con los comités locales de la red integral del voto comprometido por un nuevo gobierno eficiente, que se encargarán de generar toda la información de la tendencia de voto ciudadano en toda localidad y hasta en las más pequeñas localidades. Esto se hará por medio de los comités de zonas y los módulos de colonias, así como por medio de las células de calles o cuadras de estas pequeñas localidades. Con este esquema de acopio de información y de registro de los potenciales votos ciudadanos por determinados partidos políticos y candidatos, se contará con toda la información necesaria para establecer las proyecciones confiables para el análisis de la tendencia del voto y las estrategias partidistas y electorales por localidades y entidades.

3.2.4. *Comisión local de la red integral del voto comprometido por un nuevo gobierno*

La comisión local para el compromiso del voto por una plataforma partidista determinada, al igual que la municipal, contará con una red de módulos y células zonales, de colonias y calles o cuadras, de acuerdo con el tamaño y conformación de la localidad. Esta comisión local recabará la información emanada de las células de calles o cuadras, de los módulos de colonias y de los comités zonales, con respecto al voto comprometido a favor de determinados partidos políticos, de sus candidatos y de su plataforma partidista por un nuevo gobierno eficiente. Las comisiones locales remitirán su información, análisis y resultados a los comités municipales respectivos, para que estos remitan esta información, más su propia información y resultados a las comisiones estatales y estas a su vez a la comisión general nacional, en la cual quedará concentrada la información global y general hasta la información específica generada en las localidades y desde cada vivienda.

3.2.5. *Comisión sectorial de la red integral del voto comprometido por un nuevo gobierno*

Esta comisión sectorial para el voto comprometido a favor de una plataforma partidista específica, encabezada por sus candidatos, tendrá a su cargo generar la información emanada de los ciudadanos que pertenecen a diferentes sectores y que apoyen a estos partidos políticos y sus propuestas para generar gobiernos eficientes. Existirán tantas comisiones como sectores de diversos rubros y conceptos se tengan, por ejemplo, comisiones de los sectores económicos, políticos, populares, culturales, campesinos, agrícolas, obreros, indígenas, empresariales, sindicales, comerciales, científicos, tecnológicos, de transportistas, de organizaciones no gubernamentales, de profesionistas, magisteriales, etc. Estas comisiones asimismo estarán conformadas por comités y módulos específicos que tendrán la finalidad de recabar la información y el registro de los ciudadanos que apoyen a determinados partidos y candidatos y a su plataforma partidista de propuestas de desarrollo. Así, todo sector contará con su comisión específica y ésta a su vez contará con los comités sectoriales de cada rubro con sus módulos correspondientes. Como ejemplo, se presenta la comisión del sector empresarial.

Comisión del sector empresarial para el voto comprometido a favor de los candidatos y de la plataforma partidista de propuestas y proyectos de gobierno

- *Comité general de organizaciones empresariales para el voto comprometido a favor de los candidatos y de la plataforma partidista de propuestas y proyectos de gobierno*

- *Comité general de organizaciones productivas sociales para el voto comprometido a favor de los candidatos y de la plataforma partidista de propuestas y proyectos de gobierno*

Cada uno de estos comités del sector, en este caso el empresarial, estará conformado por su comité nacional y sus comités locales de organizaciones empresariales y de organizaciones productivas sociales para conformar una amplia red empresarial y de la productividad en el ámbito respectivo. Cada uno de estos comités, asimismo, contará con sus comités especiales por sector empresarial y productivo. Veamos.

Comité general de organizaciones empresariales para el voto comprometido a favor de los candidatos y de la plataforma partidista de propuestas y proyectos de gobierno

- *Comité especial del sector comercial para el voto comprometido a favor de los candidatos y de la plataforma partidista de propuestas y proyectos de gobierno*

- *Comité especial del sector de la micro, pequeña y mediana empresa para el voto comprometido a favor de los candidatos y de la plataforma partidista de propuestas y proyectos de gobierno*

- *Comité especial del sector de la gran empresa para el voto comprometido a favor de los candidatos y de la plataforma partidista de propuestas y proyectos de gobierno*

- *Comité especial del sector de la empresa educativa para el voto comprometido a favor de los candidatos y de la plataforma partidista de propuestas y proyectos de gobierno*

- *Comité especial del sector de la industria de la construcción para el voto comprometido a favor de los candidatos y de la plataforma partidista de propuestas y proyectos de gobierno*

- *Comités especiales de los sectores competitivos y productivos que se consideren necesarios a favor de los candidatos y de la plataforma partidista de propuestas de gobierno*

Comité general de organizaciones productivas sociales para el voto comprometido a favor de los candidatos y de la plataforma partidista de propuestas y proyectos de gobierno

- *Comité especial de organizaciones de productores agrícolas para el voto comprometido a favor de los candidatos y de la plataforma partidista de propuestas y proyectos de gobierno*

- *Comité especial de organizaciones de productores artesanales para el voto comprometido a favor de los candidatos y de la plataforma partidista de propuestas y proyectos de gobierno*

- *Comité especial de organizaciones de productores ganaderos para el voto comprometido a favor de los candidatos y de la plataforma partidista de propuestas y proyectos de gobierno*

- *Comité especial de organizaciones sociales y de ayuda comunitaria para el voto comprometido a favor de los candidatos y de la plataforma partidista de propuestas y proyectos de gobierno*

- *Comités especiales de todos los conceptos de organizaciones productivas y sociales que se consideren necesarios a favor de los candidatos y de la plataforma partidista de propuestas y proyectos de gobierno*

Como se observa en este ejemplo de la estructura en el sector empresarial, que será similar en todos los sectores, esta amplia red de sectores y organizaciones tendrá una importante y sustantiva representatividad en todo país, en sus entidades, regiones y localidades. Esto permitirá una gran presencia, representatividad y movilidad política de los sectores ciudadanos para manifestarse y para generar las encuestas y sondeos al interior de cada uno de estos sectores, para obtener la información y el registro del compromiso del voto en todo tiempo y ámbito. Esta presencia y activismo ciudadano seguramente permitirá lograr un resultado que establezca un amplio respaldo ciudadano a favor de sus partidos y candidatos, así como de sus plataformas partidistas. Esto generará, mediante una masiva y estratégica difusión en los medios de comunicación, una amplia expectativa y seguridad de fortaleza y de triunfo de estos partidos y candidatos que son propuestos y respaldados por todos los sectores de la sociedad. Para lograr estos resultados, todos los sectores implementarán una estrategia de acción ciudadana simultánea conjuntamente con sus comités, comités especiales y módulos específicos para la obtención de esta información y registro del voto comprometido.

Estos comités y comisiones sectoriales podrán trabajar cada uno por su parte o de forma corporativa, por lo que se tendrá también el voto corporativo y el voto individual a favor de determinados candidatos y de sus plataformas partidistas en todos los sectores, en la búsqueda del apoyo popular hacia estas fórmulas políticas y de propuestas para el desarrollo y el bienestar.

3.2.6. Comisión ciudadana de la red integral del voto comprometido por un nuevo gobierno

- *Comités de zona de la red integral del voto comprometido por un nuevo gobierno*
- *Comités de colonias de la red integral del voto comprometido por un nuevo gobierno*
- *Módulos de manzana de la red integral del voto comprometido por un nuevo gobierno*
- *Células de cuadra y calle de la red integral del voto comprometido por un nuevo gobierno*

<u>Comisión ciudadana de la red integral del voto comprometido por un nuevo gobierno</u>

La comisión ciudadana de la red integral del voto comprometido por un nuevo gobierno tiene por objetivo, mediante la decisión ciudadana de otorgar y registrar su voto a favor de determinados partidos y candidatos, lograr el triunfo electoral para estos. Para estos efectos contiene un esquema de red de redes para generar esta movilidad y representatividad que le permita obtener la información necesaria para estos fines, además de contar con esquemas específicos de movimiento y acción ciudadana, política y electoral para fortalecer la representatividad y aumentar la atracción de militantes, simpatizantes y votantes a favor.

Esta comisión cuenta con esquemas que le permitan generar la promoción y difusión estratégica de sus partidos y candidatos y de sus plataformas partidistas, al interior y exterior de sus sectores, así como de todos los aspectos políticos, electorales y de su movimiento de atracción ciudadana. La comisión ciudadana será la instancia que presida y dirija este amplio sistema de redes, el cual estará conformado por un esquema que contendrá comités de zona y de colonias, módulos de manzana y de calle o cuadra. Estos a su vez contarán con su infraestructura y sus normativas, procesos, estrategias y actividades para la implementación, funcionamiento, enlace, administración y generación de resultados de esta gran red.

Esta comisión ciudadana funcionará todos los días, sean tiempos electorales o no, y podrá funcionar de forma similar a un partido político, con la característica de que operará como un partido ciudadano que tiene la misión y el objetivo de atraer simpatizantes, militantes y ciudadanos convencidos que otorguen su voto comprometido a favor de sus partidos y candidatos.

La comisión ciudadana basará sus estrategias, movilidad y operación en las subcomisiones de acción política y electoral, de promoción y difusión, de movimiento ciudadano, de información, análisis y proyección del voto en sus diferentes modalidades y de atracción y registro del voto comprometido. Esta actividad se realizará en los comités de zona y en sus respectivos subcomités, en los comités de colonia, en los módulos de manzana y en las células de cuadra o calle. En el esquema y apartado del movimiento ciudadano denominado **"Sistema de Integración y Atracción Ciudadana"** de este libro, en la página 207, se presentarán y ampliarán las actividades y procesos de las actividades de esta comisión ciudadana.

3.2.6.1. *Comités de zona de la red integral del voto comprometido por un nuevo gobierno*

El comité de zona de la red integral del voto comprometido contará con un presidente del comité y con dos vicepresidentes, uno de acción política y electoral y otro de acción ciudadana y procesos diversos. Estos a su vez dirigirán y se coordinarán con los comités de colonias para generar la información, la actividad y la acción ciudadana, política y electoral, así como la promoción, difusión, agendas y eventos de las zonas respectivas.

Las zonas estarán conformadas por diversas colonias, en el caso de los centros urbanos, así como por comunidades y territorio rural, en el caso de las áreas rurales y semirrurales. Este esquema permitirá contar con representantes, procesos y actividades que conformen una gran red de difusión y promoción del voto, de movimiento ciudadano, de acción política y electoral y de generación de reuniones y eventos.

Esta red tendrá, gracias a esto, la información real en justo tiempo, lo que permitirá la generación de estrategias y la acción y movimiento de los sectores, para producir las proyecciones de las tendencias del voto en todo tiempo y en los procesos electorales. Este sistema de redes establecerá también un esquema de control, seguimiento, análisis y proyecciones de todo tipo de la actividad política, electoral y ciudadana en todo tiempo, electoral y no electoral, con la finalidad de apoyar, difundir y fortalecer a los partidos y a sus candidatos en todo proceso electoral.

3.2.6.2. *Comités de colonias de la red integral del voto comprometido por un nuevo gobierno*

Los comités de colonias de la red integral del voto por un nuevo gobierno se establecerán y funcionarán en todas y cada una de las colonias de las ciudades y poblaciones, así como en las colonias o zonas del ámbito rural, y estarán conformadas por estructuras y esquemas de acción y movilidad política y ciudadana. Para estos efectos se contará con un presidente del comité de la red de colonias, así como un coordinador y enlace para el trabajo y funcionamiento de esta red.

Este comité principal de colonias contará asimismo con un vicepresidente de acción política y ciudadana y un vicepresidente de acción electoral, que se enlazarán y coordinarán con los coordinadores de los módulos de manzanas de cada colonia, conformando así una gran red de acción electoral, movimiento político y ciudadano, y de difusión y promoción del voto. Los presidentes y coordinadores de los comités de colonias tendrán toda la responsabilidad de la generación de la información electoral, política y ciudadana y del registro del compromiso del voto en cada una de las colonias de las ciudades y poblaciones, así como de las comunidades urbanas y rurales. La finalidad será contar con los datos reales y con la actividad y el control político y electoral en estas zonas poblacionales, que permitan generar los procesos ciudadanos de apoyo a sus partidos políticos y candidatos de forma masiva, representativa, eficiente y promocional.

3.2.6.3. *Módulos de manzana de la red integral del voto comprometido por un nuevo gobierno*

Los módulos de manzana de la red integral del voto comprometido con los partidos políticos y sus candidatos, estarán conformados por representaciones ciudadanas de las calles y cuadras urbanas y rurales. Estarán dirigidos por el coordinador de cada módulo de manzana, quien llevará a cabo los esquemas de enlace y acción política y ciudadana de estas manzanas, conjuntamente con los coordinadores y representantes de calles de este sistema, dependiendo de los tiempos, normativas, estrategias, procesos y decisiones.

3.2.6.4.   *Células de cuadra y calle de la red integral del voto comprometido por un nuevo gobierno*

Estas células de calle o cuadra conforman la base primaria y fundamental de esta gran red, desde la cual se coordinan, enlazan, dirigen, organizan y manejan las actividades relacionadas a la promoción y movimiento ciudadano para obtener el registro comprometido del voto popular, desde cada una de las viviendas, en sus respectivas calles o cuadras. Esto permitirá contar con la información política y electoral de la tendencia del voto y de otros aspectos de los ciudadanos que viven de forma permanente o de paso en una cuadra o calle, y que implica una serie de interrelación de actividades y acciones sociales, políticas y electorales que se generan en cada cuadra o calle.

El objetivo prioritario de este esquema será el de establecer la planificación, agendas y estrategias de la movilidad y acción popular y ciudadana, para atraer más simpatizantes, militantes y ciudadanos convencidos, y como meta fundamental, la atracción de las tendencias y expectativas del voto electoral, así como su registro y compromiso a favor en todos los procesos políticos y electorales.

Asimismo, como se analizará enseguida en el esquema de movilidad y red ciudadana, estas células, que son la estructura básica de la red de este amplio sistema integral, ejecutarán acciones diversas con la finalidad de atraer mayores simpatías populares, más militantes y más votos para los triunfos electorales. Esto lo harán mediante procesos diversos, tales como reuniones, eventos, estrategias, difusión, promoción, dinámicas grupales, visitas domiciliarias, esquemas de control, de movimiento, etc.

La conformación, funcionamiento y coordinación de este esquema, que se comentó de forma breve en un apartado anterior, será de la siguiente forma. Se tendrá un coordinador de acción ciudadana de cuadra o calle, que contará con un subcoordinador de acción política, un subcoordinador de acción electoral y un subcoordinador de control y enlace.

Estos se apoyarán y coordinarán con las células ciudadanas de acción política y electoral, de promoción y difusión y de control, así como de enlace y administración de datos. Estos, a su vez, llevarán a cabo el proceso del registro de los nuevos militantes y simpatizantes, del voto comprometido, del voto opositor, del voto duro, del voto indefinido, del voto simulado, y en general, de la proyección, con estos y otros aspectos, de la probabilidad de la votación en todo proceso electoral. También se llevarán a cabo acciones de promoción y difusión en casas, espacios públicos, espacios de medios de comunicación, etc., con la finalidad de llevar a cabo un gran movimiento ciudadano en todas las calles y casas a favor de sus candidatos y partidos políticos.

Organigrama de la comisión ciudadana de la red integral
del voto comprometido por un nuevo gobierno

Esquema de red integral de compromiso por el voto a favor de candidatos por un nuevo gobierno

Coordinación general nacional de la red integral del voto comprometido a candidatos por un nuevo gobierno (COREDVO)

Coordinación local de la red integral del voto comprometido a candidatos por un nuevo gobierno

Comisión sectorial de la red integral del voto comprometido a candidatos para un nuevo gobierno

Comités generales de organizaciones sectoriales

Comités especiales de sectores y organizaciones

Comisión municipal de la red integral del voto comprometido a candidatos para un nuevo gobierno

Comité urbano de la red integral del voto comprometido para el nuevo gobierno

Comité rural de la red integral del voto comprometido para el nuevo gobierno

Comités locales de la red integral del voto comprometido para el nuevo gobierno

Comisión local de la red integral del voto comprometido a candidatos para un nuevo gobierno

Comisión ciudadana de la red integral del voto comprometido a candidatos para el nuevo gobierno

Comités de zona de la red integral del voto comprometido para el nuevo gobierno

Comités de colonias de la red integral del voto comprometido para el nuevo gobierno

Módulo de manzana de la red integral del voto comprometido para el nuevo gobierno

Célula de cuadra y calle de la red integral del voto comprometido para el nuevo gobierno

4. Esquema de responsabilidad de plataformas y propuestas electorales

Este esquema tiene carácter universal, por lo que se comentará en los diversos apartados que correspondan a este concepto, sin embargo, este esquema se puede observar y analizar de forma amplia en su apartado específico, que es el de *"Esquema de Responsabilidad de Plataformas y Propuestas Electorales. Planteamientos y Acciones"*, que se encuentra en la página 291 de este libro.

5. Esquema de alianzas electorales oficiales y no oficiales

Este esquema implica un sistema de alianzas electorales y políticas que deben de generarse por parte de partidos y candidatos en todo tiempo y proceso electoral para lograr competitividad política y mayores expectativas de triunfo electoral. Estas alianzas deberán establecerse con todas las instancias económicas, políticas y sociales y con las sociedades y sus sectores, así como con los gobiernos e instancias de todo rubro, desde las locales, regionales y nacionales hasta las internacionales. Veamos a continuación los esquemas de las alianzas electorales, que contendrán no solamente sus aspectos de movilidad y acción política y ciudadana, sino que también los aspectos y la justificación de su propuesta y conformación, además de los soportes, intereses, afinidades y objetivos que se conjuntaron para ser consideradas, aprobadas y conformadas. También contendrán los análisis y evaluaciones para generar las proyecciones sobre las posibilidades y expectativas de más triunfos electorales, especialmente para gobernantes. Estos aspectos, de cumplir con los objetivos, permitirán consolidar una infraestructura partidista y ciudadana que deberá funcionar de forma sistematizada, independientemente de las políticas y líneas de los líderes y dirigentes políticos. Cabe recordar que las alianzas políticas ya fueron descritas en su apartado específico de este libro, por lo que solamente se analizarán en este apartado las alianzas electorales de partidos y candidatos

Esquema de alianzas electorales oficiales y no oficiales

5.1.   Alianzas electorales oficiales y no oficiales de candidatos y líderes partidistas
5.2.   Alianzas electorales oficiales y no oficiales de partidos políticos
5.3.   Centro de control y estrategias de alianzas electorales de partidos políticos y candidatos

Veamos a continuación de forma breve las implicaciones y especificaciones de estas alianzas electorales partidistas y de candidatos.

5.1. Alianzas electorales oficiales y no oficiales de candidatos y líderes partidistas

Las alianzas personales y de grupo, dependiendo de la importancia de estos, pueden llegar a ser alianzas poderosas de afinidades y coincidencias políticas, sociales y económicas, especialmente las forjadas con el pueblo y los sectores, y que permiten establecer figuras y plataformas con mayor representatividad y opciones de triunfo. Las alianzas oficiales que deberán implementar los candidatos con personajes de representatividad y posicionamiento político y popular deberán de ser básicamente con gobernantes, legisladores y representantes de sectores de todo ámbito. Además, se deberán de lograr alianzas con los sectores populares, empresariales, científicos, obreros, sindicales, académicos, campesinos, castrenses, religiosos, culturales, de medios de comunicación, de profesionistas, de jóvenes y mujeres y de todas las demás representaciones sectoriales, populares y organizacionales.

Los candidatos deben tejer una red política importante de alianzas personales, partidistas y de grupos, que incluyan, como se ha visto, a personas y grupos de la sociedad, nacionales e internacionales. También será importante fortalecer los vínculos y alianzas que ya se tengan y generar las nuevas alianzas. En determinados casos, según las leyes electorales correspondientes, las alianzas no pueden ser registradas oficialmente, por ejemplo, con instituciones de gobiernos y con gobernantes y funcionarios gubernamentales de cualquier índole. En otros casos en los que las alianzas si se pueden conformar oficialmente, como lo son con personajes, partidos políticos, sectores y organizaciones adversarias y opositoras, estos puedan o no dar a conocer estas alianzas, dependiendo de la importancia y del bloque político que se conformaría. Sin embargo, en varios de estos casos estas alianzas se generan interna y secretamente por así convenir a los intereses de los bandos por razones de representatividad, ideologías, principios y plataformas. Veamos algunos conceptos de las alianzas oficiales y no oficiales fundamentales y necesarias para los partidos políticos y los candidatos.

- *Alianzas oficiales y no oficiales con representantes y militantes de sectores diversos de la sociedad, nacionales e internacionales*

- *Alianzas oficiales y no oficiales con representantes y militantes de partidos políticos aliados y partidos políticos adversarios y opositores*

- *Alianzas oficiales y no oficiales con representantes y funcionarios de gobiernos aliados y de gobiernos adversarios y opositores*

- *Alianzas oficiales y no oficiales con representantes y organizaciones de sociedades y comunidades locales, nacionales e internacionales*

Veamos ahora de forma breve cada una de estas alianzas electorales necesarias y fundamentales para la obtención del triunfo de los partidos políticos y candidatos.

5.1.1. *Alianzas oficiales y no oficiales con representantes y militantes de sectores diversos de la sociedad, nacionales e internacionales*

Las alianzas oficiales de un partido político y sus candidatos tendrán que ser inicialmente, por su importancia, con los diversos sectores populares y sociales. Entre estos se encuentran los sectores obreros, populares, empresariales, campesinos, religiosos, sindicales, magisteriales, militares, científicos, indígenas y nativos, deportivos, artísticos, educativos, de profesionistas, de jóvenes y mujeres, de productores, de la agroindustria, del campo en general, de transportistas y de los medios de comunicación. Con estos y otros más sectores de la sociedad los líderes políticos y candidatos deberán de establecer o en su caso reafirmar alianzas políticas y electorales para conformar una amplia red de alianzas estratégicas sectoriales. Asimismo, deberán extender estas alianzas del ámbito local al ámbito nacional e internacional, para que coadyuven en la conformación de una amplia plataforma de los sectores, que apoyen un proyecto de gobierno eficiente.

Será importante tener como aliados a todas o a una parte mayoritaria de las dirigencias, miembros y componentes de los diversos sectores, de preferencia a todos sus representantes. De no ser así, al menos se deberán tener como aliados a algunos representantes de las dirigencias de los sectores y a un número importante de militantes y componentes de los mismos sectores, por lo que habrá que mantener y ampliar esta plataforma sectorial, además de buscar siempre sumar más adeptos. Será sumamente importante también contar con el voto popular de estos sectores, es decir, de la mayoría de sus miembros y seguidores, sin embargo, contar con la alianza de los dirigentes de los sectores será también importante, ya que en algunos casos se mantiene y maneja el voto corporativo que debe de aprovecharse, siempre y cuando no sea total o parcialmente coercitivo. En general debe de buscarse este voto sectorial y popular, ya sea individual o corporativo, mediante la identificación, afinidad y atracción. También se tratará de conseguir por medio del convencimiento, ya que en muchos contextos este voto de los miembros de los sectores es libre, variable y distribuido, y puede estar comprometido con otras fuerzas políticas y candidatos, por lo que habrá que ser trabajado duramente para lograr hacerlo aliado.

Será necesario trabajar en todo tiempo para fortalecer y ampliar las alianzas, ya que las adhesiones grupales o individuales sectoriales que se vayan generando conforme se acerque el tiempo de los procesos y campañas electorales, podrán ser suficientes para conformar una gran suma de afinidades que atraiga a más dirigencias y militancias sectoriales. Esto permitirá generar nuevas alianzas y fortalecer las ya existentes. Por esto es fundamental, en todo tiempo y en las campañas electorales, establecer una estratégica difusión de las adhesiones de los sectores a favor de determinados partidos y candidatos, de forma planificada y calendarizada, y que genere un alto impacto mediático constante, en el que se observe toda esta atracción ciudadana, lo que dará una mayor expectativa de fuerza y de triunfo.

La estrategia de difusión de todas estas adhesiones populares en todos los medios de comunicación será fundamental y deberá de generarse constantemente en todo ámbito y tiempo, y con todo tipo de personas y líderes, ya que esto sembrará la expectativa del crecimiento de una gran ola a favor de los partidos y candidatos.

Un concepto estratégico para lograr el efecto real de tener más adhesiones de grupos de los diversos sectores será el de crear y conformar nuevas organizaciones, centrales, asociaciones y grupos en todos los sectores, que lógicamente serán aliadas de estos partidos y candidatos. Esto aumentará las adhesiones de grupos a favor y, por tanto, el impacto político y mediático favorable de fuerza y atracción popular.

A nivel nacional e internacional será básico atraer a las dirigencias y militancias de los sectores y organizaciones y establecer alianzas y trabajos conjuntos para impulsar al triunfo a los candidatos y para la conformación de una fuerte plataforma partidista de propuestas y proyectos de gobierno. Veamos algunos de estos.

- *Sector empresarial y productivo. Fundamental será contar con una amplia adhesión de este sector, sobre todo de sus diversas organizaciones. Un consejo coordinador empresarial, consejos empresariales de la transformación, comercio y patronal, banqueros, industriales, industria de la construcción, pequeña y mediana empresa, la gran empresa, sector exportador, talleres gráficos, de hoteleros, restauranteros y turísticos, etc.*

- *Sector campesino y del campo. Se debe contar con el sector campesino nacional y local. Atraer también a dirigencias de organizaciones campesinas diversas de representatividad, a productores del campo, grandes, medianos y pequeños simpatizantes, a las corporativas, empresarios y productores del campo y a los representantes de la agroindustria, etc.*

- *Sector popular. En este aspecto se debe contar con la adhesión y simpatías a favor de los candidatos por parte de la mayoría de las organizaciones populares y del propio sector popular partidista de todo ámbito*

- *Sectores de la infraestructura social integral, como la salud, la vivienda, la educación, la alimentación, los servicios urbanos, etc. Estos sectores generalmente se encuentran distribuidos en diversos sectores de trabajo, sin embargo, habrá que establecer alianzas con todos estos y con las organizaciones sociales, porque la plataforma partidista implica una mejora sustantiva en el desarrollo de todas estas actividades humanas y de las sociedades para una mejor calidad de vida. Por lo tanto, los partidos, los candidatos y sus plataformas partidistas deberán establecer una alianza fundamental con estos sectores.*

- *Sector religioso. Es indudable que se debe hacer un gran trabajo político para lograr contar con la gran mayoría de representantes religiosos. Será importante que estos representantes religiosos trabajen para promover la propuesta de determinados candidatos, sobre todo a gobernantes, desde las iglesias y mediante mensajes legales y permitidos por la ley electoral, que el pueblo entienda y conozca las plataformas partidistas de propuestas y proyectos de gobierno para el beneficio popular y para el desarrollo integral.*

- *Sindicatos y sector obrero. En este rubro también es importante contar con una amplia base de adhesión hacia los candidatos, con una buena parte del sector obrero y de las dirigencias sindicales, de trabajadores de gobierno, de empresas, de sectores obreros, campesinos, populares, transportistas, universitarios y estudiantiles, magisteriales, etc., para que se sumen a la plataforma partidista de los partidos políticos. De todas formas, habrá que atraer a más dirigencias y militancias adversarias y opositoras.*

- *Sector de profesionistas. También es fundamental contar con el apoyo de este sector, ya que son organizaciones que indudablemente apoyan a plataformas partidistas de propuestas reales y con visión, debido a la naturaleza de preparación y capacidad del sector. Será importante atraer a otras organizaciones neutrales, además de crear y fundamentar nuevas organizaciones de profesionistas aliadas que apoyen, gracias a su convencimiento, a estos partidos y candidatos y a su plataforma partidista*

- *Sectores indígenas y nativos. Se debe contar con una amplia base de alianzas con los sectores indígenas y nativos, además de que el trabajo político deberá de atraer a otras organizaciones indígenas y nativas neutrales hacia la propuesta de los candidatos, para que todas estas personas sean integradas a la vida productiva y a las expectativas de mejora de la calidad de vida.*

- *Sectores militares. De igual forma, diversos sectores militares mantienen posturas por un gobierno institucional y son aliados, pero se puede trabajar para convencerlos de que se tiene el mejor proyecto de gobierno y esperar su adhesión, y lograr así el fundamental voto corporativo de este importante sector.*

- *Sector de mujeres. Como todos sabemos, las organizaciones de mujeres de todo orden son fundamentales para la defensa de los derechos de las mujeres, así como para su desarrollo integral, por lo que estas agrupaciones deben de impulsarse y apoyarse y, por lo tanto, la alianza con ellas es fundamental para establecer una plataforma partidista de propuestas y proyectos de gobierno a favor de estos sectores.*

- *Sectores estudiantiles y de jóvenes. Este sector también es prioritario. Los partidos políticos y candidatos deben contar con el apoyo de los sectores estudiantiles y de los jóvenes, por lo que el trabajo con los representantes de estos sectores y con las dirigencias de sus sindicatos y grupos deben generarse con sensibilidad y visión, para su movilización hacia la conformación de una ola a favor de su plataforma partidista de propuestas.*

- *Sectores universitarios y escolares. Dirigentes, trabajadores, sindicatos, académicos, rectores, etc. Las alianzas con universidades, centros de estudios, con los dirigentes académicos, con los rectores y directores de todas las organizaciones estudiantiles también son fundamentales. Los candidatos deben lograr afinidades y alianzas con rectores, directores y representantes académicos y de las universidades.*

- *Sectores de innovación y desarrollo científico, tecnológico y de todo concepto. Estos sectores son fundamentales para que las sociedades avancen, ya que gracias a estos sectores se han logrado los grandes avances que el mundo tiene, por lo tanto, es importante impulsar la semilla de la innovación y el desarrollo integral, por lo que las alianzas con estos representantes de organizaciones son necesarias para lograr un avance sustantivo. Los candidatos y partidos políticos los deben de tener siempre considerados con esquemas y políticas públicas para estos fines.*

- *Sector de grupos minoritarios. Los grupos minoritarios de diversa índole siempre estarán considerados en una seria plataforma partidista de propuestas y proyectos de gobierno, para protegerlos con leyes y programas para su desarrollo y bienestar. Por eso la alianza con estos grupos es básica para establecer un gobierno con visión, humanismo y de gran alcance, y al igual que con otros muchos sectores, también son fundamentales para la conformación de una alianza para el triunfo.*

- *Sector cultural y artístico. El sector cultural y artístico necesita ser impulsado ampliamente con una visión de estado que genere los esquemas, políticas públicas y programas para su desarrollo, ya que todo pueblo desarrollado contiene altos grados de cultura y actividades artísticas. Por lo tanto, se debe buscar un amplio apoyo para estos sectores, por lo que una alianza con todos los integrantes y organizaciones de la cultura y el arte, es fundamental, además de que el concepto progresista de este sector se integra perfectamente a una plataforma partidista de propuestas y proyectos de gobierno de vanguardia y de triunfo.*

- *Sectores de organizaciones populares. La mayoría de organizaciones populares deberán apoyar las propuestas de un nuevo proyecto de los candidatos, por lo que su adhesión y la de nuevas organizaciones, es la tarea de un partido para sumar más apoyos y simpatías.*

- *Sectores deportivos, de actividades de esparcimiento y diversas. Los sectores deportivos y de actividades de esparcimiento y desarrollo social son también fundamentales para generar sociedades sanas e integradas, que permitan diversificar sus actividades y así establecer una distribución y balanceo para lograr la eficiencia en todas las actividades. La razón es que éstas se complementan y mantienen a los individuos y a las sociedades establecidas en un orden de tranquilidad, seguridad, competitividad y esquemas positivos de desarrollo de su vida. Por lo tanto, un nuevo proyecto de partidos políticos para gobernar de forma eficiente y vanguardista será muy bien visto por estos sectores e indudablemente que apoyarán a esta plataforma partidista.*

- *Sectores de la construcción, del urbanismo, de proyectos integrales, de la empresa y derivados, etc. Indudablemente que estos sectores cuentan con esquemas de eficiencia y de calidad para el ejercicio de sus funciones. Sin embargo, siempre es importante impulsarlos con programas de gobierno y políticas públicas específicas para generar empleo, desarrollar entidades, lograr la competitividad y la calidad y la productividad, etc., y con esto, generar un revulsivo económico que beneficie a la sociedad y así desarrollar las entidades. Las alianzas con estos sectores son fundamentales para los partidos y los candidatos y para sus plataformas partidistas de propuestas y proyectos de gobierno.*

En el ámbito nacional e internacional será prioritario concretar estas alianzas, las cuales estarán basadas en el reconocimiento y convencimiento de la sociedad y sus sectores de sus partidos políticos y candidatos y de sus plataformas partidistas de propuestas y proyectos para generar gobiernos eficientes.

Estas alianzas podrán lograr una aplastante mayoría a su favor en todos los sectores, por lo que será importante trabajar conjuntamente con estos aliados y simpatizantes sectoriales y con todos los gremios nacionales, regionales, municipales, estatales y locales de cada uno de los sectores, para su adhesión a favor.

Dirigentes y militantes, así como líderes y funcionarios de los diversos sectores locales, municipales, estatales y nacionales, además de los sectores internacionales, representados por los migrantes radicados en otros países por diversas causas, deberán de llevar a cabo una serie de foros y reuniones específicas de apoyo a determinados proyectos políticos con los que se han identificado. En estos eventos anunciarán que sus sectores han analizado y evaluado las diversas ofertas de los partidos y candidatos, y que les han gustado y se han identificado con determinados candidatos y partidos. Esta oferta partidista les ha gustado porque han generado una plataforma de propuestas de proyectos de gobiernos eficientes y de desarrollo de las regiones y de las personas, para lograr la tranquilidad, la estabilidad, el desarrollo, el empleo y la mejora de la calidad de vida. Este efecto de trabajo político de difusión y de adhesión de los sectores sociales locales, nacionales e internacionales a favor de determinados partidos políticos y candidatos, será de un gran impacto mediático producido por estos efectos y por una planificada estrategia de difusión en los medios de comunicación. De igual forma, este trabajo sectorial, que también deberá de aplicarse de forma masiva, logrará un posicionamiento real que generará una gran ola mediática de reconocimiento, que a su vez atraiga a más sectores de la sociedad a sumarse a esta plataforma de propuestas y proyectos de gobiernos eficientes.

5.1.2. *Alianzas oficiales y no oficiales con representantes y militantes de partidos políticos aliados y partidos políticos adversarios y opositores*

Los candidatos deben de trabajar de forma estratégica y con visión, para consolidar alianzas al interior y exterior de su partido, buscando la unidad y la representatividad mayoritaria de la sociedad y manejar con visión y sensibilidad la conformación de alianzas con dirigencias y representantes importantes de partidos políticos del ámbito nacional, local e internacional. Alianzas con personajes de representatividad en los diversos partidos y organizaciones políticas y en las diversas corrientes políticas nacionales, locales e internacionales deben de realizar los candidatos, para que les permitan alcanzar acuerdos interpartidistas y de coaliciones electorales que fortalezcan y cimienten las expectativas de un triunfo amplio y contundente.

Las alianzas políticas y electorales oficiales y no oficiales con representantes y militantes de los partidos políticos aliados y opositores son fundamentales, porque desde cada uno de estos escenarios se establecen las condiciones y los esquemas de trabajo político para los procesos electorales. Esta gran capacidad de establecer alianzas estratégicas con visión siempre les será reconocida a los partidos políticos y a determinados candidatos, las que se seguirán tejiendo en la búsqueda de las grandes alianzas nacionales y de todo orden y ámbito, para el cambio y la implantación de un nuevo gobierno eficiente. Veamos una breve descripción de estos tipos de alianzas y sus alcances y conveniencias.

Alianzas de candidatos y sus partidos, conformadas en un esquema de alianzas establecidas, en proceso de establecerse, en proyección y en análisis de su conveniencia o no de establecerse, con diversas instancias político-partidistas, sobre todo a nivel nacional y local, pero también, y muy importante, a nivel internacional. Deberán realizarse, difundirse y funcionar dinámica y activamente, con la finalidad de lograr el triunfo de los partidos políticos y sus alianzas en todos los procesos electorales y en especial en las campañas a gobernantes y presidentes

* *Alianza oficial a nivel nacional y local con las dirigencias al interior de los mismos partidos políticos para el fortalecimiento de la estructura y la acción política partidista*

* *Alianzas con los sectores y militancias nacionales y locales, al interior de los mismos partidos políticos*

* *Alianzas oficiales y no oficiales con probabilidad de éxito con ex dirigentes y miembros, así como disidentes de los partidos políticos, a nivel nacional y local*

* *Alianzas oficiales con las dirigencias de los partidos políticos de una alianza estratégica, de todo orden y ámbito*

* *Alianzas con los sectores y militancias de los partidos políticos de una alianza estratégica, de todo orden y ámbito*

* *Alianzas oficiales y no oficiales con probabilidad de éxito con ex dirigentes y miembros, así como disidentes de los partidos que componen una alianza estratégica, de todo orden y ámbito*

* *Alianzas políticas y electorales en diversos procesos electorales, de ser posible, con los partidos políticos opositores, de todo orden y ámbito*

* *Alianzas oficiales, de ser posible, con las dirigencias, representantes y militancias de los partidos políticos opositores, de todo orden y ámbito*

* *Alianzas, de ser posible, con ex dirigentes y ex miembros de los partidos políticos opositores, de todo orden y ámbito*

* *Alianzas con dirigentes y representantes partidistas del ámbito internacional*

Toda esta red de alianzas partidistas, y de éstas con otras instancias y actores políticos importantes y reconocidos, de todo orden y ámbito, estará encaminada a construir e impulsar candidaturas representativas y de unidad. Se tendrán como candidatos de estas alianzas a los líderes de las plataformas políticas de propuestas responsables sobre el desarrollo integral y la mejora de la calidad de vida, la que todo pueblo deberá de conocer y reconocer para apoyarla con su voto y difusión.

Indudablemente que habrá algunas alianzas que serán muy bien vistas y reconocidas por los sectores populares y la población, pero habrá que tener cuidado con otras probables alianzas con personajes, organizaciones y partidos de mala reputación e imagen y nulos resultados, que sin duda podrán restar en lugar de sumar.

Analizar, evaluar y decidir las mejores alianzas será fundamental, ya que los sectores, la población y los medios de comunicación aprobarán y reconocerán estas alianzas, pero también podrán darles la espalda, si se conforman alianzas con personajes y organizaciones de mala imagen ante el pueblo y la opinión pública.

Esta serie de alianzas generará una dinámica de relaciones, actividades, procesos y compromisos, que conformarán una maquinaria política y electoral que será oficializada por las instancias electorales correspondientes. Las actividades de esta red de alianzas se realizarán por medio de una infraestructura específica que crecerá conforme se generen las alianzas y que será dirigida a través de un centro de control y movimiento político y electoral de alianzas de los partidos políticos y candidatos.

5.1.3. *Alianzas oficiales y no oficiales con representantes y funcionarios de gobiernos aliados y de gobiernos adversarios y opositores*

Las alianzas de los partidos políticos y candidatos con gobernantes, representantes y funcionarios de gobiernos estatales, municipales y locales, así como con un gobierno nacional y gobiernos de otros países, serán alianzas oficiales o no oficiales, aunque sin ningún registro, en virtud de que las leyes electorales en la mayoría de países impiden legalizar alianzas con gobiernos, gobernantes y funcionarios. Sin embargo, un gobierno y un partido si pueden anunciar oficialmente que son aliados, que tal o cual partido y candidatos serán apoyados por ellos, los funcionarios, a título personal y fuera de sus horarios de trabajo y representación gubernamental, lo que será fundamental para consolidar e impulsar estas candidaturas y estas propuestas de gobierno de las plataformas partidistas.

Los pueblos eligen a sus gobernantes, por lo que el voto popular es el concepto fundamental de la democracia y de los procesos electorales, aunque este voto puede ser influenciado por la inercia de los liderazgos de sus entidades. Por tal razón será prioritario mostrarse en los medios de comunicación con figuras de relevancia gubernamental de todo país y entidad, lo que consolidará estos liderazgos y fortalezas. También se tienen las alianzas que pueden darse con gobernantes de partidos diferentes y opositores a los partidos políticos de una plataforma partidista.

Se deben tener pláticas y encuentros personales con gobernantes y presidentes, aunque sean de otros partidos políticos y aunque varios de estos no quieran ni acepten alianzas, ya que esto implica una visión de estadistas, negociadores y conciliadores, y de que participan con todos los actores políticos. Esto mostrará a la sociedad el sentido de negociación, de acuerdos y de trabajo conjunto que puede hacerse si logran el triunfo y fungen como legisladores o gobernantes.

Establecer también acercamientos con ex gobernantes y dirigentes gubernamentales y partidistas es básico, de acuerdo con las posibilidades y coyunturas políticas de los gobiernos y partidos, como lo pueden ser las afinidades y coincidencias políticas o las diferencias y posturas al interior y exterior de los mismos, entre otros aspectos. Será básico aprovechar los tiempos y coyunturas políticas para generar reuniones, consensos y acuerdos, así como negociaciones y alianzas con estos grupos, con el objetivo de aumentar los apoyos y expectativas de triunfo de partidos y candidatos.

En otros órdenes y poderes de gobierno tenemos al poder legislativo y al poder judicial, por lo que será sumamente importante también tener acercamientos oficiales y no oficiales con las figuras más representativas de imagen, reconocimiento, honestidad y representatividad de estos poderes.

5.1.4. *Alianzas oficiales y no oficiales con representantes y organizaciones de sociedades y comunidades locales, nacionales e internacionales*

Será básico establecer alianzas con organizaciones sociales y con toda la sociedad, sobre todo con aquellas que cuenten con una alta credibilidad e infraestructura. Aunque también las pequeñas y medianas son bienvenidas, siempre y cuando su contenido de conceptos sea de calidad y trabajen de forma honesta y efectiva para la resolución de los asuntos de la población, además de que cuenten con credibilidad y conciencia social. Los candidatos deberán contar como aliadas a una amplia base de organizaciones populares y sociales reconocidas y representativas de la sociedad, pero pueden sumarse más, ya que así se diversificará la alianza y se aumentarán las expectativas de fortaleza y del voto popular.

Actualmente se maneja una clasificación de organizaciones populares locales, nacionales, regionales e internacionales, que van desde las populares urbanas y sociales hasta las populares rurales y semirrurales de todo tipo, rubro y concepto. Todas estas organizaciones coadyuvan en gestionar las diversas necesidades populares y sociales, por lo que su función dentro del estado y la sociedad es básica, fundamental e importante, por lo tanto, siempre habrá que ayudarles para el cumplimiento de sus ideales, objetivos y tareas en beneficio de la sociedad.

Sobre la base de estas consideraciones se podrán establecer las estrategias, la planificación, las agendas y las proyecciones de movilidad y acción de estas alianzas con las diversas organizaciones. Estas alianzas deberán ser difundidas ampliamente, y las organizaciones que las integran deberán mostrar su apoyo a sus partidos y candidatos. A continuación, se presentan los esquemas básicos del establecimiento de la red de organizaciones, así como de su movimiento y acción política y la difusión y promoción que se debe dar con la finalidad de impulsar a sus candidatos.

- *Establecimiento de la red de organizaciones populares y sociales de la plataforma partidista de propuestas y proyectos de gobierno*

- *Esquema de movimiento y acción política, social y electoral de las organizaciones aliadas adheridas de la red que impulsan la plataforma partidista de propuestas de gobierno*

- *Esquemas de apoyo en la difusión y promoción de la plataforma partidista de propuestas y proyectos de gobierno por parte de las organizaciones populares y sociales*

Veamos ahora cada uno de estos conceptos de forma específica y con la importancia y trascendencia que tienen, debido al apoyo político, social y electoral que se puede generar para impulsar a sus partidos políticos, a sus candidatos y a sus plataformas partidistas.

Establecimiento de la red de organizaciones populares y sociales de la plataforma partidista de propuestas y proyectos de gobierno

- *Organizaciones que se incluyan y adhieran de inicio a una plataforma partidista*

- *Organizaciones sociales y populares que se van adhiriendo en el camino hasta el inicio de las campañas electorales*

- *Organizaciones populares y sociales que se adhieren durante las campañas electorales*

Esquema de movimiento y acción política, social y electoral de las organizaciones aliadas adheridas de la red que impulsan la plataforma partidista de propuestas y proyectos de gobierno

- *Participación masiva de dirigentes, miembros y militancias en apoyo de los candidatos de la plataforma y sus alianzas, con su asistencia a los eventos, mítines, giras, reuniones y foros en los que de forma masiva demuestren su aprobación a la plataforma partidista*

- *Participación de los miembros y dirigentes de las organizaciones populares diversas con propuestas en los diversos foros y reuniones para mostrar a la sociedad y a los sectores de porque se adhieren y apoyan la plataforma partidista y a sus candidatos*

- *Esquema de reuniones entre organizaciones en las que se difundan las conveniencias de adherirse a un nuevo proyecto partidista de gobierno*

- *Esquema de convencimiento a otras organizaciones populares y a sectores sindicales y gremiales para difundir la conveniencia de apoyar la plataforma partidista de propuestas y proyectos de gobierno y a sus candidatos*

- *Esquema de participación en marchas, mítines, manifestaciones, etc., para apoyar a la plataforma partidista de propuestas y proyectos de gobierno y a sus candidatos*

- *Esquemas diversos de participación individual y colectiva de dirigentes y miembros de las organizaciones para difundir las conveniencias de votar por la plataforma partidista de propuestas y a sus candidatos*

Esquemas de apoyo en la difusión y promoción de la plataforma partidista de propuestas y proyectos de gobierno por parte de las organizaciones populares y sociales

- *Esquemas de difusión de la plataforma partidista de propuestas y proyectos de gobierno en reuniones, eventos, etc., en los que participen estas organizaciones aliadas y las que se vayan adhiriendo*

- *Esquemas de difusión por medio de campañas en los medios de comunicación informando de que las organizaciones están con los candidatos y la plataforma de un nuevo gobierno*

- *Esquemas de difusión y convencimiento entre dirigencias de organizaciones y entre militantes. Por medio de comentarios y pláticas y por esquemas de difusión en Internet*

- *Esquemas de difusión por medio de publicidad de diversos tipos en la que se especifica que las organizaciones sociales están con los candidatos, para ser distribuidas en centros de reunión, mercados, cines, universidades, lugares públicos, etc.*

- *Esquemas de interacción de las organizaciones sociales con diversos gremios y sectores para difundir el mensaje y buscar adherencias en sindicatos, dirigencias, etc.*

Organigrama de alianzas con organizaciones de sociedades y comunidades locales, nacionales e internacionales

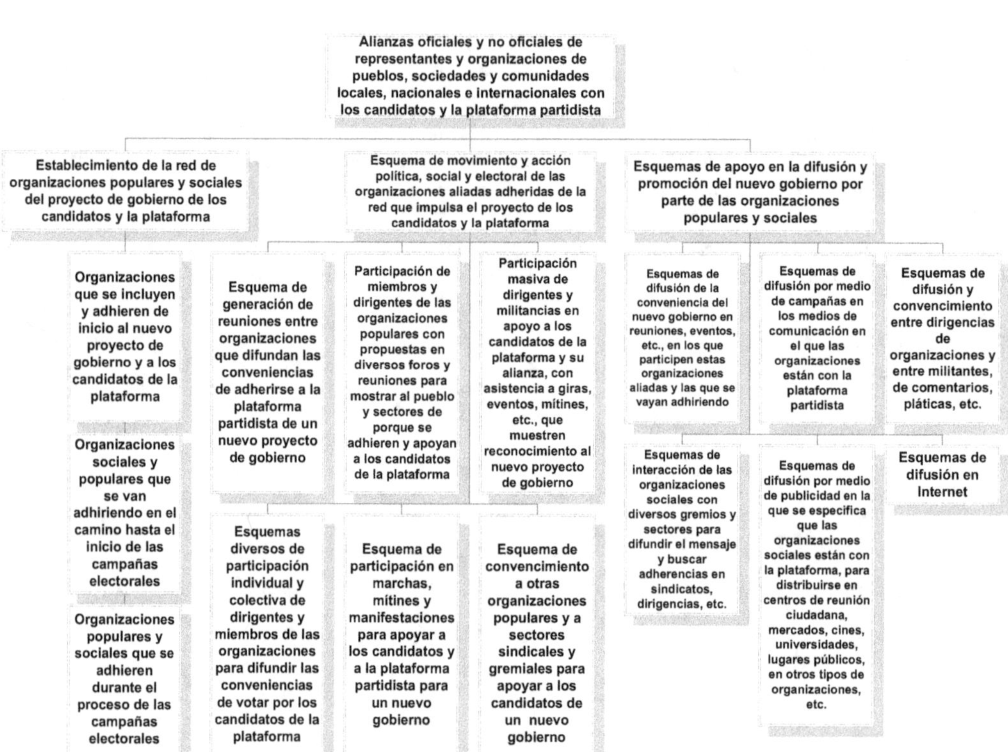

Pasemos ahora a las alianzas, electorales y de todo tipo, de los partidos políticos, que indudablemente siempre están inmersos en una serie de alianzas que les puedan ayudar en el posicionamiento político y en la tendencia favorable del voto popular. Este punto ya ha sido comentado en los diversos apartados respectivos de este libro, por lo que solamente se comentará en este espacio de forma breve.

5.2. *Alianzas electorales oficiales y no oficiales de partidos políticos*

Las alianzas políticas y electorales entre los partidos políticos son fundamentales, ya que les permitirán realizar una serie de estrategias y acciones de mayor alcance y amplitud. Será importante, por tanto, que los partidos políticos amplíen su red de alianzas y su trabajo político y electoral, para posicionarse ante la sociedad y obtener la mayoría de triunfos electorales posibles, de todo orden y ámbito, mediante el impulso de fórmulas de candidatos interpartidistas y ciudadanas para posicionarse como partidos de vanguardia y reconocidos por gobiernos, sectores y sociedad. Una de las fortalezas de las alianzas entre partidos será tener una mayor representatividad partidista en todos los órganos políticos y electorales. Con esto se podrá contar con mayor información de todos los aspectos que se generen en estas instancias y lograr más y mejores esquemas de acción y movimiento, así como de manejo de posturas partidistas y de defensas políticas y electorales en toda tribuna y ámbito necesario. También se tendrá con estas alianzas una mayor representatividad partidista y de candidatos, además de ampliar la plataforma de afinidades y de ideologías, lo que indica que se podrán captar más simpatizantes y adeptos. De igual forma se establecerán estrategias de difusión conjunta que puedan ser más amplias y masivas, al menor costo posible, con lo que las figuras y plataformas partidistas, al igual que los mensajes políticos, llegarán a más población. Las manifestaciones partidistas a favor por parte de las militancias y simpatizantes también serán mayores y masivas y podrán realizarse de forma simultánea, lo que generará una mayor presencia y posicionamiento ante la sociedad. Con estos argumentos y otros más se deduce que una buena alianza, aún con partidos políticos pequeños, puede reditar una imagen de fortaleza, organización y consensos que la sociedad observaría como un ejemplo a seguir. Más aún, si los mensajes, los candidatos y las plataformas son buenos, porque entonces el resultado será de un amplio convencimiento ciudadano para otorgar su voto a estas instancias. Este esquema funcionará siempre y cuando los partidos y los candidatos cuenten con una buena imagen y buenas propuestas. Sin embargo, aunque esta imagen no haya sido tan buena en el pasado, siempre se tendrá la oportunidad de reivindicarse si se presenta una nueva imagen y propuestas de desarrollo, las que podrán ser tomadas en cuenta si su contenido y veracidad son consistentes, lo que permitirá entonces reconsiderar la decisión de su voto. Por otra parte, los partidos políticos se desarrollan en base a sus experiencias y actividades, las cuales, en varios de ellos, pueden haber sido en parte destructivas, con pugnas al interior y pleitos al exterior, ya sea por parte de sus dirigentes y sectores o por reacomodos y alianzas y con purgas y deserciones, entre otros aspectos. Debido a esto se concluye que es básico y fundamental mantener la unidad y las alianzas internas y externas, así como la imagen y las propuestas, para fortalecerse y desarrollarse como instituciones políticas constructivas y de vanguardia, y para mostrar esta unidad y fortaleza a la sociedad. Veamos las conveniencias de diversas alianzas estratégicas que pueden generarse de existir condiciones, y de acuerdo con los actores y los contextos políticos.

Alianzas estratégicas con partidos que siempre han sido aliados

Estas alianzas generalmente siempre se realizan y pueden durar mucho tiempo y muchos procesos, porque entre partidos políticos se llegan a tener afinidades de ideales y de propuestas o de coincidencias e intereses de todo tipo, sin embargo, en determinados tiempos y procesos no se establecen por diversas razones. Esto constituirá un déficit de votos y representatividad, aun y cuando estos aliados sean partidos de los considerados pequeños en los sistemas políticos multipartidistas, que son la mayoría en el mundo, por lo que siempre habrá que procurar los consensos y acuerdos con todos los partidos por la importancia estratégica de estas alianzas.

Alianza estratégica con otros partidos políticos

En todo país y sus regiones, una alianza entre partidos políticos opositores grandes y fuertes, con diferentes ideologías y propuestas, es difícil de lograr, tanto a nivel nacional como local, sin embargo, estas alianzas de fuertes plataformas partidistas ampliamente representativas si se han establecido de acuerdo a los contextos y circunstancias y en base a objetivos y estrategias para derrotar a adversarios aún más fuertes. La razón es que los partidos nacionales han considerado las conveniencias e intereses y han optado por la solución más inteligente y sensata, que es la de procurar las alianzas que les permitan acceder al triunfo y derrotar a adversarios más poderosos que de forma individual no sería posible vencerlos. Estas alianzas nacionales también se generan en entidades y municipios, ya que pueden existir las condiciones para que se establezcan, por medio de negociaciones, acuerdos y consensos y así conseguir una amplia plataforma pluripartidista y de unidad. El acercamiento con los gobernantes y presidentes y con actores importantes emanados de partidos opositores puede generar las condiciones para lograr una alianza diversa, mixta, múltiple, parcial o total que impulse a los candidatos de forma oficial o no oficial, en todo proceso electoral. El objetivo será que estas alianzas se generen en las campañas políticas más importantes, pero serán básicas también en toda campaña, por la dificultad de su concreción. Asimismo, estas alianzas pueden ampliarse a varios partidos políticos medianos y menores, logrando acuerdos con sus dirigentes y líderes en todo ámbito.

5.3. *Centro de control y estrategias de alianzas electorales de partidos políticos y candidatos (CECESA)*

El centro de control y estrategias de alianzas electorales, tiene la finalidad de llevar a cabo la captación y el análisis de la información para generar las estrategias, el control, las proyecciones, los resultados y los escenarios a seguir con determinadas alianzas políticas y electorales de determinados candidatos y partidos políticos. El objetivo será el de generar para estas alianzas el mejor escenario, la mejor toma de decisiones y la mejor absorción de los probables costos políticos.

Para estos efectos, será necesario establecer diversos aspectos que serán llevados a cabo por las áreas respectivas de un centro partidista de control y estrategias, que contará asimismo con una infraestructura y un software para estos fines.

- *Área inicial de análisis para la concertación de las alianzas, con la evaluación de costos políticos y electorales y las proyecciones y escenarios de las probables alianzas, sus implicaciones y conveniencias, sobre todo en los procesos electorales*

- *Área de concertación y concreción de alianzas, del seguimiento y resultados de las mismas, de las reformas y modificaciones, de su análisis, evaluación y procesos para su fortalecimiento y el triunfo electoral, o en su defecto, para la disolución parcial o total*

- *Área de infraestructura computacional y software, administrativa, normativa y financiera del centro de control y estrategias de alianzas políticas*

- *Área de estrategias y toma de decisiones de las alianzas políticas y electorales*

Las áreas llevarán a cabo los análisis, el seguimiento, las proyecciones y las propuestas para la toma de decisiones y las evaluaciones generales y específicas del comportamiento de las alianzas en todo tiempo y en las campañas políticas. Por medio de este sistema se podrá contar con la información al día respecto a la conformación y comportamiento de estas alianzas en lo general y en cada una de sus áreas. Este esquema permitirá obtener información para corregir y mejorar aspectos y detalles, para analizar la conformación de nuevas alianzas o para terminar algunas de forma parcial o total, de acuerdo con las evaluaciones y resultados de la actividad de los partidos políticos y de las demás instancias integrantes de estas alianzas.

Con este sistema y software se conocerán aspectos generales y específicos como, por ejemplo, en qué parte de la alianza están fallando las relaciones, con que actores políticos, el porqué de las diferencias, en que partes se tiene escasez de recursos, en que ámbito habrá inconformidades sociales hacia los candidatos, etc. Lo anterior permitirá generar los análisis respectivos para la toma de decisiones más adecuada. El software del centro de control y estrategias de alianzas políticas y electorales, incluye diversos espacios para ser complementados con la información de forma cuantitativa y cualitativa, tales como la descripción de la alianza, quienes la componen, cuáles son los acuerdos, en qué contexto se va a generar, etc. Esta información será aplicada día a día o en el tiempo en que se genere la información importante que deba ser utilizada por este centro de control. Se contará también con un software de gráficas y proyecciones que permitirá analizar y observar mediante encuestas el comportamiento de las alianzas con respecto al sentir y la aprobación de la población y para analizar el comportamiento de los diversos actores e instancias de las alianzas. En fin, todo lo relacionado a las alianzas políticas y electorales estará contemplado en el software y su programa, que permitirá mejorar sustantivamente la eficiencia, dinámica y movilidad política y electoral de estas alianzas.

Organigrama de alianzas estratégicas políticas y electorales de partidos políticos y candidatos de la plataforma partidista de propuestas y proyectos de gobierno

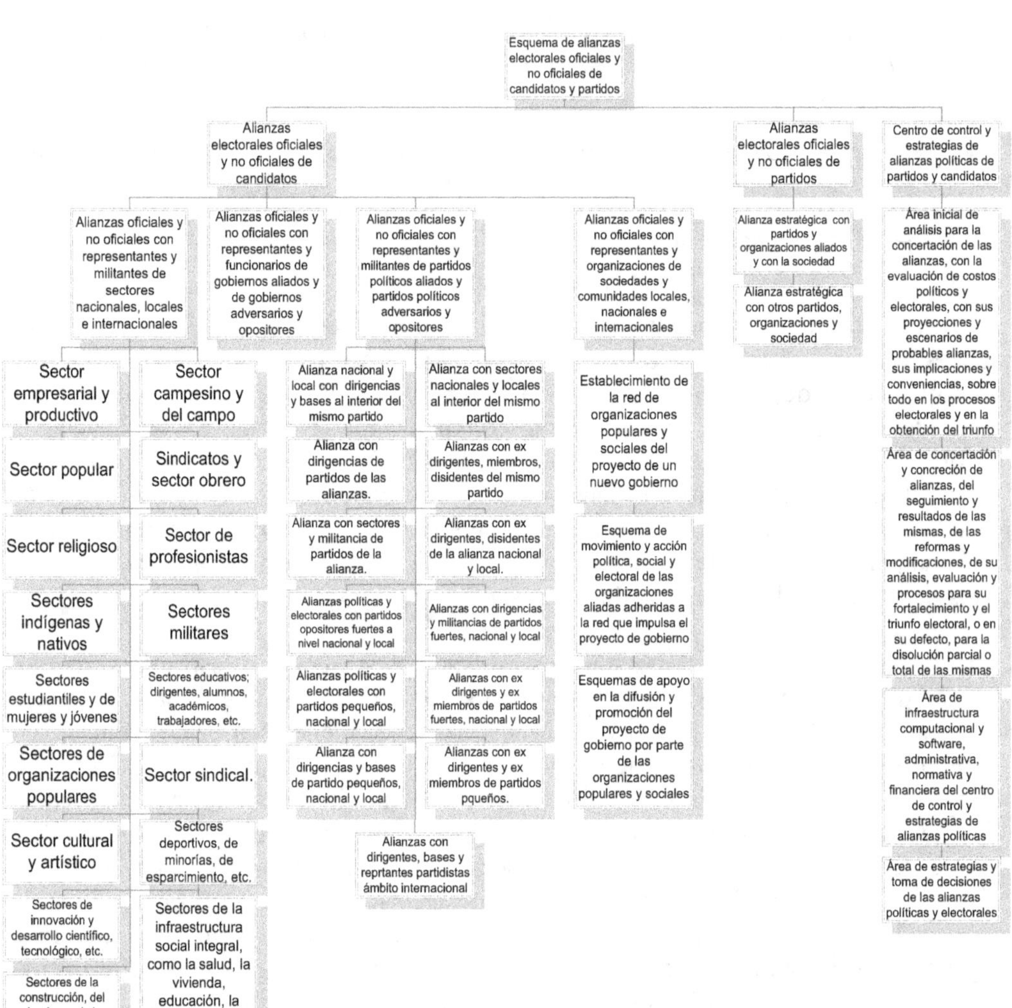

6. *Esquemas de selección de candidatos en procesos electorales*

El proceso de selección de candidatos partidistas es muy importante, ya que la presentación de una plataforma de candidatos capaces y de imagen de trabajo y honestidad ante la población puede impulsar favorablemente a los partidos políticos y a estos mismos candidatos. Es factible en la actualidad que la sociedad se incline por los candidatos antes que por los partidos políticos. Sin embargo, algunos partidos políticos han mostrado en los procesos políticos y electorales su estructura, movilidad y propuestas con triunfos que acercan a sus candidatos con aquellos que son considerados más fuertes, y esto habla bien del trabajo político y partidista de los dirigentes, candidatos, militantes y aliados. De acuerdo a las leyes electorales, los partidos políticos eligen a sus candidatos para representar a la población, sin embargo, en su generalidad, estas propuestas no han gustado a la ciudadanía. Por tanto, como esta no tiene mucho de dónde escoger, su decisión ha demostrado esta inconformidad con grandes abstenciones del voto electoral, que llegan a más de la mitad del electorado o con la anulación de sus votos. Esto es debido a que no se sienten a gusto con lo que los partidos políticos les están ofreciendo, y no se sienten verdaderamente representados por ningún candidato ni partido. Con estos escenarios se tienen ya grandes riesgos de falta de representatividad partidista, sin embargo, esta es la vía por la cual se debe de escoger a los gobernantes y representantes populares, hasta que no surjan otras vías democráticas y jurídicas para estos mismos efectos. Los partidos políticos tienen diversos métodos para elegir a sus candidatos, uno es el de la asignación directa por parte de los sectores partidistas o de un consejo consultivo partidista, aunque la designación provenga del líder político de un contexto y se vuelva oficial mediante la designación democrática de estas instancias, lo que produce, por tanto, candidatos de una supuesta unidad partidista. Otro método es por medio de procesos de selección mediante campañas internas en las cuales los precandidatos tratan de triunfar mediante sus propuestas. Este método puede ser abierto a toda la ciudadanía o solamente a las militancias partidistas, las que emitirán su voto correspondiente. En otros esquemas de campañas políticas internas, los candidatos serán elegidos por medio de delegados políticos partidistas o por medio de un consejo consultivo partidista. Todos estos métodos pueden lograr una unidad fuerte o frágil, según el caso, pero también generan fuertes divisiones partidistas. En casi todos los casos, salvo en algunos países avanzados, los candidatos no tienen que pasar por ningún examen o prueba para ser precandidatos y después candidatos. Debido a esto, los partidos presentan en su generalidad candidatos incapaces y sin sentido común que, en caso de triunfar, producirán subdesarrollo, marginación, corrupción y una gran impunidad. Por eso la urgencia de establecer en todo ámbito procesos de selección unificados y sistematizados, para que los partidos estén obligados a producir candidatos capaces y con visión y que si representen a la gente.

Por estas razones las dirigencias de los partidos políticos deberán establecer procesos de selección de candidatos basados en los siguientes términos.

Esquemas de selección de candidatos en procesos electorales

6.1.   *Esquema de selección de la plataforma de candidatos emanados de partidos, alianzas, liderazgos y de la sociedad*

6.2.   *Esquema de aprobación y selección para los precandidatos, de acuerdo con exámenes y pruebas de personalidad, preparación, sentido común, etc.*

Veamos a continuación cada uno de estos esquemas de selección de candidatos.

6.1. *Esquema de selección de la plataforma de candidatos emanados de partidos, alianzas, liderazgos y de la sociedad*

- *Plataforma de candidatos de los partidos políticos con fortaleza, imagen y militancia*

- *Plataforma de candidatos de los partidos involucrados en una alianza estratégica, con imagen, militancia y buenas expectativas de triunfo*

- *Plataforma de candidatos de los partidos políticos y de los partidos involucrados en la alianza, que impliquen compromisos ineludibles y representen todo tipo de posibilidades favorables del voto, incluido el voto corporativo e inducido*

- *Plataforma de candidatos escogidos de la sociedad, con trayectoria personal o profesional que implique aceptación de la ciudadanía y que renueven los cuadros partidistas*

- *Plataforma de candidatos con preparación y visión, tanto escogidos de la sociedad como de los mismos partidos políticos y de los liderazgos populares reales, que puedan llevar a cabo las tareas partidistas y de gestión en los congresos y gobiernos correspondientes, por su capacidad y conocimientos*

- *Plataforma de candidatos con liderazgo en comunidades y poblaciones, queridos por el pueblo, pero que cuenten con determinada capacidad y razonamiento para generar trabajo político y electoral, además de trabajo efectivo legislativo y de gobierno*

- *Plataforma de candidatos que anteriormente hayan ocupado cargos públicos, puestos de elección popular, etc., y que en su gestión hayan tenido una alta aprobación por la población y que cuenten con buena imagen y preparación*

Esta es una fórmula que, de forma conjunta, puede generar una plataforma de candidatos diversos con capacidad e imagen, ampliamente aprobados y reconocidos por la población, que impliquen renovación de los partidos políticos. Esto mostrará también que se escoge a los mejores y más preparados candidatos para que puedan gobernar y legislar, y para lograr el desarrollo integral y el beneficio de la sociedad.

En este esquema quedarán descartados tanto los que son como los que hayan sido gobernantes, legisladores y funcionarios con mala imagen y falta de preparación, además de mostrar corrupción, deshonestidad y prepotencia, entre otros aspectos, en sus gestiones correspondientes, ya que esto implica una desaprobación total de la sociedad. También quedarán eliminados aquellos líderes comunitarios y sociales sin preparación ni capacidad de gobernar, legislar y trabajar para el desarrollo integral, incluso aun cuando éstos mantengan una probable base de votos corporativos por medio de la presión y coacción hacia sus miembros y comunidades. Se deberá informar a la sociedad del porqué no se escogió a estos personajes como candidatos, lo que indicará el cambio favorable de los partidos políticos de todo ámbito. Otros que quedarán descartados, siempre que no cuenten con la capacidad necesaria, son los parientes, amigos, caciques, compadres y compromisos, sin embargo, si algún personaje de estos tiene la capacidad, preparación y perfil, sí debe de ser apoyado y aprovechado para integrarse a su partido y a la plataforma de candidatos partidistas, porque indudablemente sabrán trabajar con calidad, voluntad y compromiso.

A todos estos aspectos habrá que darles una amplia difusión en los medios de comunicación, para que la gente se entere que los partidos escogen a los mejores candidatos para el beneficio de la sociedad, porque esto ayudará a inducir el voto a favor de determinados candidatos. Otro esquema fundamental para escoger a los candidatos, incluso sobre los que ya fueron escogidos políticamente, de acuerdo con los conceptos anteriores, es el de establecer un proceso de pruebas diversas que deben de ser aprobadas como un paso final para que los precandidatos puedan aspirar a obtener las candidaturas de un partido. Deberá difundirse ampliamente este proceso de selección y aprobación de candidatos, porque el pueblo debe saber que se escogerán a los mejores candidatos en base a diversos procesos de selección y a un sistema de aprobación de la capacidad para gobernar, legislar y trabajar para generar desarrollo integral y para el beneficio de la sociedad. Al ver estos esquemas, la sociedad decidirá qué partidos, que candidatos y que plataformas partidistas le presentan las mejores opciones y fórmulas para el desarrollo, por lo que su decisión seguramente se inclinará hacia quienes le presenten propuestas responsables y comprometidas para el beneficio popular y el desarrollo de su país y sus regiones.

La difusión masiva del proceso de selección de los partidos políticos y de que se le está ofreciendo a la población los mejores candidatos, indudablemente que va impactar en todo ámbito, sin embargo, aún existen comunidades que son manejadas políticamente por líderes caciques que influencian la decisión del voto popular. Por esta razón habrá que establecer estrategias partidistas en las que los líderes y militantes de un partido y de sus alianzas se trasladen a las comunidades para presentar sus propuestas e informar a la gente de forma directa quiénes son y porque deberán ser sus candidatos y así evitar cualquier imposición. El proceso de selección deberá de incluir una serie de requisitos que serían los que enseguida se presentan.

6.2. *Esquema de aprobación y selección para los precandidatos, de acuerdo con exámenes y pruebas de personalidad, preparación, sentido común, etc.*

- *Examen toxicológico para evitar que individuos que utilicen drogas y alcohol puedan dirigir, legislar, gobernar o trabajar de forma inconveniente*

- *Examen psicométrico para evitar que individuos con problemas mentales y con falta de capacidad para coordinar esquemas de organización y de visión puedan gobernar y legislar a la sociedad*

- *Examen de capacidad y organización, para obtener a los mejores elementos, que puedan dirigir, organizar, administrar, etc., y así tener la visión, la coordinación, el sentido común y la voluntad para llevar a cabo su trabajo de la mejor forma, tanto para gobernar como para legislar o trabajar en diversos gobiernos*

- *Examen básico de conocimientos, simplemente para saber si tienen conocimientos de su historia, geografía, cultura, relaciones, lógica, biología, etc., para que contemos con elementos que le saquen mayor provecho a los ejemplos históricos y culturales y puedan asimismo manejar esquemas de la geopolítica, de las proyecciones y escenarios, etc.*

- *Esquema de encuestas con la población para saber si conocen a los precandidatos y de sus capacidades y propuestas. (Estas encuestas no serán determinantes, ya que habrá personas que no sean conocidas por el grueso de la población, sin embargo, con un eficiente proceso de difusión y propaganda se logrará su introducción ante la población)*

Con estos esquemas de selección de candidatos, de mayor exigencia, por medio de diversos exámenes y procesos partidistas con visión y compromiso, se logrará obtener en todo tiempo y en las campañas electorales a los mejores candidatos de los partidos políticos y sus alianzas. Así la gente sabrá que cuentan con verdaderos candidatos escogidos por su capacidad, integridad y compromiso para representar a la población y para gobernar, legislar y trabajar para el desarrollo integral y el beneficio popular. De hecho, estos esquemas deberán de ser propuestos como una iniciativa de los mismos partidos políticos, candidatos y gobernantes ante las instituciones electorales y los congresos de un país y sus entidades para ser integrados en las leyes políticas y electorales respectivas. Lo anterior, para que sean implementados y aplicados obligatoriamente por los partidos políticos para seleccionar a sus candidatos a todos los cargos de representación popular.

Con este esquema los partidos políticos contarán con plataformas de candidatos que les posicionen favorablemente ante la población, porque de otra forma, una plataforma partidista de candidatos débiles o problemáticos, cuestionados por la gente y desechos de otros partidos, en lugar de beneficiar disminuirán la fuerza y representatividad partidista y afectarán considerablemente las expectativas de triunfo, aun siendo partidos políticos grandes y fuertes.

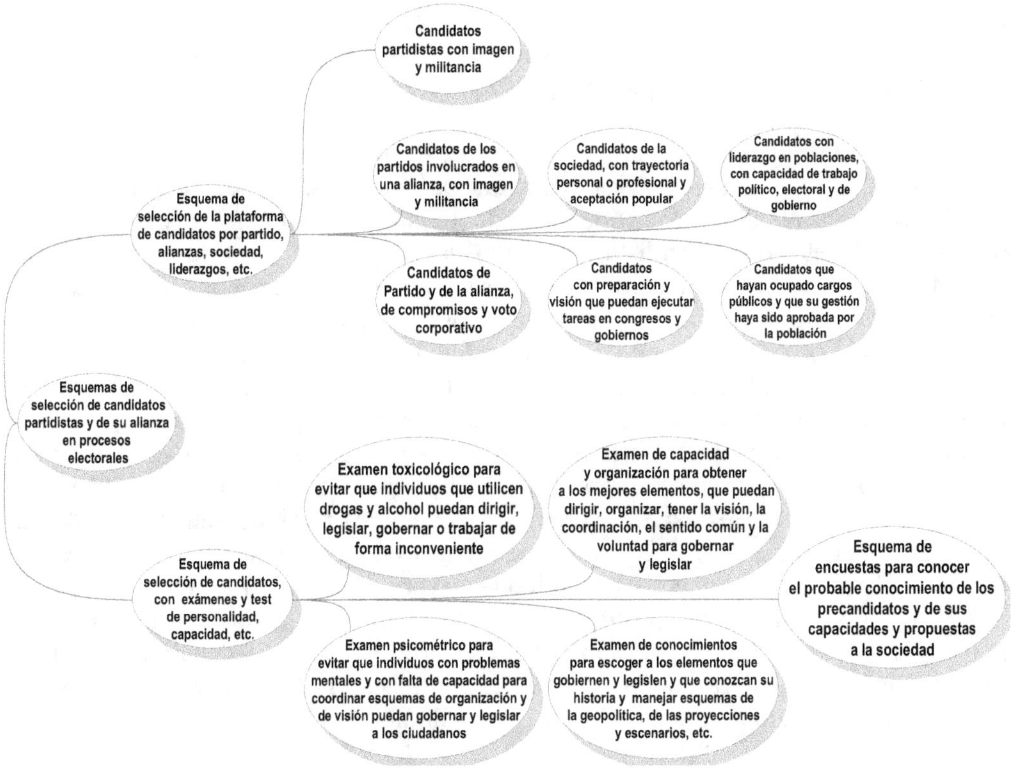

Candidatos partidistas con imagen y militancia

Candidatos de los partidos involucrados en una alianza, con imagen y militancia

Candidatos de la sociedad, con trayectoria personal o profesional y aceptación popular

Candidatos con liderazgo en poblaciones, con capacidad de trabajo político, electoral y de gobierno

Esquema de selección de la plataforma de candidatos por partido, alianzas, sociedad, liderazgos, etc.

Candidatos de Partido y de la alianza, de compromisos y voto corporativo

Candidatos con preparación y visión que puedan ejecutar tareas en congresos y gobiernos

Candidatos que hayan ocupado cargos públicos y que su gestión haya sido aprobada por la población

Esquemas de selección de candidatos partidistas y de su alianza en procesos electorales

Examen toxicológico para evitar que individuos que utilicen drogas y alcohol puedan dirigir, legislar, gobernar o trabajar de forma inconveniente

Examen de capacidad y organización para obtener a los mejores elementos, que puedan dirigir, organizar, tener la visión, la coordinación, el sentido común y la voluntad para gobernar y legislar

Esquema de selección de candidatos, con exámenes y test de personalidad, capacidad, etc.

Esquema de encuestas para conocer el probable conocimiento de los precandidatos y de sus capacidades y propuestas a la sociedad

Examen psicométrico para evitar que individuos con problemas mentales y con falta de capacidad para coordinar esquemas de organización y de visión puedan gobernar y legislar a los ciudadanos

Examen de conocimientos para escoger a los elementos que gobiernen y legislen y que conozcan su historia y manejar esquemas de la geopolítica, de las proyecciones y escenarios, etc.

En todo tiempo y proceso electoral los partidos políticos deben de contar con representaciones en todas las instancias que marquen las leyes, por lo que se tendrán representaciones partidistas ante las diversas instancias electorales nacionales, estatales, municipales y locales, según el país, para generar toda la actividad, movilidad y resultados respectivos. Esta representatividad partidista estará a cargo de diversos elementos especializados en los procesos y actividades de las diversas áreas que se tienen que cubrir, ya sea ante instituciones, consejos o tribunales electorales como ante las casillas electorales los días de elección y en las diversas instancias y tiempos que se especifiquen política y normativamente.

Esta normativa es aplicada en su generalidad de forma cuantitativa y estructural por los partidos políticos grandes y las coaliciones amplias, que pueden cumplir con el 100% de representantes de partido en todo tiempo y en todas las instancias de representación electoral partidista, así como en las casillas electorales registradas para el día de la elección. En cambio, los partidos políticos pequeños que no cuenten con una gran infraestructura ni con alta representatividad ciudadana para tener representantes partidistas en todas las instancias electorales, en todo tiempo, solamente podrán cubrir de forma parcial esta representatividad. Se tiene como ejemplo el caso de las casillas electorales colocadas en todo un país, en las que no se podrán tener representantes partidistas en todas ellas, salvo en un determinado porcentaje, por lo que solo se cumplirá de forma parcial con esta normatividad. Sin embargo, en cuanto a los aspectos cualitativos, algunos partidos han sufrido de un descontrol total con sus representantes partidistas en las diversas instancias de los procesos electorales, lo que ha permitido que varios de ellos no cumplan con su misión por diversas razones, entre ellas por falta de capacidad, de compromiso o porque se vendieron a otras instancias. Los partidos políticos deberán de cuidar mucho estos aspectos, ya que esto puede causar hasta perdidas de elecciones si se producen las condiciones que lo permitan en cualquier tiempo y ámbito.

También se podrán generar deslealtades de los representantes de un partido, ya sea en una casilla electoral, en un instituto local, o en una reunión rural o local, e incluso hasta en los más altos escenarios y por medio de los más prominentes dirigentes y funcionarios de un partido. Los partidos políticos deben tener los esquemas para evitar que se produzcan estos aspectos que definitivamente mancharán la imagen de estos líderes, funcionarios y representantes partidistas y provocarán divisionismo, inconformidad y fracturas en los mismos partidos políticos, además de derrotas electorales en todo ámbito. Por tal razón será importante contar con un centro de control de actividades de los representantes de partido, en todo tiempo y en los procesos electorales, que será fundamental para disminuir las inconsistencias que provocan las desviaciones del voto favorable partidista.

Será necesario contar con un esquema de selección de representantes de partido ante las instancias correspondientes al contexto, así como de control y seguimiento de sus actividades y funciones, para evitar que se nombren representantes al vapor, sin identificación partidista ni valores, y solamente para cumplir con los espacios normativos de representatividad partidista. Para estos efectos se contará con un centro de control, seguimiento, selección, evaluación y resultados de los representantes electorales de los partidos políticos y de sus alianzas ante las instancias electorales correspondientes, en todo tiempo, especialmente en los procesos electorales locales y nacionales o federales, y sobre todo en elecciones para gobernantes y presidentes, por su gran importancia. Veamos ahora cuales son los aspectos fundamentales a cuidar para que los representantes de partido trabajen de forma eficiente, cumplan con sus tareas y objetivos y sean totalmente confiables y evitar al máximo, entre otros aspectos, que traicionen a sus candidatos y partidos por cualquier razón.

7.1. *Centro de coordinación y análisis de representantes partidistas electorales (CECOAREPEL)*

El centro de coordinación y análisis de los partidos políticos contará con los esquemas y espacios relacionados a las áreas de todas las instancias en las que se desempeñan los representantes partidistas, para la captación y vaciado de la información y los análisis respectivos. Aunque parezca exagerado llevar un control, análisis y seguimiento de todos los representantes y sus actividades, en todo tiempo y ante toda instancia, este aspecto está debidamente fundamentado, por la seguridad y los resultados que se necesitan lograr por parte de toda representación partidista.

La implementación de esta infraestructura de coordinación y análisis de la actividad de los representantes partidistas dará certeza a estos aspectos. Debido a esto, valdrá el esfuerzo la implementación de una infraestructura física y normativa que contenga los espacios de los rubros específicos para llevar a cabo un seguimiento puntual de la información de las actividades de todos los representantes partidistas propios e incluso aliados y adversarios. Este sentido de control, vigilancia y evaluación del trabajo de los representantes les obligará a rendir eficientemente y les hará más difícil o imposible trabajar para los adversarios y traicionar a sus instancias partidistas. La vigilancia, control y evaluación serán algunos de los aspectos que tendrán que seguir todos los representantes partidistas, además de las sanciones y los reconocimientos que puedan tener debido a su trabajo y actuación. La confianza y seguridad en el trabajo de los representantes de partido no puede establecerse por ser recomendados por determinados dirigentes o amigos de estos, porque aun así deberán someterse a esta normatividad de seguimiento y control, ya que, de no ser así, implicaría un descontrol que impida la eficiente acción política necesaria de esta estructura partidista.

Los representantes partidistas llegan a tener influencia política y electoral con algunas o varias personas y grupos representantes de las instancias electorales y de los otros partidos políticos, en base a sus relaciones y a su trabajo de meses y años. Estas relaciones podrán ser utilizadas de acuerdo a sus conveniencias y necesidades y no a las de su partido. Se podrá lograr una red de afinidades, coincidencias y amistades con los líderes y representantes de organizaciones, colonias y sectores políticos y sociales, para que, en determinados casos, inducir el voto corporativo en estos sectores a favor de quien designen sus líderes, en base a la negociación entre estos y los representantes de partido. Lo anterior podrá ser por instrucciones de su partido o por intereses y negociaciones de estos representantes partidistas con otros partidos e instancias. Por estas razones está más que justificada la implementación de un esquema de control y seguimiento de estos representantes partidistas.

El objetivo fundamental de este centro de control será el de realizar un seguimiento preciso de las actividades de estos representantes, mediante esquemas estrictos de evaluación de resultados para determinar si son capaces y confiables en este cargo de representación, para así contar con un cuadro de representantes leales, capaces y de compromiso con su partido. En las campañas electorales será prioritario contar con representantes de partido y de sus alianzas que sean altamente confiables, reconocidos, preparados y que no puedan ser comprados por gobiernos y opositores, lo que sin duda generará un proceso con seguridad y tranquilidad en el trabajo y los resultados de estos representantes que, en caso de corresponder, deberán de ser reconocidos y premiados. Veamos ahora los diversos esquemas que deben de manejar las áreas de este centro de control y seguimiento de los representantes de partido.

- *Esquema de investigación, análisis y selección de representantes de los partidos políticos y de las alianzas correspondientes*

- *Esquema de registro, control, seguimiento y resultados de los representantes de partido ante las instancias correspondientes*

- *Esquema de evaluación y análisis de la actuación y el trabajo político y electoral de los representantes de partido y sus alianzas*

- *Esquema de sustituciones, cambios y sanciones de los representantes de partido*

- *Esquema de reconocimientos, ascensos, retribución y premios de los representantes de partido*

- *Esquema de estrategias, escenarios y proyecciones de los representantes partidistas para la toma de decisiones y los triunfos electorales*

- *Modificación de la ley electoral para la presencia en casillas electorales de los representantes de partido*

A continuación, se observará, de forma breve, cuáles serán los objetivos y los procesos de cada uno de estos esquemas para generar la confiabilidad y la eficiencia en las actividades y en los resultados de los representantes de partido.

7.1.1. *Esquema de investigación, análisis y selección de representantes de los partidos políticos y de las alianzas correspondientes*

Este esquema básico partidista implementará una búsqueda entre la militancia, la ciudadanía y los miembros y dirigentes de partido y de sus alianzas, para encontrar y elegir a los mejores hombres de las instancias, comunidades y entidades, para que representen a los partidos y sus alianzas en todos los procesos electorales en todo ámbito. Esta investigación estará basada en el currículum, reputación, honestidad, forma de ser, sentido común y capacidad de las personas, las que serán preseleccionadas de una amplia lista de propuestas basadas en diversos aspectos como convocatorias, exámenes diversos, esquemas de selección y recomendaciones por conocimiento de su capacidad y solicitud para ser representantes partidistas.

De acuerdo a este esquema, se generará un análisis de decisión, basado, de forma conjunta, en los resultados de los diferentes exámenes que deberán de presentar los candidatos a ser representantes de partido y a su currículum, capacidad, sentido común, voluntad y visión. De acuerdo a esto, serán preseleccionados para ser representantes de partido los que obtengan las mejores puntuaciones, eliminando a quienes hayan quedado debajo, pero que podrán volver a competir en los siguientes ciclos de selección de representantes. Estos exámenes serán de conocimientos y capacidad, toxicológicos, psicométricos y de personalidad, además de entrevistas, y se aplicarán de acuerdo a los tiempos, normativas y procesos electorales.

Posteriormente, y en base a los resultados de los exámenes, se llevará a cabo una entrevista con un panel de decanos, dirigentes y militantes de experiencia de los partidos políticos, y en su caso de las alianzas en turno. Este podrá ser un panel de cuatro o cinco personas que se entrevisten con cada uno de los preseleccionados, para que finalmente se elabore una lista con las propuestas de representantes y sus suplentes, que será transmitida a la dirigencia y a los liderazgos de partido para su aprobación final.

La dirigencia y los liderazgos de partido tendrán que avalar todos estos procesos y sus resultados, por lo que la aprobación final tendrá que ser de trámite. En cambio, si los dirigentes no respetan los resultados y eliminan a algunos de los representantes seleccionados a través de este proceso para introducir amigos, parientes, compadres y recomendaciones, aunque estos sean capaces, se caerá en riesgo de no conseguir la mejor propuesta de representatividad, seguridad y confianza para los partidos políticos. Esto desprestigiará la seriedad de este estricto proceso de selección.

Salvo algunas excepciones, podría darse la destitución de algunos elementos por parte de la dirigencia partidista, ya que la selección de los representantes provendrá de un proceso sistematizado implementado por los mismos partidos políticos para establecer esquemas de seguridad y confianza en sus representantes partidistas en todo tiempo y en los procesos electorales.

7.1.2. Esquema de registro, control, seguimiento y resultados de los representantes de partido ante las instancias correspondientes

Posterior a la designación de los representantes de partido se procederá a su registro en el propio partido y ante la alianza correspondiente. Esto será para llevar a cabo su capacitación en todos los aspectos y conceptos de representación partidista ante las instancias electorales, partidistas, gubernamentales y ante los procesos electorales y en las casillas electorales, para que cuenten con la preparación adecuada y eficiente que les permita llevar a cabo su función con capacidad y conocimientos, aunado a su voluntad y visión. Con esto se tendrán cuadros altamente preparados para la actividad de representación partidista en todos los diferentes escenarios políticos y electorales de todo sistema político, en cualquier país y sus regiones.

Este esquema contará con un software que contendrá el programa de control, seguimiento y generación de resultados de la actividad de los representantes de partido. Todas las actividades de estos representantes deberán de ser reportadas y concentradas en formatos sencillos conteniendo los aspectos cualitativos y cuantitativos correspondientes, para que esta información sea vaciada en los diferentes espacios de los rubros específicos de este software, el cual también contendrá esquemas y gráficas de análisis por actividad y por grupo de actividades y desempeños globales y particulares. Este software producirá escenarios basados en las proyecciones del funcionamiento y de los resultados de estos representantes partidistas, para su evaluación y generación de reconocimientos o amonestaciones.

Este software mantendrá al día y en tiempo justo la información de las actividades de los representantes de partido. Indicará su localización, si están en proceso electoral o no, si están en capacitación o no, o si están en reuniones, foros o eventos, con una información cualitativa breve y sencilla de cada una de sus participaciones políticas y electorales, además de la información cuantitativa respectiva. Esta amplia información permitirá, por medio de gráficas y el seguimiento cualitativo y cuantitativo, evaluar la actividad y los resultados parciales y totales de los representantes. Se podrán analizar estas actividades y sus resultados para mantener el objetivo, corregir diversos aspectos, apoyar a los representantes, o en su defecto llamarles la atención, e incluso sustituirlos si su trabajo no es el adecuado o si se tienen sospechas e inseguridad de su comportamiento y procedimiento.

Este software contará con los informes de los representantes de partido, además de los reportes de determinadas personas elegidas específicamente para que de forma anónima observen el desenvolvimiento de estos representantes en todas sus instancias, con la finalidad de lograr una información imparcial y equilibrada, la cual permitirá, conjuntamente con otras informaciones, lograr una evaluación integral de estos representantes. Estas calificaciones servirán para felicitar, reconocer e impulsar a los mejores elementos, así como para corregir y recomendar a los elementos irregulares y para despedir a los elementos de baja calidad en sus actuaciones, en su trabajo y en su participación.

7.1.3. *Esquema de evaluación y análisis de la actuación y el trabajo político y electoral de los representantes de partido y sus alianzas*

El software contendrá un esquema para recabar la información de los representantes de partido y de la alianza respectiva, así como de las personas designadas anónimas para calificar la participación de los representantes en los diversos campos de su actividad política y electoral. Este software constará de una serie de conceptos y espacios que contendrán toda la información que permitirá llevar a cabo el análisis y la evaluación del trabajo político y electoral, así como partidista de los representantes. Esta evaluación se basará en los análisis cualitativos y cuantitativos, así como en las gráficas y proyecciones que día a día se generan por la información recabada, además de los resultados que obtienen estos representantes en las diversas instancias en que se desenvuelven. La evaluación y análisis será de forma integral para los representantes de partido tanto en el resultado de sus actividades en base a su propia información, como con la información de los enviados especiales anónimos y de los resultados que se obtengan en los diferentes escenarios en los que se desenvuelven estos representantes. Para quienes cumplan y para quienes fallen habrá un esquema que les reconozca o que les corrija o sustituya, según el caso.

7.1.4. *Esquema de sustituciones, cambios y sanciones de los representantes de partido*

Este esquema se basará en los resultados de cada uno de los representantes en sus intervenciones en los diversos escenarios políticos y electorales en los que deben de trabajar. Por ejemplo, si sus resultados son bajos o muy bajos, sin posibilidades de mejora, entonces se procederá a sustituir, con agradecimiento, al representante de partido, para ubicarlo en otras actividades partidistas de menor envergadura, que puede ser la pega de propaganda o integrarse a brigadas de propaganda en calles y centros de reunión poblacional, etc.

Se procederá asimismo a escoger a otros posibles candidatos emanados del esquema y de las áreas de preselección de candidatos, sobre la base de los exámenes respectivos, para establecer un sustituto que será el nuevo titular y representante de partido en determinados procesos políticos y electorales.

Algunos representantes partidistas solamente podrán ser sancionados de forma temporal o con amonestaciones, siempre y cuando su actividad o su comportamiento así lo ameriten, sin embargo, quizás puedan continuar siendo representantes partidistas o ser sustituidos, siempre de acuerdo a las calificaciones o a la irregularidad de su comportamiento y actividad.

En fin, podrá haber infinidad de sanciones y amonestaciones, sin embargo, las sustituciones de los representantes se basarán exclusivamente en su comportamiento, resultados y calificación baja o muy baja, porque el objetivo será contar con los mejores representantes, con voluntad y visión para llevar a cabo su trabajo, así como la lealtad hacia su partido y sus dirigentes.

Es importante que a todo representante de partido que se le sustituya, sancione o amoneste, se haga de la mejor forma, con sensibilidad y sentido común, buscando que estas personas, que son militantes de partido o simpatizantes del mismo y de los candidatos, sigan colaborando con la actividad partidista y de sus alianzas. Esto será debido a que pueden tener otras capacidades y talentos que pueden ser explorados y explotados en beneficio de un partido político y con la finalidad de que ellos sientan que colaboran con los triunfos electorales. Esta forma partidista de proceder tendrá mucha difusión, especialmente de comunicación personal, e indudablemente será aprobada por toda la población, ya que con esto se muestra que los partidos políticos y los candidatos apoyan a sus militantes al ser considerados para realizar diversas actividades partidistas en la búsqueda del triunfo electoral.

7.1.5. Esquema de reconocimientos, ascensos, retribución y premios de los representantes de partido

El sistema del software del centro de análisis y resultados de las actividades de los representantes de los partidos políticos en las diversas instancias políticas y electorales, así como sociales, generará diversas calificaciones que también podrán ser regulares en algunos de los casos y eficientes y muy eficientes en otros casos.

Las calificaciones bajas y muy bajas equivalen a sanciones, sustituciones y cambios de los representantes partidistas hacia otras áreas, mientras que las calificaciones regulares permitirán llevar a cabo un proceso de más capacitación, apoyo y trabajo, con la finalidad de que mejoren su comportamiento, su procedimiento y sus resultados, y generen una mayor productividad favorable a los partidos.

En cambio, a los representantes de partido que generen trabajos de eficiencia, excelencia y de alta calidad, serán sujetos a reconocimientos públicos con premios y retribuciones e incluso con ascensos en cuanto terminen determinados ciclos y procesos electorales que deban de llevar a cabo, además de que se les podrá considerar como inspectores y maestros preparadores de los nuevos representantes de partidos. También podrán ser ascendidos en el cuadro de dirigentes de los partidos políticos y sus alianzas, e incluso, en algunos casos que lo ameriten, podrán integrarse a los cuadros de los gobiernos emanados de sus partidos políticos o también podrán ser candidatos a cargos de elección popular.

Los premios serán tantos como la dirigencia los proponga, sin embargo, siempre habrá que dar el reconocimiento a quienes tengan trabajos eficientes, además de merecer sus ascensos o premios respectivos, siempre con sensibilidad y sentido común. Será importante establecer un esquema de amplia difusión en los medios de comunicación, para que la ciudadanía observe cómo los candidatos trabajan con sus representantes, con buen trato, con respeto y apoyo, para que se desarrollen en sus diversas actividades partidistas. Indudablemente que estos aspectos serán reconocidos y aprobados por toda la sociedad y esto implicará una mayor atracción y simpatías para coadyuvar con el triunfo de los candidatos y sus alianzas en los diversos procesos electorales de todo ámbito y tiempo.

7.1.6. *Esquema de estrategias, escenarios y proyecciones de los representantes partidistas para la toma de decisiones y los triunfos electorales*

Los partidos políticos y sus alianzas establecerán estrategias de posturas en todas las instancias políticas y electorales a las que acudan sus representantes, mediante análisis, evaluaciones y proyecciones que les permitan obtener los mejores resultados y actuaciones. En el caso de los representantes partidistas en las casillas electorales, cuya actividad es prioritaria y fundamental, por la importancia de los resultados, será básico contar con la certeza y confianza del desenvolvimiento de estos representantes. Esto porque ha habido muchas historias en todo tiempo y ámbito, de que se han negociado los resultados electorales por diversas razones, por lo que siempre estará latente la posibilidad de que se pueda repetir en cualquier país y tiempo. Por este motivo, el día de la elección, será importante enviar al menos a otros dos visores partidistas para que estos estén presentes toda la jornada electoral en la casilla de votación respectiva y vigilen la actividad de sus representantes de casilla para evitar cualquier sorpresa desagradable. En caso de que estos representantes actúen en contra de su partido, se procederá a las denuncias en su misma casilla y ante las representaciones electorales respectivas, y en su caso, ante los tribunales electorales. Debido a esto, será necesario permitir, de acuerdo a la ley, que, al inicio del conteo de los votos, puedan acceder otros dos representantes más por partido a la casilla electoral y vigilen que el conteo se haga de forma eficiente.

Estos otros representantes partidistas podrán observar todo el proceso de conteo para establecer el resultado de la votación en esa casilla electoral y se les deberá de otorgar una copia oficial de estos resultados, con el objetivo de contar con mayores elementos para evitar cualquier fraude o modificación a las actas de resultados. Será importante establecer estrategias en el rubro de la vigilancia de la representación partidista en todo proceso electoral, que, aunque algunos países avanzados no las necesiten, por su seguridad jurídica y sus métodos electrónicos de conteo, la mayoría de los países, y más en sus regiones y localidades subdesarrolladas, si las necesitarán, para evitar actividades partidistas deshonestas y fraudes electorales.

7.1.7. *Modificación de la ley electoral para la presencia en casillas electorales de los representantes de partido*

Entre las propuestas de modificación a las leyes electorales que competen a los representantes de partido, será fundamental, como se ha comentado, que puedan estar presentes en las casillas electorales al menos otros dos representantes por partido político. Se dejará la voz y voto al representante original, aunque estos dos nuevos representantes podrán establecer quejas y propuestas que podrán ser consideradas por todos los representantes titulares de casillas. Estos dos nuevos representantes de partido en las casillas electorales vigilarán todo el tiempo los procedimientos, y al final vigilarán la suma de los votos y el resultado electoral y podrán obtener una copia de los resultados de la votación final de la casilla electoral. Lo anterior para que exista una mayor vigilancia, incluso entre representantes de partidos diferentes y entre los representantes del mismo partido, para evitar diversos aspectos negativos que puedan cambiar el resultado de la votación de la ciudadanía.

La vigilancia extrema cuando se suman los votos el día de la elección impedirá que se generen fraudes, y en caso de que se generen, se tendrá que gastar más porque existirán más personas en las casillas electorales y probablemente los recursos sean insuficientes para cubrir lo que se podía cubrir con solo un representante de partido y los representantes ciudadanos. También podrá especificarse que, a la hora de la suma de los votos electorales, la ley electoral indique que se adhieran a la mesa de trabajo un panel de al menos cinco ciudadanos neutrales para que sean observadores de los votos y asimismo rubriquen los resultados en el acta electoral. Existen muchas más propuestas de mejora de los esquemas actuales para el día de la votación y la elección. En la actualidad, en la gran mayoría de los países y sus regiones, no es posible por diversas razones, principalmente de recursos y financiamientos, de capacitación y de obtención de tecnologías y sistemas de comunicación diversos, satelitales y digitales, además de electrónicos, computacionales y de software. Es fundamental, a cualquier costo, cambiar los actuales esquemas de votación y su conteo artesanal, así como el tránsito de sus resultados, por sistemas de vanguardia que establezcan eficiencia, inmediatez y seguridad en todo proceso electoral.

En algunos países avanzados e incluso emergentes se usan sistemas de votación electrónicos y digitalizados, por medio de satélites y de la red de Internet para transferir toda la información, con la seguridad respectiva, al instante y desde que se va generando. Esto se logra mediante un software especializado que permite a las autoridades electorales conocer el resultado parcial de la votación en todo momento e incluso el resultado final hasta antes del cierre de las casillas de votación, debido a que determinados partidos y candidatos ya no podrán ser alcanzados por sus adversarios. Será importante que, aunque se tengan estos sistemas avanzados de votación y obtención de resultados por parte de los sistemas de las instituciones electorales, esta información no se dé a conocer a nadie durante el proceso de votación, solo hasta después del cierre oficial de casillas, salvo a las autoridades electorales. Esto se deberá a que la ciudadanía podría influenciarse de acuerdo con el desarrollo de la votación. Esta influencia podría cambiar o reafirmar su voto, con lo que esta especulación basada en estos resultados que se van generando también podría cambiar el rumbo de una elección y la historia de un país y sus entidades.

Este sistema computarizado y electrónico puede generarse y establecerse en un futuro en todos los países del mundo y en sus regiones y localidades, para que la democracia sea verdadera y representativa en esos ámbitos, pero debemos esperar a que las condiciones científicas, técnicas y tecnológicas y de recursos diversos permitan su implementación y aplicación.

8. *Esquema de difusión y promoción electoral*

Como ya se comentó anteriormente, este concepto, por ser de importancia básica y fundamental está contenido en la mayoría de los esquemas de estrategias políticas, electorales y de gobierno, y debido a esto, existirán varias menciones en los apartados que correspondan con sus respectivos esquemas y planteamientos y con sus características específicas de este rubro, sin embargo, en algunos esquemas se empatan y se pueden repetir los enunciados y procesos y, por tanto, sería reiterativo el volver a comentar los enunciados similares.

En el caso de este apartado se considera que este esquema se fusiona e integra con el esquema que ya se analizó en la pág. 41 en el punto siguiente: *"1.4. Estrategia de difusión y promoción en medios de comunicación"*, por lo tanto, se considera como ya comentado y analizado. Asimismo, se presentan otros aspectos de este importante rubro en el siguiente concepto: *"Sistema de Difusión y Promoción Estratégica"* en la página 258.

9. *Esquema de control y estrategias electorales*

ste esquema implica contar con una infraestructura que contenga un centro de control del sistema de estrategias electorales, que lleve a cabo el registro de las diversas actividades electorales de los partidos políticos y sus alianzas y candidatos. Este esquema es muy importante por la seguridad que genera en la planificación, realización y logro de actividades y resultados de todo concepto partidista y de cualquier rubro de actividades. En la mayoría de los partidos políticos del mundo, tanto en su estructura nacional como en la de sus entidades, municipios y localidades, este esquema de control y estrategias no es utilizado, ya que se da por hecho que cada área tiene especificadas estas funciones y atribuciones. Esto es así en algunos aspectos, pero estas funciones simplemente cumplen con los aspectos básicos de rendimientos y metas, más no con la generación de resultados globales y específicos de los aspectos políticos y electorales, de acuerdo con las necesidades de posicionamiento y movilidad política, y de acuerdo con los contextos. En la mayoría de los partidos, estas actividades de control y estrategias se generan de forma aleatoria y de acuerdo a cada área o a las decisiones cupulares, que no siempre se producen en los tiempos adecuados ni con los aspectos y estrategias necesarias para la obtención de los mejores resultados políticos y electorales. Sin embargo, en países y regiones avanzados, la implementación de todo sistema de control, planificación y estrategias es prioritario, ya que en estos se basa gran parte de la movilidad y acción partidista, al igual que en las posturas y definiciones políticas. Por tal razón, desde cada área estructural de importancia y en toda estructura general se deberá de contar con estos esquemas de control, planeación, estrategias y proyecciones partidistas.

El centro de control que nos ocupa y que tendrá que ver con todos los aspectos electorales partidistas contendrá las áreas y el software para funcionar de forma eficiente y sistemática. Para estos efectos contará con un director general y diversos coordinadores, de acuerdo con sus áreas, actividades y procedimientos electorales. Veamos enseguida las áreas de este sistema de estrategias electorales.

- *Esquema de enlace y coordinación del sistema de estrategias electorales de los partidos políticos y candidatos*

- *Esquema de infraestructura y de atracción y promoción del voto*
- *Esquema de responsabilidad de plataformas y propuestas electorales*
- *Esquema de alianzas electorales oficiales y no oficiales*
- *Esquemas de selección de candidatos en procesos electorales*
- *Esquema de representaciones electorales*
- *Esquema de difusión y promoción electoral*
- *Esquema de control y estrategias electorales*

Será básico para los dirigentes partidistas y candidatos contar con un área específica que obtenga y procese toda la información política y electoral de todo contexto, que sea analizada y evaluada para establecer los escenarios reales con sus proyecciones y resultados, de acuerdo a la implementación de diversas estrategias, y cuáles serían los costos políticos e impactos electorales. Será de gran importancia, por lo tanto, que estos líderes y actores políticos cuenten con esta información y sus proyecciones y costos políticos que les permita analizar y decidir de forma mesurada, razonada e inteligente lo que le daría a su partido político, a sus candidatos y a sus plataformas partidistas un mayor posicionamiento y reconocimiento popular. En cambio, como sucede en la actualidad en la mayoría de los casos, estos líderes partidistas tienen que generar sus estrategias y decisiones en base a la información que les llega de forma constante, pero sin los análisis especializados respectivos. Generalmente estas decisiones tienen que ser reactivas y de gran riesgo, debido a la urgencia de respuestas por los ataques de los adversarios, y esto repetido día a día provoca una falta de estrategia y planificación política, salvo en actividades específicas estructurales y administrativas. Esta situación hace que los partidos y candidatos se vean faltos de iniciativa, de estrategias y de movilidad política, además de mostrar una pasividad inercial que absorbe a todos los dirigentes y miembros de un partido. Esto implica, asimismo, una percepción ciudadana de que esos partidos no sabrán gobernar ni legislar y mucho menos abanderar las causas y necesidades populares.

Cada área de este centro de control del sistema de estrategias electorales obtendrá y procesará la información de todo ámbito, tiempo y proceso político y electoral, para que se generen informes cuantitativos y cualitativos de información global y específica día a día y también la información total en todos los aspectos, conceptos y campos de la actividad electoral y política. Esta información analizada generará recomendaciones, gráficas y proyecciones de los diversos escenarios, para que se pueda proceder a la mejor toma de decisiones por parte de las dirigencias y liderazgos de los partidos políticos, y también permitirá corregir los aspectos que no funcionen e impidan una dinámica efectiva de trabajo político y electoral.

El director de este centro, así como sus coordinadores y analistas generarán informes diarios de rutina e informes especiales en los días que correspondan, siempre y cuando así lo amerite la información especial de algunos eventos y posturas, así como la información acumulada negativa de diversos procedimientos de actividades de elementos y de partido. Estos informes permitirán generar escenarios que la dirigencia decidirá cuál de ellos se tratará de conseguir, de acuerdo con las sugerencias y recomendaciones del sistema y del centro de control, también para ser corregidos y para generar nuevas proyecciones en los procesos electorales, que permitan una mejor toma de decisiones. Este centro, por lo tanto, generará las estrategias partidistas y de candidatos en los aspectos electorales, siempre con la misión y el objetivo de buscar abanderar las causas y necesidades populares para el desarrollo integral.

Capítulo 3

Sistema de Integración y Atracción Ciudadana

Sistema de Integración y Atracción Ciudadana

1. *Esquema de estructura y estrategia de atracción sectorial y poblacional*

2. *Esquema de alianzas, integración y afinidad sectorial y popular*

3. *Esquema de interacción e interrelación sectorial y popular*

4. *Esquema de procesos de sensibilidad y respeto a sectores y población*

5. *Esquema de funcionamiento sistematizado, control de actividades y procesos sectoriales y populares*

6. *Esquema de difusión de actividades sectoriales y populares*

El sistema de integración y atracción ciudadana, tiene por objetivo integrar a toda la población a una plataforma partidista de propuestas y proyectos de gobierno de los partidos políticos, encabezada por candidatos con visión y con esquemas de políticas públicas para el desarrollo y el beneficio de la sociedad. Será fundamental contar con una infraestructura sistematizada de movilidad ciudadana que impulse el triunfo de los partidos políticos y candidatos, mediante esquemas de participación y acción política, social y electoral. Esta infraestructura funcionará en todo contexto, a nivel nacional, regional, estatal y local, siempre en coordinación con la oficina de acción política de los candidatos y de los partidos políticos y sus alianzas.

En este sentido, se deberá contar con una serie de factores básicos de conformación y propuesta ciudadana, como lo será un esquema e infraestructura de representación y movilidad ciudadana y partidista y una plataforma partidista de propuestas y proyectos de gobierno. También se deberá de contar con figuras de liderazgo, imagen, visión y capacidad, para que lleven las propuestas de las plataformas ciudadanas y partidistas y de sus alianzas al triunfo electoral. En base a este contexto, la población tendrá un papel fundamental, no solo con la decisión de su voto, sino que también mediante el ejercicio de un papel muy activo en los procesos políticos, sociales y electorales de su respectivo ámbito.

Este sistema, por lo tanto, se dividirá en una serie de esquemas que establezcan y organicen la participación ciudadana y de la sociedad civil, así como de los sectores y la población en general en los diversos procesos políticos. A continuación, se analizan de forma breve cada uno de estos esquemas y la forma de participación de la sociedad en estos procesos políticos, sociales y electorales.

1. *Esquema de estructura y estrategia de atracción sectorial y poblacional*

- *Red de organizaciones y sectores a favor de un nuevo gobierno eficiente, de sus candidatos y sus partidos políticos y alianzas*

- *Coordinación de la red de la sociedad con sus candidatos y su plataforma partidista de propuestas y proyectos de gobierno*

Será necesario contar con una infraestructura ciudadana de representatividad y acción política y electoral a favor de los partidos y candidatos, que propongan un verdadero beneficio popular y proyectos partidistas responsables para generar gobiernos eficientes. También será básico que esta infraestructura ciudadana actúe en dos conceptos, uno de forma sistematizada y otro en coordinación y conjunción con los lineamientos políticos partidistas en todo tiempo y en las diversas campañas electorales, siempre con el liderazgo de sus propios dirigentes ciudadanos y de los candidatos y líderes partidistas de estos proyectos. Esta estructura ciudadana, conformada por estructuras en todos los sectores sociales, tendrá la facultad de crecer hasta abarcar una amplia mayoría de la población y con esto, asegurar las expectativas y realidades para lograr los triunfos electorales.

Esta estructura ciudadana estará conformada por tres esquemas de trabajo, uno se conforma de militantes de los propios partidos y de los que conformen sus alianzas, en su caso, así como de ciudadanos simpatizantes de esta plataforma partidista de propuestas, con una amplia participación, movilidad y acción política y electoral integral. Un segundo esquema se conformará con ciudadanos simpatizantes de los partidos políticos y de sus alianzas, que impliquen una acción y movilidad política y social de carácter medio, es decir, que a veces puedan apoyar y asistir a manifestaciones y eventos y a veces no puedan, pero que su voto siempre estará a favor de este proyecto partidista de gobierno.

Una tercera vertiente será la de los ciudadanos neutrales con tendencias favorables hacia este proyecto partidista de gobierno y que puedan llevar a cabo actividad política y electoral baja, muy baja o nula. Sin embargo, se contará con su voto y con la posibilidad de que se integren a un esquema de mayor participación, incluso de participación alta, en la escala de movilización ciudadana política y electoral a favor de un nuevo proyecto partidista de gobierno eficiente. Este sector de ciudadanos neutrales, a pesar de que puedan no simpatizar con estos partidos, si puedan simpatizar con la figura y las propuestas de algunos candidatos y en la mayoría de los casos podrán decidir su voto a favor de esta alianza estratégica de propuestas y proyectos que si les han convencido.

Existirá también un contexto de ciudadanos que serán neutrales y que definirán sus preferencias de acuerdo a quienes serán los candidatos y cuáles serán sus propuestas. Incluso a estos ciudadanos podrá no gustarles alguno o ninguno de los partidos políticos y candidatos que conforman una alianza o algunos funcionarios que los rodean, pero pueden ser atraídos a favor de un proyecto partidista que coincida con sus intereses y con su visión. Por tal razón habrá que establecer acercamientos con estos grupos neutrales, para que conozcan los alcances de estas propuestas partidistas y convencerlos de adherirse a estos partidos y candidatos.

El otro escenario incluye a los ciudadanos que definitivamente son adversos a determinados partidos políticos por diversas razones y otros que son afines a otros partidos y que están integrados al voto duro de los mismos. Estos ciudadanos podrán ser independientes o estar o no afiliados o trabajar en gobiernos emanados de estos partidos. A este grupo de ciudadanos será necesario acercarse con una labor de convencimiento y propuestas para influir en su cambio de percepción, que será reforzada con el efecto de crecimiento de las expectativas a favor de determinados candidatos. Este efecto registrado en encuestas políticas puede influir en su decisión y cambiar el sentido de su voto, de acuerdo con esta nueva percepción del contexto.

- *Esquema de militantes, ciudadanos y población simpatizante de partidos que proponen un nuevo gobierno eficiente, (Voto duro de partidos políticos y aliados) para generar una amplia acción y movilidad política y electoral a favor de estas instancias*

- *Esquema de ciudadanos y población simpatizante de un nuevo proyecto partidista de gobierno eficiente, para generar acción y movilidad política y electoral de carácter medio, ya sea por su trabajo o porque no les guste ser participativos, etc., aunque ésta será siempre a favor de los candidatos de este proyecto*

- *Esquema de ciudadanos y población neutral que pueden tener simpatías por las propuestas de determinados candidatos de un proyecto de gobierno eficiente, aunque no necesariamente estén de acuerdo con los partidos, y que van a generar una acción y movilidad política regular y baja*

- *Esquemas de ciudadanos y población que por su posición partidista y gubernamental emanada de determinadas fuerzas políticas son opositoras o neutrales a la plataforma de partidos aliados, aunque sientan atracción por estas propuestas. Pero por su actividad laboral, profesional y personal, no puedan manifestar sus simpatías por estas instancias, por temor a perder sus trabajos o el de sus familias. Sin embargo, aunque no vayan a realizar ninguna actividad política y electoral pública, se tiene la tendencia favorable y su voto probable hacia estas plataformas.*

- *Esquemas de ciudadanos y población que definitivamente conforman el voto duro opositor a favor de sus partidos políticos y candidaturas, no tanto por gustarles sus candidatos, sino porque conforman parte de un voto corporativo y partidista. Pueden generarse algunos o varios acercamientos con estos sectores ciudadanos, ya que probablemente al ver crecer una ola de reconocimientos y aprobación a favor de determinados candidatos, decidan definir su nueva postura con respecto al voto*

Este aspecto general de la tendencia del voto de los ciudadanos permitirá generar un sistema y una infraestructura ciudadana de esquemas y estrategias que funcionen de forma sistematizada y alineada a determinadas directrices partidistas, para generar infinidad de actividades ciudadanas planificadas en todo tiempo y ámbito. Estas actividades comprenderán manifestaciones, marchas, mítines, presencia en reuniones, foros y eventos, acercamiento con medios de comunicación, manifestación de posturas partidistas favorables a determinados candidatos y partidos, adherencias a favor de una plataforma partidista de propuestas y proyectos, entrevistas, etc. Este universo ciudadano podrá conformarse por ciudadanos y dirigencias de todos los sectores, incluidos funcionarios partidistas y de gobiernos, en su carácter de ciudadanos, así como por grupos de ciudadanos en general y ciudadanos en lo individual.

El objetivo será contar con una gran red ciudadana en la que estos se manifiesten políticamente y que este movimiento ciudadano sea masivo y constante, en todo ámbito y tiempo, especialmente en las campañas electorales. Este movimiento deberá tener una amplia difusión en los medios de comunicación, constante y permanente, para generar una gran ola política favorable a determinados partidos y candidatos, hasta contar con una gran aceptación de la mayoría de la sociedad.

Veamos ahora cómo trabajaría la red de ciudadanos conformada por los diversos esquemas expuestos anteriormente, los que estarán encabezados por las redes de ciudadanos sectorizados que trabajarán a favor de determinados partidos políticos y sus alianzas, sobre todo de aquellos que contengan proyectos partidistas para generar gobiernos eficientes.

También se incorporarán las redes de ciudadanos del esquema de acción media y baja e incluso los ciudadanos del voto duro de otros partidos, al observar el crecimiento de esta gran ola ciudadana a favor de determinados candidatos. Para estos efectos, se conformará una red de organizaciones y sectores ciudadanos. Veamos entonces el objetivo, la estructura, la movilidad y la acción de esta amplia red ciudadana a favor de un nuevo proyecto partidista de gobierno eficiente.

La sociedad con sus candidatos y con la plataforma partidista de propuestas para un nuevo proyecto de gobierno eficiente

- *Organizaciones en movimiento con sus candidatos y la plataforma partidista de propuestas y un nuevo gobierno eficiente*

- *Sectores en movimiento con los candidatos y la plataforma partidista de propuestas y un nuevo gobierno eficiente*

- *Ciudadanos en movimiento con los candidatos y la plataforma partidista de propuestas y un nuevo gobierno eficiente*

1.1. *Red de organizaciones y sectores a favor de un nuevo gobierno eficiente, de sus candidatos y sus partidos políticos y alianzas*

Este esquema estará conformado por una red de sectores, organizaciones y sociedad en general, de adhesión y apoyo a sus partidos políticos y sus alianzas, a sus líderes partidistas y a sus candidatos a cargos de elección popular. Será importante conformar esta amplia red y efectuar eventos para que se le tome posesión a sus dirigentes y elementos en todas las regiones y entidades de un país. Las diversas tomas de posesión de los elementos y las dirigencias que conforman esta red podrán llevarse a cabo en cualquier tiempo y evento específico. Serán de acuerdo a una planificación estratégica que genere impacto mediático y social, así como también durante cualquiera de las giras, en las concentraciones masivas y en los mítines y reuniones que los diversos candidatos realicen en las regiones, ciudades y comunidades respectivas. Esta gran red de ciudadanos, con su estructura nacional, regional, estatal y local, conjuntada con todos los sectores de la sociedad, se unirá asimismo a una gran organización central nacional, que conformará a todas las organizaciones, sectores, gobiernos, pueblos y ciudadanos que apoyan y simpatizan con una propuesta partidista para el desarrollo integral.

Objetivo de la red de sectores y organizaciones por un nuevo gobierno eficiente

El principal objetivo de esta gran red será el de manifestar y establecer las posturas y posicionamientos de los ciudadanos y sus sectores a favor de determinados partidos políticos y candidatos y generar las estrategias y esquemas de movilidad y acción ciudadana para estos mismos fines, en todo tiempo y ámbito. También se deberá demostrar a toda la sociedad que la gran mayoría de organizaciones, sectores, sindicatos, agrupaciones y ciudadanos en general se identifican, son aliados y se adhieren a estos partidos políticos y a sus líderes partidistas y candidatos y aceptan las propuestas de estas plataformas para conformar nuevos gobiernos eficientes. Otro objetivo fundamental será el de conformar diversas redes por sectores poblacionales y productivos de diverso orden, que se adhieran a estos líderes y su propuesta de un nuevo proyecto partidista de gobierno eficiente.

1.1.1. *Conformación de la red de organizaciones y sectores convencidos de las propuestas de sus líderes y candidatos partidistas*

Esta red de organizaciones y sectores podrá estar conformada con los siguientes conceptos sectoriales y ciudadanos:

- *Red ciudadana y de organizaciones y sectores que apoyan a sus líderes y candidatos partidistas*

- *Red ciudadana y de organizaciones y sectores que han sido convencidos por las propuestas de estos líderes políticos y partidistas*

Líneas abajo se presenta la que será la conformación básica y fundamental de las redes de organizaciones, sectores y ciudadanos que generarán la movilidad y acción ciudadana para apoyar a los partidos y candidatos de un nuevo proyecto partidista de gobierno eficiente. A estas se sumarán las nuevas redes que se hayan convencido de estas propuestas políticas y de gobierno para el desarrollo integral y la mejora de la calidad de vida de la sociedad.

Esta gran red general podrá estar conformada por diversas redes de diversos sectores de ciudadanos, de acuerdo con sus actividades y labores del orden profesional, público y privado, y podrán ser las siguientes:

Las redes de los sectores que apoyan y están convencidas de las propuestas de determinados partidos políticos y sus candidatos respecto a la conformación de un nuevo proyecto partidista de gobierno son, entre otras, las siguientes:

- *Redes de ciudadanos y organizaciones ciudadanas*
- *Redes empresariales y organizaciones empresariales*
- *Redes laborales y organizaciones obreras*
- *Redes de campesinos y organizaciones campesinas*
- *Redes populares de profesionistas y de organizaciones de profesionistas*
- *Redes populares de comerciantes y de organizaciones de comerciantes*

- *Redes populares de personas que desarrollan diversas actividades populares y de organizaciones populares*

- *Redes del sector científico y tecnológico y organizaciones del ramo*
- *Redes del sector turístico y de esparcimiento y organizaciones del ramo*
- *Redes de sectores minoritarios y de personas con otras capacidades*
- *Redes de indígenas y nativos y sus organizaciones*
- *Redes del sector cultural y de grupos, organizaciones y personas del sector*
- *Redes de artistas y organizaciones artísticas*
- *Redes de jóvenes y organizaciones de jóvenes*
- *Redes de mujeres y organizaciones de mujeres*
- *Redes de organizaciones estudiantiles universitarias y de estudiantes en general*
- *Redes de asociaciones y organizaciones diversas*

- *Redes de académicos, profesores, administrativos, etc., del sector educativo y de organizaciones educativas*

- *Redes de trabajadores sindicalizados y sectores magisteriales*
- *Redes de sindicatos, gremios, asociaciones, organizaciones, etc.*
- *Redes de trabajadores gubernamentales de confianza*
- *Redes de trabajadores del sector privado*
- *Redes de familias y de organizaciones de familias*
- *Red de ciudadanos y de organizaciones ciudadanas*
- *Redes populares de toda índole de la sociedad*
- *Redes de sectores políticos, económicos y sociales diversos y sus organizaciones*

<u>Funcionamiento y operación de las redes de apoyo a los partidos y candidatos</u>

Estas redes funcionarán y operarán fundamentalmente como una estructura de adhesión de ciudadanos y sectores favor de determinados partidos políticos y de la figura y las propuestas de sus líderes políticos y candidatos partidistas, con la finalidad de conformar una gran red de ciudadanos y organizaciones ciudadanas que asimismo influyan para atraer a más personas y grupos hacia estas redes. La forma de operación para sumar adhesiones de ciudadanos y de organizaciones ciudadanas será por la vía, en primera instancia, de la presentación de una plataforma partidista de proyectos para el desarrollo integral, para generar empleo y productividad y todos los satisfactores sociales que mejoren la calidad de vida de la población. Muchos sectores ciudadanos podrán quedar identificados con esta propuesta y se sumarán a ella, mientras que otros no lo harán, aunque les haya gustado esta propuesta, debido a que no creen en su implementación real o porque su voto está comprometido para otras fuerzas políticas o simplemente porque decidirán al final. A estos grupos y ciudadanos habrá que trabajarlos por medio del convencimiento directo y personal, presentándoles estas propuestas en reuniones y mítines y por medio de una red de ciudadanos en movimiento en calles y centros de reunión y repartiendo propaganda de los beneficios de estos proyectos. También mostrando las propuestas y objetivos de la plataforma partidista, difundiendo su mensaje de forma masiva en medios de comunicación e invitando a todos a sumarse a esta gran red de ciudadanos por el desarrollo y la estabilidad y a favor de un gobierno eficiente.

Esta plataforma partidista de propuestas y proyectos de gobierno deberá contener la visión y el compromiso de los líderes partidistas y de los candidatos y, por tanto, deberá tener una gran sensibilidad y alcance, con propuestas de políticas públicas para el desarrollo integral sostenible y para mejorar la calidad de vida de la sociedad. Estas propuestas deberán de generar esquemas que desarrollen la educación y la infraestructura de los servicios básicos sociales, así como mejorar las condiciones de las familias, con más oportunidades de empleo y de negocios para todos, y con su integración a un esfuerzo colectivo para el desarrollo y el beneficio de la sociedad. Asimismo, se establecerán esquemas eficientes de seguridad pública y de procuración de justicia, para la seguridad y tranquilidad de todos.

<u>Reuniones de ciudadanos convencidos de la plataforma partidista de sus candidatos</u>

Se deberán de realizar reuniones de ciudadanos en las que se emitan comentarios y propuestas de adhesión a un nuevo proyecto partidista de gobierno y darles amplia difusión en los medios de comunicación. El efecto será generar un movimiento ciudadano que se reúne por su propia cuenta para apoyar a determinados candidatos por convencerse de sus propuestas. Posteriormente estas redes ciudadanas irán a las oficinas de acción política y gestión de sus candidatos, de su partido político y de sus alianzas, tanto nacionales como locales, para hacer estos pronunciamientos.

Estas movilizaciones deberán de llevarse a cabo por medio de manifestaciones y marchas completamente pacíficas, de júbilo, mostrando en las calles su adhesión a sus candidatos y a su plataforma partidista. Estas marchas arribarán a su partido político en todo ámbito, en los que se realizarán reuniones y mítines ciudadanos y políticos para emitir sus pronunciamientos de adhesión y apoyo a sus candidatos y a sus plataformas partidistas. Estas manifestaciones deberán estar planificadas y agendadas estratégicamente, para que de forma permanente y constante se generen ante los ciudadanos en sus entidades y comunidades e incluso ante los que se encuentren en otros países, en donde también se manifiesten a favor de este proyecto partidista de gobierno. Lo anterior generará una ola ciudadana y política de adhesiones y aprobación popular para este proyecto e impactará a la población, sectores y medios de comunicación, los que a su vez difundirán este fenómeno político y mediático generado por la influencia de la difusión estratégica y por el liderazgo y carisma de algunos candidatos, además del convencimiento de las propuestas de la plataforma partidista.

El efecto de la red en organizaciones, sindicatos y agrupaciones convencidas de las propuestas de los partidos, de sus candidatos y de la plataforma partidista

El mismo efecto ciudadano trasladado a las organizaciones y agrupaciones diversas podrá generarse para establecer una serie de redes por organizaciones, sindicatos y agrupaciones de todo rubro y tipo. A estas se sumarán las redes de los sectores ciudadanos tradicionales, en las cuales también se implementarán las expresiones de manifestación y apoyo a las plataformas partidistas mediante diversos mítines, marchas, reuniones y eventos con sede en sus partidos políticos y en las oficinas de sus candidatos. El objetivo será el de informar a la dirigencia y militancia partidista de su convencimiento y adhesión a favor de sus candidatos y de un nuevo proyecto partidista que genere gobiernos eficientes. Este efecto podrá atraer al interior de estas organizaciones a más convencidos para que conformen una amplia mayoría representativa en cada organización y en todas las agrupaciones de organizaciones.

Efecto de estrategia de marchas y de generación de redes ciudadanas identificadas y convencidas de sus partidos, candidatos y plataformas partidistas

Este esquema de manifestaciones, marchas, mítines y reuniones de ciudadanos en general y de todos los sectores, para manifestarse a favor de sus candidatos, serán realizadas en los partidos políticos y en las organizaciones, así como en los partidos de las alianzas y en las oficinas de los candidatos, en todas las entidades y localidades, para mostrar la fuerza ciudadana a favor de estos proyectos. Esta serie de manifestaciones en todas las localidades y regiones, deberá ser planificada de acuerdo a diversas conformaciones e intensidades, según los tiempos políticos, para manifestarse de forma masiva y simultánea previo a las campañas electorales y en las mismas, en las cuales se mostrará toda su presencia e impacto político y social.

<u>Estrategia de difusión masiva de manifestaciones en medios de comunicación</u>

Se deberá de buscar la atracción de los medios de comunicación, que, por tratarse de marchas, manifestaciones, mítines y eventos diversos, podrán ser cubiertas de forma natural, como noticias del día, sin costos o mínimos y por invitación e información a la prensa de las agendas de estos eventos. Los partidos políticos o algunos patrocinadores correrán con los gastos de difusión pagada de desplegados oficiales en los medios de comunicación en los que las organizaciones ciudadanas se manifiestan a favor y se adhieren a determinados partidos políticos y candidatos. Asimismo, toda organización o grupo de ciudadanos deberán emitir sus desplegados en los medios de comunicación, pagados por ellos o por los partidos o gobiernos aliados, afines e interesados de esta publicidad, sobre su adhesión a favor de estos candidatos y partidos, mostrando las causas y los factores de su convencimiento y porque votarán por ellos. Otras formas de difusión y comunicación de estos aspectos, y que también son importantes, serán las siguientes: por medio de pláticas y comentarios a favor, entre grupos y personas, en todo escenario y ámbito, por medio del convencimiento de las personas en todos los lugares del quehacer diario, como en el trabajo, en reuniones sociales, en pláticas de café, con los amigos y vecinos y en cualquier ámbito en que se puedan propiciar estas pláticas. Esta difusión de persona a persona o a grupos de personas realizada por los ciudadanos y militantes partidistas comprometidos, para sumar voluntades y votos, será firme y de convencimiento, de forma constante y particular. Esta será una estrategia de suma de voluntades de una a una, exponiendo las mejores propuestas de sus candidatos, dejando externar los comentarios y pensamientos a favor de un nuevo proyecto partidista de gobierno eficiente, para influenciar a los indecisos y a los adversarios, incluyendo a los del voto duro contrario.

<u>El esquema de convencimiento ciudadano y organizacional</u>

Este efecto de información comentado en el apartado anterior influenciará a gran cantidad de ciudadanos, sin embargo, para informar masivamente de las propuestas de un partido y de sus candidatos a todas las organizaciones y sectores ciudadanos, será necesaria una estrategia inteligente de difusión y publicidad en los medios de comunicación y en todo tipo de distribución de propaganda. Esta estrategia provocará que muchas personas y organizaciones se adhieran de forma natural al identificarse con estas propuestas, sin embargo, otras tendrán que ser convencidas con una publicidad de más impacto, aunque de más costo. La presentación de las propuestas en reuniones y visitas a empresas, organizaciones, agrupaciones y comunidades, serán otra fuente de convencimiento de los ciudadanos y sectores, para lograr la atracción de sus organizaciones, asociaciones, agrupaciones y sectores neutrales, así como de los indecisos, adversarios y opositores, y con esto, sumar adhesiones, simpatías y votos ciudadanos.

<u>Difusión de adhesiones siempre acompañada con propuestas de los partidos políticos, los candidatos y sus plataformas partidistas</u>

En todos los desplegados y mensajes de adhesiones populares que se difundan en los medios de comunicación impresos y en la televisión y la radio, el mismo día de las marchas y manifestaciones y los días posteriores, se podrá informar de que tales ciudadanos u organizaciones de profesionistas, obreros, estudiantes, etc. se adhieren a los líderes y candidatos partidistas. Esto será por estar convencidos de que van a generar un gobierno con desarrollo y productividad, además de beneficios para la sociedad. Por tal razón, se exhibirán sus propuestas por las que será conveniente impulsarlos para que sean gobernantes y legisladores y así generar empleo, mejores sueldos, más seguridad pública, más escuelas y educación de calidad y más salud al alcance de todos. Así como también para lograr una mejora de la economía de la sociedad, un combate efectivo a la delincuencia y la erradicación de la pobreza, entre otros aspectos fundamentales para el desarrollo de los países y sus comunidades. Este mismo método de difusión y propaganda deberá de estar impreso en todos los promocionales gráficos que se coloquen en espectaculares y en la publicidad móvil y fija, en todo ámbito, y en todo tipo de folletos y volantes, para su captación popular y entendimiento efectivo y masivo.

Coordinación de la red de la sociedad con sus candidatos y su plataforma partidista de propuestas y proyectos de gobierno

La infraestructura de esta gran red de la sociedad y de las organizaciones, sectores y ciudadanos a favor de sus candidatos y de una plataforma partidista de propuestas y proyectos de gobierno, constará de los siguientes conceptos.

Coordinación general de la red de la sociedad con sus candidatos y su proyecto partidista de gobierno eficiente

- *Consejo ciudadano y popular con sus candidatos y su proyecto partidista de gobierno*
- *Consejo de sectores y organizaciones con sus candidatos y su proyecto de gobierno*

- *La sociedad en movimiento con sus candidatos y su nuevo proyecto partidista de gobierno*
- *Ciudadanos en movimiento con sus candidatos y su nuevo proyecto partidista de gobierno*

- *Organizaciones con sus candidatos y su nuevo proyecto partidista de gobierno*
- *Sectores en movimiento con sus candidatos y su nuevo proyecto partidista de gobierno*

- *Organizaciones, sectores y ciudadanos extranjeros radicados y amigos del pueblo con sus candidatos y su plataforma partidista de propuestas y proyectos de gobierno*

- *Organizaciones, sectores y ciudadanos internacionales amigos del pueblo con sus candidatos y su plataforma partidista de propuestas y proyectos de gobierno*

<u>Coordinación general de la red ciudadana con los candidatos y su proyecto partidista de gobierno</u>

Esta coordinación general de la red ciudadana tendrá a su cargo enlazar, coordinar y hacer funcionar esta amplia red de forma eficiente y dinámica, y generar toda la movilidad y acción ciudadana, de los sectores y organizaciones y de la sociedad en general en el ámbito local, municipal, estatal, nacional e internacional. Esto se hará mediante manifestaciones, mítines, marchas, reuniones y eventos, así como por la difusión de propaganda y la participación de estas instancias en todos estos esquemas, para informar al pueblo porque han decidido adherirse a favor de sus partidos políticos y sus candidatos. Esta coordinación general estará a cargo de un coordinador, reconocido por la población, debido a su trabajo público o privado y a su ejemplo de honestidad, compromiso, capacidad, sensibilidad y responsabilidad, lo que generará la confianza necesaria para que esta persona dirija a las diversas instancias del movimiento ciudadano que conforman esta amplia red.

Los lineamientos, la planificación, la organización y la operatividad de la actividad de esta red de la sociedad, estarán plasmados en una normatividad específica, la cual establecerá su implementación y aplicación sistematizada y automatizada, dependiendo de diversos factores en los contextos respectivos, para que pueda ser utilizada por todos los partidos del mundo. Sin embargo, algunos aspectos específicos y estratégicos de la esencia de estas manifestaciones ciudadanas y populares se realizarán entre las dirigencias de las organizaciones con sus candidatos y la cúpula partidista respectiva, para establecer las estrategias que generen el más alto impacto político, social y mediático, derivado de esta movilidad ciudadana para la atracción del voto popular.

El movimiento global y específico ciudadano, de sus sectores y organizaciones y de los ciudadanos en particular, se deberá llevar a cabo por medio de manifestaciones de adhesión a una plataforma partidista de propuestas y proyectos de gobierno y de simpatías para los candidatos. Cada determinado tiempo se deberán de llevar a cabo las marchas y manifestaciones de las organizaciones ciudadanas en favor de determinados candidatos y partidos y de sus plataformas partidistas. Estas se harán de forma simultánea y repetitiva en determinados lapsos establecidos estratégicamente por las cúpulas políticas respectivas, culminando al término de cada campaña electoral en la mayoría las localidades de un país, lo que implicará una gran movilidad ciudadana, que generará una gran ola de adhesiones a favor.

Estas manifestaciones deberán circular por las trayectorias y vías estratégicas más importantes de los centros urbanos y rurales, con los permisos de las autoridades locales respectivas, para efectos de imagen y de organización, y de fuerza ciudadana y unidad en torno a una plataforma política, además por el impacto mediático, político, económico, cultural y social que esto representa.

Estas manifestaciones y marchas deberán de arribar a las diversas sedes en las que harán sus pronunciamientos a favor de los candidatos y de sus plataformas partidistas. Estas sedes estarán en los propios partidos políticos de todo ámbito y orden y en las propias oficinas regionales y locales de los candidatos, así como en los espacios públicos de todo tipo, como lo son los centros urbanos, zócalos, lugares estratégicos y emblemáticos y lugares específicamente creados para mítines y manifestaciones en las ciudades y localidades. De igual forma se generarán reuniones de las diversas organizaciones, por sectores, en las cuales se emitirán comunicados que manifestarán la adhesión de estos sectores y organizaciones a favor de una determinada plataforma partidista. Estas reuniones de sectores y organizaciones deberán de generarse con el objetivo de que se puedan difundir los objetivos y mensajes de sus candidatos y sus plataformas partidistas por parte de la mayoría de estas organizaciones ciudadanas y que estos mensajes lleguen a un buen porcentaje de la población en las localidades, ciudades y regiones de un país. En este esquema se tratará de que los diversos sectores y las diversas organizaciones, en reuniones específicas y particulares de cada sector y de cada organización, y en su caso del conjunto de estos sectores y sus organizaciones, se postulen de forma planificada y estratégica a favor de sus candidatos y partidos.

Cada determinado tiempo diversos sectores y organizaciones ciudadanas y sociales, estratégicamente agendadas y escogidas, se adherirán al nuevo proyecto partidista, desde las pequeñas y medianas hasta las grandes organizaciones y sectores, lo que conformará una gran suma de adhesiones y simpatías de organizaciones y sectores a favor de esta plataforma partidista. Estas actividades políticas y de difusión de los ciudadanos y de las organizaciones ciudadanas se complementarán con las actividades de los esquemas de compromiso del voto popular ciudadano y de los esquemas de movilidad ciudadana a favor de determinadas plataformas partidistas para que, en conjunto, se logre asegurar el voto el día de las elecciones. También se complementarán estas actividades por medio de la difusión estratégica y de la interrelación con sectores y ciudadanos neutrales y opositores para convencerlos de integrarse a la ola ciudadana a favor de los candidatos y de la plataforma partidista que busca establecer gobiernos eficientes y mejora de la calidad de vida de la población. Como se observa, los movimientos de los ciudadanos y de las organizaciones y sectores, de forma constante y consecutiva, tienen la finalidad de manifestarse, mediante marchas, mítines, reuniones, foros y eventos diversos, para adherirse en todo tiempo y especialmente en las campañas electorales, a una plataforma partidista en todas las localidades, ciudades y regiones. Cada determinado tiempo deberán generarse diversas manifestaciones en diferentes localidades a favor de sus candidatos y de su plataforma partidista. Al final se conformará una gran marcha nacional y una en cada entidad y localidad, así como en diversas ciudades y entidades internacionales, de forma escalonada, constante y simultánea para lograr el impacto político, social y mediático necesario para lograr el más alto posicionamiento de popularidad de estos actores e instancias partidistas.

<u>Manifestaciones ciudadanas y de sectores y organizaciones en el contexto
internacional</u>

De igual forma se llevarán a cabo estas manifestaciones ciudadanas de adhesión en
el contexto internacional, sobre todo en las ciudades y entidades con sociedades de
migrantes y residentes del país respectivo, que indudablemente atraerán inmensos
reflectores de todo el mundo a favor de estos candidatos y partidos políticos. En
todas estas movilizaciones ciudadanas por el desarrollo y por un nuevo gobierno
asistirá la sociedad migrante paisana de la comunidad y también los amigos de los
residentes y migrantes en esos países y ciudades. También asistirán quienes quieran
apoyar a estos candidatos que buscan el desarrollo integral y el beneficio de la
sociedad de su país de origen. También habrá manifestaciones y marchas a favor por
parte de los migrantes en sus propias regiones y localidades de origen. Cada año, en
la época de vacaciones o en los recesos laborales respectivos en sus países de
trabajo, cuando regresan y se reúnen estos migrantes en sus localidades de origen,
pueden darse estas grandes manifestaciones, acompañados por el propio líder y los
candidatos, lo que causará un gran impacto mediático, político y social.

2. *Esquema de alianzas, integración y afinidad sectorial y popular*

Es importante que la ciudadanía pueda ser escuchada de forma generalizada en
sus causas, necesidades y peticiones, por eso deben conformarse en los
partidos políticos, sectores y organizaciones, las vías y las plataformas en las
que los planteamientos y propuestas sociales y ciudadanas tengan las mejores
opciones de ser tomadas en cuenta. Sin embargo, lo que sucede, actual e
históricamente en casi todo ámbito, es que, aunque algunas voces ciudadanas se
logren hacer escuchar, generalmente no se producen las respuestas adecuadas y
necesarias por parte de varios de los gobiernos de todo ámbito y orden, por lo que
siempre existirá una insatisfacción y un resentimiento social contra estos gobiernos
y partidos políticos.

En muchos de los casos la ciudadanía no es tomada en cuenta ni siquiera para
escuchar sus planteamientos, por lo que la insatisfacción crece y genera actos de
manifestaciones populares en contra de sus gobiernos, ya sean nacionales o de
entidades y municipios. Será fundamental entonces generar un esquema de alianzas
e interrelación de sectores y organizaciones ciudadanas que cuenten con la presencia
y fortaleza para ser escuchadas y atendidas efectivamente por sus gobiernos. Este
esquema estará basado en la afinidad sectorial y popular. Estas nuevas alianzas
apoyarán también el concepto de desarrollo emanado de un nuevo proyecto
partidista de gobierno eficiente, que asimismo vayan adhiriendo a más sectores y
más organizaciones a favor de los candidatos de esta plataforma.

De igual forma estas estructuras de red organizacional tendrán las vías y formas institucionales para poder manifestarse. Gracias a esto, no solo serán escuchados, sino que generarán reuniones con los gobiernos y las diversas instancias públicas y privadas para emprender diversas actividades relacionadas a mejorar las condiciones sociales de la sociedad y coadyuvar en la generación de la productividad y el empleo, mediante programas y políticas públicas específicas para estos fines.

Ya se han analizado varios esquemas diversos de movilidad y acción ciudadana, por lo que ahora se establecerá el esquema de alianzas e interrelación de los sectores y organizaciones para manifestarse de forma sistematizada a favor de los partidos políticos y de una plataforma partidista de propuestas y proyectos de gobierno.

El centro de estrategias y acción sistematizada de sectores y organizaciones ciudadanas planificará la actividad política y electoral ciudadana y de sus sectores, y cómo y cuándo manifestarse, independientemente de las manifestaciones populares naturales, por lo que será básico conformar este esquema de interrelación y acción de los sectores ciudadanos. La plataforma partidista de propuestas y proyectos de gobierno y de los candidatos deberá conformar una serie de alianzas e integración de los sectores y organizaciones ciudadanas en el nuevo proyecto partidista de gobierno eficiente, así como también con los ciudadanos, de forma personal y en grupo.

Los partidos políticos y los partidos de su alianza, así como los funcionarios y militantes del equipo de los candidatos, deberán establecer un esquema de visita a todas las organizaciones y sectores ciudadanos para plantearles esta plataforma partidista y solicitarles se adhieran a la misma. Esta adhesión podrá ser como organización y sector en su totalidad o como parte de los mismos, e incluso se pueden conformar nuevas asociaciones políticas dentro de estos sectores para que apoyen al proyecto partidista, o también de forma personal, por parte de sus diversos dirigentes y militantes.

La estrategia será, por lo tanto, la generación de nuevos grupos de ciudadanos que emanen de los sectores y apoyen a la plataforma partidista y a los candidatos. Estas organizaciones y grupos que emanen de los sectores y de las mismas organizaciones ciudadanas conformarán un padrón de organizaciones que apoyarán esta plataforma partidista, y deberán realizar acciones ciudadanas, políticas y electorales, tales como estar presentes y participar en las diversas manifestaciones, reuniones, mítines, eventos, foros y giras. También deberán manifestarse de acuerdo a una calendarización y planificación estratégica, para que constantemente existan adhesiones a la plataforma partidista, hasta el término de las campañas electorales. Veamos entonces los sectores ciudadanos y cuáles serían sus organizaciones y agrupaciones que apoyarían este nuevo proyecto partidista, ya sea de forma directa por medio del sector total o por medio de una o varias agrupaciones emanadas de estos sectores.

Todas las agrupaciones ciudadanas podrán manifestarse de forma total a favor de la plataforma partidista de propuestas y proyectos de gobierno, sin embargo, en algunos casos no será así, en los casos de los adversarios, por su naturaleza opositora, pero se podrán manifestar a favor algunas determinadas áreas internas de esos sectores y organizaciones. La adhesión en estos términos también es muy importante e incluso algunas partes de estos sectores podrán autoerigirse políticamente en apoyo a los candidatos y a la plataforma partidista y también, en su caso, ser consideradas como nuevas agrupaciones independientes pero aliadas e interrelacionadas. Veamos enseguida ejemplos de esta prioritaria sectorización.

Sector productivo

- *Los empresarios a favor de los candidatos y de un nuevo proyecto partidista de gobierno*
- *Los comerciantes a favor de los candidatos y de un nuevo proyecto partidista de gobierno*
- *Los industriales a favor de los candidatos y de un nuevo proyecto partidista de gobierno*
- *Los productores a favor de los candidatos y de un nuevo proyecto partidista de gobierno*
- *Los artesanos a favor de los candidatos y de un nuevo proyecto partidista de gobierno*
- *Los micros y pequeños comerciantes a favor de los candidatos y del proyecto de gobierno*
- *Los micros y pequeños productores a favor de los candidatos y del proyecto de gobierno*
- *El sector exportador a favor de los candidatos y del proyecto partidista de gobierno*
- *Las organizaciones empresariales a favor de los candidatos y de la plataforma partidista*

Sector de organizaciones populares

- *Los comerciantes, comerciantes de mercados, proveedores, vendedores, ambulantes, tianguistas, etc., a favor de los candidatos y de un nuevo proyecto partidista de gobierno*

- *Las organizaciones populares a favor de los candidatos y del proyecto partidista*

Sector obrero

- *Los obreros, trabajadores, sindicalistas obreros, dirigentes, sectores obreros, etc., a favor de los candidatos y de un nuevo proyecto partidista de gobierno eficiente*

- *Las organizaciones sindicales y obreras a favor de los candidatos y del proyecto partidista*

Sector magisterial

- *Los maestros y los gremios, sindicatos y agrupaciones magisteriales a favor de los candidatos y de un nuevo proyecto partidista de gobierno eficiente*

Sector sindicalizado

- *Los sindicatos de obreros, campesinos, populares, gremiales, magisteriales, transportistas, de servicios, de trabajadores particulares, de empleados de instituciones públicas y privadas nacionales y locales, de trabajadores del gobierno nacional, de gobiernos de entidades y municipios a favor de los candidatos y del proyecto partidista de gobierno*

<u>*Sector del campo y Agropecuario*</u>

- *Los campesinos, agricultores, agroindustriales, micros y pequeños productores del campo, ganaderos, productores agrícolas, ganaderos, piscícolas, etc., a favor de los candidatos y de un nuevo proyecto partidista de gobierno eficiente.*

- *Las organizaciones campesinas, agrarias, de productores, etc., a favor de los candidatos*

<u>*Sector educativo, científico y tecnológico*</u>

- *Los maestros, dirigentes escolares, académicos, profesores, alumnos, padres de familia, estudiantes, trabajadores administrativos, científicos, investigadores, técnicos, etc., a favor de los candidatos y de un nuevo proyecto partidista de gobierno eficiente*

<u>*Sector de medios de comunicación nacional y local*</u>

- *Los analistas, comentaristas, reporteros, administrativos, dueños y dirigentes, trabajadores y personal adscrito a los medios de comunicación a favor de los candidatos y de un nuevo proyecto partidista de gobierno eficiente*

<u>*Sector universitario*</u>

- *Los estudiantes, académicos, profesores, trabajadores, dirigentes, rectores, etc., a favor de los candidatos y de la plataforma partidista de propuestas y proyectos de gobierno*

<u>*Sectores indígenas y nativos*</u>

- *Los indígenas y nativos y las organizaciones de indígenas y nativos a favor de los candidatos y de un nuevo proyecto partidista de gobierno eficiente*

<u>*Sector cultural, artístico y deportivo*</u>

- *Los escritores, músicos, poetas, escultores, actores, artistas, cineastas, pintores y artistas en general a favor de una plataforma partidista de propuestas y proyectos de gobierno*

- *Los deportistas, atletas, dirigentes, trabajadores, etc., de la actividad deportiva a favor de los candidatos y de la plataforma partidista de propuestas y proyectos de gobierno*

<u>*Sectores estratégicos y energéticos*</u>

- *Los dirigentes, especialistas, científicos, desarrolladores, estrategas, productores, contratistas, etc., a favor de los candidatos y de la plataforma partidista de proyectos*

<u>*Sectores políticos y sociales*</u>

- *Los líderes, dirigentes, militantes, estrategas, luchadores sociales y de los derechos, organizaciones, etc., a favor de los candidatos y de la plataforma partidista de proyectos*

Así se podría seguir con otros sectores, el religioso, el militar, de comunicaciones, de profesionistas, de transportistas, de minorías, etc., los que también se manifestarían, por medio de sus diversas agrupaciones y organizaciones, a favor de sus candidatos, sus partidos políticos y sus plataformas partidistas. Habrá que hacer visitas de carácter político y de amistad a todos los sectores para informarles de los objetivos de la plataforma partidista de propuestas y proyectos de gobierno y para conformar una gran red de ciudadanos, sectores y organizaciones a favor de los candidatos, con la necesidad de agruparlos por movimientos y sectores y en organizaciones ciudadanas. Aunque al principio habrá algunas instancias que no puedan manifestarse total o parcialmente por diversas razones, posteriormente la gran mayoría de los sectores podrán conformar su organización ciudadana de apoyo a los candidatos y a su plataforma partidista de propuestas y proyectos.

Convencimiento de los sectores ciudadanos para que conformen las agrupaciones de apoyo a los candidatos

El convencimiento que se deberá generar para la conformación de las agrupaciones ciudadanas, será en primer término, por el carisma, liderazgo y capacidad de los candidatos para liderar este nuevo proyecto partidista de gobierno, pero también por la estructura, fortaleza, movimiento y acción de los partidos políticos. Después, por la confianza y seguridad de los esquemas de movilidad y acción ciudadana establecidos para estos fines, como el de las visitas planificadas que hagan los líderes y candidatos o sus representantes en cada localidad y región. En estas se platicará y explicará que habrá participación de todos en este nuevo gobierno, con obras, apoyos de programas y financieros a sectores productivos, empresariales y comerciales, apoyos para los trabajadores, para el campo y la agroindustria, para el sector educativo, el sector social, el sector cultural, artístico, deportivo y para todos los sectores. Este trabajo político puede ser llevado a cabo por los propios líderes y candidatos partidistas, así como por los funcionarios del partido y del equipo de los candidatos, hasta lograr este convencimiento. El compromiso será el de visitar a los sectores y organizaciones varias veces, para definir las agrupaciones y acciones a seguir en favor de la plataforma partidista de propuestas y proyectos de gobierno.

Firma de convenios con organizaciones ciudadanas y con las nuevas agrupaciones ciudadanas que apoyen a los candidatos y al nuevo proyecto político de gobierno

Será necesario llevar a cabo toda una serie de firmas de convenios con cada una de las organizaciones y agrupaciones ciudadanas que apoyen al nuevo proyecto partidista, las cuales se establecerán de forma planificada para que en todo tiempo se generen estas reuniones y se muestre a la sociedad de la continuidad de estas adhesiones.

Se incrementará la firma de convenios y las adhesiones de organizaciones y sectores ciudadanos, sobre todo cuando sean campañas electorales, en especial de elección de gobernantes y presidentes, en las que se planificará la presentación y difusión de las adhesiones y firma de convenios mediante reuniones y mítines en todo tiempo y ámbito, de acuerdo con el contexto y los escenarios. Esta ola creciente de adhesiones y firma de convenios políticos y ciudadanos de organizaciones nacionales, locales e internacionales deberá ser difundida en todos los medios de comunicación, de forma sistemática, constante y masiva, para que el pueblo conozca que los ciudadanos y sus sectores, en su gran mayoría, están a favor de sus partidos y candidatos y de su plataforma partidista.

"Un País Unido por el Desarrollo"

"Un País Unido por el Desarrollo" será la organización central ciudadana que contenga una amplia diversidad de esquemas y estructuras de representatividad y movilidad ciudadana y de integración de sectores, organizaciones, grupos y pueblos en su infraestructura. Tendrá la finalidad de impulsar el desarrollo por medio de una plataforma partidista y ciudadana de propuestas y proyectos de gobierno a través de determinados partidos políticos y candidatos partidistas, mediante un esquema de unidad, planificación y organización de estrategias, agendas, movimientos y acción ciudadana. Este esquema de estrategias y acción mostrará a toda la sociedad, a los medios de comunicación y a los sectores nacionales, locales e internacionales, que se quiere lograr el desarrollo integral por medio de un gobierno incluyente, progresista, competitivo y con sensibilidad social, que genere empleo y proyectos de beneficio y desarrollo del estado y de la sociedad. "Un País Unido por el Desarrollo" será, por tanto, una organización que contenga todos los conceptos y rubros de representación ciudadana, incluidas las organizaciones gubernamentales de países, entidades, estados, municipios y localidades.

Esta organización de "Un País Unido por el Desarrollo", que adoptará el nombre del país, entidad o localidad respectiva o el que se le quiera dar, siempre respetando sus principios y objetivos, trabajará en ese ámbito de forma global o específica y tendrá la finalidad de conformar un sistema de representatividad popular y sectorial. Este sistema generará estrategias, planificará agendas, actividades y manifestaciones y presentará propuestas y planteamientos ciudadanos, con el objetivo de informar acerca de sus necesidades y expectativas de desarrollo, a los gobiernos y a las instituciones públicas y privadas, para que estas instancias conozcan, entiendan e interpreten la visión y las necesidades de la ciudadanía. Asimismo, para que estos planteamientos sean analizados y tomados en cuenta y así lograr que los gobiernos implementen políticas públicas que propicien el empleo, la productividad y los satisfactores sociales, entre otros aspectos, además de que esto podrá propiciar y generar una conciencia colectiva en favor del desarrollo y la estabilidad y paz social.

Habrá, por lo tanto, que conformar la coordinadora nacional de "Un País Unido por el Desarrollo", que contendrá una infraestructura como la siguiente.

Coordinación nacional de "Un País Unido por el Desarrollo"

- *Coordinación de sectores sociales de "Un País Unido por el Desarrollo"*

- *Coordinación de sectores económicos, empresariales, industriales, comerciales, de servicios y productivos de "Un País Unido por el Desarrollo"*

- *Coordinación de sectores políticos de "Un País Unido por el Desarrollo"*

- *Coordinación de sectores de trabajadores y empleados de "Un País Unido por el Desarrollo"*

- *Coordinación de sectores campesinos de "Un País Unido por el Desarrollo"*

- *Coordinación de sectores obreros de "Un País Unido por el Desarrollo"*

- *Coordinación de sectores populares de "Un País Unido por el Desarrollo"*

- *Coordinación de sectores turísticos de "Un País Unido por el Desarrollo"*

- *Coordinación de sectores de infraestructura y satisfactores sociales de "Un País Unido por el Desarrollo"*

- *Coordinación de jóvenes y mujeres de "Un País Unido por el Desarrollo"*

- *Coordinación de sectores científicos, tecnológicos, culturales, educativos, deportivos y artísticos de "Un País Unido por el Desarrollo"*

- *Coordinación de sectores sindicales y gremiales de "Un País Unido por el Desarrollo"*

- *Coordinación de sectores estudiantiles de "Un País Unido por el Desarrollo"*

- *Coordinación de sectores de profesionistas, académicos e investigadores de "Un País Unido por el Desarrollo"*

- *Coordinación de sectores religiosos y populares de "Un País Unido por el Desarrollo"*

- *Coordinación de sectores militares de "Un País Unido por el Desarrollo"*

- *Coordinación de sectores ciudadanos, de los pueblos y de las minorías de "Un País Unido por el Desarrollo"*

- *Coordinación de sectores indígenas y nativos de "Un País Unido por el Desarrollo"*

- *Coordinación de sectores estratégicos de desarrollo de "Un País Unido por el Desarrollo"*

"Un País Unido por el Desarrollo" contendrá, por tanto, una coordinación nacional, que asimismo contendrá las coordinaciones de los diversos sectores económicos, políticos, sociales, educativos, culturales y religiosos, entre otros, de un contexto, las cuales enlazarán y coordinarán la movilidad y acción política de cada uno de los sectores que les correspondan. El objetivo será el de llevar las propuestas y planteamientos de las necesidades de estos sectores en dos vías, la primera será para generar acuerdos y reuniones con instancias gubernamentales y establecer soluciones y esquemas de trabajo a sus planteamientos para el desarrollo integral y para la mejora de su calidad de vida. La segunda será para generar estrategias de movilidad ciudadana y manifestación popular, por medio de marchas, mítines y eventos, y también con su participación en encuentros y reuniones para apoyar a una plataforma de propuestas y proyectos de gobierno de partidos y candidatos.

La conformación de la organización de "Un País Unido por el Desarrollo" tendrá su coordinación nacional, que llevará a cabo el enlace y el trabajo de organización y movilización de toda esta gran red ciudadana, sectorial y popular. El coordinador general de la estructura nacional de "Un País Unido por el Desarrollo" será un personaje de capacidad, visión, compromiso y de buena reputación política y social, que sea reconocido y respetado, y que cuente con un equipo de trabajo de similares características, para generar las actividades y trabajos de cada coordinación. Los coordinadores de cada sector podrán provenir de las mismas organizaciones más representativas de estos sectores, quienes tendrán la finalidad y el objetivo de coordinar a su sector y decidir qué propuesta partidista y de gobierno apoyar.

<u>Estrategia de conformación y seguimiento de "Un País Unido por el Desarrollo"</u>

Será importante que esta organización, que conjuntará a todas las organizaciones y sectores ciudadanos, este conformada como un movimiento sectorial, ciudadano y de organizaciones diversas, que soliciten el desarrollo integral y la mejora de la calidad de vida de los pobladores de sus países y entidades. Además, se identificará como un movimiento que apoye a las plataformas partidistas de propuestas y proyectos de gobierno de los partidos políticos y de los candidatos que le convenzan.

A las coordinaciones de los sectores de la coordinación nacional de "Un País Unido por el Desarrollo" también se integrarán los diversos sectores ciudadanos, tales como los empresariales, campesinos, religiosos, populares, etc., con sus respectivas estrategias de movilidad y acción ciudadana y política, los que se integrarán en el gran movimiento de la coordinación general. Se generarán reuniones de conformación y adhesión de organizaciones y sectores hacia la gran organización de "Un País Unido por el Desarrollo", la que planificará y agendará una serie de manifestaciones, marchas y mítines para apoyar a una plataforma partidista y de candidatos por el desarrollo integral de sus países y entidades.

La presencia y la estructura de la gran red ciudadana se manifestará de forma permanente y de diferentes y diversas formas. En cada ciclo político y electoral podrá iniciar sus estrategias y actividades, con el objetivo de coadyuvar, de forma sustantiva, en los triunfos electorales de su partido y de sus candidatos. Esto se hará mediante una serie de pronunciamientos y manifestaciones en los tiempos correspondientes y de forma simultánea en las más importantes ciudades. La finalidad será atraer la atención, el reconocimiento y los votos electorales de los sectores y de la población. Esto quiere decir que de forma inicial deberá de haber una serie de manifestaciones y marchas cada determinado tiempo, las cuales aumentarán de intensidad y representatividad conforme inicien y se desarrollen las campañas electorales.

Esta estrategia fortalecerá ampliamente a la organización de "Un País Unido por el Desarrollo", la que conformará una red importante de representación ciudadana, sectorial y organizacional, que seguramente logrará la unidad de la sociedad para apoyar a sus partidos y candidatos, por el desarrollo y el bienestar social.

<u>Estrategia de movilidad y acción política</u>

De acuerdo con la estrategia y acción de esta estructura ciudadana, todos sus sectores y organizaciones generarán, mediante una planificación y agenda, una serie de reuniones y marchas, en todo tiempo, en las ciudades más grandes e importantes de cada entidad, así como en todas sus localidades, para manifestar su apoyo y adhesión a su partido y a sus candidatos, así como también a un nuevo proyecto partidista de gobierno. Derivado de este esquema de acción ciudadana, se tendrán una serie de marchas y manifestaciones programadas según el tiempo y contexto, sobre todo en campañas para gobernantes y presidentes, con la finalidad de apoyar a determinadas plataformas partidistas.

Varios sectores de la organización "Un País Unido por el Desarrollo", según la estrategia y planificación, se comenzarán a manifestar a favor de sus candidatos, a cuyas manifestaciones de apoyo se podrán unir otras organizaciones y sectores, así como otros partidos políticos y la misma sociedad en general.

En este libro se especifican diversos esquemas de movilidad y acción política de las organizaciones y sectores ciudadanos y de sus manifestaciones de apoyo a sus candidatos. Estos esquemas y estrategias de movilidad y acción política con los grupos sectoriales y ciudadanos, que conformen la gran organización de "Un País Unido por el Desarrollo", siempre impulsarán a partidos políticos y candidatos con visión, compromiso y sensibilidad y a plataformas partidistas de propuestas responsables para el desarrollo integral y no a cualquier plataforma sin estas características.

Habrá esquemas de estrategias de movilidad y operatividad ciudadana y de compromiso del voto a favor de determinados candidatos durante las campañas electorales, además de un esquema que va a operar el día de las elecciones para confirmar y ejercer este compromiso del voto y llevar a toda la sociedad a votar a favor de sus candidatos. Estos esquemas se analizan en este libro en sus apartados respectivos y conforman una serie de acciones estratégicas que se implementarán de acuerdo con sus características específicas, e integrarán, en su conjunto, la estrategia general de esta organización de "Un País Unido por el Desarrollo".

3. Esquema de interacción e interrelación sectorial y popular

Para la obtención de los mejores resultados respecto a las estrategias, objetivos e impactos políticos y mediáticos de las manifestaciones ciudadanas a favor de una plataforma partidista de propuestas y proyectos de gobierno, estas manifestaciones podrán generarse a través de cada una de las organizaciones de todos los sectores ciudadanos o por medio de un conjunto de organizaciones. Esto dependerá de la planificación y del contexto, pero también de la naturaleza y espontaneidad de las manifestaciones.

Las manifestaciones serán estratégicamente planificadas para generarse consecutiva y constantemente, al igual que las adhesiones de las organizaciones a favor de los candidatos, manteniéndose así hasta el fin de las campañas electorales. La propia inercia del movimiento ciudadano a favor de los candidatos podrá desarrollarse de forma natural, espontánea y multitudinaria, por lo que entonces, en su generalidad, se dejará que estos movimientos se realicen de forma natural, sin embargo, siempre habrá una planificación de manifestaciones para que de forma mixta se conjunten.

Por esta razón, el centro de control, planificación y seguimiento de manifestaciones ciudadanas a favor de los candidatos establecerá la planificación y la agenda de estos movimientos ciudadanos, tanto naturales como programados, para el control y seguimiento de los mismos, y también, mediante el sistema de enlace y acción de todas las organizaciones ciudadanas, para su movilidad política y electoral.

El enlace deberá de ser eficiente y permanente, así como de interrelación total de todas las organizaciones y sectores, para que, en todos los eventos y manifestaciones de carácter ciudadano, la coordinación logre eventos muy bien realizados, que cumplan los objetivos políticos y que produzcan un alto impacto mediático favorable debido a su representatividad y participación ciudadana. Esta actividad deberá ser reconocida por la sociedad y sus sectores y se unan a este esfuerzo partidista y de los candidatos por mejorar su país y región y tratar de llevar beneficios sustantivos a la población.

El esquema de interrelación de los sectores y organizaciones, y de estos con sus organizaciones y demás instancias ciudadanas, estará especificado en un software de control. Este software contendrá todas las especificaciones y los datos de los sectores y organizaciones en todas sus modalidades con respecto a las plataformas partidistas. Estarán desde las aliadas y afines, con las que se tengan esquemas de movilidad y acción política intensa, hasta aquellas con las que apenas se ejerzan diversos o nulos grados de actividad política y electoral, tanto a favor como en contra. Este software contendrá la información de la participación de las organizaciones en favor o no de los diversos proyectos partidistas, con sus alcances y expectativas y su voluntad y compromiso por integrarse, participar y acudir a los llamados de apoyo popular. Asimismo, contará con un esquema que obligue a estas organizaciones ciudadanas a participar constantemente en reuniones entre sectores y organizaciones que apoyen un determinado proyecto partidista, para establecer la dinámica de interrelación y la coordinación y difusión de sus actividades de movimiento y acción ciudadana, política y electoral.

4. *Esquema de procesos de sensibilidad y respeto a sectores y población*

La población ha sentido con algunos candidatos, anteriores y actuales, el trato inteligente y sensible hacia sus demandas y necesidades, lo cual ha generado el reconocimiento y agradecimiento popular, además de la atención efectiva y resolución de los asuntos. Por tal razón este trato de respeto y sensibilidad hacia la población, deberá ser normativizado y aplicado en todas las instancias de gobierno y de la actividad pública y privada. Esto obligará a que este buen trato sea ejercido por todos los gobernantes, funcionarios y trabajadores de los gobiernos, por todos los dirigentes y militantes de los partidos políticos en todo ámbito y por los equipos de los candidatos y de las plataformas partidistas y electorales y también por todos los representantes del sector privado. La finalidad será la de ejercer esta forma de interrelación y trabajo inteligente y sensible y establecerlo de forma normativa como un esquema estratégico que acarreará muchas simpatías y reconocimientos a favor.

Cuando los funcionarios de diversos rangos, de todo ámbito y orden de gobierno, no responden a las peticiones y necesidades populares, mostrando indiferencia y hasta despotismo hacia las personas, se genera un ambiente de oposición en contra del funcionario y de la institución a la que representa y que no tiene la culpa. De forma contundente la ciudadanía se opondrá a estas actitudes de funcionarios y colaboradores de todo gobierno y partido político y exigirá que estos cuenten con personas preparadas, capacitadas y con sensibilidad política en estas instancias públicas, por eso la mayoría de la población se inclinará de forma masiva a favor de un nuevo proyecto partidista con estas características.

Por esta razón deberá implementarse un esquema para que las dirigencias, el personal y los líderes políticos y candidatos de los partidos políticos y de sus aliados se capaciten, para establecer su interrelación con la sociedad de forma sensible, sencilla, respetuosa y amable. Esto impactará favorablemente a la gente, la que comentará que ha sido tratada muy bien, con respeto, de forma amigable, que se interesaron por sus asuntos y por la gestión y solución de los mismos. Asimismo, esto implicará atraer simpatías y muchos votos populares a favor de estos candidatos, de sus partidos y de sus plataformas políticas. Este aspecto es uno de los más importantes, sin embargo, muy pocas veces se lleva a cabo y se genera un esquema especial de trabajo para estos fines, con el objetivo de atraer simpatías y votos electorales para el triunfo final. El trato sencillo, humano y respetuoso con todas las personas atrae más votos de los que se pueda imaginar. Aunque una mayoría de funcionarios gubernamentales y partidistas, incluidos gobernantes, dirigentes y líderes políticos, sean insensibles, déspotas y faltos de interés hacia las necesidades de la gente, existen también minorías de estos personajes que si son excelentes en su trato con las personas. Resulta que éstos siempre son los más capaces, talentosos, visionarios y sencillos, y son los que generalmente atraen el impacto mediático favorable y las simpatías y adhesiones ciudadanas a su favor y el voto electoral a favor de sus partidos y candidatos.

Éstas también serán campañas con diversos esquemas de difusión. Estas campañas de difusión van desde la estratégica y planificada en los medios de comunicación y en los esquemas de promoción y de propaganda oficial y comercial, hasta la difusión mediante la información popular, ejercida de boca a boca, en todas las poblaciones y entidades. Esta también es de gran importancia, porque es la voz popular y la que refleja la percepción mayoritaria de la sociedad. Otra acción natural es aquella en la que los dirigentes y funcionarios de los partidos políticos, de sus alianzas y de la propia oficina de los candidatos reciban a toda la gente que les requiere y visita, sin excepción. Habrá que recibir a todos, aunque sea solamente para saludarlos y escuchar de forma breve sus planteamientos, porque esta atención causará una buena impresión en la población, que implicará una difusión popular de resonancia y de buenos comentarios, que llegará a todos los sectores de la sociedad.

Con esta actitud se conocerá que los líderes, funcionarios y militantes de determinados partidos políticos y sus alianzas son personajes que atienden a la gente, que se preocupan por sus problemas y que quieren ayudar, y esto lo harán también cuando sean gobernantes, legisladores y funcionarios. Esto hará que sin duda la sociedad decida su voto por estas actitudes de sensibilidad, de buen trato y de respeto a la gente. Este concepto es fundamental y deberá de exigirse que todo funcionario y militante de los partidos políticos y de los equipos de los candidatos lo apliquen, aunque probablemente a algunos personajes no les gustará, porque carecen de sensibilidad y respeto a la gente, sin embargo, tendrán que hacerlo, porque es un trabajo de unidad y equipo pensando en el triunfo.

5. *Esquema de funcionamiento sistematizado, control de actividades y procesos sectoriales y populares*

En este punto se especifica que dentro del centro de control y seguimiento de actividades de los candidatos de una plataforma partidista se concentre el análisis e información de las diversas áreas políticas y electorales, además del área específica de control, análisis y seguimiento de la acción y movimiento de los sectores y organizaciones ciudadanas en favor de esta plataforma partidista.

Esta área se denominará centro de funcionamiento sistematizado, control de actividades y procesos sectoriales y populares, que generará la calendarización, planificación, control, agenda general y de actividades específicas, análisis, estrategias y escenarios de la acción y movimiento de los sectores y organizaciones ciudadanas en favor de determinados partidos políticos, de sus candidatos y de sus proyectos partidistas de gobierno.

Este centro de control tendrá un software especializado de análisis y resultados basados en la información de los aspectos y actividades de las organizaciones y agrupaciones ciudadanas, así como de los propios ciudadanos, el cual especificará la conformación, estructura y objetivos, así como los tipos y ámbitos de estos sectores y organizaciones. Con esto se podrá contar con una base de datos que permita generar la planificación y las estrategias de la movilidad y acción política ciudadana. Se contará, para estos efectos, con toda la información cualitativa y cuantitativa de cada sector y organización. Cuántos son, sus características, su razón y objetivo social, su conformación, sus actividades profesionales y ciudadanas, sus alcances y tamaño, su ámbito, su misión y objetivos ciudadanos, políticos y electorales, y sus esquemas y estrategias. También sus elementos, dirigencias y liderazgos, sus miembros, colaboradores y seguidores, sus organigramas, funcionamiento e interrelación con toda instancia pública y privada, gubernamental, ciudadana y partidista, etc.

Gracias a lo anterior se podrá llevar a cabo una planificación estratégica de marchas, manifestaciones, asistencia a reuniones, eventos, foros, participaciones ciudadanas y calendarización de adhesiones a la plataforma partidista, que impliquen una amplia movilidad y acción ciudadana a favor de determinados partidos políticos y candidatos. Esta acción ciudadana deberá ser difundida de forma masiva en los medios de comunicación, como noticia natural, y también como información de paga, en la que se presenten los aspectos necesarios y de más impacto que deba conocer la sociedad. Esta difusión se generará por medio de entrevistas, conferencias de prensa, reuniones informativas, etc., la que realizarán los propios ciudadanos y sus organizaciones en todos los medios de comunicación posibles.

El efecto será lograr un amplio movimiento ciudadano a favor de un partido político y sus alianzas y a favor de determinados candidatos y de sus proyectos partidistas para generar gobiernos eficientes, con la aprobación mayoritaria de la sociedad respectiva y de todo ámbito, incluyendo el contexto internacional. Con esto se buscará llegar lo más ampliamente fortalecido a todo proceso y campaña política y electoral, para lograr triunfos amplios, que sean reconocidos por los mismos adversarios y por toda la sociedad.

Este centro de control y análisis de la presencia, movilidad y acción ciudadana y de sus organizaciones también contendrá esquemas de control, seguimiento, evaluación y resultados de las actividades ciudadanas. Esto será tanto en aspectos cualitativos como cuantitativos, con panoramas generales y específicos de los sectores ciudadanos, de su comportamiento y de su impacto mediático, para su análisis, proyección y generación de escenarios y propuestas para la toma de decisiones.

Veamos entonces, en el cuadro respectivo de la siguiente página, una propuesta de planificación y calendarización de las actividades, participación y movimiento y acción política de los ciudadanos y de sus sectores y organizaciones. Esto será por medio de eventos, foros, marchas, mítines, manifestaciones, reuniones, conferencias y giras, ya sea con su asistencia o su participación y siempre manifestándose en favor de su plataforma partidista y de sus candidatos.

En el software del centro de control de actividades ciudadanas y de sus sectores se contemplan estas actividades desde cada una de las organizaciones ciudadanas. Con su participación en cada uno de los eventos y actos de proselitismo político y ciudadano, por día, mes y año, con los informes cualitativos y cuantitativos de los mismos y con gráficas y proyecciones, que generarán un amplio panorama que muestre todas estas acciones a favor de los partidos políticos, de sus candidatos y de sus proyectos de gobierno.

A continuación, se presenta una propuesta de un concentrado final de participaciones por año de los sectores ciudadanos en su conjunto, además de los totales en general de los diversos eventos y actos.

El cuadro siguiente contendrá un breve ejemplo sintetizado de una planificación general y global de las actividades que deberán tener y realizar los sectores y organizaciones ciudadanas cada año, además de la planificación a detalle de cada organización y sector, de cada día, semana y mes y de cada evento, manifestación, pronunciamientos y tipo de participación. Este detalle se llevaría gran parte de cualquier libro y documento, por lo que solo se genera una muestra representativa, sin embargo, en el software específico del centro de control y seguimiento quedará totalmente especificado, para su operación y funcionamiento.

Cuadro del concentrado total de la planificación de las actividades políticas de los sectores y organizaciones ciudadanas a favor de una plataforma partidista de propuestas y proyectos de gobierno

Eventos	Año 1	Año 2	Año 3	Año 4	Campaña Electoral	Total

Ejemplo de totales de eventos por año y en una campaña electoral de manifestaciones, marchas, asistencia a reuniones, foros, eventos y adhesiones a favor de los candidatos y de los partidos políticos

Sectores y organizaciones	Total de eventos por cada sector					
Sector productivo	10	12	12	12	31	77
Sector del campo y Agropecuario	10	12	12	12	31	77
Sector de organizaciones populares	10	12	12	12	31	77
Sector obrero	10	12	12	12	31	77
Sector sindicalizado	10	12	12	12	31	77
Sector educativo	10	12	12	12	31	77
Sector de medios de comunicación	10	12	12	12	31	77
Sector universitario	10	12	12	12	31	77
Sectores indígenas y nativos	10	12	12	12	31	77
Sector cultural, artístico y deportivo	10	12	12	12	31	77
Sector científico y tecnológico	10	12	12	12	31	77
Sector de minorías	10	12	12	12	31	77
Sector comerciante	10	12	12	12	31	77
Sector de micro comercio	10	12	12	12	31	77
Sector empresarial	10	12	12	12	31	77
Sector artesanal	10	12	12	12	31	77
Las organizaciones campesinas, agrarias, de productores, etc.	10	12	12	12	31	77
Los comerciantes, comerciantes de mercados, proveedores, vendedores, ambulantes, tianguistas	10	12	12	12	31	77
Los obreros, trabajadores, sindicalistas obreros, dirigentes, sectores obreros, etc.	10	12	12	12	31	77
Los sindicatos de obreros, campesinos, populares, gremiales, magisteriales, de trabajadores particulares y de gobiernos, de empleados nacionales y locales	10	12	12	12	31	77
Los maestros, dirigentes, académicos, profesores, alumnos, padres de familia, estudiantes, trabajadores administrativos, etc.	10	12	12	12	31	77
Sectores de mujeres y jóvenes	10	12	12	12	31	77
Otros diversos sectores	10	12	12	12	31	77
Totales	**230**	**276**	**276**	**276**	**713**	**1771**

La planificación abarcará todos los aspectos de participación política de cada organización y de cada sector con sus organizaciones, con la planificación diaria, semanal, mensual y anual y mediante estrategias que provoquen el mayor impacto político y mediático favorable. Esto se hará también mediante una serie de manifestaciones, marchas, mítines, foros, reuniones, presencia y pronunciamientos de los ciudadanos, con la finalidad de lograr la adhesión de más sectores a favor de sus partidos y candidatos.

6. Esquema de difusión de actividades sectoriales y populares

El esquema de difusión de las actividades ciudadanas a través de sus organizaciones y sectores, en favor de una plataforma de propuestas y de sus candidatos, será planificado en diversos conceptos. Estos serán la acción ciudadana y las acciones partidistas, políticas y electorales, de forma calendarizada y masiva, con el objetivo de que esta difusión llegue a toda la población, incluyendo las comunidades rurales alejadas, pero sobre todo a los centros de más habitantes, con la finalidad de difundir e impulsar un nuevo proyecto partidista de gobierno.

La difusión tendrá que implementarse en todos los medios de comunicación, de forma constante y masiva, especialmente aquella que se genera de forma natural, como noticia, ya que elimina los costos y gastos en estos medios. La actividad ciudadana de manifestaciones, siempre pacíficas y ordenadas, respetuosas de la población, de las vialidades y de las actividades diarias de los centros urbanos y rurales donde se desarrollen, de participación en eventos, reuniones, giras y foros a favor de una plataforma partidista, serán elementos de noticia política y partidista para los medios de comunicación. Por tal razón todos estos medios tendrán que cubrir, reportear y difundir la noticia en sus diversos espacios noticiosos, conjuntamente con otros aspectos que se deriven de estas manifestaciones, como lo son, entre otros, los probables escenarios generados y las entrevistas y conferencias.

Habrá algunos medios de comunicación de todo ámbito, rubro e importancia, que, por tener intereses opositores a algunos partidos políticos y candidatos, tratarán de minimizar y anular las noticias de estas manifestaciones ciudadanas de adhesión.

Las organizaciones ciudadanas, a través de los medios de comunicación aliados y neutrales podrán informar y comentar a la opinión pública que algunos medios de comunicación minimizan o no difunden las noticias de manifestaciones ciudadanas a favor de determinados candidatos, por estar comprometidos a otros intereses. Sin embargo, por la presión de los mismos medios de comunicación y de la opinión pública en general, estos medios opositores tendrán que difundir las noticias de estas manifestaciones de la sociedad civil organizada.

El esquema de difusión incluye medios de comunicación tanto locales y nacionales como internacionales. Esto se logrará a través de noticias naturales del movimiento y acción de los ciudadanos y sus organizaciones y sectores. Y también por medio de estrategias de siembra de difusión a través de conferencias de prensa, de entrevistas a los dirigentes de estas organizaciones ciudadanas, de reuniones con los medios de comunicación, de difusión en los medios de las actividades de los eventos, foros y reuniones que produzcan estos sectores y organizaciones ciudadanas al manifestarse a favor de una plataforma partidista de propuestas y proyectos de gobierno.

Esquema del sistema de integración y atracción ciudadana

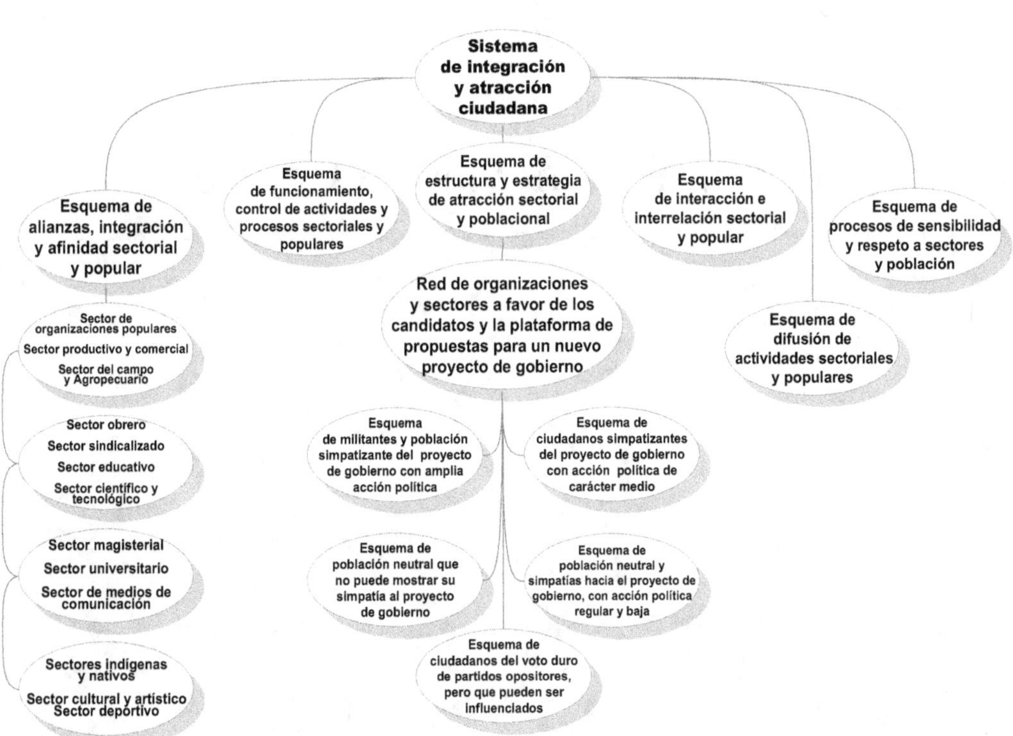

Sistema de Control, Planificación, Evaluación y Estrategias de Esquemas Políticos y Electorales

Software y Oficinas de Control

Sistema de Control, Planificación, Evaluación y Estrategias de Esquemas Políticos y Electorales
Software y oficinas de control

1. *Conceptos del sistema de control, planificación, evaluación y estrategias de esquemas políticos y electorales*

2. *Análisis de información de estrategias y fortalecimiento de acciones políticas y electorales de una plataforma partidista*

3. *Esquema de control, estrategias y planificación política*

4. *Esquema de control y estrategias electorales*

5. *Esquema de control de actividades y procesos sectoriales y populares*

6. *Aplicación del sistema en los partidos políticos*

7. *Esquema de enlace, control y seguimiento de la presentación del sistema integral*

Para tener la información general y específica de todo un contexto, para el conocimiento de las dirigencias de los partidos políticos, de los candidatos y de los líderes políticos de un país y entidad, será básico e importante manejar un esquema que permita tener esta información al momento y al día. Esta servirá como instrumento de control, seguimiento y evaluación de la situación política y electoral del contexto y, sobre todo, para generar escenarios y propuestas que permitan establecer agendas, lineamientos, actividades y estrategias para un mejor funcionamiento en general de todas estas instancias y actores políticos y partidistas.

Objetivo del Sistema de control, planificación, evaluación y estrategias de esquemas políticos y electorales

Tener la información real en tiempo justo de todas las actividades generales de los esquemas de una plataforma partidista de propuestas y proyectos de gobierno, de los partidos políticos y de los candidatos, organizaciones y sectores de una alianza partidista, además incluso de los adversarios y opositores políticos, será fundamental. Esta información se deberá generar mediante el conocimiento del contexto general y los contextos particulares de las instancias, sectores, sociedades y entidades. Así se tendrá la información para conocer, interpretar, evaluar, dar seguimiento y generar resultados, estrategias y acciones para mejorar estos contextos y reforzar o establecer, en su caso, nuevas políticas, acciones y estrategias en los diversos escenarios para que estos sean favorables a los partidos y candidatos.

Razones para la aplicación del Sistema de control, planificación y estrategias

Existen diversas razones para contar con un sistema de este tipo, entre estas, para tener un control y orden determinado de la actividad política y electoral de los partidos, candidatos y de las organizaciones ciudadanas. Este sistema se basará en la información y sus análisis y en la planeación de las actividades partidistas, lo que permitirá generar las estrategias y acciones necesarias para lograr una movilidad política de impacto y de posicionamiento favorable ante la sociedad. Como se observa, una de las razones más importantes será la de tener la información real en tiempo justo para tener la visión al instante de los contextos, de su problemática y de los puntos buenos y malos de la acción política y electoral. Con esta información se tendrá un panorama general que permitirá conocer, entender y manejar varios escenarios y tomar la decisión más adecuada de los asuntos y problemáticas, además de contar con mejores elementos para manejar las negociaciones y acuerdos y las mejores expectativas con todo tipo de instancias.

Objetivo básico del Sistema de control, planificación, evaluación y estrategias

La finalidad será la de contar con esquemas e instrumentos sistematizados que permitan a los candidatos y a los líderes de los partidos políticos y de sus alianzas tener la información real en tiempo real de todas las actividades partidistas y de las diversas campañas y procesos electorales, especialmente las campañas para gobernantes y presidentes. Esta información estratégica contendrá la actividad de los partidos políticos y sus alianzas, de los sectores, candidatos y líderes partidistas, con la cual se tendrán los contextos detallados y estudiados. Este detalle de los contextos permitirá generar y evaluar los escenarios, lo que permitirá, asimismo, tomar las mejores decisiones, solas o consensuadas con diversos actores públicos y privados, según el caso, para compartir riesgos y obtener las mejores proyecciones de triunfo.

Modelo del Sistema de control, planificación, evaluación y estrategias

El modelo de este sistema está conformado por un software que contiene esquemas de todo rubro de la actividad política y electoral. Estos esquemas presentan los conceptos generales y específicos de la información y actividad de cada concepto, de forma cuantitativa, cualitativa y sintetizada. La finalidad será la de generar los resultados en base a las evaluaciones y análisis de esta acción y movilidad política, para conocer todos los aspectos y escenarios, además de las proyecciones de estos mismos, en base a las diversas estrategias y decisiones que se puedan generar, por lo que será un instrumento estratégico de gran magnitud para las decisiones y estrategias políticas y partidistas. Asimismo, este modelo permitirá presentar y difundir el esquema de una plataforma partidista de propuestas y proyectos de gobierno y las actividades de los candidatos, de los partidos políticos y de las instancias aliadas, además de todos los sectores y organizaciones.

Este modelo deberá constar de diversos rubros, con sus espacios respectivos, para ser vaciados o rellenados mediante la información y el análisis correspondiente por parte de los analistas especializados en cada centro de control. Estos analistas estarán insertados en las áreas de los partidos políticos y en las oficinas de los candidatos, con la información al día, para así tener un esquema total actualizado de forma permanente.

1. Conceptos del Sistema de control, planificación, evaluación y estrategias de esquemas políticos y electorales

Será importante anotar que el sistema de control utilizará métodos de análisis, evaluaciones y proyecciones por concepto y actividad, por medio de campos específicos, para generar perfiles y resultados que conformen la información dirigida a los gobernantes, líderes y candidatos y a los encargados de cada área de la infraestructura de la plataforma partidista. Esto incluye, por tanto, a las áreas del sistema en las oficinas de candidatos, de los partidos y organizaciones y de los sectores de las alianzas. Se utilizarán las evaluaciones y resultados que se consideren adecuados, para conocer el contexto de los diversos escenarios y procesos políticos en todo tiempo. Esto ayudará a impulsar las expectativas de triunfo, derivadas por la dinámica que se genere de las actividades políticas y electorales de los partidos políticos y candidatos y también de los recursos económicos para implementarlas.

Conceptos que debe de tener el Sistema de Control, Planificación, Evaluación y Estrategias de Esquemas Políticos y electorales

- *Evaluación cuantitativa y cualitativa de las actividades políticas y electorales de candidatos y de partidos políticos, así como de partidos de una alianza y del movimiento y acción de los sectores y organizaciones con respecto a la difusión e implementación de una plataforma partidista de propuestas y proyectos de gobierno*

- *Evaluación general de las actividades propias y específicas partidistas, políticas, electorales, de gestión y negociación, etc., que generan los partidos políticos y cada partido y sector de una alianza, que genera también la acción de los candidatos y la actividad de los sectores y los aliados grupales y personales*

- *Evaluación de las diferentes áreas de estas instancias, ya sea en aspectos políticos, electorales, administrativos, financieros, de difusión y promoción, de giras, eventos, etc.*

- *Evaluación de los programas de acción y de los esquemas de trabajo de estas instancias para establecer la plataforma partidista de propuestas y proyectos de gobierno*

- *Evaluación de las actividades de las áreas interrelacionadas, aunque no sean aliadas, con las instancias de la plataforma partidista de propuestas y proyectos de gobierno*

- *Evaluación de las actividades de funcionarios, líderes, dirigentes y del personal en general que generan actividades de todas las instancias de una alianza por el nuevo gobierno*

- *Evaluación de las reuniones y actividades de mayor relevancia y de peso específico de las instancias y los actores fundamentales de los partidos políticos y de sus alianzas, sobre todo de las actividades de líderes políticos y partidistas de este nuevo proyecto*

- *Evaluación de los aspectos administrativos, financieros, jurídicos, laborales, sindicales, etc., que correspondan y sean conducentes, de cada instancia de los partidos políticos y sus alianzas para un nuevo proyecto partidista de gobierno*

- *Evaluación de las actividades de capacitación y preparación política, electoral y de difusión y presencia de los diversos actores, dirigentes y militantes de los partidos políticos y de sus alianzas para un nuevo proyecto partidista de gobierno*

- *Evaluación de las actividades de promoción, de asesorías, etc., que lleven a cabo las diversas instancias de la coalición y alianza de partidos y de las oficinas de candidatos de la plataforma partidista de propuestas y proyectos de gobierno*

- *Evaluación de la difusión y promoción de todas estas instancias*

- *Evaluación de los impactos de difusión de la plataforma partidista de propuestas y proyectos de gobierno y de la actividad de los candidatos ante la población, los sectores y el contexto nacional e internacional*

- *Evaluación ante la sociedad, los sectores y ante los medios de comunicación del impacto de la generación de las actividades, la acción política y los programas de los partidos políticos y de las propuestas y actividad de los candidatos de la plataforma partidista de propuestas y proyectos de gobierno*

Asimismo, se deberá de contar con una cantidad diversa de formatos para un tablero de control. Veamos algunos de estos:

- *Formatos de evaluación cuantitativa y cualitativa de las actividades.*
- *Campos de vaciado de las actividades cuantitativas y cualitativas de las actividades.*
- *Formatos de funciones de sumatorias y de diversas cuantificaciones de las actividades.*
- *Formatos de funciones e interrelación de campos de evaluación y actividades.*
- *Formatos de funciones de diversos graficados de las cuantificaciones de las actividades.*
- *Formatos de funciones de rangos de probabilidades de mejora de las actividades.*

- *Formatos de funciones de aplicación de resultados que se generen de forma diaria, semanal, mensual, trimestral y anual, de acuerdo a las cuantificaciones de las actividades.*

- *Formatos de funciones comparativas de los avances de actividades de candidatos, de los partidos políticos y los partidos, organizaciones y sectores de una alianza en todo tiempo y avances de los adversarios y opositores*

- *Formatos esquematizados en síntesis para tarjetas de información para los candidatos y los dirigentes y líderes de los partidos políticos y de sus alianzas*

<u>Instrumentos y actividades a verificar</u>

Este sistema permitirá verificar todos los aspectos de las actividades y de la acción política y electoral de todas las instancias de un sistema político de todo ámbito, por medio de sus conceptos y rubros específicos y de su información, análisis y evaluaciones respectivas. El sistema es ampliamente flexible y puede ser diseñado y conformado de acuerdo a las necesidades, recursos y expectativas de los gobernantes o líderes partidistas de cada país y de sus entidades y localidades. Sin embargo, habrá algunos conceptos generales y específicos que serán naturales y que deberán estar considerados siempre, como lo son los aspectos y la información de las actividades, estrategias y movilidad política de los partidos, de sus candidatos y aliados y de los adversarios políticos y partidistas. Esto generará una evaluación de los procesos y resultados de estas actividades políticas, partidistas y electorales, y permitirá establecer cuál sería su impacto final en su ámbito y entorno, de acuerdo con las diversas decisiones y estrategias partidistas implementadas.

<u>Esquemas de evaluación del sistema de control, planificación y estrategias</u>

El sistema deberá de establecer un esquema de reuniones de diversos conceptos, entre ellos, de forma prioritaria, el esquema de carácter estratégico para analizar y evaluar la acción política y electoral, partidista y de sus alianzas, además de los aspectos administrativos, de finanzas y recursos, entre otros. Estas reuniones serán de carácter general y específico, y estarán comandadas por los líderes y dirigentes de un partido político y de los partidos, sectores y organizaciones aliadas, y tendrán la finalidad de generar estrategias, planificaciones, mejora continua, ideas y estrategias de campañas y de acción política y electoral. También se llevarán a cabo reuniones por áreas específicas, que estarán conformadas por los titulares de las áreas, así como por el personal que se desempeña en ellas. En estas reuniones básicas se generarán los asuntos y problemáticas a corregir y los acuerdos, planteamientos, consensos y soluciones respectivas, además de generarse nuevas propuestas que posteriormente se plantearán en las juntas de nivel de dirigentes.

<u>Funcionamiento y conformación del sistema de control, planificación y estrategias</u>

El software de este sistema contendrá diversos conceptos, cada uno con sus espacios de llenado, por lo que cada persona tendrá que vaciar su información en su espacio correspondiente a sus actividades políticas. El vaciado de la información podrá hacerse cada día, para que de esta manera se tenga la información cualitativa y cuantitativa, la cual al mismo tiempo podrá generar una información acumulada de esa área, la cual se interrelacionará con las demás áreas y producirá una información general y específica a detalle y al momento, al día, al mes, al trimestre y al año. Esto generará gráficas y porcentajes de actividades globales y particulares que permitirán calificar y evaluar estas actividades y áreas respectivas.

Así, cada instancia de la plataforma partidista de propuestas y proyectos de gobierno, como lo son los partidos políticos, las organizaciones y los sectores, las oficinas de campaña de los candidatos y los sectores aliados, generarán informes digitales que estarán conectados a un control maestro ubicado en las oficinas de acción y estrategia de los candidatos y partidos. Desde este control maestro se podrá vaciar y generar la información que provenga de todas las instancias partidistas y sectoriales del sistema al instante, para así contar con la información global y específica y las proyecciones y escenarios al día y en tiempo justo, para la toma de decisiones.

<u>Planificación con visión</u>

El sistema permite, mediante el análisis y la evaluación de la información política, generar resultados globales y específicos, con sus gráficas respectivas, para tener un panorama global que generará diversos escenarios sobre los cuales habrá que decidir las estrategias y acciones a seguir. Por ejemplo, que pasaría si se aplican tales acciones políticas o electorales o de movimiento ciudadano o que pasaría de no aplicarse estas, cuáles serían los costos y los resultados, etc.

Para tomar las decisiones respectivas, por tanto, se deberán analizar todas las posibilidades de estos escenarios para decidir lo adecuado y establecer la planificación, las estrategias y las acciones a seguir para buscar el triunfo en todos los procesos electorales. En las reuniones estratégicas cupulares se observarán todos estos aspectos, de todas las instancias políticas del ámbito respectivo, para generar las recomendaciones necesarias para la mejor toma de decisiones y la obtención de los resultados políticos y electorales más favorables.

<u>Software del sistema de control, planificación, evaluación y estrategias</u>

El software contendrá los rubros, con sus espacios y campos respectivos, para el vaciado de la información cuantitativa y cualitativa de las actividades importantes y significativas de las instancias que conformen un sistema político. Específicamente, partidos políticos, instancias y partidos aliados y oficinas de candidatos, además de las instancias políticas, electorales y ciudadanas con las que se tenga interrelación sustantiva, las cuales serán, en su conjunto, las instancias que generarán la información para el funcionamiento de este software y sus programas. El resultado de la información y sus análisis se documentará en cada uno de los espacios de los rubros respectivos del programa. Este programa estará instalado en el centro de control de todas las áreas de las instancias mencionadas, las que estarán interconectadas con una oficina central principal. Esta oficina central generará los resultados particulares y globales, con sus gráficas y evaluaciones, que serán remitidos a las dirigencias políticas y partidistas para su análisis cupular y para la toma de decisiones necesarias y adecuadas al contexto.

<u>Confidencialidad de la información que genera el sistema de control, planificación, evaluación y estrategias de esquemas políticos y electorales</u>

Este proceso contará con espacios y campos de confidencialidad, de información restringida, que solo podrán conocer los encargados de sus propias áreas y el titular de las mismas, sin conocer ellos los resultados de otras áreas, solo los apartados y los aspectos interrelacionados con otras áreas dentro de estos espacios del software. Estos espacios, como se mencionó, podrán ser vistos de forma global y específica por los candidatos y dirigentes conducentes, además del encargado de este sistema. Los demás dirigentes podrán ver solo sus campos respectivos y algunos otros de esta interrelación, sobre todo que no sean confidenciales.

Estos candados para evitar fugas de información de estos esquemas se derivan por la necesidad de la confidencialidad, ya que esto impide inmiscuirse en otras áreas previendo el espionaje de la información política, además del inofensivo comentario fuera de lugar, que provocaría fugas y deformación de la información y la consecuente filtración de ésta a los medios de comunicación y a los adversarios políticos. Lo anterior provocaría que las estrategias y decisiones cupulares y los análisis del sistema se conocieran y, por lo tanto, se boicotearán, por un lado, con resultados negativos que seguramente disminuirían las actividades partidistas y el posicionamiento de sus candidatos y plataformas, y por el otro lado, que los adversarios utilizarían la información y las estrategias en beneficio propio.

<u>Conexión del sistema de control, planificación, evaluación y estrategias de esquemas políticos y electorales</u>

La información se entrelazará desde un servidor central a sus redes, con sistemas que impidan el acceso a la misma, evitando toda fuga y manteniendo la seguridad, funcionalidad y operatividad del sistema en beneficio de sus usuarios originales. Esto permitirá trabajar la información en todo sentido y en todos sus aspectos, incluso los muy restringidos, confidenciales y hasta secretos, con la seguridad del resguardo de la información. Esto permitirá también que el tablero de control del sistema central cuente con toda la información del desarrollo de las actividades políticas y electorales de estas instancias en todo tiempo y en las propias campañas políticas. El sistema estará conectado básicamente a un nivel central principal en la dirigencia de un partido nacional, con ramificaciones en las representaciones partidistas de cada entidad y localidad, así como en las oficinas de los candidatos y en todos los sectores y organizaciones ciudadanas y de todo rubro, públicas y privadas, que conformen este amplio sistema. Esto permitirá contar con una gran red de redes que contendrá y proporcionará información estratégica de gran alcance, que permita la operatividad y la funcionalidad eficiente de los partidos y sus candidatos, y que a su vez estos generen la actividad estratégica que les permita aumentar su posicionamiento y lograr así la mayoría de los triunfos electorales.

Resultados del sistema de control, planificación, evaluación y estrategias

Como se analizó en el concepto de los rubros y campos de este sistema, existirá uno de ellos que permitirá tener resultados sintetizados cuantitativos y cualitativos, los cuales servirán para generar las tarjetas informativas para los candidatos, y en su caso, para los dirigentes de los partidos de una alianza, para su análisis y toma de decisiones. Con la impresión de estas tarjetas, que contengan la información al día y en justo tiempo de todas las acciones políticas y electorales de todas las instancias de una alianza estratégica e incluso de los adversarios políticos, se podrá observar de forma cuantitativa, cualitativa y sintetizada cuáles serán los resultados de la acción política y electoral en todo tiempo y proceso.

Coordinación del sistema de control, planificación, evaluación y estrategias

Se tendrá un coordinador general del sistema, que dependerá directamente de la dirigencia de un partido político, y que tendrá enlaces con las oficinas de los candidatos. La coordinación deberá contar con algunos coordinadores de áreas y rubros que tendrán la capacitación e inducción especializada y adecuada en las áreas que les correspondan para que enlacen, ejecuten y generen las actividades y los resultados por objetivos, mediante el software y la información adecuada.

Interacción del sistema de control, planificación, evaluación y estrategias

Cuando el esquema se ejecuta en su totalidad, los encargados de las coordinaciones tendrán una amplia interacción y coordinación entre ellos y los elementos del sistema, ya que esta es una gran red que contiene una serie de redes interactivas de información, de actividades y de interrelación de todo tipo. Esto establece una gran dinámica que genera la mejor información, los mejores análisis y proyecciones, así como los escenarios políticos y electorales reales y la proyección de éstos. Esto permitirá establecer las mejores estrategias, al día y al mediano y largo plazo, para el fortalecimiento de los partidos y el triunfo de los candidatos y sus proyectos.

2. Análisis de información de estrategias y fortalecimiento de acciones políticas y electorales de una plataforma partidista

De acuerdo al análisis de la información y de las proyecciones del software del sistema de control se podrá establecer en que regiones y localidades se deberán implementar determinadas acciones políticas y electorales para conformar las estrategias de posicionamiento de candidatos, de los partidos políticos y de sus alianzas, con la finalidad de avanzar y desactivar las problemáticas.

En este esquema se especifica no sólo que estrategias y acciones políticas y electorales deberán utilizarse, sino también qué instancias podrán ejecutarlas y que organizaciones y sectores deberán de involucrarse en estas estrategias, para generar los escenarios de fortalecimiento de los partidos políticos y de sus alianzas en las regiones y localidades. Se podrá analizar la información y corregir los aspectos que no funcionan y generar así las proyecciones y escenarios que permitan establecer los costos y beneficios de determinadas decisiones. Se podrán tener diversas opciones para decidir las estrategias para la mejor toma de decisiones en todos los aspectos, desde los conceptos particulares específicos de determinadas acciones, hasta las decisiones globales, con el objetivo de conformar una plataforma política y electoral con las mejores propuestas, y que la ciudadanía y el pueblo en general acepten y aprueben. El esquema debe de contar con campos específicos por actividad de grupos, de personas y partidos, de procesos y de otros conceptos relacionados, de los que se recabará la información importante para establecer las estrategias de los partidos políticos y de los candidatos.

<u>Carácter trascendente del sistema que permite la planificación específica y global y maneja la incorporación de la información de las actividades ejecutadas para su análisis, corrección, y toma de decisiones</u>

El carácter del sistema se establece en dos sentidos, en uno se especifican los rubros contenidos en la planificación y agenda y en otro se especifican las actividades desarrolladas y como se incorpora la información de estas actividades, para que a su vez esta información se analice para conformar los periodos de planificación siguientes, ya sea diaria, semanal, mensual, semestral y anual. Este esquema permite corregir al momento y planificar al instante o al mediano y largo plazo, por lo que este sistema y software de control y seguimiento de actividades y proyección de escenarios será fundamental para el análisis específico y global, y para la mejor toma de decisiones e implementación de políticas, para consolidar el triunfo de un proyecto partidista de gobierno.

Vamos a analizar de forma concentrada algunos datos de acción política, partidista y electoral de los candidatos, de los partidos políticos y de todos los actores y sectores aliados y opositores que se encuentren dentro de este esquema de información y análisis. Derivado de esta información se tendrán los contextos de la acción política, ciudadana y electoral, además de conocer los contextos y la forma de actuar de adversarios y aliados. Estos contextos permitirán generar los esquemas sobre cuáles serán las estrategias y lineamientos a seguir con cada sector y actor, para adelantarse a ellos en todos los sentidos y aspectos. Veamos como ejemplo el concepto de actividades y procesos de los candidatos y su esquema de acción política y electoral en un determinado contexto y tiempo.

Cuadro de planificación específica y global de actividades que se realizan, además de la información que se obtiene y se incorpora al sistema del control para su análisis, generación de escenarios, estrategias y decisiones, en este ejemplo, de la actividad integral de un candidato.

Esquemas de acción para el triunfo de partidos políticos y candidatos	Años determinados				Análisis cuantitativo
Actividades y acción política, partidista y electoral de un candidato	Semana 1	Semana 2	Semana 3	Semana 4	**total** Mes determinado
	Total de actividades por cada uno de los rubros específicos				
Pronunciamientos políticos	2		1	1	**4**
Propuestas para el desarrollo	1			1	**2**
Mítines. Participación		1	2		**3**
Reuniones. Participación	3	1	4	2	**10**
Foros. Participación			1		**1**
Eventos diversos		1		1	**2**
Giras locales y regionales		1	1		**2**
Giras internacionales y nacionales		1	1	1	**3**
Propuestas para reforma del estado	1				**1**
Entrevistas a medios de comunicación	5	4	7	3	**19**
Conferencias de prensa			1		**1**
Reuniones partidistas	1			2	**3**
Reuniones estratégicas internas con sus equipos	1	1	1	1	**4**
Encuentros y reuniones con líderes políticos	3	6	2	4	**15**
Reuniones con personajes importantes	2	3	2	2	**9**
Presentación de ponencias y propuestas	1		1		**2**
Actividades partidistas	4	3	3	3	**13**
Orador en actos oficiales partidistas		1		1	**2**
Reuniones con sectores y organizaciones	2		1	2	**5**
Manifestaciones, marchas, etc.		1			**1**
Comidas, desayunos y cenas de trabajo	7	6	4	5	**22**
Citas con el público en general y en particular	22	20	19	28	**89**
Gestión de propuestas de la gente	4	6	2	3	**15**
Asistencia a medios de comunicación	2	1	3		**6**
Reunión con representantes partidistas	2	1		1	**4**
Reuniones con adversarios de partido, de gobierno y en general			2		**2**
Asistencias a instituciones políticas, electorales y ciudadanas	1			1	**2**
Actividades privadas y familiares	4	4	4	5	**17**
Otras actividades	3	3	3	3	**12**
total	**71**	**65**	**65**	**70**	**271**

Análisis cualitativo y cuantitativo

Informe breve de aspectos trascendentes, de ámbito, de carácter, de contexto, etc.	*Análisis y generación de gráficas, evaluación, corrección, etc.*	*Estrategias, escenarios y decisiones políticas*

A continuación, veremos un diagrama de los procesos en su conjunto y de todos los conceptos, por ejemplo, de grupos, partidos, sectores, personas y organizaciones que se encuentran especificados en los esquemas de acción política y electoral de influencia y participación de una plataforma partidista. Todos estos conceptos con sus aspectos y esquemas generan la necesidad de contar con el software del sistema de control, planificación, evaluación y estrategias de esquemas políticos y de gobierno, para tener toda la información, el control y los resultados, que permitan generar las estrategias y actividades políticas y partidistas.

Este será un concentrado de los grupos y personas y de sus actividades y acción, para observar en su totalidad cuantas actividades de forma cuantitativa se necesitan planificar para generar el impacto y las estrategias para el triunfo de las plataformas y proyectos de los partidos políticos, de los candidatos y de la sociedad.

Diagrama de los procesos que se generan en el Sistema de control, planificación, evaluación y estrategias de esquemas políticos y electorales

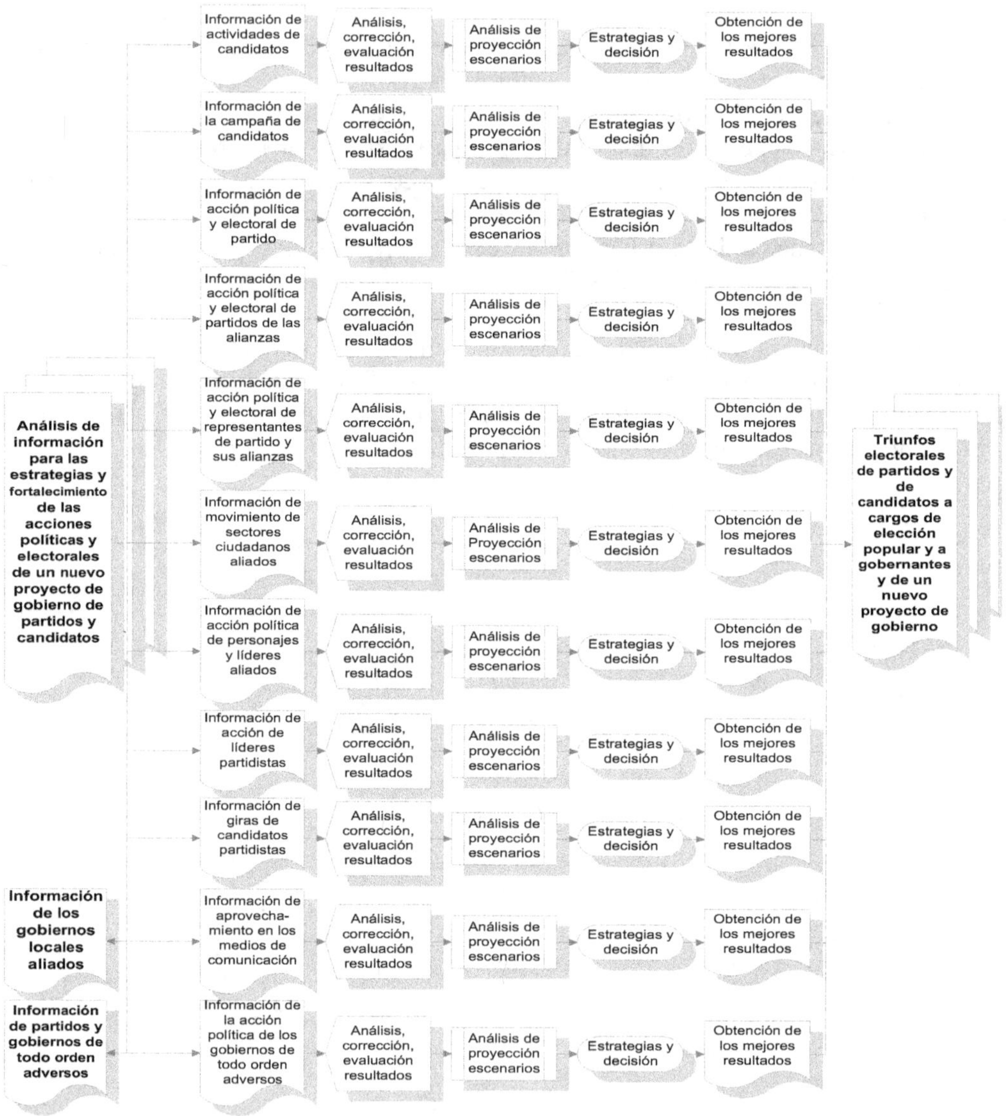

Análisis de información para las estrategias y fortalecimiento de las acciones políticas y electorales de un nuevo proyecto de gobierno de partidos y candidatos

Información de los gobiernos locales aliados

Información de partidos y gobiernos de todo orden adversos

Información de actividades de candidatos

Información de la campaña de candidatos

Información de acción política y electoral de partido

Información de acción política y electoral de partidos de las alianzas

Información de acción política y electoral de representantes de partido y sus alianzas

Información de movimiento de sectores ciudadanos aliados

Información de acción política de personajes y líderes aliados

Información de acción de líderes partidistas

Información de giras de candidatos partidistas

Información de aprovechamiento en los medios de comunicación

Información de la acción política de los gobiernos de todo orden adversos

Análisis, corrección, evaluación resultados

Análisis de proyección escenarios

Estrategias y decisión

Obtención de los mejores resultados

Triunfos electorales de partidos y de candidatos a cargos de elección popular y a gobernantes y de un nuevo proyecto de gobierno

3. *Esquema de control, estrategias y planificación política*

Este esquema es uno de los conceptos del software del sistema de control y análisis en el que se especifican las actividades políticas de las instancias, partidos políticos, dirigentes, candidatos y sectores ciudadanos aliados y adversarios, para ser analizadas, conjuntamente con los posibles escenarios, para generar las mejores decisiones en cuanto a estrategias de acción política. Así se podrán tener especificadas todas las actividades de los candidatos, por ejemplo, las giras en las regiones y en entidades externas, las reuniones de partido, las reuniones con representantes partidistas ante instancias electorales, las reuniones con dirigentes de otros partidos de una alianza y de partidos adversarios, la asistencia a mítines, reuniones y eventos partidistas, etc.

También se tendrán especificadas las actividades de movimiento, organización y acción de los partidos políticos y de los coordinadores partidistas, así como otros diversos conceptos concernientes. Estos conceptos serán, entre otros, los nombramientos de representantes políticos y electorales, la presentación de diversas convocatorias, la preselección de candidatos partidistas a cargos de elección popular y la generación de comunicados y boletines. Habrá una serie de reuniones específicas para todos estos fines y para toda la gama de actividades que se realizan al interior de los partidos políticos y de las oficinas de acción política de los líderes y candidatos. Lo anterior con el fin de tener cuantificada la actividad que se genera en todo escenario y contar también con la información cualitativa de los aspectos relevantes de todos estos eventos y acciones, que generen análisis, escenarios y proyecciones para evaluar las estrategias que se deben llevar a cabo. La finalidad de estos análisis será la de fortalecer a los partidos políticos y sus alianzas, y de contar con los mejores candidatos para impulsar una plataforma partidista de propuestas con la cual la gente se identifique.

En cada uno de los conceptos que se tienen que llevar a cabo se analizarán los informes positivos y negativos, los informes medios del contexto y las evaluaciones de los analistas políticos. En base a esto se podrá tomar la mejor decisión política, absorbiendo los costos y obteniendo los beneficios, siempre con la visión de obtener los mejores resultados para sus partidos políticos y candidatos y para sus plataformas partidistas. El sistema tendrá esta información al día y en justo tiempo. Para obtenerla, solamente será necesario abrir el programa para conocer de forma global y al detalle esta información, así como las evaluaciones y recomendaciones de los analistas especializados de los partidos políticos, para que las dirigencias y los líderes tomen la decisión más adecuada en beneficio de su partido, de sus candidatos y de sus plataformas partidistas.

Como ejemplo vamos a ver en el siguiente cuadro las actividades de candidatos, en el rubro de giras al interior, y de forma sintética, estos conceptos de control y estrategia de planificación política.

Cuadro del esquema de control, estrategias y planificación política

Giras partidistas

Semana 1	Escenarios	Escenarios	Escenarios	Análisis y costos políticos. Decisión final	Programación y planeación de la gira y las reuniones y eventos
Probable actividad para agendarse	*Informe negativo del sistema*	*Informe positivo del sistema*	*Informe general del contexto*		
Gira 1	*Grupos adversos de determinada localidad se manifestarán en contra en la gira*	*El porcentaje político de beneficios es del 90% por la difusión de los candidatos y el nuevo proyecto*	*Existe entusiasmo en la población y las entidades por la visita de los candidatos* *Sumará votos*	*Conveniente. 80% a favor. Se programa una gira para inicios de la semana, los días lunes, martes y miércoles*	*Reunión con ganaderos, sector turístico, transportistas, con sectores ciudadanos, mitin en plaza pública, caminata, etc.*
Gira 2	*En tal pueblo la población no asistirá al mitin por estar amenazados por grupos opositores.* *Sabotearán el acto en tal región*	*El 70% de entidades apoyarán a los partidos y a los candidatos y se lo manifestarán en la gira.* *Se adherirán transportistas de la región*	*La población en su mayoría está a favor de los candidatos y de los partidos políticos.* *Quieren quitar a sus diputados opositores*	*Conveniente. 85% a favor. Se programa una gira los días jueves, viernes, sábado y domingo*	*Reunión con sectores agrícolas, con trabajadores y dirigentes; reunión con campesinos y obreros; mitin y recorrido en tal pueblo; entrevista en medios, etc.*
No hacer gira esta semana	*Se pierde presencia y movilidad de partidos y candidatos, se dejan esperando a sectores y grupos que quieren ver a los candidatos*	*Se evitará cualquier sabotaje y confrontación con grupos, aunque disminuirá la presencia de los candidatos en un 5%*	*La gente se irritaría si no se asiste, ya que desean saludar a los candidatos y dar varias recepciones de apoyo en las ciudades y el campo*	*Se descarta no hacer la gira e incluso se harán dos giras en esta semana por convenir a los partidos y candidatos*	*Se planifican las giras para la siguiente semana y se planifican actos populares y reuniones de partido en las ciudades y con dirigentes de la alianza*

En este esquema de control y estrategias, se especifican, analizan y evalúan las actividades electorales de las instancias políticas respectivas, especialmente de los partidos políticos y de sus elementos y componentes. En este sentido, este esquema contendrá los espacios para captar, analizar y evaluar la información electoral necesaria y adecuada para proveer los resultados que permitan planificar y generar las estrategias y actividades de los procesos electorales respectivos. Derivado de esto se tendrán contempladas las actividades de movimiento, organización y acción electoral de las instancias partidistas y de sus dirigencias y militancias, así como de los demás partidos y organizaciones, sean aliadas, neutrales o adversarias. Lógicamente quedará registrada toda la información relacionada a cada concepto de todo proceso electoral, por ejemplo, registros de candidatos, apertura y cierre de campañas electorales, lineamientos, normativas y tiempos electorales a seguir, además de procesos y convocatorias, entre otros aspectos, para su seguimiento y cumplimiento. También se realizará una estricta evaluación de todos los representantes partidistas ante las diversas instancias electorales, en base a reglamentos, leyes y normativas, y para tener la certeza y confianza de su trabajo.

De acuerdo con la información de este sistema de control y estrategias, se procederá al análisis, seguimiento y evaluación para la generación de las tarjetas informativas resolutivas, que contendrán diversos escenarios, para establecer las estrategias electorales a seguir, siempre con la finalidad de lograr un mayor posicionamiento electoral a favor de sus candidatos y sus alianzas. Los representantes electorales y dirigentes de partido deberán de ser evaluados por medio de la información emanada de las instancias electorales de todo escenario en que actúen, para conformar un universo del contexto electoral tanto en tiempos electorales como no electorales. La actividad de los adversarios ante las instancias electorales también será introducida como información al sistema de evaluación y control, para que, en su conjunto, se generen los diversos escenarios a favor, neutros y en contra para los partidos políticos y sus alianzas.

Las estrategias y actividades electorales fundamentales, como la presentación en tiempo y forma de las plataformas políticas, la realización de alianzas electorales, el cumplimiento de normativas, la presentación de las plataformas y propuestas electorales y la presentación y registro de los candidatos de partido a cargos de elección popular, al igual que la asistencia a las reuniones de los institutos electorales correspondientes y la presentación de los trabajos, tareas y documentos solicitados por estas instancias electorales, habrá que cumplirlas en forma y tiempo. Por tal razón este software del sistema contempla la generación de los escenarios que permitan analizar las conveniencias y problemáticas de los asuntos para establecer la mejor decisión en estos temas.

5. *Esquema de control de actividades y procesos sectoriales y populares*

En cuanto a las actividades sectoriales y de organizaciones ciudadanas y populares, el software del sistema contempla, al igual que en la actividad electoral y en la actividad política, la obtención de la información, su análisis, su evaluación y las propuestas para la movilización política y electoral de las organizaciones y sectores.

Los rubros que contienen la información son similares a los presentados en el esquema de estrategias, control y decisión de los aspectos políticos, por lo que este software contendrá la planificación y la información de todas las actividades sectoriales ciudadanas y de organizaciones ciudadanas. Además, contendrá la información cotidiana natural, que permita contar no sólo con esta información, sino también con los porcentajes, las gráficas y proyecciones, así como con las tarjetas informativas de los procesos de cada organización y sector en su conjunto. Con esto se podrá tener una visión global y particular de la movilidad y acción de estas organizaciones y sectores ciudadanos y se podrá planificar y utilizar su acción política y electoral de forma completamente eficiente y organizada en favor de los partidos y candidatos, en todo tiempo y en los procesos electorales.

La sociedad, históricamente organizada o desesperada, ha generado grandes manifestaciones que incluso han derrumbado sistemas políticos y gobiernos, y encumbrado otros. Esto se ha logrado no solo mediante manifestaciones sociales pacíficas de demandas populares, sino que también por medio de manifestaciones de confrontación y violencia con las autoridades respectivas al contexto, que han provocado caídas de regímenes autoritarios y dictatoriales que han mantenido por mucho tiempo bajo su yugo a la población. Por esto la ciudadanía siempre deberá tener sus vías democráticas y los canales institucionales adecuados para hacerse escuchar, y en su caso, para terminar gobiernos y pedir nuevos gobernantes, como los plebiscitos, referendos y procesos de nuevas elecciones, tal como sucede en los países altamente democráticos y con una gran representatividad ciudadana.

Por estas razones y las de movilidad y acción ciudadana, estos esquemas de control y estrategias precisamente tienen la finalidad de hacer más eficientes estas manifestaciones de organizaciones populares y encauzarlas a las vías institucionales y de resolución pacífica de los asuntos. Factores fundamentales para esta estrategia serán la planificación y programación de marchas, mítines, propuestas ciudadanas, asistencia a reuniones, foros, eventos partidistas y de gobierno, asistencia a mítines, a toma de posesión de candidatos, a los diversos eventos de las giras, a las adhesiones ciudadanas a favor de los partidos políticos y los candidatos, etc.

Todos estos y otros aspectos de la actividad y movilidad ciudadana también se analizarán y se programarán, de acuerdo con los resultados de la evaluación de la información emanada de los sectores y organizaciones populares y ciudadanas, y de los escenarios y los contextos que se vayan generando. Esto permitirá establecer las estrategias de estos sectores tanto de forma global como en lo particular y en lo específico. Las actividades se planificarán mediante un esquema dinámico conjunto y global, que permitirá generar las mejores estrategias de acción, de difusión y de promoción de la actividad ciudadana en favor de determinados partidos políticos y candidatos. Este esquema permitirá contar con las tarjetas informativas de los probables escenarios convenientes para su análisis y toma de decisiones y para lograr el mayor beneficio y los menores costos negativos políticos.

6. *Aplicación del sistema en los partidos políticos*

Históricamente, algunos partidos políticos en el mundo han trabajado de manera eficiente y exitosa, y han generado a varios de los mejores gobernantes visionarios y altamente capaces de sus países, los que han producido resultados benéficos y de desarrollo para su estado y sociedad, sin embargo, aún con estos ejemplos de éxito, debido a los escenarios actuales de gran demanda y exigencia, será importante para todos los partidos políticos, incluidos los exitosos, modernizarse y avanzar para cumplir con las expectativas y requerimientos de la población y del propio estado. Líderes históricos de gran trascendencia mundial lograron escalar políticamente por su habilidad, carisma y talento, pero también gracias a la estructura, eficiencia, movilidad y posicionamiento de sus instancias y partidos políticos, los que indudablemente trabajaron de forma eficiente y verdaderamente representativa. Con estos ejemplos siempre quedará demostrada la capacidad de estructura, movilidad y representatividad de los partidos políticos, por esto, será importante que se modernicen y que amplíen sus esquemas y estrategias para una mayor dinámica, representatividad y positiva agresividad en sus respectivos ámbitos, y para lograr el liderazgo partidista, cada vez más competido.

Será importante, por tanto, que los partidos políticos se proyecten aún más como instituciones políticas y generadoras de gobiernos para el desarrollo, así como en instancias de alta representatividad popular y de verdadera gestión de las demandas y necesidades de la población. Por esto es importante que las dirigencias partidistas logren implementar un sistema integral de eficiencia, como parte sustantiva de la vida política de los partidos. Este sistema permitirá que los partidos políticos de todo orden y ámbito puedan ser esquematizados y sistematizados en su estructura, así como en sus esquemas, procesos y actividades y capacitado en sus actores, para generar así una gama de estrategias, planificación, organización y actividades conducidas por los mejores políticos partidistas de un país.

El sistema hará también que se sistematicen los esquemas políticos y los esquemas de movilidad y acción política y electoral partidista. Con esto se tendrán esquemas eficientes de la actividad política y gubernamental, que generen más instancias para el desarrollo. También hará que se aumente la sensibilidad y el trato para la atención al pueblo, que tengan más voluntad y capacidad quienes trabajen en los partidos, más sensibilidad y vocación para gestionar los asuntos y las problemáticas y sobre todo la obtención de soluciones que beneficien a todos. Esta sistematización también hará que se logre el acercamiento y la disminución de las diferencias con otras fuerzas políticas y de todo tipo, mediante el trabajo conjunto y la capacidad de establecer escenarios de paz y estabilidad, así como de procurar, gestionar y llevar a cabo esquemas productivos, sociales y políticos, para el desarrollo integral sustantivo. Esto se logra con visión, compromiso, capacidad y liderazgo de las dirigencias y miembros de los partidos, además, con una capacitación especializada en diversos rubros del quehacer político, electoral y de gobierno. También en sistemas de gestión de la calidad y en programas de políticas públicas, de planificación y estrategias, de escenarios, de sentido común y de sensibilidad política, entre otros. Lo anterior, para que los funcionarios y personal de los partidos sean capaces y puedan generar informes de calidad, con propuestas de estrategias, de actividades y de todo orden, que coadyuven con las dirigencias para solucionar los asuntos e implementar estrategias de trabajo. Esto generará un nuevo estatus partidista que permitirá la atención, de forma capacitada, de los aspectos políticos, partidistas, electorales, sociales y de las problemáticas en general.

<u>Función del sistema en los partidos políticos</u>

El sistema operará en la infraestructura de los partidos políticos, al igual que en las oficinas de los candidatos y de sus plataformas partidistas, que incluyen las oficinas de los partidos políticos y de los sectores y organizaciones aliadas. Se tendrán, por tanto, infinidad de instancias políticas y partidistas instaladas en un país y en sus entidades y localidades, que contengan este sistema con su software y programas que capten la información y toda actividad política y partidista, la cual se analizará y evaluará, y se generarán los resultados globales y específicos respectivos a estos conceptos. Así se podrá ver cuántas y que reuniones se generan, cuáles son los objetivos de las mismas, cuantos militantes y cuánta población asistió, cuál es la imagen de los partidos políticos en las localidades, etc. Con los resultados se podrán evaluar y definir estrategias partidistas en todo ámbito, ya que por medio del análisis de los resultados se conocerá en que aspectos un partido puede implementar más estrategias y acciones y efectuar los cambios o mejoras sustantivas que se requieran. Los aspectos favorables para los partidos políticos se basan en el desenvolvimiento eficiente de su vida interna y de la realización de sus esquemas al exterior. También con la mejora de su infraestructura, de sus esquemas y de su acción política y con una capacitación básica del personal y dirigencias, para así realizar las estrategias y actividades sustantivas para su propio desarrollo y el de los contextos.

En cuanto a la selección de candidatos, este sistema de control permite contar con toda la información relacionada a estos en cada una de las demarcaciones electorales y regiones respectivas. En base a determinados procesos y exámenes de selección y de los resultados de la evaluación producidos por este software, se deberá decidir cuáles serán las mejores opciones para lograr el triunfo en los respectivos contextos y a nivel general.

<u>Proceso de selección de candidatos por medio del sistema de control, planificación, evaluación y estrategias de esquemas políticos y electorales</u>

El sistema tendrá un apartado específico para la selección de candidatos a diversos cargos políticos y legislativos, el cual contendrá los rubros y conceptos que deberán de aplicarse para estos fines, pero la dirigencia y las bases partidistas podrán plantear y proponer que a estos rubros se les adicionen otros, considerando la diversidad de ámbitos y costumbres. Los conceptos básicos que se considerarán de forma fundamental, junto a los exámenes específicos y a los diversos procesos de selección de candidatos de este sistema, como las campañas internas, la elección directa por medio de un consejo de delegados o la designación cupular, podrán ser los siguientes; capacidad de la persona, popularidad, interrelación e interacción en su comunidad, honestidad, trabajo, voluntad, representatividad y alta opción de triunfo. Asimismo, y de manera interna, estos conceptos también podrán ser adicionados con otros que no estén escritos en ninguna normatividad. Por ejemplo, la conveniencia del probable candidato para los grupos de poder, si representa o no a mucha población, si tiene alianzas importantes, si es conveniente o no a los grupos de presión y a los sectores, si es bien visto o no. Además de aspectos como el fortalecimiento de la pluralidad y la democracia interna, la distribución y porcentajes de candidaturas para los sectores, los géneros y los grupos de poder, etc.

<u>Funcionamiento estructural de los partidos políticos</u>

Será importante que las estructuras de los partidos políticos, con sus secretarías, coordinaciones, direcciones y áreas diversas en todo ámbito funcionen de forma adecuada, con sensibilidad en el trato y con capacidad para la atención de las problemáticas y la resolución y gestión de los asuntos. También para la generación de la planificación, organización, agendas, estrategias y movilidad y acción política partidista eficiente para conseguir los triunfos que abanderen las causas populares y generen gobiernos eficientes, para el desarrollo integral y de la sociedad.

<u>Atención a las personas, agrupaciones y sectores</u>

Será importante que la atención a las personas y grupos ciudadanos, siempre que sea posible se realice directamente con las áreas de mayor importancia de la estructura partidista, de acuerdo al asunto, planteamiento o problemática que se presenta.

De preferencia esta atención de inicio o de saludo podrá correr a cargo del titular o líder de las áreas respectivas en todos sus ámbitos y órdenes. Posteriormente, en caso de considerarse conducente remitir a las personas y grupos con los especialistas del área respectiva o transferirlos a las áreas correspondientes para su atención directa e inmediata por el titular de esas otras áreas. Estos funcionarios escucharán, atenderán y tratarán de solucionar sus peticiones de forma directa o por medio de la gestión de estos asuntos para su resolución. Por sus características y contenidos, algunos asuntos tendrán que ser atendidos directamente por la presidencia partidista, la secretaría general o el área inmediata en importancia.

7. *Esquema de enlace, control y seguimiento de la presentación del sistema integral*

Este tablero de control y sistema de evaluación, como se ha comentado, va a establecer los esquemas de enlace, análisis y evaluación de las actividades de los partidos políticos y sus candidatos, de las instancias de sus alianzas y de toda plataforma partidista, para generar la información necesaria que permita tener, en justo tiempo, los reportes y las proyecciones que produzcan los escenarios, a favor y en contra, para la mejor toma de decisiones y así conformar las estrategias y actividades, que impulsen y fortalezcan todos los aspectos de acción política y electoral, para lograr más reconocimientos y expectativas de votos populares. Los resultados de los avances al día y al momento de la información, permitirán evaluar y graficar los diferentes aspectos partidistas que coadyuven en la obtención de los objetivos y metas. Esto servirá, por consecuencia, para planificar y generar las mejores estrategias políticas y electorales partidistas. Asimismo, el sistema permitirá lograr la eficiencia en todas las áreas y estructuras y, por tanto, la obtención de los mejores resultados que permitan un mayor posicionamiento partidista.

Este sistema también se podrá implementar para hacer más eficiente la administración pública de los gobiernos de todo orden y ámbito, así como el trabajo de los funcionarios, trabajadores y personal de las instituciones, estableciendo como premisa el logro del desarrollo integral de sus entidades y el beneficio popular. Para estos efectos, el personal de todo gobierno y organización será capacitado en los diversos rubros, por lo que un país y sus entidades contarán con personal más preparado y capaz. Esto generará que se entiendan más las problemáticas, que se sepa discernir la solución de los asuntos, que se tenga la sensibilidad para tratar con las personas y que se tenga la visión para interrelacionar los asuntos y generar las soluciones más adecuadas. Como resultado de esta preparación, el trabajo de gobierno y de las organizaciones serán trabajos de calidad y visión, como en los países desarrollados y, por lo tanto, su implementación en todos los demás países producirá avances sustantivos en el ejercicio gubernamental.

Capítulo 5

Sistema de Difusión y Promoción Estratégica

Sistema de Difusión y Promoción Estratégica

Este sistema tiene el objetivo prioritario de generar los esquemas de difusión y promoción estratégica de las instancias políticas y su eficiente planificación, distribución, utilización e implementación en todo ámbito y en todos los medios de difusión del contexto, así como la generación del análisis y evaluación de las actividades y resultados políticos y partidistas y de la información respectiva que se derive de los partidos políticos y de sus candidatos y de toda instancia política de un país y sus entidades. De forma específica se deben de difundir en todo tiempo y básicamente en los procesos y campañas electorales, todos los aspectos básicos de la acción y movilidad partidista, así como la imagen, los esquemas y resultados y el desarrollo de todo proceso y actividad política y partidista.

El objetivo de esta difusión será la de posicionar de forma real y favorable, ante la sociedad y sus sectores, a los partidos políticos y a los candidatos, por medio de la difusión de sus actividades y resultados, especialmente los de alto impacto político. Esto permitirá ampliar sus expectativas de triunfos electorales y de acceso al poder y a los esquemas gubernamentales y políticos de un país y de sus entidades. Esta difusión también tiene el objetivo de lograr el reconocimiento de las posturas y pronunciamientos partidistas, así como el de sus esquemas, acciones y resultados.

Para estos efectos se contará con diversos esquemas, instrumentos, elementos y estrategias de difusión y promoción del movimiento y acción política partidista y de los candidatos, así como de sus actividades integrales y sus procesos y resultados. Este sistema y sus esquemas específicos de difusión y propaganda partidista tienen la finalidad, por tanto, de abarcar a toda la sociedad y sus sectores y a todas las instancias de todo tipo, que puedan tener influencia y ascendencia en el logro de mayores posicionamientos políticos y en la consecución de triunfos electorales.

- *Esquema de difusión y promoción política*
- *Esquema de difusión y promoción electoral*
- *Esquema de difusión de actividades sectoriales y populares*
- *Sistema de difusión de procesos y resultados del desarrollo integral sostenible*
- *Esquema de difusión y promoción de la presentación e inserción del sistema integral*
- *Esquema de información a la sociedad de la utilización de los recursos*
- *Objetivos de promoción y difusión del movimiento y acción política de candidatos*

Estos son los esquemas que se deberán establecer para conformar e implementar un sistema integral de difusión y promoción estratégica, con sus políticas y procesos, tal como se menciona en cada uno de sus rubros y conceptos.

Estos esquemas han sido comentados, con sus especificaciones respectivas, en este libro, en los apartados correspondientes a los esquemas de difusión de las actividades y estrategias partidistas de cada concepto político, partidista y electoral, realizados por partidos y líderes políticos, candidatos, alianzas, sectores y sociedad. También se ha especificado la importancia de la difusión y promoción estratégica de toda actividad, movimiento y acción política emanada de estas instancias, mostrando esquemas, procesos y ejemplos de los mismos.

Cada uno de los esquemas se desarrolla de acuerdo a su concepto básico, que en su generalidad abarca los aspectos globales y específicos de cada una de las diferentes y diversas temáticas y conceptos de la actividad política, partidista y electoral, así como de su difusión estratégica y por objetivos. La visión de estos esquemas siempre estará dirigida a los triunfos electorales y a abanderar y representar a la sociedad, además de generar gobiernos eficientes y gobernantes y legisladores con visión y capacidad. Pasemos ahora a analizar los objetivos de la promoción y difusión del movimiento y acción política de los partidos políticos, de sus candidatos y de sus plataformas partidistas.

<u>Objetivos de promoción y difusión del movimiento y acción política de partidos políticos y candidatos</u>

1. *Difusión de la imagen y la propuesta de partidos políticos y candidatos en todo tiempo y en los procesos electorales*

2. *Información a la sociedad y a sus sectores de las propuestas partidistas*

3. *Muestreo de resultados de influencia popular y sectorial*

4. *Utilización de elementos y medios para el reconocimiento popular y sectorial*

5. *Establecimiento de estrategias de desinformación y desorientación*

6. *Generación de campañas de difusión negativas de adversarios políticos*

7. *Información de aspectos y actividades de peso y de interés público*

8. *Siembra de información espectacular o distractora, ofensiva o inofensiva*

9. *Siembra de información potencializada y ampliada a favor de candidatos y partidos*

10. *Siembra de información sensible de atracción popular favorable*

11. *Planificación de estrategias de análisis de impacto en medios de comunicación*

Veamos ahora cada uno de estos objetivos de promoción y difusión del movimiento y acción política de los partidos políticos y de sus candidatos.

1. Difusión de la imagen y la propuesta de partidos políticos y candidatos en todo tiempo y en los procesos electorales

El primer objetivo será difundir la imagen, propuesta y logros de los partidos políticos, de los candidatos y de los líderes políticos y gobernantes que hayan emanado de los mismos partidos políticos y de sus alianzas, con la finalidad de potenciar sus aspectos positivos y generar una imagen atractiva para los votantes. Esta imagen se compone básicamente de la fortaleza, estructura, propuestas y acción política de los partidos políticos y del carisma, visión, compromiso, capacidad, inteligencia, sensibilidad y forma de ser de los líderes y candidatos, además de sus propuestas y mensajes. Estas conformaciones partidistas y de los candidatos deben ser ampliamente difundidas de forma constante y masiva en todos los esquemas de difusión y promoción y en los medios de comunicación, ya que esto permitirá que la sociedad conozca su figura y sus propuestas y se pueda identificar con ellas y dirigir su decisión de voto a favor de las mismas. Esta estrategia será por objetivos, los cuales tendrán que cumplirse en su totalidad, ya que esto representará la potencialización de las expectativas de un triunfo mayoritario y de los aspectos positivos de los partidos y candidatos. Esto producirá, asimismo, un alto impacto favorable derivado de esta imagen y propuesta partidista, porque estos aspectos son factores que atraen la atención de la gente, de los sectores y de los medios de comunicación. Esta difusión deberá ser planificada y sembrada de forma estratégica para que en todo tiempo y en las campañas electorales se genere un alto impacto popular que potencialice la atracción de los votantes.

2. Información a la sociedad y a sus sectores de las propuestas partidistas

Otro objetivo, que también es sumamente importante, es el de informar a la ciudadanía y a los sectores de las propuestas, de las plataformas políticas y de los proyectos de gobierno y de beneficio popular de los partidos y candidatos. La presentación e información de estas plataformas políticas y de las propuestas con visión de estado y de beneficio para la gente son uno de los aspectos de mayor trascendencia de una campaña política. Una campaña partidista integral maneja este concepto de forma prioritaria, ya que el informar a la gente de cómo se pueden generar gobiernos eficientes y como se puede generar productividad y empleo y mejorar los satisfactores sociales y la calidad de vida es fundamental para el reconocimiento y la obtención del voto popular. Las propuestas partidistas deben difundirse en una siembra planificada por rubro, factor socioeconómico, educativo, cultural, de idiosincrasia, de género y de edad, así como de afinidad y contexto.

3. *Muestreo de resultados de influencia popular y sectorial*

Será prioritario mostrar a la sociedad los escenarios y esquemas partidistas con sus avances respectivos, que puedan influir a la opinión pública, mediante encuestas, gráficas, sondeos de opinión, proyecciones políticas, electorales y de gobierno, de partido, de trabajo, etc. Este concepto será muy importante, ya que la gente, los sectores y los mismos medios de comunicación pueden ser influenciados por medio de estos conceptos de la información, específicamente cuando estos contienen los elementos, la fortaleza, las propuestas y los proyectos que la sociedad quiere y el estado requiere. Por tanto, estos conceptos manejados de manera reiterativa, sistemática, planificada, dosificada y multiplicada en diversos medios de promoción y difusión, pueden lograr la concientización colectiva para el reconocimiento del posicionamiento favorable de determinadas instancias políticas. Por ejemplo, la repetición de escenarios en los que un candidato se encuentra arriba en las encuestas de las campañas partidistas internas y también con respecto a los probables candidatos de otros partidos políticos cuando se inicien las campañas electorales. Esto fortalecerá a este candidato y a su partido desde antes de los procesos electorales, ya que mostrará constantemente a la población un escenario que refleja el sentir mayoritario, con lo cual la idea inicial de un ciudadano podrá ser influida para reafirmar o cambiar la decisión de su voto. Otros elementos que deberán ser utilizados para insertar la información real en los medios de difusión y propaganda e influir en los electorados serán, entre otros, la muestra de los logros de los candidatos en sus anteriores cargos y actividades, la difusión de los encuentros, reuniones y entrevistas de los candidatos con la sociedad y con personajes de alta influencia económica, política y social. También la siembra de la información real de los aspectos negativos de los adversarios políticos y la potencialización de las acciones positivas y de impacto político y social de los candidatos.

4. *Utilización de elementos y medios para el reconocimiento popular y sectorial*

Se deben utilizar los medios de promoción y de comunicación para difundir las propuestas, acciones y mensajes partidistas y obtener el reconocimiento popular mayoritario en todos los aspectos políticos fundamentales, como lo son la forma en que se piensa gobernar o legislar, la imagen y las propuestas de partidos y candidatos, la forma de trabajo y los resultados políticos o partidistas logrados. En este esquema deberán utilizarse, de acuerdo a estrategias por objetivos, los instrumentos de medición de los conceptos y contextos, como las encuestas de opinión reales, en las que la mayoría de la gente apoya los mensajes partidistas con las mejores propuestas para gobernar, generar desarrollo y beneficios a la sociedad.

También se podrán presentar a la población las proyecciones respectivas, en las que los candidatos, ya como gobernantes o legisladores establecerán programas que beneficiarán a la sociedad y generarán desarrollo integral, lo que indudablemente podrá influenciar a la gente, la que seguramente razonará estos aspectos para reafirmar o redefinir la decisión de su voto. La estrategia deberá generar una siembra diversificada y planificada de la información en los medios de comunicación y de promoción, con respecto a estos aspectos que puedan influenciar a la gente. Esta estrategia incluirá encuestas, sondeos y ratings, los que señalarán de forma real que tales candidatos y partidos políticos, se encuentran arriba o en buenas posiciones respecto a sus adversarios, gracias a sus propuestas y a su imagen y carisma.

5. *Establecimiento de estrategias de desinformación y desorientación*

Será importante establecer estrategias de desinformación, de desorientación de los auditorios, mediante la inserción en los medios de comunicación de aspectos dirigidos con estos fines. Este concepto es básico, ya que permitirá insertar y sembrar información de desorientación, basada en información real, que permitirá, por un lado, fortalecer una plataforma de propuestas de un nuevo proyecto político y de gobierno, así como la imagen de sus partidos políticos, candidatos y líderes políticos y partidistas, y por el otro, debilitar al adversario. También se tendrá la desinformación en cuanto a los adversarios y opositores, aspecto que se aplicará para minimizar y desenmascarar sus verdaderos intereses, contrarios a los intereses de la población, informando de la irresponsabilidad de sus propuestas, de sus nulos esquemas de trabajo, de sus expectativas de probables gobiernos improductivos, etc. La población deberá conocer todos estos falsos aspectos que los adversarios quieren mostrar como verdades con la sola finalidad de ganar votos, por eso será fundamental desinformar estos aspectos y mostrar la realidad de estas actitudes.

6. *Generación de campañas de difusión negativas de adversarios políticos*

Otro objetivo será el de generar campañas de desprestigio en contra de los adversarios, en cualquier escenario y de cualquier rubro, para informar a la sociedad y a los sectores, incluido el internacional, de lo mal que trabajan los adversarios, de sus antecedentes improductivos y de su falta de seriedad en los compromisos, e informar de que no es posible que la gente apoye a estos candidatos y sus políticas engañosas. Al conocer esto, algunos sectores de la población, incluidos los adversarios, podrán identificarse y cambiar sus preferencias de voto.

El ataque a los adversarios, mostrando sus debilidades, su falta de preparación, su falta de liderazgo y su falta de programas y proyectos, podrá ser utilizado por los líderes partidistas y los candidatos como una estrategia para disminuirlos. También deberá difundirse que estos no cuentan con esquemas planificados ni eficientes para gobernar. Que tampoco tienen esquemas para la productividad y ni siquiera buenas propuestas populares. También será básico potenciar la información en todos los demás aspectos en los que los opositores han fallado, así como en los aspectos que se denuncian sus riquezas ilícitas, su corrupción y sus lados oscuros, entre otros aspectos que se les puedan encontrar. Esta difusión estratégica deberá ser llevada a cabo no por los candidatos a gobernantes, para no ensuciarse ni exponerse de más al desgaste político y público, sino por otros actores políticos y partidistas destinados para estos prioritarios fines.

Este esquema tendrá que utilizarse día a día, en todo tiempo y especialmente durante las campañas electorales, ya que la estrategia general de difusión de los partidos y de los candidatos, será la de implementar todos estos conceptos de manera simultánea y constante para fortalecer e impulsar sus candidaturas y disminuir las de los adversarios políticos.

7. *Información de aspectos y actividades de peso y de interés público*

Será fundamental informar sobre las actividades y el ejercicio de las funciones diarias de los partidos y de los líderes políticos y candidatos que tengan la fuerza necesaria para interesar a los sectores y a la sociedad. Esta información se deberá generar mediante una siembra estratégica en los medios de comunicación y en los espacios de propaganda partidista, así como por medio de boletines de información oficial, de noticias, eventos, foros, convocatorias, asambleas, conferencias, reuniones y actividades varias. Estos conceptos son básicos y deben insertarse, de ser posible, en todos los medios de comunicación, de preferencia de forma natural y gratuita. De no ser así, se buscarán otros aspectos para su difusión, ya que será muy importante que la gente conozca y evalué las actividades y asuntos diarios trascendentes y de importancia política de los partidos, candidatos y líderes partidistas. Lo importante será generar la información que sea real y de impacto mediático, pero que verdaderamente produzca beneficios populares, además de que atraiga y logre altas expectativas a favor de estos líderes y candidatos. La información de interés público será aquella que genere desarrollo, productividad, empleo, seguridad, estabilidad y mejores expectativas de vida para todos, emanada de las propuestas de desarrollo de estado y beneficio popular, de las actividades partidistas y de las negociaciones y acuerdos con gobiernos, sectores y sociedad.

8. *Siembra de información espectacular o distractora, ofensiva o inofensiva*

Otro objetivo de difusión estratégica es la siembra de información distractora o espectacular, que puede ser ofensiva o inofensiva, de cualquier aspecto y asunto con potencial para atraer toda la atención de la población, la que observará los aspectos negativos de los adversarios y los favorables de los partidos políticos y aliados que sembraron esta información, con la finalidad de distraer la atención de algunos asuntos problemáticos que estuvieran afectando a los aliados y que pudieran disminuir su popularidad y posicionamiento ante la sociedad. Será prioritario sembrar siempre este tipo de información, de asuntos verdaderos y reales, en los medios de comunicación y en los espacios de propaganda y promoción, para influenciar a la opinión pública con aspectos que puedan generar un alto impacto positivo para estos partidos y candidatos y negativo para los adversarios. Se deberá aumentar la intensidad y continuidad de esta estrategia de difusión en las campañas electorales, mediante una mayor y permanente siembra de información con contenido de mayor impacto y alcance. El esquema funcionará aún mejor si se maneja de forma adjunta determinada información favorable a estos partidos y candidatos, que contenga propuestas de alto impacto para las localidades y regiones de un país y para beneficio de la sociedad y el desarrollo del contexto. También la información de alto impacto negativo, destinada a los adversarios y opositores, deberá ser sembrada de forma estratégica y planificada, y ampliarla en las campañas electorales, ya que esto aumentará la decepción de la gente por los opositores y adversarios de determinados partidos políticos y gobiernos.

La información de los aspectos negativos de alto impacto contra los adversarios, difundirá, entre otros aspectos, la mala imagen y la falta de propuestas responsables de estos, así como la pésima actuación y los malos manejos de los recursos públicos por parte de los gobernantes y sus gobiernos y de los representantes legislativos emanados de los partidos políticos opositores. También deberá difundirse su falta de programas, propuestas y resultados y de su ineficacia para crear empleos y mejorar la calidad de vida de la gente desde sus gobiernos y cargos públicos. También de cómo utilizaron sus influencias de forma ilegal en determinados asuntos para favorecer sus intereses y, en fin, de todos los aspectos y asuntos graves y negativos que tengan. La información de distracción, por otra parte, será aquella que genere aspectos de las problemáticas de los adversarios, la que será potencializada para llamar la atención de la opinión pública. Los pleitos y enfrentamientos internos y externos entre dirigentes y simpatizantes de partidos políticos opositores y los asuntos de corrupción de los adversarios mediante videos o grabaciones son algunos de estos aspectos que deben difundirse ampliamente en los medios de comunicación. El objetivo será desprestigiar a los adversarios y, en su caso, para distraer la atención de algún asunto que esté afectando la imagen de los partidos y candidatos aliados.

9. *Siembra de información potencializada y ampliada a favor de candidatos y partidos*

Toda información favorable y positiva para los partidos y candidatos deberá ser potenciada al máximo en todos sus aspectos, cuantitativos y cualitativos, es decir, una noticia o entrevista con sustancia y contenido deberá difundirse ampliamente en todos los medios de comunicación de forma constante, mostrando los aspectos favorables y de mayor relevancia que generen el mayor impacto mediático e identificación popular. Este esquema se aplicará a toda información que se considere sustantiva para diseminar este efecto e influenciar de forma favorable a la opinión pública. Por ejemplo, cuando se promocionen las plataformas partidistas y sus propuestas de proyectos, estas deberán ser potenciadas al máximo, que es el objetivo, independientemente de que tendrán mucha sustancia y atractivo para la sociedad, debido a que están diseñadas para establecer triunfos partidistas y propuestas para el beneficio de la población y el desarrollo de las entidades y países. Existirá siempre la responsabilidad de las propuestas y planteamientos, ya que lo que se diga deberá de realizarse y funcionar cuando se construya o se implemente, por lo que toda potencialización deberá hacerse en estos parámetros, siempre con la verdad para la sociedad. Las propuestas y plataformas de los partidos políticos de vanguardia y de los candidatos capaces y con visión, así como las actividades y estrategias partidistas de estas instancias, conformarán una serie de conceptos que realmente contendrán en sus esquemas y principios aspectos altamente sustantivos, que de forma natural generen este alto impacto. Será importante difundir masivamente estos aspectos, de preferencia coloquialmente, para lograr la potencialización de los mismos gracias al conocimiento y entendimiento que tenga la población respecto a ellos.

10. *Siembra de información sensible de atracción popular favorable*

Este esquema tiene por objetivo sembrar información sensible y dramática en los medios de comunicación, para atraer simpatías y afinidades populares a través de la sensibilidad social. El manejo de la información será planificado y sembrado de forma estratégica para establecer los asuntos que deban de difundirse, cuántos, cuánto tiempo y con qué objetivos. Será prioritaria la generación de escenarios de dramatismo y compasión, hasta un límite establecido, por ejemplo, cuando un candidato sufre ataques supuestamente injustificados para disminuir su popularidad, lo que provoca que la gente se indigne con sus atacantes, con lo que se atraerán simpatías a favor de este diputado por medio de la sensibilidad popular.

En este sentido, será básico que los candidatos generen acercamientos y escenarios de sensibilidad que muestren su lado humano verdadero y real a la opinión pública. Por ejemplo, que visiten a los enfermos, a las mujeres violadas, a las madres solteras y viudas que luchan por salir adelante, a los discapacitados, que tengan acercamientos permanentes con los pobres y marginados y con los indígenas y nativos desprotegidos, que luchen por conseguir los sueños de algunos grupos y personas, que ayuden a los migrantes en sus problemáticas. También que se mezclen constantemente con el pueblo, que visiten a damnificados, que tengan encuentros con niños y jóvenes, con niños enfermos y con niños y jóvenes de la calle y otros muchos aspectos más. Esta estrategia indudablemente establecerá una imagen de los candidatos y líderes políticos de gran sensibilidad y visión para atender a estos grupos vulnerables de la sociedad, que a su vez impactará altamente el sentir ciudadano y se logrará el objetivo de un mayor posicionamiento en las preferencias ciudadanas de voto, basado en un sentimiento conjunto real. Para la estrategia de generación de impactos mediáticos favorables derivados de estos aspectos, se deberá de planificar un esquema de siembra constante y masiva de estos conceptos en todo tiempo y en las campañas electorales, especialmente de gobernantes y presidentes.

Estos aspectos de escenarios de sensibilidad deben ser reales y se deben de buscar soluciones verdaderas a las problemáticas de estos grupos sociales vulnerables y deberán difundirse ampliamente en todos los medios de comunicación y promoción, ya sea de forma gratuita de preferencia o pagada. El objetivo será generar una difusión de gran resonancia y que toda la sociedad y sus sectores se enteren de estas acciones, ya que esto produce una gran sensibilidad en la sociedad, lo que implica más atracción, simpatías y votos ciudadanos.

11. *Planificación de estrategias de análisis de impacto en medios de comunicación*

El objetivo final de este esquema será el de planificar las estrategias derivadas de la actividad política y de los análisis de las mediciones del impacto de las estrategias y acciones partidistas en los medios de comunicación y en la sociedad, replantear y mejorar, en su caso, los esquemas y procesos y las propuestas y actividades partidistas. Este objetivo se basará en el análisis y medición de los impactos mediáticos y de la sociedad, derivados del planteamiento de estrategias, de las actividades y decisiones partidistas y de la potencialización de la atracción de las simpatías y el voto popular. El objetivo fundamental será el de la implementación de todos estos aspectos mediante la promoción y difusión estratégica, de forma simultánea y constante, en todos los medios de comunicación, de todo ámbito, para potenciar los aspectos favorables de los partidos y candidatos, y disminuir drásticamente las expectativas y posibilidades de los adversarios y opositores.

Diagrama por objetivos de promoción y difusión de la figura y la acción política de candidatos y partidos en todo tiempo y en campañas electorales

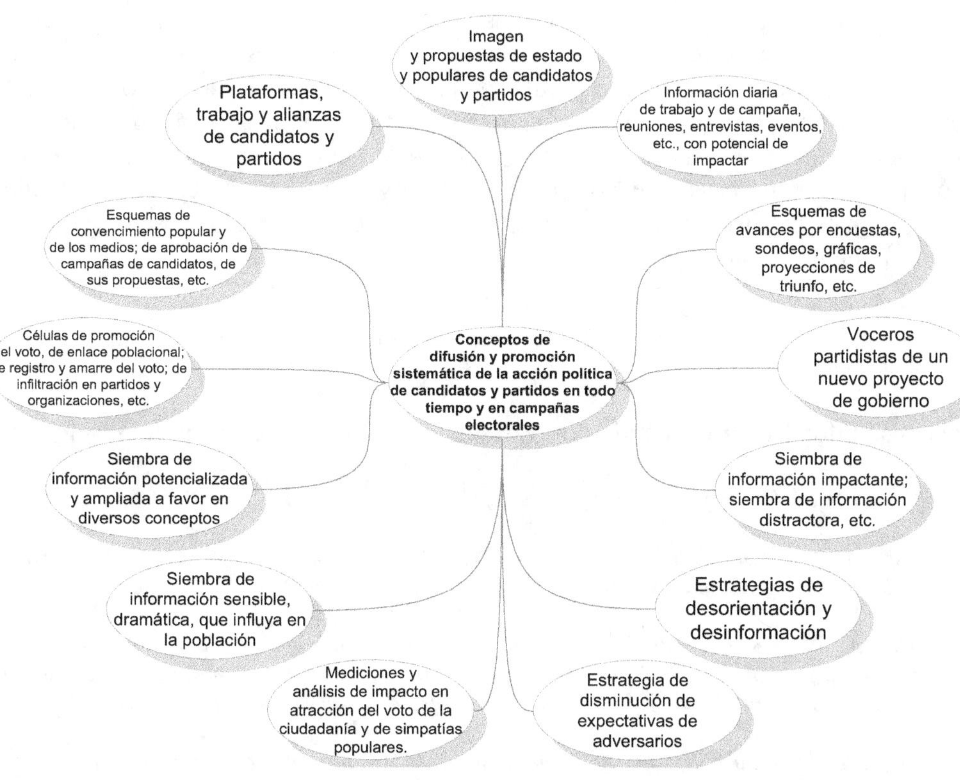

<u>Cuadro de esquema de aplicación de la difusión por objetivos</u>

En la página siguiente se presentará un cuadro que representa una semana hipotética en tiempos electorales y fuera de ellos, respecto a las estrategias de siembra de conceptos y esquemas que potencialicen las expectativas y posibilidades favorables de triunfo de los partidos políticos y de los candidatos aliados y disminuyan sustantivamente las posibilidades de triunfo de los adversarios y opositores. Veamos los conceptos que contiene este cuadro hipotético de siembra estratégica de información, que deberá ser implementada de forma planificada y ordenada, con el objetivo de estar presentes de forma masiva y constante en estos medios de comunicación y en los espacios respectivos de promoción y difusión. Esta presencia constante en los medios tendrá por objetivo causar los mayores impactos mediáticos favorables que logren convencer e influenciar a la sociedad, mediante hechos y sucesos reales, que deberán ser potencializados para generar una mayor influencia en la ciudadanía. Esta estrategia podrá influir en la decisión de la gente sobre que opción política y partidista le conviene y le provea de los satisfactores sociales necesarios para mejorar su calidad de vida y de gobiernos eficientes que generen desarrollo integral sostenible.

- *Objetivos de promoción y difusión de la acción política de candidatos y partidos políticos, en todo tiempo y en las campañas electorales*

Registro de información generada por estrategias en los medios de comunicación.

- *Siembra de información por tiempo, conceptos y objetivos*

- *Especificaciones: Esta información deberá repetirse de manera similar todas las semanas y todos los días en de todo tiempo y en las campañas electorales.*

- *Tipo de información. Esta información esta entremezclada en sus diferentes conceptos y objetivos, por lo tanto, están interrelacionadas la publicidad de paga, la gratuita y la que se genera de acuerdo con las noticias y entrevistas de manera natural.*

- *Objetivo. Difundir todo tipo de información, todo el tiempo, de manera constante para potenciar los aspectos positivos de un nuevo proyecto de gobierno de partidos políticos, de candidatos y de líderes políticos y partidistas. Potenciar los aspectos negativos de los adversarios políticos. Generar una información total dirigida a la población y a los sectores. Informar y desinformar de acuerdo con las estrategias y generar mayor atracción de simpatizantes y votantes por medio de esta información con propuestas y convencimiento de aspectos reales, mediante esquemas de publicidad natural, inductiva, de influencia, psicológica y subliminal respectivamente.*

- *Especificaciones. En cada cuadro un número uno quiere decir un módulo de información de ese tipo, que abarca diversas difusiones en ese día, en todos los medios posibles locales y nacionales, así como internacionales, emanada de partidos, instituciones, candidatos, líderes y dirigentes partidistas en todo ámbito y orden.*

Cuadro representativo de semana hipotética de estrategias de siembra de conceptos y esquemas de difusión por objetivos en medios de comunicación

Siembra de difusión por objetivos en medios de comunicación	Total de conceptos por rubro y por día							
	Sábado	Domingo	Lunes	Martes	Miércoles	Jueves	Viernes	Total
Imagen y propuesta	1		1		1	1		4
Informe a sociedad y sectores		1		1			1	3
Esquemas vía gráficas y encuestas, etc.		1			1			2
Esquemas de aprobación de proyectos	1					1		2
Estrategias de desorientación		1		1	1		1	4
Estrategia de ataque a adversarios	1	1	1	1	1	1	1	7
Información de actividades y acciones	1	1	1	1	1	1	1	7
Siembra de información de impacto o de distracción			1		1		1	3
Siembra de información modificada y amplificada	1		1			1		3
Información sensible y dramática				1			1	2
Información de proyecciones de triunfo			1		1		1	3
Total	**5**	**5**	**6**	**5**	**7**	**5**	**7**	**40**

Como vemos, todos los días, en todo tiempo y en las campañas electorales se deberá tener e implementar información política de todo rubro en los medios de comunicación locales y nacionales de las actividades de los partidos políticos y de los candidatos de una plataforma partidista. Esta contendrá aspectos de información positiva, de información de ataques a los adversarios políticos e información que impacte y llegue a la gente, a la opinión pública y a los medios de comunicación.

Capítulo 6

Esquema de Presentación e Inserción del Sistema Integral Estratégico de Esquemas Políticos y Electorales

Esquema de Presentación e Inserción del Sistema Integral Estratégico de Esquemas Políticos y Electorales

1. *Esquema de planificación y presentación del Sistema Integral Estratégico de Esquemas Políticos y electorales*

2. *Esquema de enlace, control y seguimiento de la presentación del Sistema Integral*

3. *Esquema de difusión y promoción de la presentación e inserción del Sistema Integral*

4. *Esquema de medición e impacto de la presentación del Sistema Integral*

Una de las estrategias básicas para lograr el reconocimiento y la aprobación popular del trabajo partidista y gubernamental, será la utilización de un sistema integral estratégico de esquemas políticos partidistas, electorales y de gobierno que contenga instrumentos, programas y esquemas de estrategias, actividades y movilidad política y gubernamental, el cual deberá ser presentado a la sociedad y los sectores para ser implementado, de forma constitucional o institucional, para generar desarrollo integral y mejora de la calidad de vida de la población. Lo ideal es que el diseño e implementación de este sistema estratégico tenga carácter institucional, es decir, que sea implementado y aplicado en un marco constitucional como una instancia e instrumento de gobierno y de las instancias políticas y electorales y que contenga conceptos, normativas, procesos, esquemas, estrategias y aspectos de movilidad y acción política y gubernamental.

Este instrumento, por tanto, deberá de ser utilizado por los partidos políticos, los candidatos y los gobiernos para planificar, organizar y ejecutar sus estrategias y políticas, para lograr sus objetivos de forma eficiente. Este sistema también podrá ser diseñado como un instrumento propio de cualquier instancia pública o privada, acondicionado a las características respectivas de cada instancia y utilizarlo como una forma estratégica de funcionamiento, ordenamiento y eficiencia en todas sus actividades. Este sistema, como se observa, podrá ser instalado institucionalmente, o en su caso, implementado por cada instancia como un instrumento de gobierno o partidista y de los mismos líderes políticos de un país y de cada una de sus entidades y regiones, para ejecutar sus estrategias y acción política. Este sistema integral estratégico de esquemas políticos y electorales, así como de gobierno implica tener y utilizar una serie de sistemas específicos de acción y estrategia política y electoral, de integración y atracción ciudadana, de construcción y propuesta de un nuevo gobierno y de la generación de desarrollo integral sostenible mediante esquemas de control, planificación, evaluación, estrategias y resultados.

El sistema también implica el establecimiento de esquemas de difusión y promoción estratégica de un sistema para el bienestar y desarrollo de la sociedad. También la presentación e inserción de este sistema integral, el financiamiento del mismo, la transparencia y eficacia de la utilización de los recursos y la responsabilidad de las plataformas y propuestas electorales, así como los planteamientos y las acciones de proyección y alcance. Veamos enseguida todos estos conceptos que conforman el amplio sistema de estrategias y razonamientos políticos y electorales que toda instancia política puede utilizar, de forma sistematizada, para tener las vertientes y esquemas que le lleven a planificar, ejecutar, controlar, administrar, analizar, evaluar y generar procesos y resultados favorables. Estos a su vez generarán los escenarios y proyecciones para la mejor toma de decisiones. Con esto, se encaminarán hacia los triunfos electorales de todo rubro y orden, en todo tiempo y ámbito.

Sistema General Integral Estratégico de Esquemas Políticos, electorales y de Gobierno

- *Sistema de Estrategia y Acción Política*

- *Sistema de Estrategia Electoral*

- *Sistema de Integración y Atracción Ciudadana*

- *Sistema de Construcción y Propuesta de un Gobierno Eficiente*

- *Sistema Estratégico para el Desarrollo Integral Sostenible*

- *Sistema de Control, Planificación, Evaluación y Estrategias de Esquemas Políticos y Electorales*

- *Sistema de Difusión y Promoción Estratégica*

- *Sistema para el Bienestar y Desarrollo de la Sociedad*

- *Esquema de Presentación e Inserción del Sistema Integral Estratégico de Esquemas Políticos y Electorales*

- *Esquema de Financiamiento del Sistema General Integral Estratégico*

- *Esquema de Transparencia y Eficiencia de Utilización de los Recursos*

- *Esquema de Responsabilidad de Plataformas y Propuestas Electorales y de Planteamientos y Acciones*

Estos sistemas y esquemas se han diseñado para que las instancias gubernamentales, políticas, partidistas y electorales cuenten con esquemas para generar sus funciones de forma eficiente, comprometida y con visión. Esto permitirá que desde sus respectivos ordenes, tiempos y ámbitos, se genere y fortalezca el desarrollo integral, la mejora de la calidad de vida de la población y la estabilidad y paz política y social de todo contexto y entorno. Por lo anterior, su aplicación será fundamental para desarrollar y transformar a los países y a sus entidades, regiones y localidades.

Por esta razón será prioritario llevar a cabo un diagrama de presentación de este nuevo proyecto político, electoral y de gobierno para que sea conocido por la sociedad y sus sectores y reconocido por todos, gobiernos, partidos y sociedad, como un instrumento de alta estrategia y proyección política, electoral y de gobierno. Este sistema funcionará mediante esquemas de planificación, organización, enlace, control, seguimiento y difusión de sus asuntos y actividades, así como por sus esquemas de medición e impacto de todos estos conceptos. Para estos efectos, se llevarán a cabo los siguientes esquemas.

1. *Esquema de planificación y presentación del sistema Integral Estratégico de Esquemas Políticos y Electorales*

2. *Esquema de enlace, control y seguimiento de la presentación del Sistema Integral*
3. *Esquema de difusión y promoción de la presentación e inserción del Sistema Integral*
4. *Esquema de medición e impacto de la presentación del Sistema Integral*

Veamos a continuación cada uno de estos conceptos de esquemas básicos para la presentación de este sistema integral. Debido a la flexibilidad y carácter de este sistema, que puede ser implementado y utilizado total o parcialmente, en base a sus conceptos y objetivos, en este libro tomaremos para su presentación los aspectos políticos y electorales, debido a que este es el fundamento de este ensayo político.

1. Esquema de planificación y presentación del Sistema Integral Estratégico de Esquemas Políticos y Electorales

Este esquema implica la planificación de la presentación del sistema integral estratégico de esquemas políticos partidistas, electorales y de gobierno para que su difusión y presentación, abarque a toda la sociedad de todo ámbito, desde las ciudades hasta las poblaciones rurales, los sectores del campo y las localidades alejadas y marginadas, ya que se buscará que todos conozcan la propuesta de gobiernos, partidos y candidatos para generar desarrollo integral y mejorar la calidad de vida de la población, mediante diversos esquemas y estrategias que se convertirán en políticas públicas y programas e instrumentos para el desarrollo y el beneficio de la sociedad. El objetivo será el de presentar un nuevo proyecto de estrategias políticas, electorales y de gobierno, para que todos lo conozcan, lo entiendan y tengan la seguridad de que su implementación y aplicación ayudará a desarrollar sustantivamente y a transformar a todo país y sociedad. Para estos efectos, tendremos entonces dos aspectos básicos para ejecutarse. Veamos.

*   *Planificación de las presentaciones del sistema integral estratégico de esquemas políticos y electorales*

*   *Presentación del sistema integral estratégico de esquemas políticos y electorales*

1.1. Planificación de las presentaciones del Sistema Integral Estratégico de Esquemas Políticos y Electorales

La planificación de la presentación de este sistema integral a través de un partido político y de su plataforma partidista, especifica que deberá generarse en todo tiempo y en los procesos electorales, especialmente de gobernantes, en los cuales también lo presentarán los candidatos respectivos. La planificación de esta presentación global se hará en todo ámbito, local, nacional e internacional, con la finalidad de abarcar a toda la población y a sus sectores, a los gobiernos e instancias económicas, políticas y sociales y a los grupos sociales y de migrantes que radican en otros países. Durante los tiempos no electorales se planificará una presentación constante de este sistema integral a todos los sectores poblacionales por parte de dirigentes partidistas, de funcionarios gubernamentales emanados de sus mismos partidos y de dirigentes y funcionarios de una alianza estratégica, a los que se sumarán los candidatos, en las presentaciones en las campañas electorales.

También se podrá presentar este sistema, adecuado a los aspectos de gobierno, durante todo gobierno y administración gubernamental. La planificación, por lo tanto, quedará de la siguiente forma, considerando como ejemplo un proceso y ciclo político y electoral de cuatro años, que se amplía o disminuye de acuerdo con los contextos y los tiempos políticos de cada país y entidad.

Presentación del sistema integral estratégico de esquemas políticos y electorales mediante la plataforma partidista de propuestas, por parte de líderes políticos, partidos y candidatos

- *Año 1. Presentación nacional de la plataforma partidista de propuestas y proyectos de gobierno. Debe presentarse de forma nacional en las capitales de las entidades*

- *Años 2 y 3. Presentaciones locales, nacionales e internacionales cada determinado tiempo en diversas ciudades, regiones y localidades*

- *Año 4. Presentaciones locales y nacionales en la campaña interna de los partidos políticos para seleccionar a sus candidatos a diversos cargos de elección y hasta antes de los registros como candidatos. Durante las campañas se presentará la plataforma partidista de propuestas y proyectos en todas las localidades que se visiten y durante todas las giras*

Con este esquema de presentación se abarcan todas las localidades, regiones y ciudades de un país. También se genera la participación de candidatos, líderes políticos y partidistas y funcionarios gubernamentales emanados de los partidos políticos, propios y aliados, para la presentación de este sistema, por medio de una agenda estratégica que permita el conocimiento de este instrumento de forma masiva y provoque gran expectación, participación y reconocimiento de sectores y organizaciones de la sociedad.

Este esquema también planificará la participación de la sociedad en general y de los diversos grupos sectoriales, sin distinción de posición socioeconómica ni educativa y cultural, en los eventos y foros, por lo que estará abierto a todos y contendrá esquemas de interrelación e información del funcionamiento de este sistema. Asimismo, contendrá esquemas para que la sociedad presente sus planteamientos y propuestas de productividad, empleo y de consecución de los satisfactores sociales, de seguridad pública y estabilidad, de derechos humanos y de libertad. Estas propuestas estarán basadas fundamentalmente en la visión del estado y en las necesidades y propuestas de las sociedades, con el objetivo de lograr el desarrollo integral de las entidades y regiones y una mejora sustantiva de la calidad de vida.

1.2. Presentación del Sistema Integral Estratégico de Esquemas Políticos y Electorales

La presentación del sistema y de la plataforma partidista de propuestas y proyectos de gobierno, se realizará por parte de los candidatos y funcionarios gubernamentales y de partido más representativos, de acuerdo con una planificación específica que incluye todas las localidades, municipios, entidades y ciudades. También será importante y fundamental que esta presentación la lleven a cabo organizaciones ciudadanas convencidas de este nuevo proyecto partidista de gobierno eficiente, por lo cual en este apartado se especifican una diversidad de sectores que pueden presentar esta plataforma partidista ante la sociedad y la opinión pública.

- *Sectores sociales y ciudadanos convencidos de la plataforma partidista de propuestas y proyectos de gobierno*

- *Sectores productivos, empresariales, de profesionistas, académicos, estudiantiles, sindicales y gremiales, convencidos de la plataforma partidista de propuestas y proyectos de gobierno*

- *Sectores culturales, artísticos, deportivos y de minorías, convencidos de la plataforma partidista de propuestas y proyectos de gobierno*

- *Sectores de los medios de comunicación, religiosos y militares, convencidos de la plataforma partidista de propuestas y proyectos de gobierno*

- *Sectores gubernamentales emanados de otros partidos políticos que están convencidos de la plataforma partidista de propuestas y proyectos de gobierno*

- *Sectores partidistas y de organizaciones políticas aliadas y opositoras que están convencidos de la plataforma partidista de propuestas y proyectos de gobierno*

- *Sectores gubernamentales y privados de entidades y localidades, así como internacionales que están convencidos de la plataforma partidista de propuestas y proyectos de gobierno*

Estos diversos sectores se sumarán a toda una serie de instancias y sectores que conformarán una gran ola popular a favor de algunos partidos y candidatos, sobre todo de aquellos que presenten propuestas responsables y proyectos de gobiernos eficientes que generen desarrollo integral sostenible y mejora de la calidad de vida de la sociedad. Como se observa, la presentación del sistema integral estratégico se amplía de forma sustantiva en todo ámbito, tiempo y contexto, por lo que será un escenario real de atracción y de adhesiones de ciudadanos y organizaciones, partidos políticos, sectores y gobiernos de todo ámbito y orden a favor de quienes decidan implementar y utilizar este sistema integral estratégico, debido a su alcance y visión. En este apartado también se especifica que la presentación del sistema integral y de un nuevo proyecto partidista de gobierno eficiente se deberá de llevar a cabo de forma sistemática, constante, progresiva y planificada en todas las localidades, regiones y entidades del contexto nacional e internacional. En este último caso, específicamente en donde radican sus migrantes y residentes paisanos.

El formato general de presentación, incluirá, lógicamente, la presentación de este sistema integral estratégico de esquemas políticos y electorales y la presentación de una plataforma partidista de propuestas y proyectos de gobierno. Habrá un espacio importante para la interrelación de la sociedad y los candidatos, y en su caso, con los presentadores de esta plataforma partidista, con preguntas y respuestas, así como con propuestas y razonamientos que enriquecerán los conceptos de la plataforma. En virtud de esta interrelación sustantiva se podrá generar una mayor atracción ante la ciudadanía, lo que permitirá conocer, gestionar y apoyar, en lo conducente, los proyectos y necesidades de la sociedad y del desarrollo de las entidades.

2. Esquema de enlace, control y seguimiento de la presentación del Sistema Integral

Este esquema tendrá una coordinación general que estará ubicada en el sistema central y funcionará globalmente por medio del enlace y operación de este sistema con sus áreas respectivas, las que se ubicarán en las oficinas de los gobernantes y los líderes políticos y partidistas, en las oficinas de los partidos políticos y de sus aliados y en todas las oficinas de campaña de los candidatos, lo que permitirá una coordinación eficiente de la planificación y presentación de esta plataforma partidista de propuestas y proyectos de gobierno. Habrá, por tanto, una infraestructura de coordinación general, planificación, enlace, control y seguimiento de la presentación y difusión del sistema que se encargará de su funcionamiento e interrelación eficiente, para que todos conozcan y comprendan los alcances y las propuestas de esta plataforma partidista, por medio de presentaciones físicas y de la difusión masiva de este proyecto en los medios de comunicación.

- *Coordinación general de planificación, enlace, control y seguimiento de la presentación de la plataforma partidista de propuestas y proyectos de gobierno*

- *Áreas de planificación, enlace, control y seguimiento de la presentación de la plataforma partidista de propuestas y proyectos de gobierno.*

La coordinación general para la presentación del sistema integral y de su plataforma partidista, conjuntamente con sus áreas de enlace, coordinación interna y trabajo, se encargarán de la programación, calendarización y agenda de estas presentaciones, además del seguimiento eficiente y la solución de las necesidades de estos eventos. Asimismo, se generarán los informes correspondientes, que contendrán los aspectos relevantes cualitativos y cuantitativos que servirán para insertarse en los espacios específicos del tablero de control general del sistema para su análisis, evaluación y mejora y para establecer las estrategias y escenarios respecto a estas presentaciones en las localidades y ciudades y el impacto que esto genera. Los informes y las minutas servirán para generar esquemas de publicidad, promoción y difusión masiva de este concepto en los medios de comunicación. También para analizar y evaluar sus resultados y procesos, así como el impacto favorable poblacional y sectorial, para generar nuevas estrategias y proyecciones que consoliden a determinados partidos políticos y sus candidatos, y a esta plataforma partidista de propuestas y proyectos de gobierno.

3. Esquema de difusión y promoción de la presentación e inserción del Sistema Integral

El esquema de difusión y promoción del sistema estratégico y la plataforma política se llevará a cabo de forma amplia y masiva en los medios de comunicación locales, nacionales e internacionales, al igual que la información emanada de la presentación de este nuevo proyecto en los diversos eventos y foros. Habrá presentaciones de este sistema para un nuevo proyecto de gobierno en localidades y entidades y en centros urbanos y rurales, así como en otros países. Entre estos se considerarán aquellos que cuenten con una población de migrantes y residentes paisanos de los candidatos que presenten este sistema integral, pero también aquellos que por su importancia estratégica económica, comercial, social, política y cultural así lo amerite. El efecto de esta difusión masiva en medios de comunicación implicará el acercamiento de coincidencias de gobiernos, sectores y sociedades que deseen impulsar a estos candidatos y sus plataformas partidistas. La finalidad será también la de conjuntar recursos, ideales y esfuerzos de todo ámbito y sector para lograr los triunfos que generen estos nuevos gobiernos, y con estos, impulsar el desarrollo integral sostenible y la mejora de la calidad de vida de la población.

4. Esquema de medición e impacto de la presentación del Sistema Integral

Será importante diseñar y aplicar un esquema de medición de impacto de los resultados de la presentación de este sistema integral y de la plataforma partidista en todas las entidades y regiones. Este esquema se implementará en las diversas áreas y conceptos del centro de control, para analizar estos resultados y generar estadísticas de información estratégica que sirvan de apoyo a los partidos políticos y a los candidatos para que estén enterados de los impactos, derivados de estas presentaciones, que les favorezcan y de cómo podrían ampliarse.

Asimismo, se podrá contar con la medición integral del impacto que se generará en la sociedad y sus sectores y en los gobiernos de las entidades y países, con lo cual se establecerán diversos índices que permitirán conocer la aprobación de estos sectores por este nuevo proyecto partidista de gobierno eficiente. También se podrán generar estrategias para atraer mayores simpatías y la aprobación para este nuevo proyecto partidista, por lo cual estos índices mostrarán los aspectos y conceptos necesarios para llevar a cabo evaluaciones y estrategias de penetración, para el apoyo popular.

La medición del impacto se realizará por medio de empresas encuestadoras, públicas y privadas, y por medio de diversos índices emanados de gobiernos, organizaciones y agrupaciones especializadas. De acuerdo a cómo se vayan incrementando estos índices en favor de un nuevo proyecto partidista de gobierno y a favor de determinados candidatos, se deberá de generar una difusión masiva de estos aspectos, porque será fundamental que la sociedad no sólo conozca la plataforma partidista, sino que también se dé cuenta que una gran mayoría la apoya, al igual que a determinados candidatos, con lo que se generará una amplia dinámica de adhesiones a favor de este nuevo proyecto.

La planificación de los resultados de los índices de aprobación de un nuevo proyecto podrá ser de la siguiente forma.

- *Tiempos no electorales. Presentación de los informes de las encuestas en medios de comunicación, sobre los índices favorables al nuevo proyecto partidista de gobierno eficiente. Presentación de los resultados de las encuestas con los índices favorables de la plataforma partidista de propuestas y proyectos de gobierno en medios de comunicación, de forma sistemática*

- *Tiempos electorales. Presentación de resultados de encuestas con los índices favorables al nuevo proyecto partidista de gobierno eficiente de forma sistemática, hasta el inicio de las campañas electorales, sobre todo para gobernantes, en las cuales estos índices se deberán de manejar en todos los medios de comunicación por parte de los candidatos, de los partidos políticos y de las organizaciones y sectores de una alianza estratégica*

Como se observa, la difusión de los índices favorables a un nuevo proyecto partidista de gobierno eficiente, incrementarán de forma sustantiva las adhesiones de la población, sectores y gobiernos en favor de los partidos políticos y de los candidatos que lo propongan. Este sistema, con sus esquemas, estrategias y actividades respectivas proveerá la información analizada para conocer el impacto de la presentación de esta plataforma partidista ante la población, que asimismo se deberá de difundir de forma masiva y planificada, ya que será fundamental para hacer crecer una gran ola en favor de sus candidatos y de este proyecto político.

Recapitulación sintetizada del posicionamiento partidista mediante este sistema

Los partidos políticos y los candidatos partidistas tienen por objetivo obtener los triunfos electorales para acceder al poder público, además de ser los abanderados y gestores de la sociedad, por tanto, buscarán las formas de llegar a estos triunfos, por lo que utilizarán toda su capacidad estructural, ideológica, normativa y de acción y movilidad política para estos fines. Una de estas formas es la de implementar esquemas de estrategias políticas y electorales que les permitan ordenarse, planificar, organizarse e implementar actividades sustantivas de alto impacto para su posicionamiento favorable ante la sociedad y los sectores, lo que deberá de reflejarse en las encuestas respectivas y en los triunfos electorales. Todas estas actividades y esquemas estratégicos se encuentran contenidos en este sistema estratégico de esquemas políticos y electorales, que a su vez contendrá una amplia plataforma partidista de propuestas de proyectos para generar gobiernos eficientes que produzcan el desarrollo integral sustentable y la mejora de la calidad de vida de la población. Por tanto, este es un sistema de alta calidad, funcionalidad y alcance para impulsar a todo partido político y a sus candidatos a los triunfos electorales y gobernar sobre la base de estas propuestas y condiciones.

Todos los partidos políticos que adopten este sistema u otros similares, que ordenen, organicen y generen estrategias políticas y electorales inteligentes, seguramente pasarán de ser partidos políticos pequeños y de segunda categoría a una expansión a niveles superiores muy competitivos que a la brevedad les permitan lograr triunfos electorales y la representatividad masiva de la sociedad. En la mayoría de las localidades, regiones, entidades y países del mundo los partidos políticos trabajan de acuerdo con decisiones cupulares coyunturales y de acuerdo a como se generen los escenarios, con poca o sin ninguna estrategia, ni planeación, ni orden, ni organización en la mayoría de sus actividades de todo rubro y concepto. Los triunfos de estos partidos mediocres se consiguen solamente porque son las únicas propuestas que tienen estas sociedades para escoger a sus representantes, aunque la mayoría de ellos trabaje de forma muy deficiente. Además, estas sociedades no cuentan con las vías para hacerse escuchar y ser representadas de forma real, por lo que la implementación de este tipo de sistemas será fundamental para el avance de estas entidades y países y, por consiguiente, del contexto político internacional.

Capítulo 7

Esquema de Financiamiento del Sistema General Integral Estratégico

Esquema de Financiamiento del
Sistema General Integral Estratégico

1. *Sistema general y control de financiamiento de esquemas políticos y electorales*

2. *Esquema de financiamiento de recursos oficiales a partidos políticos y procesos electorales*

3. *Esquema de financiamiento de aportación de funcionarios y militantes*

4. *Esquema de financiamiento de aportación ciudadana y de sectores*

5. *Esquema de financiamiento de aportación internacional*

6. *Esquema de financiamiento por eventos diversos*

7. *Esquema de financiamiento por publicidad y mercadotecnia*

8. *Esquema de alianzas estratégicas para el financiamiento integral*

El sistema integral estratégico de esquemas políticos y electorales de los partidos políticos y candidatos contará con un esquema de financiamiento para su conformación, implementación y aplicación, pero también, de forma prioritaria, para su presentación y difusión masiva. Este financiamiento generalmente provendrá de los recursos de los partidos políticos que por ley otorgan las instancias electorales correspondientes a los partidos políticos y candidatos en todo tiempo y en los procesos y campañas electorales, además de otras fuentes de financiamiento partidistas y ciudadanas. En algunos países los gobiernos nacionales o federales y de sus entidades y municipios, pueden financiar estos esquemas políticos en su totalidad, aunque no esté permitido por las leyes electorales, sin embargo, así se trabaja en algunos ámbitos y mientras no existan denuncias ni una vigilancia más estricta, estas instancias de gobierno lo seguirán haciendo. Esto permitirá a los gobiernos respectivos mantener el control político de su partido y de otros aliados, además de tomar las decisiones partidistas y la designación de candidatos y dirigentes. Estos casos no se presentan en los países avanzados en ninguna de sus entidades, debido a sus normativas, cultura política y sistemas de control y revisión. Los partidos políticos y candidatos contarán también con diversas estrategias independientes a los recursos electorales de ley para el financiamiento y difusión de este amplio sistema, que no serán obligatorias ni onerosas para que no causen un efecto en contra. Entre estas se cuentan las aportaciones de funcionarios partidistas y gubernamentales de todo orden y ámbito, emanados de estos mismos partidos políticos y de sus alianzas, de aportaciones ciudadanas y de sectores poblacionales locales, nacionales e internacionales, entre otras fuentes.

Asimismo, se contará con esquemas de financiamiento por eventos diversos tales como cenas, desayunos y comidas con los candidatos y con figuras públicas y privadas de la cultura y el arte, de los deportes y espectáculos, de la política y de la empresa. Ya sea que estos decidan participar de forma gratuita o mediante algún pago, para vender los lugares a los comensales que quieran departir con los candidatos y con estas figuras públicas y privadas. Asimismo, se contemplarán eventos artísticos en que los diversos artistas participantes no cobren su presentación, o aun cobrando, la recaudación de estos eventos será para la presentación de la plataforma partidista de propuestas y proyectos de gobierno. El financiamiento también provendrá por efectos de publicidad, en base a aquellos medios de comunicación que decidan apoyar a la plataforma partidista sin cobrar o cobrando menos, y también por parte de esquemas publicitarios con figuras públicas y privadas importantes que apoyen este nuevo proyecto, además de esquemas de mercadotecnia y penetración basados en los beneficios y alcances de este nuevo proyecto partidista de gobierno eficiente. Asimismo, parte del financiamiento podrá provenir de esquemas de alianzas estratégicas con los representantes de los diversos sectores económicos, políticos y sociales, entre otros, con los que se establecerán los acuerdos y negocios políticos para estos financiamientos, con las cláusulas respectivas de retribución de favores mediante la generación de negocios cuando estos candidatos sean gobernantes o legisladores. En fin, esquemas de financiamiento existen diversos y múltiples, y la estrategia de financiamiento para la presentación, difusión y aprobación masiva de la población de este sistema integral estratégico y a favor de un nuevo proyecto partidista de gobierno eficiente será basado en una diversidad de esquemas legales necesarios para obtener estos recursos económicos en todo ámbito y tiempo, electoral o no. Esta diversidad de fuentes de financiamiento permitirá la realización de todos los conceptos que conforman la presentación e implementación del proyecto partidista de gobierno, además de implementar una amplia campaña de difusión en los medios de comunicación que permita posicionar de forma masiva y mayoritaria esta plataforma partidista. El objetivo, por lo tanto, será el de lograr el mayor número de votantes para un triunfo electoral contundente, y el financiamiento es parte fundamental para este objetivo.

1. *Sistema general y control de financiamiento de esquemas políticos y electorales*

Será necesaria una infraestructura directiva de control y estrategias del financiamiento de este nuevo proyecto, que se denominará coordinación general financiera de la plataforma partidista de propuestas y proyectos de gobierno, que tendrá áreas específicas de financiamiento y de captación y administración de los recursos y de presentación de informes, así como de obtención de ganancias, rendimientos e incentivos.

Veamos las áreas específicas de la coordinación de financiamiento del sistema.

- *Unidad de financiamiento proveniente de recursos partidistas*
- *Unidad de financiamiento proveniente de dirigentes y militantes de partidos aliados*

- *Unidad de financiamiento proveniente de funcionarios gubernamentales y dirigentes emanados de los mismos partidos políticos y de una alianza partidista*

- *Unidad de financiamiento proveniente de dirigentes, funcionarios y militantes de organizaciones políticas y sociales aliados y simpatizantes del proyecto de gobierno*

- *Unidad de financiamiento de aportación ciudadana y de los sectores poblacionales*
- *Unidad de financiamiento de aportación local, nacional e internacional*
- *Unidad de financiamiento por publicidad y mercadotecnia*
- *Unidad de financiamiento derivada de alianzas, convenios y negocios*
- *Unidad de administración y finanzas de los recursos*

- *Unidad de aprovechamiento y mejora de utilidades por diversos instrumentos bancarios, inversiones, incentivos, etc., de los recursos captados*

El orden, la organización y la administración eficiente de los recursos generan gran parte del éxito de los partidos políticos y de los candidatos, así como de cualquier instancia, por eso será fundamental aplicar este sistema de organización y control que permita generar resultados políticos de avance sustantivo gracias a la eficiente aplicación de los recursos partidistas. Lo anterior en virtud de que, en muchos partidos políticos del mundo, sobre todo en países subdesarrollados y sus entidades, los financiamientos y recursos se manejan de acuerdo a las necesidades y a los intereses del líder político o partidista del contexto respectivo, que no siempre son los de su mismo partido. Además, podrá haber desviación de estos recursos debido a la corrupción o a intereses diversos, ya que no existen áreas de contralorías efectivas e independientes, y a que las instancias electorales del ámbito no tengan facultades de exigencia de la comprobación de los recursos partidistas. Estos recursos, por consecuencia, no se aplicarán a las estrategias y actividades partidistas, sino a intereses ajenos a estos objetivos partidistas, lo que implica menor movilidad, acción y posicionamiento popular y menos votos electorales. Por lo anterior, será fundamental la implementación de un sistema de financiamiento partidista eficiente, que contenga una coordinación general con un sistema de presupuestos, planificación, control, seguimiento, evaluación y resultados de los financiamientos para toda actividad, movilidad, estrategias y proyectos partidistas. Este sistema constará de un tablero de control y un software especial para recabar la información de los diversos conceptos y rubros del financiamiento. También para conocer, evaluar y manejar sus movimientos, inercias, ganancias, gastos, presupuestos, utilidades, gastos corrientes, aportaciones, fuentes de financiamiento, administración, etc., que impliquen un verdadero control y seguimiento del financiamiento, de su presupuesto y de la utilización eficiente de los recursos.

Este tablero de control permitirá asimismo generar gráficas, proyecciones, y escenarios derivados de los análisis y evaluaciones de la movilidad de los financiamientos, de las utilidades y ganancias y de su aplicación en la plataforma partidista. Debido a esto se podrán generar estrategias de alto mando, proyecciones y escenarios para la mejor toma de decisiones para la planificación y utilización de los recursos en la presentación, implementación y aplicación de esta plataforma partidista de propuestas y proyectos de gobierno.

2. *Esquema de financiamiento de recursos oficiales a partidos políticos y procesos electorales*

Este esquema de financiamiento proviene de los recursos que otorgan las instancias electorales oficiales de todo orden y ámbito a los partidos políticos de forma establecida y extraordinaria, de acuerdo con los procesos electorales y a sus resultados electorales y porcentajes de financiamiento derivados respectivos, con recursos específicos para las diversas campañas electorales del ámbito local y nacional. Su administración, presupuestos, financiamiento, utilización, utilidades, etc., será de acuerdo con las estrategias partidistas que consideren las dirigencias de los partidos políticos, los líderes políticos y los candidatos, y en determinados casos, con los líderes de los grupos políticos de estas alianzas, para toda la actividad política partidista y la difusión de los proyectos partidistas.

3. *Esquema de financiamiento de aportación de funcionarios y militantes*

Este esquema implica la aportación obligatoria de recursos propios de gobernantes y funcionarios de todo orden y ámbito, emanados de los mismos partidos políticos y de sus alianzas, además de la aportación no obligatoria de los militantes de todo ámbito y orden de estos partidos políticos, con la finalidad de financiar su plataforma partidista de propuestas y proyectos de gobierno. Estas aportaciones estarán insertadas en el marco de legalidad electoral y serán de carácter mixto, ya sea o no obligatorio, por parte de gobernantes y funcionarios emanados de los mismos partidos políticos y de sus alianzas, así como de parte de sus militantes y simpatizantes partidistas, quienes, en base a la normatividad interna, apoyarán, de acuerdo a sus posibilidades y recursos, sobre todo en campañas electorales. Esto implicará una captación importante de recursos para la realización de las actividades de toda plataforma partidista de propuestas y proyectos de gobierno.

4. Esquema de financiamiento de aportación ciudadana y de sectores

Este esquema de financiamiento, que será voluntario, provendrá de los sectores y ciudadanos simpatizantes de determinados partidos y candidatos, con la finalidad de apoyar para establecer un nuevo gobierno eficiente. Los sectores y ciudadanos podrán ser locales, nacionales e internacionales. Los sectores en su totalidad o de forma mayoritaria y parcial podrán definir una postura a favor de un nuevo proyecto partidista de gobierno eficiente, con los candidatos como líderes partidistas de este nuevo proyecto, por lo que podrán generar esquemas de financiamiento por grupos, por organización y por ciudadanos, para estos fines. De igual forma existirá un esquema de aportación de recursos ciudadanos que deseen apoyar a estas plataformas partidistas. Este tipo de financiamiento podrá no ser muy popular, por lo que de utilizarse de forma deficiente sería contraproducente e implicará una reducción de simpatías para quienes lo propongan. Este esquema deberá ser propuesto mediante campañas publicitarias de donación o aportación a favor de su contexto y de su calidad de vida, mediante el apoyo a su partido, a través de determinadas cuentas bancarias o alcancías de recolección de dinero en determinados lugares de identificación partidista. El efecto entonces será positivo, ya que los que aporten podrán sentirse parte del proyecto de apoyo a una campaña de mejora del sistema político y de gobierno y de la calidad de vida poblacional. Otro aspecto fundamental será aquel en que los ciudadanos representativos y de imagen, líderes populares, gubernamentales, sociales, artísticos, culturales y deportivos decidan prestar su imagen y su figura para la captación de diversos recursos para el financiamiento de este nuevo proyecto partidista.

5. Esquema de financiamiento de aportación internacional

Este esquema es similar al esquema de aportación de ciudadanos, pero ubicado en el ámbito internacional. Para la captación de los recursos en este ámbito se deberán realizar una serie de cabildeos y reuniones con los representantes de los gobiernos, organizaciones y sectores sociales del contexto internacional, así como con grupos migrantes, para coadyuvar en la captación de este financiamiento. Mediante este esquema podrán generarse más recursos y donaciones, al igual que un alto impacto mediático favorable, por la importancia y reconocimiento de estos personajes e instancias. El acercamiento y el trabajo desarrollado con estos líderes y representantes extranjeros y migrantes, además de su apoyo, implicará el reconocimiento popular, gracias a la imagen e influencia de estos personajes, lo que, por lógica, coadyuvará en la difusión y posicionamiento partidista.

6. *Esquema de financiamiento por eventos diversos*

El esquema de financiamiento por eventos diversos es una estrategia partidista que tiene el objetivo de captar recursos y financiamientos derivados de la implementación de eventos en los que la gente aporte y pague los espectáculos presentados y que también los artistas puedan aportar, de ser posible, mediante la donación de su trabajo. Este esquema se implementará de diversas formas, desde espectáculos y eventos masivos hasta conferencias y acompañamiento de figuras públicas en todos y cada uno de estos conceptos y actividades. Se invitará a la población para que mediante sus pagos, donaciones y aportaciones asista a estos eventos, que se llevarán a cabo en territorio nacional e internacional. Veamos.

- *Financiamiento a través de espectáculos masivos, en los que los artistas y cantantes del ámbito local, nacional e internacional, puedan o no cobrar, de acuerdo con su simpatía por un nuevo proyecto partidista de gobierno eficiente y de los candidatos para cargos de elección popular*

- *Financiamiento por medio de eventos como cenas, desayunos y comidas, en los que los ciudadanos convivirán con los candidatos y con los líderes y personajes de la política, de la cultura, de la actividad artística, de espectáculos y los deportes del ámbito local, nacional e internacional. Estos líderes participarán por voluntad y por simpatizar con una plataforma partidista de propuestas y proyectos de gobierno*

- *Financiamiento por medio de conferencias que realicen estos líderes nacionales y extranjeros, en una interrelación de preguntas y respuestas de diversos conceptos y rubros*

- *Financiamiento por medio de espectáculos deportivos en los que los diversos deportistas y equipos decidan participar a favor de un nuevo proyecto partidista de gobierno eficiente y de sus candidatos a gobernantes*

- *Financiamiento por medio de espectáculos artísticos y culturales en que diversos artistas de estos rubros decidan participar a favor de un nuevo proyecto partidista de gobierno eficiente y de sus candidatos a gobernantes*

- *Acompañamiento de los candidatos y de líderes locales, nacionales e internacionales a diversos eventos masivos y públicos, en todo tiempo y hasta el fin del proceso electoral*

- *Eventos diversos como fiestas, rifas, representaciones diversas, actividades culturales, sociales, etc.,*

Estos y otros esquemas deberán de planificarse y ejecutarse de acuerdo a una agenda estratégica, de forma constante y mediante eventos que contengan los elementos que produzcan altos impactos publicitarios de reconocimiento social, lo que coadyuvará en la atracción de intereses y financiamientos que serán destinados para el fortalecimiento de las actividades estratégicas partidistas.

7. *Esquema de financiamiento por publicidad y mercadotecnia*

El esquema de financiamiento por publicidad y mercadotecnia tendrá por objetivo difundir de forma masiva y estratégica la imagen y las propuestas de los partidos políticos y los candidatos para su posicionamiento favorable ante toda la sociedad. Esta publicidad estratégica será por objetivos y se dirigirá a todos los sectores ciudadanos y al exterior, para que causen el mayor impacto positivo en las personas, mediante una serie de promocionales en todo ámbito y lugar seleccionado para que sea captado por todos. Este concepto contiene los mensajes partidistas y el carisma y liderazgo de los diputados y líderes políticos, además de estrategias de sensibilidad social y de alto mercadeo para atraer la mayoría de las simpatías, afinidades y reconocimientos, y con esto, el voto mayoritario popular. Este concepto, por lo tanto, incluye algunos aspectos como los siguientes.

- *Financiamiento emanado de la participación voluntaria de figuras públicas en diversos aspectos, tales como solicitando apoyos para la plataforma partidista, apareciendo en comerciales publicitarios de forma gratuita, difundiendo el mensaje de la plataforma partidista y de los candidatos y participando de forma gratuita o incluso cobrando, en diversos eventos, reuniones y foros en los que difundan sus mensajes partidistas*

- *Financiamiento emanado de la venta de la imagen de las figuras públicas y líderes artísticos, cantantes, culturales, etc., en diversos esquemas publicitarios en los medios de comunicación y en la publicidad móvil y estática*

- *Financiamiento emanado por la venta del concepto de la plataforma partidista de propuestas y proyectos de gobierno de los partidos políticos y de los slogans publicitarios de este mismo nuevo proyecto*

- *Financiamiento emanado de la mercadotecnia para colocar el esquema y el eslogan de la plataforma partidista de propuestas y proyectos de gobierno en el ámbito local, nacional e internacional, en conceptos de medios de comunicación, de actividades empresariales, estudiantiles, comerciales, industriales, sociales, de académicos y universidades, etc.*

- *Financiamientos emanados de diversos aspectos de publicidad y mercadotecnia en eventos deportivos, actividades artísticas y culturales, etc., de carácter masivo o tradicional, que generen recursos directos e indirectos*

Como se observa, podrá haber diversos esquemas de financiamiento por publicidad y mercadotecnia, por lo que será importante establecer este sistema estratégico y su plataforma partidista de propuestas y proyectos de gobierno con su eslogan como marca registrada. Esto implicará manejar de forma empresarial y de negocios, mediante esta marca comercial, la figura de los candidatos y de esta plataforma partidista, lo que permitirá una gran difusión estratégica y comercial para la obtención de recursos y la aceptación poblacional de este proyecto y su plataforma.

8. *Esquema de alianzas estratégicas para el financiamiento integral*

Este esquema implica generar una serie de alianzas estratégicas con diversas instancias con recursos económicos solventes, por medio de acuerdos específicos, que pueden ser solamente de palabra o convenios legales y de negocios de promoción y marketing, en los que se obtengan financiamientos para las campañas y actividades partidistas y para la difusión de la marca y logotipo de determinados partidos políticos, de sus candidatos y de una plataforma que contenga la propuesta de un nuevo proyecto de gobierno eficiente, a cambio de otorgar como recompensa a estas empresas, personas o grupos, cuando estos candidatos sean gobernantes, de acuerdo con la ley y de forma oficial, determinadas concesiones de negocios con gobiernos de todo orden y tipo, como lo pueden ser aspectos de trabajo, de construcción, de obras públicas y de diversos servicios, de negocios particulares y de grupo, bilaterales y multilaterales y de otros conceptos y rubros, siempre con el objetivo y la visión de la generación del desarrollo integral y la mejora de la calidad de vida para la sociedad. La generación de negocios con estos personajes y grupos importantes y poderosos locales, nacionales e internacionales, permitirá obtener recursos amplios para la difusión y actividad de los partidos políticos y candidatos, sobre todo en las campañas electorales, por lo que será fundamental implementar estos esquemas de negociación y acuerdos.

Los negocios con estos personajes y grupos importantes locales, nacionales e internacionales también van a generar grandes inversiones y empleo cuando estos candidatos lleguen a gobernar. Esto se hará con programas y políticas públicas que impliquen la explotación de yacimientos mineros, la construcción de infraestructura productiva como fábricas y maquiladoras, la construcción de obras públicas de gran envergadura y de proyectos estratégicos, la construcción de sistemas carreteros y de infraestructura turística, cultural y de comunicaciones y telecomunicaciones. También la inversión en desarrollo tecnológico, en educación y su infraestructura, y en muchos aspectos más. Esta expectativa de productividad atraerá de forma gratuita una gran publicidad, difusión y posicionamiento para los partidos y candidatos que la propongan. También atraerán más inversiones debido al liderazgo de estos personajes y grupos de poder económico en sus entidades y en sus países, que asimismo atraerá el interés de más empresarios, inversionistas y líderes económicos, políticos y sociales de esos ámbitos. Las alianzas estratégicas con los medios de comunicación permitirán difundir los proyectos de partidos y candidatos, mediante acuerdos de pago mínimo o sin pago y una posterior retribución cuando se llegue al poder. Esta retribución será por medio de compensaciones y pagos mensuales por difusión gubernamental para todos los medios de comunicación que apoyaron, de acuerdo a como estos hayan difundido y promocionado a los partidos y candidatos.

Alianzas estratégicas con sectores productivos, sociales, políticos, económicos, culturales, religiosos, científicos, tecnológicos, militares y de todo rubro serán necesarias e importantes, con esquemas de financiamiento y aportación económica y de diversos rubros de estos sectores para financiar las actividades partidistas y las campañas políticas, así como las propuestas de un nuevo proyecto de gobierno. Estas alianzas se generarán mediante el establecimiento de acuerdos de negocios, de amistad y de alianzas, lógicamente con la compensación y retribución a estos apoyos por parte de los nuevos gobernantes por medio de concesiones, negocios, incentivos, compras, ventas, etc. En algunos casos habrá algunos personajes y sectores tan poderosos que no querrán ninguna retribución posterior, solamente ser amigos y que se les facilite ampliar, mantener y desarrollar sus negocios y sus cotos de poder.

Las alianzas estratégicas y de negocios son importantes para financiar plataformas partidistas y campañas electorales, así como las actividades de los candidatos y sus aliados. Estos acuerdos serán retributivos, ya que se buscará ayudar a los sectores económicos con incentivos gubernamentales importantes para que decidan trasladar sus inversiones hacia estos países y regiones y generar infraestructura productiva, empleo y desarrollo, además de crecimiento económico y social.

Otro esquema de alianzas estratégicas para el financiamiento de los partidos políticos podrá establecerse con un sentido eminentemente político, ya que estas alianzas serán con una gran parte de la sociedad. Para estos efectos se establecerá un esquema de aportaciones mínimas que se consideren micro y pequeños financiamientos de parte de cada persona, la cual será catalogada mediante un distintivo como financiador oficial de tal partido o candidato. Esto hará que la gente aporte desde lo mínimo establecido en cada país, región y localidad por las dirigencias políticas, con un alto sentido de sensibilidad, ya que la base será de muy poco dinero, para que incluso la gente de escasos recursos pueda aportar. En este esquema todos ganan, ya que los partidos políticos y candidatos podrán sumar pequeñas aportaciones por cada persona, pero estas podrán llegar a ser en su conjunto millones, por lo cual este esquema de financiamiento podrá generar más recursos que otros establecidos como fuertes financiamientos. La ciudadanía también gana, ya que por poco dinero se les distinguirá como financiadores de estos partidos y candidatos, lo que será tomado como un orgullo por poder aportar en beneficio de sus instancias políticas y partidistas, además de que contarán con este estatus que les da un determinado nivel en la sectorización política y social. Con este esquema tenemos entonces integrada a la población en general, incluso los millones de pobres que existan en muchos países, que con casi nada de dinero obtendrán el estatus de financiadores, lo que atraerá más simpatías y el voto popular. Asimismo, participarán los sectores medios con sus aportaciones en los diversos esquemas y eventos y los sectores económicamente poderosos, que con sus financiamientos e inversiones no solo impulsan a determinados partidos políticos y candidatos, sino que también el desarrollo integral de países y de sus entidades y regiones.

Esquema de Responsabilidad de Plataformas y Propuestas Electorales. Planteamientos y Acciones

Esquema de Responsabilidad de Plataformas y Propuestas Electorales. Planteamientos y Acciones

1. *Esquema de análisis y presentación de propuestas con responsabilidad y credibilidad*

2. *Presentación y firma de compromisos de propuestas ante la sociedad*

3. *Plataforma con propuestas reales y de compromiso para el desarrollo integral sostenible*

4. *Denuncia de adversarios por presentación de propuestas irreales*

5. *Establecimiento de unidades de captación de propuestas y necesidades populares y de estado*

6. *Seguimiento, análisis, control, proyección y resultados de las propuestas de campañas electorales*

7. *Establecimiento de la unidad de información popular de las propuestas de campaña*

8. *Campaña de difusión y promoción del cumplimiento de la gestión de las propuestas y peticiones a líderes y candidatos*

Indudablemente que uno de los aspectos fundamentales de todo partido político y de sus candidatos, será la conformación y presentación de plataformas políticas que contengan propuestas y esquemas que puedan ser realizadas cuando estos sean gobernantes o legisladores, para que produzcan gobiernos eficientes, y gobernantes y funcionarios capaces. Que apliquen políticas públicas y programas de alto nivel para generar desarrollo integral y mejorar sustantivamente la calidad de vida de las personas. Generalmente las expectativas de toda plataforma política y de las propuestas de los partidos políticos y candidatos serán grandes, por lo que siempre se espera que estas propuestas sean congruentes y se conviertan en realidad. Por tal motivo, quienes así lo hagan, tendrán gobiernos de gran credibilidad y reconocimiento, al igual que su partido político, que seguirá triunfando en todos los procesos electorales, ya que la gente sabe y conoce quienes le cumplen y quiénes no.

Lo que más cuestiona la sociedad es la falta de seriedad de algunos partidos políticos y candidatos, que presentan plataformas partidistas y propuestas de políticas públicas irresponsables y que no podrán realizarse por su insensatez e imposibilidad económica. Mayor es la indignación popular cuando ya siendo gobernantes o legisladores estos candidatos hagan a un lado de forma irresponsable muchas de sus propuestas para beneficiar a la población, quedando al descubierto su irresponsabilidad y que solo querían engañar a la gente para obtener el voto popular.

El objetivo prioritario de los partidos políticos en los procesos electorales es la obtención del triunfo, y al lograrlo, poder trabajar como gobierno de acuerdo con políticas públicas de calidad y alcance, integrando a éstas todas sus propuestas de campaña, más los planteamientos ciudadanos de calidad relacionados al trabajo gubernamental y a la productividad. Sin embargo, las campañas políticas en la actualidad, salvo excepciones, son una muestra de que parte de las propuestas no son posibles de realizar por los nuevos gobernantes por diversas causas, como la falta de recursos y presupuestos, la irrealidad de los proyectos, la falta de productividad para generar empleo, la dificultad para conseguir alimentos y becas para todos, etc. Los planteamientos externados por los candidatos y líderes partidistas en todo tiempo y en las campañas políticas generan una amplia expectativa popular, que nunca se pueden llevar a cabo o solamente se ejecutan de forma parcial o cosmética, para aparentar que se realizan estas propuestas, lo que genera mayor subdesarrollo y demerita la calidad de vida de la población. Esto provoca que la gente deje de creer en sus partidos, en sus políticos y en sus candidatos, lo que disminuirá las posibilidades de que la gente siga votando por estos partidos y sus candidatos.

Será importante, por estos aspectos, establecer una normatividad obligatoria de responsabilidad de plataformas y propuestas electorales, que impliquen un compromiso de que las propuestas se van a llevar a cabo de forma responsable y efectiva cuando se asuma un gobierno de todo orden o desde cualquiera de sus poderes de gobierno. Los partidos políticos y los candidatos a un nuevo gobierno, de todo orden y ámbito, deberán seguir estas normas de responsabilidad de propuestas políticas en sus campañas. Podrán anunciar en todos sus eventos y giras, para que la gente observe, que cumplen con estas normas de responsabilidad de propuestas para generar políticas públicas y programas para el desarrollo integral de su país y de sus regiones y localidades.

Los candidatos deberán obligatoriamente aplicar este esquema de responsabilidad política en sus campañas electorales, sobre todo para las gubernaturas de entidades y la presidencia de un país, para que sus compromisos de campaña queden registrados y sean cumplidos todos y cada uno de ellos al llegar al poder. Como estrategia de imagen se deberá informar a la población y sus sectores de los compromisos cumplidos y los que se vayan cumpliendo. Esto demostrará el compromiso, la visión y la responsabilidad de los candidatos ya en sus funciones de gobernantes, y será el modelo que se necesitará aplicar en todas las campañas para cargos de elección popular y así mejorar de forma muy sustantiva el ejercicio gubernamental. La gente deberá estar informada acerca de esta forma de ser y de gobernar, del cumplimiento de compromisos y de la responsabilidad del gobernante, además de saber que las propuestas de campaña fueron sustentadas en esquemas posibles y reales, con responsabilidad y conocimiento. Esto acarreará muchos simpatizantes y votos populares a futuros candidatos y a sus partidos políticos, pero, sobre todo, un gran reconocimiento y aprobación a los gobernantes responsables y cumplidos.

Veamos ahora, de forma breve, cada uno de estos conceptos que son necesarios para establecer la credibilidad y el reconocimiento de los candidatos partidistas y de sus plataformas y propuestas de campaña.

1. Esquema de análisis y presentación de propuestas con responsabilidad y credibilidad

El esquema de análisis y presentación de propuestas con responsabilidad y credibilidad, está basado en la presentación de propuestas reales de alcance y magnitud por parte de los partidos políticos y candidatos, que hayan sido analizadas, evaluadas y aprobadas por especialistas de cada rubro perteneciente a los partidos políticos o contratados por estos. Estos paquetes de propuestas que presentan los candidatos en las campañas políticas, por tanto, se derivan de la investigación, evaluación y aprobación de las propuestas y peticiones captadas en todos los eventos y esquemas partidistas implementados para estos fines, tales como foros, giras, reuniones y eventos, tanto en tiempo electoral como no electoral. Como se ha observado, el esquema de bases de datos de propuestas y peticiones de un sistema estratégico integral de los partidos políticos, conformarán, asimismo, los esquemas de gestión y de integración de estas propuestas a programas de gobierno, a planes de desarrollo del ámbito nacional, de entidades, regional, local y del orden internacional. Asimismo, se contará con una plataforma para un nuevo gobierno, que contendrá propuestas con visión de estado, con la finalidad de generar desarrollo integral sostenible, eliminación de la pobreza y la mejora de la productividad, de la competitividad y de la economía y, sobre todo, para la mejora de la calidad de vida. A esta plataforma partidista de propuestas y proyectos de gobierno se le podrán implementar infinidad de propuestas emanadas de los sectores ciudadanos, captadas en los diversos foros y esquemas de recepción de propuestas y peticiones, en los que la población haya participado para coadyuvar en el desarrollo de las entidades.

Para el análisis y la evaluación de las propuestas y peticiones, se deberá contar con un área específica en la que se distribuyan las peticiones y propuestas. Se tendrá entonces que las peticiones personales y de grupo pasarán al sistema de gestión ante las instancias gubernamentales y privadas de todo orden y ámbito, mientras que las propuestas de mayor envergadura se integrarán a un sistema especial de gestión de los programas gubernamentales de todo orden y ámbito. Otras propuestas, de acuerdo con su envergadura y alcance, podrán ser implementadas para su integración a un plan nacional de desarrollo y a los planes estatales y locales de desarrollo. Como se observa, se deberá de llevar a cabo un análisis y evaluación de toda propuesta y petición de la sociedad y de sus sectores, así como de las emanadas de las plataformas políticas, para conocer las propuestas y sus alcances, y derivarlas hacia las instancias indicadas para su presupuesto y realización.

Dentro del análisis y la evaluación, infinidad de propuestas y peticiones también serán desechadas, ya que muchas de ellas carecerán de sustento económico, social, cultural, político, de factibilidad, de certeza o de importancia y de alcance grupal, comunitario y global. Por otro lado, muchas de estas propuestas podrán integrarse a la plataforma de los candidatos de los partidos políticos en las diversas campañas electorales, de todo ámbito y tiempo, así como integrarse a las plataformas electorales de un nuevo proyecto partidista de gobierno eficiente. Esta plataforma de partidos políticos de una alianza estratégica y de los candidatos a cargos de elección popular, deberá de contener propuestas y esquemas de desarrollo que logren llevarse a cabo de acuerdo a una planificación, calendarización, presupuesto y ejecución ordenada. Esto quiere decir que la plataforma electoral de los partidos políticos y los candidatos deberá de contar, de forma obligatoria, con propuestas con visión de estado que generen desarrollo integral sostenible y beneficios para la sociedad. También, y muy importante, que se realicen todas y cada una de estas propuestas, por lo que se podrá contar con esquemas notariales para estos efectos, en que se especifique cada una de las propuestas que se hicieron en campaña y como se irán realizando en el nuevo gobierno. Para llegar a estos efectos, la oficina de análisis y evaluación de las propuestas de factibilidad tendrá un amplio trabajo para escoger todas aquellas peticiones y propuestas que puedan ser capaces de gestionarse y de integrarse en las políticas públicas planteadas por esta plataforma partidista de propuestas y proyectos de gobierno. Asimismo, se desecharán las propuestas que carezcan de sustento real y que sólo sean propuestas para atraer la atención de los electores, pero que no puedan llevarse a cabo por diversas razones, tanto económicas como políticas, culturales y de factibilidad de diversos aspectos.

Este esquema, por lo tanto, permitirá otorgar una certeza total a la sociedad de que los candidatos cumplirán completamente con todos sus compromisos y propuestas de campaña y que se contará con un gobierno efectivo que trabajará con la verdad. Será importante difundir en los medios de comunicación y en todo proceso electoral el compromiso, la responsabilidad y la visión de los candidatos de estos partidos políticos, de sus alianzas y de su plataforma partidista de propuestas y proyectos de gobierno. Esto permitirá que se genere un amplio reconocimiento y atracción hacia esta plataforma partidista verdadera, de certeza, de visión y de seguridad para todos. Con la veracidad de las plataformas partidistas volverá la confianza de la sociedad hacia sus partidos políticos y sus candidatos y, por consiguiente, a los gobiernos que estos generen y a la obtención de más triunfos electorales. Por tal razón todos los partidos políticos deberán de implementar normativas internas que obliguen a los partidos políticos a que impongan estos esquemas a sus candidatos y a sus líderes políticos, ya que esto les permitirá presentar verdaderas propuestas de desarrollo, lo que les posicionará permanentemente en la confianza de la gente. Esto es lo que busca y quiere todo partido político, y si ya se tiene un esquema para este objetivo, habrá que implementarlo y dejar de enfrascarse en politiquerías y chismes entre partidos y candidatos, que les hacen ver pésimos ante la opinión pública.

2. *Presentación y firma de compromisos de propuestas ante la sociedad*

Será importante que en todo acto de campaña electoral, en cualquier tiempo político, se especifique el contenido y la viabilidad de todas y cada una de las propuestas que los candidatos presenten a la sociedad, y la forma en la que estas se implementarán al constituirse estos en gobernantes. Esta factibilidad de las propuestas de campaña y el compromiso y cumplimiento de los candidatos cuando sean gobernantes deberá de difundirse ampliamente a la sociedad. Para estos efectos, estas propuestas y las de los ciudadanos serán analizadas y evaluadas para ser consideradas como parte de sus políticas públicas y programas de gobierno, para generar el desarrollo integral de sus países y regiones y para mejorar la calidad de vida de las personas. Por tal razón, en todo evento político se presentará la plataforma partidista correspondiente, con sus propuestas de campaña, especificando el compromiso de los candidatos con la sociedad y sus sectores, de la factibilidad de la realización, en su gobierno, de todas sus propuestas, mediante la implementación de infraestructura, programas, leyes y políticas públicas respectivas a todos los conceptos planteados en estas propuestas.

Como estrategia política basada en la verdad, también deberá especificarse y difundirse que los adversarios políticos no tienen responsabilidad en sus propuestas y nunca firman sus compromisos, porque sus propuestas no son viables y sólo engañan al pueblo. Se deberá de comentar y especificar también que, aunque dijeran que se comprometen, nunca han cumplido, ni siquiera con sus propuestas de anteriores campañas políticas y electorales, ni cuando han ejercido cargos públicos y partidistas. En cambio, los candidatos honestos, de los partidos políticos responsables, si firman sus compromisos con el pueblo para realizar y ejecutar las propuestas que beneficien a la sociedad y que desarrollen de forma integral y sostenible a sus entidades. Por lo anterior, en cada acto de campaña política se podrá agendar un espacio para protocolizar la firma de realización de los compromisos partidistas, y en varios de los casos, también podrán insertarse estas propuestas en los planes integrales de desarrollo, para dar mayor certeza y seguridad a la sociedad. Indudablemente que los partidos y candidatos deberán escoger las propuestas que puedan llevarse a cabo en la realidad, que son las que estarían contempladas para proponerse a lo largo de las campañas políticas, y son las que se integrarían al documento de firma de compromiso de cumplimiento de la plataforma partidista y de las propuestas electorales de campaña. Esto generará una amplia atracción de los medios de comunicación por los candidatos y sus partidos políticos y sus alianzas, además de lograr la aprobación popular por establecer este compromiso con la sociedad, lo que impulsará a los partidos políticos y candidatos a un alto posicionamiento favorable en las encuestas y en las preferencias ciudadanas.

3. *Plataforma con propuestas reales y de compromiso para el desarrollo integral sostenible*

Veamos un esquema, de ejemplo y de muestra, con el tipo de propuestas que deberán de manejar los partidos políticos y los candidatos, con respecto al concepto de responsabilidad de las plataformas políticas y electorales y de sus propuestas de proyectos de gobierno. Este esquema deberá implementarse en todo tiempo, especialmente en las campañas electorales, con la información a la población, en tiempo justo, de su conformación y contenido, y de qué forma se insertarían, en el mismo, cada una de las peticiones y propuestas populares.

- *Propuestas que puedan llevarse a cabo en la realidad en los primeros 100 días de gobierno*

- *Propuestas que puedan llevarse a cabo en la realidad en el primer año de gobierno*

- *Propuestas que puedan llevarse a cabo en la realidad en los primeros tres años de gobierno*

- *Propuestas que puedan llevarse cabo en la realidad en los años totales de un gobierno*

- *Propuestas que puedan llevarse a cabo en la realidad de forma parcial y culminarse en el siguiente ejercicio gubernamental*

- *Propuestas que puedan llevarse a cabo en la realidad de forma parcial y culminarse en diversos ejercicios gubernamentales*

- *Propuestas que, aunque no puedan llevarse a cabo en la actualidad por su diseño y conformación, se tiene el interés prioritario de promocionarse y difundirse para lograr atraer los esquemas y recursos para su implementación*

- *Propuestas que puedan llevarse cabo en la realidad solamente de forma parcial debido a sus características y quedará abierta su culminación por estas mismas características*

- *Propuestas de gran alcance que pueden trabajarse de forma integral para conseguir los recursos y esquemas para su implementación*

- *Propuestas de ideales y de proyectos que pueden iniciarse, promocionarse y difundirse, para su implementación en el futuro*

- *Propuestas que por su importancia se integrarán a programas y políticas públicas para el desarrollo*

- *Propuestas que por su alcance y magnitud se integrarán a los planes de desarrollo nacionales, estatales, municipales, locales, regionales y mundiales*

- *Propuestas que se procederá a integrarlas a un esquema de trámite de gestiones con instancias gubernamentales, por tratarse de peticiones personales y de grupos que no impactan a una comunidad o sociedad*

- *Propuestas que se procederá a integrarlas a un esquema para atenderse y solucionarse de forma total o parcial en el mejor de los casos o de su espera de solución hasta que los factores y condicionantes lo permitan y se logre implementar un proceso de resolución*

- *Esquemas que se tramitarán a instancias de todo orden y ámbito de inmediato por ser eminentemente personales y por lo tanto por carecer de alcance sustantivo y beneficios para un grupo, comunidad y región*

Este esquema de propuestas implica, como se observa, que los compromisos de campaña serán reales y verídicos, que se podrán llevar a cabo de forma total o parcial. Asimismo, en varios de estos casos se podrá generar una amplia promoción y difusión para atraer la inversión necesaria que permita que los proyectos se realicen, de acuerdo con su envergadura, alcance e importancia, para impulsar el desarrollo integral sustentable en todo país.

Con esta seguridad la sociedad sabrá que sus candidatos a cargos de elección popular buscarán mejorar la calidad de vida de la población y generar el desarrollo integral mediante compromisos y proyectos reales, con propuestas y plataformas necesarias para estos fines. También con la palabra justa y concisa que permita generar las expectativas y la confianza de que estos proyectos se llevarán a cabo, al contrario de lo que los opositores y adversarios de otros partidos pregonen.

4. *Denuncia de adversarios por presentación de propuestas irreales*

Será fundamental establecer esquemas de propuestas reales, que se ejecuten y generen beneficio a la sociedad, en el discurso de presentación y compromiso de los candidatos y de los lineamientos de los partidos políticos, además de informar a la sociedad que los adversarios presentan propuestas ilusorias, con el fin de obtener el voto popular y el poder, sin importarles las necesidades ciudadanas. Será prioritario y estratégico informar al pueblo que las propuestas de los opositores, ya sean partidos políticos o gobiernos, son propuestas simples, sin visión ni alcance estratégico para el desarrollo integral, sin sustento económico, de infraestructura, de planeación y de proyección y viabilidad. También será importante informar a la población de la actitud de los opositores, para que la gente conozca que les presentan propuestas fáciles de decir e imposibles de establecer y realizar, además de que son pocas y también muy malas propuestas.

También se deberá establecer y difundir el comparativo para que la ciudadanía reconozca las propuestas que si son serias de las que no lo son, y que han sido diseñadas y estructuradas para ser realizadas por un gobierno eficiente y comprometido con su sociedad. Estas propuestas deberán realizares en determinados tiempos, con la planificación adecuada, con los presupuestos y recursos requeridos, con los proyectos y estudios necesarios y con la voluntad para realizarse, pero sobre todo con la visión estratégica y de amplio alcance para generar el desarrollo integral. Desenmascarar a los opositores que tratan de engañar al pueblo presentando propuestas irreales será un aspecto fundamental de las campañas político-partidistas, y se deberá llevar a cabo en todos los procesos y campañas electorales, de todo orden, tiempo y tipo.

<u>Difusión y promoción en todo tiempo y en todos los medios de comunicación de los comparativos de una plataforma partidista seria y responsable con las propuestas irreales de los opositores</u>

Será fundamental establecer en las reuniones y giras, y en las mismas campañas electorales, la información al pueblo del comparativo entre las propuestas efectivas de los aliados y las propuestas mediocres y sin sustento de los adversarios. Esto se hará mediante gráficas y explicaciones de cómo quedaría el contexto de las regiones, entidades y localidades en los siguientes años si llegara a gobernar la oposición, ya que se generaría subdesarrollo, pobreza, desorden y confrontación, a diferencia del escenario que se producirá si se establece un nuevo gobierno eficiente con amplias expectativas para el desarrollo integral. Será importante mencionar varios aspectos de este desarrollo para el conocimiento de la gente. Se contará, entre otros, con el desarrollo de la pequeña, mediana y gran empresa, de los proyectos productivos, del campo y la agricultura, de la agroindustria, de la educación y la academia, de la tecnología y la ciencia, de la salud y la vivienda, y de la infraestructura urbana y social. También, y muy importante, se contará con estabilidad, paz y tranquilidad, con democracia y estado de derecho y con libertades, garantías y derechos, entre otros conceptos. Este comparativo podrá insertarse en el discurso oficial partidista para las campañas electorales, sobre todo para gobernantes, ya que permitirá establecer los escenarios que la gente visualizará, buenos y malos, y por los cuales se decidirán para elegir a sus nuevos gobiernos y gobernantes. Este comparativo, por lo tanto, deberá difundirse en todos los medios de comunicación masivos, para conformar en la psicología de la mente humana el escenario que todos deseamos y el escenario que nadie desea, estableciendo el escenario deseado por medio de los candidatos aliados que se deberán de apoyar, conjuntamente con sus plataformas partidistas para conformar gobiernos eficientes. Para estos efectos se deberá establecer también en los mensajes de propaganda y difusión, el escenario de subdesarrollo y no deseado que se generaría si triunfan las instancias y partidos políticos opositores, y que serían también escenarios de desorden, corrupción e intranquilidad, lo que ninguna sociedad desea para su entidad.

Será fundamental establecer las estrategias partidistas de difusión de los mensajes y de penetración y concientización popular, en base a los beneficios de las propuestas aliadas. Esto permitirá, de forma inmediata, la redefinición de la decisión del voto popular, en los procesos electorales, a favor de los partidos políticos y de los candidatos que propongan una plataforma responsable, que realice las propuestas planteadas en las campañas y que genere gobiernos eficientes.

5. *Establecimiento de unidades de captación de propuestas y necesidades populares y de estado*

Una estrategia importante de captación, evaluación e integración de propuestas y necesidades populares y de estado, que genere las propuestas y planteamientos, que por su alcance, impacto e importancia deban integrarse al sistema de gestión y propuestas partidistas y a una plataforma de campaña, y en su caso, a un plan nacional de desarrollo y a los planes estatales, municipales y locales de desarrollo, será por medio de la conformación de módulos de atracción y recepción de propuestas ciudadanas, independientemente de las diversas vías tradicionales de captación de las mismas y de los foros para integrar las propuestas de campaña a estos esquemas. Estos módulos de propuestas ciudadanas incluirán en su recepción de propuestas y peticiones los siguientes aspectos.

- *Recepción de peticiones laborales*
- *Recepción de peticiones de apoyo a proyectos productivos*
- *Recepción de peticiones diversas de apoyos a particulares y grupos*

- *Recepción de propuestas de particulares y grupos para mejorar y crear infraestructura productiva*

- *Recepción de propuestas ciudadanas de diversa índole de mejoramiento de contexto y escenarios*

- *Recepción de propuestas ciudadanas y profesionales para su integración a las plataformas político-partidistas*

- *Recepción de propuestas ciudadanas y profesionales para su integración a los planes locales y al plan nacional de desarrollo*

- *Recepción de propuestas con esquemas diversos para la reforma integral de estado, que incluye la reforma política, electoral, económica, productiva, etc.*

- *Recepción de propuestas de mejora y eficiencia de la función gubernamental en todos sus órdenes y ámbitos*

- *Recepción de propuestas de diversa índole de diversas categorías*

Esta división permitirá distribuir con eficiencia y mediante las vías correspondientes los diversos rubros en que se enmarcan las propuestas de la sociedad, para generar la gestión y planificación funcional que permita realizar un seguimiento ordenado de los asuntos y la solución óptima de todos estos planteamientos poblacionales.

<u>Centro de control de gestiones y propuestas para el desarrollo integral</u>

En la actualidad, en la mayoría de países y sus regiones, las estrategias de gestión y representatividad ciudadana se aplican con perfiles bajos o casi nulos, por lo que no se aprovechan estos esquemas estratégicos que les permitan ser reconocidos como los abanderados de las causas populares para atraer más simpatías ciudadanas, votos y triunfos electorales. A pesar de carecer de estos esquemas partidistas de captación de gestiones y, por tanto, de simpatías y votos populares, este aspecto se transforma, cuando comienzan las campañas electorales, ya que los partidos políticos y los candidatos se convierten falsamente en los primeros defensores y abanderados de los ciudadanos. Para estos efectos despliegan una falsa imagen y metodología de supuesto interés de captación de propuestas populares y de que se preocupan por estas necesidades y sus soluciones. Esto se llega a conocer y la gente lo ve como una falta de respeto total, y en lugar de reconocerles esto, se aprovecha lo que se ofrezca en las campañas, pero no otorgan su voto, ya que se sienten engañados y no representados por estos partidos y candidatos. Sin embargo, existen partidos políticos en el mundo, sobre todo en los países desarrollados en los que se cuenta con esquemas de representatividad y gestión de los planteamientos populares, por lo que habrá que implementar estos sistemas de forma obligatoria en todos los demás, para contar con sistemas partidistas de vanguardia y representatividad popular. Por estas razones será fundamental implementar el centro de control de gestiones y propuestas ciudadanas en todos los países y sus entidades, con el fin de atraer e integrar estas propuestas populares en los esquemas partidistas de abanderamiento y gestión popular y en los diversos programas gubernamentales o en los planes locales y nacionales de desarrollo. Por lo tanto, se deberá instalar una red de captación y gestión de propuestas y planteamientos de las necesidades populares y también de aquellas emanadas de sectores ciudadanos de alta especialización, que tendrá como sede una central general partidista de control y seguimiento de las mismas, para evaluar y definir aquellas que coadyuven a generar desarrollo integral. El movimiento que genere esta amplia red atraerá simpatías y reconocimientos hacia el esfuerzo de los partidos políticos y candidatos, por su interés de conocer y atender las necesidades de la sociedad, mediante un esquema de gestión y análisis para su integración a los programas de gobierno y planes de desarrollo correspondientes. Indudablemente que estos esquemas generarán una amplia atracción popular a favor de una plataforma partidista de propuestas y proyectos de gobierno responsable y con visión integradora de la visión y las necesidades populares, lo que sin duda fortalecerá la posición de los partidos políticos y sus alianzas estratégicas y de los candidatos de estos proyectos para generar gobiernos eficientes.

6. Seguimiento, análisis, control, proyección y resultados de las propuestas de campañas electorales

Los resultados, el seguimiento y los procesos diversos de la gestión e integración en diversos esquemas de las propuestas y necesidades de la sociedad se deberán de difundir en los medios de comunicación y en diversos eventos y foros. Esto será en todo tiempo, pero sobre todo en procesos electorales y en campañas políticas, con la finalidad de que la población se entere de que se está trabajando con sus propuestas y planteamientos para que estas sean consideradas, de acuerdo a su necesidad y urgencia, y puedan tener resoluciones favorables. El centro de control de gestiones y propuestas para el desarrollo integral, establecido por los partidos y candidatos, contendrá las áreas específicas para llevar a cabo el control, seguimiento, análisis y evaluación, además de las proyecciones y escenarios que permitan contar con la información real para la toma de decisiones en cuanto al destino y la finalidad de las propuestas. También para su resolución por medio de la gestión en diversas instancias, y en su caso, su integración a los programas gubernamentales y particulares y para su integración a los planes locales o a un plan nacional de desarrollo e incluso a otros planes de envergadura regional y mundial. Este centro de control generará la información a la población y a los medios de comunicación y también realizará un seguimiento de los asuntos, desde su gestión hasta su integración, en su caso, a los planes y presupuestos gubernamentales.

7. Establecimiento de la unidad de información popular de las propuestas de campaña

El centro nacional y los centros locales de control de gestiones y propuestas para el desarrollo integral conforman una amplia red de análisis y seguimiento de las propuestas populares en todas las entidades y localidades. Estos centros de control de propuestas deben de integrar sus actividades a todos los eventos y reuniones de las giras de los candidatos, mediante la incorporación de módulos de captación de propuestas y gestiones, con la finalidad de atraer más propuestas que coadyuven al desarrollo de las entidades. La implementación y acción de estos centros tendrá un alto efecto de propaganda y de difusión, que atraerá reconocimientos y simpatías hacia los candidatos de los partidos políticos que los promocionen, independientemente de su objetivo de captar propuestas ciudadanas. En estos módulos de atracción de propuestas y peticiones se contará con un área de información y seguimiento de los diversos asuntos y aspectos de todos los planteamientos, en las diversas entidades y localidades. También para informar de los trámites y gestiones de los asuntos que, por su importancia y alcance, se vayan integrando a otras instancias de mayor peso y envergadura.

Estos módulos también informarán a la población de los eventos, reuniones y propuestas de los candidatos y sus alianzas en todo tiempo y ámbito, para que las personas puedan acudir a estas reuniones y eventos y se genere una dinámica de interrelación política y popular. También se generará la información de diversos aspectos de los movimientos políticos y electorales, de las actividades, trabajos, resultados y expectativas de mejora para la población y de desarrollo para el país, que tendrán como prioridad los candidatos a gobernantes y a otros cargos de elección popular. Estos módulos, por lo tanto, tendrán un carácter interactivo de recepción de propuestas y de generación de la información a la población de todas las solicitudes y peticiones, así como de informar de las actividades y propuestas de los candidatos. Estos módulos de campaña serán itinerantes, y cuando en las poblaciones no se encuentre un centro de propuestas y peticiones, se colocarán los módulos móviles y atraerán estas propuestas hacia los centros de control más cercanos para descargar la información de la región en un sistema de software computacional. Como se observa, existirá una amplia dinámica entre la población y los diversos candidatos y sus alianzas estratégicas, aunque también se va a generar una amplia dinámica aún en tiempos no electorales, ya que la entrega de propuestas y peticiones que se produce en todo tiempo, producirá una interacción de seguimiento de los asuntos y sus resoluciones. Este concepto establecerá, asimismo, una amplia dinámica interactiva que de forma natural generará una mayor difusión en los medios de comunicación y que llegará a toda la población. Se trata de que la mayoría se entere de todo el trabajo y esfuerzo que realizan los candidatos para desarrollar a sus entidades y para mejorar la calidad de vida de la sociedad, mediante la reactivación del empleo, la productividad, la educación, la seguridad pública, etc. Como se deduce, por lógica, estos centros de captación de propuestas ciudadanas e interacción con la sociedad, independientemente de su función básica, también son instrumentos de enlace e interrelación con la población, la cual reconoce y aprueba estas instancias como las vías para hacerse escuchar y para que se conozcan sus planteamientos y necesidades. Estos centros son instrumentos muy valiosos para los partidos y candidatos, ya que su función de apoyo a la población les acarreará un reconocimiento total, con la atracción de simpatías y votos. A pesar de esto la mayoría de partidos políticos no utilizan estos esquemas, demostrando su falta de sensibilidad, interés y visión para ayudarse a ser más populares y más triunfadores.

8. Campaña de difusión y promoción del cumplimiento de la gestión de las propuestas y peticiones a líderes y candidatos

Para el conocimiento de los sectores y la población en general, con respecto a los planteamientos populares y al seguimiento y actualidad de sus propuestas y peticiones, será necesario implementar un esquema de difusión y promoción para que la gente conozca el estatus de sus planteamientos.

Este esquema se ubicará en un área específica del centro de control de atención de peticiones y propuestas, la que difundirá los aspectos cuantitativos y cualitativos de las peticiones y demandas de la sociedad y los sectores, tanto a nivel particular como de grupo y de proyectos. La difusión y promoción de la captación, de la interacción y del seguimiento y tratamiento de los asuntos y de las peticiones y propuestas populares deberá de ser amplia y efectiva en todos los medios de comunicación y en eventos, foros y reuniones. En estas instancias se analizarán y evaluarán los aspectos de la gestión, seguimiento y resultados de las peticiones. También se procederá, en caso de corresponder, a su canalización en esquemas de proyectos productivos y a su integración en los programas de gobierno de todo orden y ámbito, así como a su integración en los planes nacionales, regionales y locales de desarrollo y a los esquemas internacionales respectivos de desarrollo. Lo importante será que los sectores y la sociedad en general observen que los candidatos realmente implementan esquemas de atención a los asuntos de la sociedad y de la integración de sus peticiones y propuestas de diversos rubros, en los esquemas respectivos de gobierno, para su solución. Además de que buscarán implementar esquemas y programas de apoyo a favor de estos particulares, grupos y sectores. Será fundamental establecer estos centros de captación de peticiones y propuestas de la sociedad. Para su implementación la estrategia se basará en los siguientes conceptos.

- *Difundir inicialmente de forma masiva la instalación de los centros de captación de propuestas y peticiones en todo un país y sus regiones*

- *Difundir ampliamente el esquema de captación y desarrollo de peticiones y propuestas, con su seguimiento, resolución e integración a diversos programas y planes gubernamentales*

- *Difundir ampliamente en tiempos electorales y no electorales, los resultados obtenidos durante todos los años de las propuestas y peticiones de la sociedad*

- *Difundir ampliamente en campañas políticas de candidatos y partidos, la captación de las necesidades de la sociedad y los apoyos de gestión e integración de las mismas*

- *Difundir ampliamente en las campañas electorales los objetivos de las plataformas partidistas, sobre todo las de gobernantes. También de todos los aspectos de las propuestas y peticiones de la sociedad, de los apoyos que se han generado en los diversos gobiernos, de los esquemas de integración a presupuestos, a planes de desarrollo y a programas y planes de gobiernos nacionales y locales, e incluso en esquemas internacionales y privados*

- *Continuar el trabajo de difusión de la atención de las peticiones y propuestas de la sociedad con el nuevo gobierno, ya con los candidatos como gobernantes y legisladores*

- *Mantener el esquema en todo tiempo de centros de captación de propuestas y peticiones de la sociedad en todo país y sus entidades*

Esta estrategia se implementará para una mayor interrelación de gobierno, partidos y sociedad. Esta estrategia contará con propuestas para la mejora y el desarrollo, para disminuir la pobreza, y establecer la integración de la sociedad a los conceptos productivos, de empleo, educación, salud y de todos los satisfactores sociales.

Esquema de Gestión de la Calidad en los Sistemas y Partidos Políticos

Esta metodología nace a mediados de los años 40 en los Estados Unidos, considerándose como un proyecto clasificado debido a que se inició en la industria militar. En los años 60 se inició su aplicación en la industria aeroespacial y nuclear y el éxito obtenido por los sistemas de aseguramiento de calidad en esos proyectos impulsó a los empresarios estadounidenses y europeos a aplicarlos en sus actividades empresariales, obteniendo mejor control en sus procesos, mejor calidad en sus productos, disminución en costos de operación y sobre todo una mayor participación en el mercado. En 1979 Inglaterra se convierte en el primer país en generar normas para el aseguramiento de calidad para industrias y empresas. Hoy, alrededor de 150 naciones están aplicando esta metodología. Un aspecto fundamental es la implementación, con las características respectivas, de estos esquemas en otros conceptos, como en empresas, administraciones públicas y privadas, gobiernos y política. Muy pocos países y regiones lo han aplicado en sus sistemas y partidos políticos, sin embargo, quienes lo han hecho han logrado avances sustantivos en todos los aspectos del quehacer político y partidista. Mejora del funcionamiento partidista y de todos sus esquemas y procesos políticos, además de más triunfos electorales es el resultado de esta visión para aplicar sistemas de calidad. Los principios básicos del sistema de gestión de la calidad en la política, aunque abarcan todos los aspectos, y procesos políticos, desde los más sencillos hasta las grandes estrategias, están dirigidos, sobre todo, a los que toman decisiones estratégicas y a todos los involucrados en la planeación, desarrollo y mantenimiento de los sistemas de gestión de la calidad, así como a los que dirigen y participan en todo proceso político-partidista, desde la promoción y difusión de propaganda, hasta las grandes decisiones políticas y los grandes esquemas partidistas de campañas electorales. Con base en estos principios, se pretende lograr el entendimiento de los fundamentos de los esquemas y las normas políticas, partidistas y de calidad, por parte de todos los niveles y actores partidistas, y en esa medida lograr el compromiso de todos hacía la generación eficiente de sus actividades y esquemas, hacia la calidad y hacia los triunfos electorales. Estos principios son: 1. Organización política enfocada al triunfo partidista. Los partidos dependen de sus procesos políticos y de sus triunfos y, por lo tanto, deben comprender sus necesidades presentes y futuras, cumplir con sus requisitos y esforzarse en satisfacer sus expectativas políticas. 2. Liderazgo. Los líderes establecen la unidad de objetivos y la dirección de los partidos y procesos políticos. Ellos deben crear y mantener un ambiente interno, en el cual la dirigencia, el personal y la militancia se involucren totalmente para lograr los objetivos partidistas. 3. Participación de toda dirigencia, personal y militancias: La dirigencia, el personal y la militancia, con independencia del nivel en el que se encuentren, son la esencia de los partidos, y su total implicación posibilita que sus capacidades sean usadas para el beneficio del partido y de sus procesos. 4. Enfoque a procesos. Los resultados deseados se alcanzan más eficientemente cuando los recursos y las actividades relacionadas se gestionan como un proceso global con sus procesos específicos. 5. Enfoque del sistema hacia la gestión. Identificar entender y gestionar un sistema de procesos políticos interrelacionados para un objetivo dado, que es el triunfo electoral, mejora la eficacia y la eficiencia del partido y su infraestructura, sistemas y procesos. 6. Mejora continua. La mejora continua debería ser el objetivo permanente de todo partido político. 7. Enfoque objetivo hacia la toma de decisiones. Las decisiones efectivas se basan en el análisis de datos y en la información y 8. Relaciones mutuamente benéficas con toda instancia y con la sociedad. Los partidos, instancias políticas y la sociedad son interdependientes, y unas relaciones mutuamente benéficas intensifican la capacidad de todos para crear valor y calidad. Tanto en un sistema político en general como en todo partido e instancia política es fundamental implementar esquemas de gestión de la calidad, de mejora continua y de reingeniería de procesos, ya que estos implementan los conceptos globales y específicos para lograr la eficiencia general y de todas las áreas, lo que establece un funcionamiento de alta efectividad y productividad política. La eficiencia partidista en todo ámbito y contexto, nacional y local, generará procesos y actividades de alta presencia y representatividad política, además de la acción y movilidad estratégica que permita el posicionamiento y el triunfo electoral.

Tomo II

Sistema Estratégico Integral de Esquemas Políticos y de Gobierno

Sistema de Construcción y Propuesta de un Gobierno Eficiente

Sistema Estratégico para el Desarrollo Integral Sostenible

Sistema para el Bienestar y Desarrollo de la Sociedad

Esquema de Transparencia y Eficiencia de Utilización de los Recursos

Tomo II

En el libro que contiene el Tomo dos de esta serie de estrategias políticas, electorales y de gobierno se analizan, mediante un ensayo general, las líneas y esquemas de estructuración, conformación y ejercicio eficiente de los gobiernos y sus políticas públicas. Esto se hace con la finalidad de aportar elementos que mejoren en determinados grados, total o parcialmente, la infraestructura gubernamental en todos los contextos, y con esto, coadyuvar en el desarrollo integral sostenible y la mejora de la calidad de vida de las sociedades.

Este sistema estratégico integral de esquemas de gobierno, es propuesto y planteado, mediante un ensayo y análisis de sus líneas, de sus esquemas de acción y del ejercicio gubernamental eficiente, en el libro **"Líneas de Estrategias Políticas y de Gobierno"** que contiene el Tomo II de esta serie. Este planteamiento contiene esquemas para la construcción de un gobierno eficiente que genere desarrollo integral sostenible, con transparencia y eficiencia en la utilización de los recursos y con esquemas para el bienestar de la sociedad y el desarrollo del estado.

A continuación, se presentará una breve síntesis de estos esquemas, que por su importancia, alcance y magnitud ocupan todo un documento y un libro específico, en este caso, el libro **"Líneas de Estrategias Políticas y de Gobierno"** del mismo autor.

Sistema Estratégico Integral de Esquemas Políticos y de Gobierno

1. *Sistema de construcción y propuesta de un gobierno eficiente*
2. *Sistema estratégico para el desarrollo integral sostenible*
3. *Sistema para el bienestar y desarrollo de la sociedad*
4. *Esquema de transparencia y eficiencia de utilización de los recursos*

Veamos esta pequeña síntesis de estos otros cuatro sistemas que conforman el gran sistema estratégico integral de esquemas políticos y de gobierno, para procurar y generar gobiernos eficientes, desarrollo integral y mejora de la calidad de vida.

Sistema de Construcción y Propuesta
de un Gobierno Eficiente

Un nuevo proyecto de gobierno deberá establecer un sistema de construcción y propuesta para gobernar, conjuntamente con los sectores y la sociedad, para generar el desarrollo integral sostenible y la mejora de la calidad de vida de los pobladores, para contar con seguridad pública, con estabilidad y paz social, con democracia, derechos humanos, libertades de pensamiento e ideologías y amplia justicia social. Lo anterior debido a un sinnúmero de carencias que generan escenarios de subdesarrollo en la mayoría de los países y en sus entidades, regiones y localidades. Por estas razones será necesario un proyecto de gobierno eficiente que cambie estos contextos de subdesarrollo y carencias, sobre todo las económicas, productivas y de satisfactores sociales. Esto será posible mediante un nuevo proyecto de gobierno con visión y compromiso, que implemente políticas públicas y programas para el desarrollo integral sostenible y para la mejora de la calidad de vida. Pero también, y muy importante, con esquemas que obliguen a generar desarrollo y funcionamiento eficiente en las instituciones y gobiernos, con esquemas de acciones y procesos para generar la productividad y el empleo, que funcionen de forma sistematizada, para contar así con una plataforma de trabajo gubernamental eficiente y de resultados.

Todo país y sus regiones necesitan un proyecto estratégico gubernamental con visión y alcance para generar desarrollo, que contenga un efectivo esquema de exigencia para lograr productividad y trabajo para todos, y con planteamientos de sensibilidad y respeto en el trato e interrelación con la población. También deberá contar con el compromiso, voluntad y determinación gubernamental para insertar las propuestas y necesidades poblacionales en los programas y planes de desarrollo correspondientes.

También se necesita un esquema de planificación real, no sólo teórico como propaganda política, como sucede en muchos gobiernos de todo ámbito y orden, sino que real y específico, que cuente con esquemas de planificación para su realización y ejecución. También deberá contener políticas públicas e instrumentos y programas que incluyan las necesidades, planteamientos y proyecciones del estado y de la sociedad, para buscar el desarrollo integral sostenible de un país y sus regiones y el desarrollo de sus sectores productivos, sociales y poblacionales en general.

Veamos de forma esquemática los conceptos que conforman este rubro para la construcción de un nuevo gobierno eficiente.

Sistema de Construcción y Propuesta de un Gobierno Eficiente

Esquema de reforma y mejora de la estructura de estado y gobierno
Esquema de conceptos y políticas de un nuevo proyecto de gobierno

Conceptos de un nuevo proyecto de gobierno eficiente

- *Sistema integral para la estabilidad política y social*

- *Sistema de leyes y programas para el desarrollo y la estabilidad*

- *Infraestructura gubernamental funcional y de alcance*

- *Sistema para la operatividad y el trabajo político y gubernamental*

- *Esquema de resultados de impactos favorables del ejercicio gubernamental*

- *Esquema de validación y reconocimiento sectorial y popular y de posicionamiento gubernamental en un contexto nacional*

- *Sistema de difusión y promoción del trabajo gubernamental*

- *Sistema de alianzas estratégicas integrales*

- *Mejora de sistemas y esquemas políticos, electorales y partidistas*

- *Esquema de atención de problemáticas políticas y sociales*

- *Esquema para generar una sociedad de vanguardia*

- *Esquema de amplia democracia, seguridad pública, derechos humanos, estado de derecho y justicia para todos*

- *Esquema de posicionamiento gubernamental en el contexto regional e internacional*

Esquema de apertura y sensibilización gubernamental
Visión para el esquema de planificación y análisis integral

Sistema de control y mejora integral de políticas públicas, programas y acciones de un nuevo gobierno

Esquema de capacitación y profesionalización de funcionarios y trabajadores
Esquema de atención de propuestas y necesidades ciudadanas
Esquema de seguimiento y rendición de cuentas a la sociedad
Esquema de alianzas estratégicas de un nuevo gobierno

Sistema Estratégico para el Desarrollo Integral Sostenible

El sistema estratégico para el desarrollo integral sostenible debe ser diseñado, implementado y aplicado por los gobernantes de países y entidades, quienes deberán aplicar su capacidad, compromiso, honestidad y voluntad, así como sus estrategias y políticas públicas para el cumplimiento de este objetivo, que implique también mejora continua en el propio trabajo gubernamental y de sus funcionarios y empleados. Esto se realizará con esquemas de respeto y sensibilidad, de atención a la gente, de generación y captación de propuestas y atención a las necesidades poblacionales, de seguimiento a las peticiones populares y de resolución de los asuntos. También, y muy importante, de generación de propuestas de estado, de implementación de esquemas democráticos, de libertades para todos, de estado de derecho de calidad, de trabajo en las leyes y el congreso, de seguridad pública y social y de procuración eficiente de justicia. Además de impulso a los sectores productivos y sociales y de apoyo a los pobladores en sus diversas actividades. Todo esto deberá ser implementado mediante un esquema de justicia y respeto, así como de un trato igualitario y de amistad para todos.

El objetivo fundamental de un nuevo gobierno eficiente será el de procurar y generar desarrollo integral sostenible por medio de la mejora integral de la infraestructura, de la normatividad, del ejercicio gubernamental y de la administración pública. Esta mejora deberá realizarse con la adición de los lineamientos de un sistema estratégico integral conformado por esquemas que se basan en conceptos y procesos diversos. Estos esquemas implican planeación, trabajo e interrelación de gobiernos y sectores, políticas públicas con visión y compromiso, estrategias para la productividad y la competitividad, eliminación de la pobreza, impulso a los sectores diversos, implementación de esquemas de control y seguimiento de actividades y procesos de infraestructuras, proyectos, competitividad, sistemas de calidad y mejora continua, trabajo gubernamental y alianzas estratégicas. También implican capacitación, estudios y consultorías y utilización de programas para el desarrollo de sectores, así como propuestas para el diseño y la generación de nuevos programas, políticas públicas y acciones que coadyuven e impulsen la productividad y el desarrollo integral en un país.

El esquema de planificación deberá de implementarse en todos los países y sus entidades, regiones y localidades, especialmente en aquellos que en su generalidad se encuentran en subdesarrollo y pobreza, para que el rezago general pueda ser revertido y se generen instancias e infraestructuras para el desarrollo.

Veamos de forma esquemática los conceptos que conforman este rubro para el desarrollo integral sostenible de un país y sus regiones y localidades.

- *Esquema de planeación y desarrollo integral sostenible*

- *Esquema de propuestas de políticas públicas y programas de un nuevo gobierno para el desarrollo integral*

- *Esquema de interrelación y trabajo de sectores y gobierno para el desarrollo integral sostenible*

- *Sistema nacional de planeación y desarrollo integral sostenible*

- *Sistema de control y resultados del desarrollo integral sostenible*

- *Sistema de difusión de procesos y resultados del desarrollo integral sostenible*

- *Esquema de alianzas estratégicas para el desarrollo integral sostenible*

Sistema para el Bienestar y Desarrollo de la Sociedad

Para generar contextos de desarrollo integral en los países y sus regiones, será importante implementar mejoras sustantivas a la administración pública y a las políticas públicas y programas gubernamentales para el desarrollo. También será necesario diseñar y crear nuevos instrumentos y políticas que coadyuven a generar este desarrollo y que les permitan a los pobladores recibir y percibir una mejora amplia y sustantiva en su calidad de vida.

En la actualidad vemos la aplicación, de forma diferente, de los diversos programas, leyes e instrumentos para el desarrollo integral y la productividad por parte de gobiernos de todo orden y ámbito. Mientras en algunos casos se aplican estos instrumentos de forma eficiente y con visión y compromiso, en la mayoría de los casos se aplican los recursos y estos instrumentos de forma parcial, sin compromiso, simplemente por cumplir con un trabajo y con sus metas, en el mejor de los casos. Esto es en parte porque no se ejercen los instrumentos de control y sistematización necesarios para que el ejercicio de las políticas públicas y de los programas gubernamentales se unifique y se ejerzan en su totalidad de forma eficiente.

En este libro se plantea la creación y conformación de un esquema de interrelación y sistematización gubernamental. Con áreas que diseñen e implementen mejores y nuevas leyes, esquemas y programas, infraestructuras políticas e instrumentos para mejorar lo que funciona bien, corregir en donde existan áreas de oportunidad e implementar nuevos diseños y esquemas, con el objetivo de fortalecer e impulsar el desarrollo integral sostenible para la mejora de la calidad de vida de la población.

En virtud de lo anterior se presentan diversas propuestas de mejora de los esquemas, programas e instrumentos gubernamentales para el desarrollo, así como la creación y diseño de otros instrumentos y programas para su implementación en el ejercicio gubernamental de todo orden y ámbito.

Veamos a continuación los diversos conceptos que conforman este sistema para el bienestar y desarrollo de la sociedad.

Sistema para el Bienestar y Desarrollo de la Sociedad

- *Esquema de instancias gubernamentales para impulsar la mejora de la calidad de vida*

- *Esquema de infraestructura gubernamental y privada para la mejora de la calidad de vida*

- *Esquema de planificación, aplicación, control, seguimiento y resultados de políticas públicas y programas gubernamentales y privados para el desarrollo integral y la mejora de la calidad de vida*

- *Esquema de diversos conceptos gubernamentales y privados que coadyuvan a la mejora de la calidad de vida*

- *Esquema de civilidad, educación, cultura y conciencia social colectiva y particular para la mejora de la calidad de vida*

- *Esquema de generación de trabajo y de condiciones laborales óptimas para la mejora de la calidad de vida*

- *Esquema de obligatoriedad de trabajo efectivo y de rendición de cuentas de gobernantes y funcionarios públicos para el desarrollo integral sostenible, la estabilidad y la paz política y social para la mejora de la calidad de vida*

Esquema de Transparencia y Eficiencia de Utilización de los Recursos

Un nuevo gobierno de vanguardia deberá de implementar un esquema de transparencia y eficiencia en la utilización de los recursos gubernamentales y de la información gubernamental, mediante la conformación de una infraestructura que contenga una coordinación de transparencia y eficiencia de utilización de los recursos gubernamentales. Esta tendrá el objetivo de realizar la utilización exacta de los recursos públicos y de informar a la población, mediante diversos mecanismos, de cómo se ejerce y se gastan los recursos gubernamentales.

Este esquema tiene por objetivo procurar y vigilar que se ejerza de forma eficiente, inteligente y sensible, el presupuesto y los recursos destinados a los diversos programas de gobierno para generar desarrollo integral. También para vigilar la utilización y aplicación eficiente de estos recursos y presupuestos en todos los rubros, especialmente en esquemas y programas para eliminar la pobreza y el rezago educativo, y para generar estructuras productivas, empleo y proyectos productivos, entre otros aspectos. También para informar a la población de cómo se ha utilizado el dinero de los contribuyentes, siempre en beneficio de la sociedad.

Veamos a continuación diversos conceptos que conforman este esquema de transparencia y eficiencia de utilización de los recursos de un nuevo gobierno.

Esquema de Transparencia y Eficiencia de Utilización de los Recursos

- *Esquema de infraestructura para la transparencia y aplicación eficiente de los recursos públicos*

- *Esquema de presentación de recursos, gastos y presupuestos*

- *Esquema de información a la sociedad de la utilización de los recursos*

- *Esquema de control y análisis de la coordinación de información de la aplicación de los recursos gubernamentales*

Líneas de Estrategias Políticas y Electorales
Cómo Ganar Elecciones y El Poder Público

José Álvarez García

Impreso en México.
Esta edición se terminó de imprimir
en la Ciudad de México en el mes de Agosto del 2009
Tirada: 2000 ejemplares